DROIT DES MARCHÉS PUBLICS SÉNÉGALAIS

Moustapha Lô DIATTA

DROIT DES MARCHÉS PUBLICS SÉNÉGALAIS

Préface du Pr Babacar GUEYE

L'Harmattan
Sénégal

10 VDN, Sicap Amitié 3, Lotissement Cité Police, DAKAR

senharmattan@gmail.com
senlibrairie@gmail.com

ISBN : 978-2-336-55733-5
EAN : 9782336557335

À la mémoire de ma mère, arrachée à mon affection en 2017.
À mon épouse, Mariama DIENG, et à mes enfants, Abdoulaye,
Youssoupha et Dino, qui me donnent la joie de vivre
et la force de me battre.

REMERCIEMENTS

Je voudrais, dans ces insuffisantes lignes, exprimer toute ma gratitude à mon employeur, l'Université Assane Seck de Ziguinchor, l'UFR Sciences économiques et sociales, le Laboratoire de recherche en sciences économiques et sociales (LARSES) et le Département de Sciences juridiques sans le soutien financier desquels la présente publication n'aurait pas lieu.

À toutes ces personnes qui ont consacré un peu de leur précieux temps à relire, corriger et amender ce document, j'adresse mes plus chaleureux remerciements. Je ne peux m'empêcher de citer parmi ces personnes très sympathiques notamment le professeur Babacar GUEYE de l'UCAD, qui a bien voulu préfacer l'ouvrage d'un de ses anciens étudiants, M. Bou SOW, chef du pôle Sud de la Direction centrale des Marchés publics (DCMP) à Ziguinchor, M. Souleymane SONKO, de la Direction de la Programmation budgétaire au niveau de Direction générale du Budget du ministère des Finances et du Budget, M. Youssoupha DIALLO, procureur général près la Cour d'appel de Kaolack, et Mme Célia SANCHEZ.

SOMMAIRE

REMERCIEMENTS 9
TABLE DES ABRÉVIATIONS 15
PRÉFACE 19
INTRODUCTION 23

CHAPITRE I : LE CADRE NORMATIF DES MARCHÉS PUBLICS 31

SECTION I. LES SOURCES DU DROIT DES MARCHÉS PUBLICS 31
§1. Les sources communautaires 32
§2. Les sources internationales 41
§3. Les sources nationales 45

SECTION II. LE CHAMP D'APPLICATION DU CODE DES MARCHÉS PUBLICS 68
§1. La notion de marché public 68
§2. Les marchés publics soumis au Code 78
§3. Les marchés et contrats exclus ou dérogeant au Code 79

CHAPITRE II : LA PASSATION DES MARCHÉS PUBLICS . 87

SECTION I. LA PRÉPARATION DES MARCHÉS 88
§1. La détermination des besoins 88
§2. Le financement des marchés 113
§3. Les autorisations préalables à la conclusion du marché 124

SECTION II. LA CANDIDATURE AUX MARCHÉS PUBLICS 126
§1. La qualité des candidats au marché 126
§2. Les conditions d'accès au marché 146

SECTION III. LES PROCÉDURES DE PASSATION DES MARCHÉS 153
§1. Les règles générales applicables aux procédures de passation des marchés 153
§2. Les règles spécifiques aux différentes procédures de passation des marchés 186

SECTION IV. LA CONCLUSION DES MARCHÉS 233
§1. Les formalités préalables à la conclusion du marché 233
§2. La signature des marchés 235
§4. L'immatriculation des marchés 240
§5. La notification des marchés... 241
§6. La publication de l'avis d'attribution définitive du marché 242

SECTION V. LA FORME ET LE CONTENU DES MARCHÉS.................. 243
§1. La forme d'un dossier unique... 243
§2. Le contenu variable des marchés.. 244

SECTION VI. LES PARTIES AU MARCHÉ PUBLIC 247
§1. L'autorité contractante 247
§2. Le titulaire du marché 257

CHAPITRE III : LE CONTRÔLE DES MARCHÉS PUBLICS.. 259

SECTION I. LE CONTRÔLE *A PRIORI* DES MARCHÉS PUBLICS......... 262
§2. Le contrôle de la Direction centrale des marchés publics 269

SECTION II. LE CONTRÔLE A *POSTERIORI* DES MARCHÉS PUBLICS.. 279
§1. Les organes de contrôle interne.. 279
§2. Le contrôle de l'Autorité de régulation de la commande publique 282

CHAPITRE IV : L'EXÉCUTION DES MARCHÉS PUBLICS 311

SECTION I. L'EXÉCUTION DU MARCHÉ PAR LE TITULAIRE 312
§1. Les obligations du titulaire du marché 312
§2. Les droits du titulaire du marché.. 318

SECTION II. L'EXÉCUTION DU MARCHÉ PAR L'AUTORITÉ CONTRACTANTE 329
§1. Les obligations de l'autorité contractante.. 329
§2. Les prérogatives de l'autorité contractante.. 351

SECTION III. L'INTERVENTION D'ACTEURS MULTIPLES DANS L'EXÉCUTION DU MARCHÉ 371
§1. La cotraitance du marché 372
§2. La sous-traitance du marché... 373

§3. L'intervention du comptable public dans l'exécution du marché................ 380

SECTION IV. LA RÉCEPTION DES PRESTATIONS.................................. 383
§1. Le régime général de la réception des prestations.. 384
§2. Le régime particulier de réception des travaux 386

CHAPITRE V : LE RÈGLEMENT DU CONTENTIEUX DES MARCHÉS PUBLICS 393

SECTION I. LE RÈGLEMENT DU CONTENTIEUX DE LA PASSATION DES MARCHÉS... 394
§1. Le règlement non juridictionnel du contentieux de la passation des marchés.. 394
§2. Le règlement juridictionnel du contentieux de la passation des marchés.... 403

SECTION II. LE RÈGLEMENT DU CONTENTIEUX DE L'EXÉCUTION DES MARCHÉS 429
§1. Le règlement non juridictionnel du contentieux de l'exécution des marchés.. 430
§2. Le règlement juridictionnel du contentieux de l'exécution des marchés..... 434

SECTION III. LA RÉSILIATION JUDICIAIRE DES MARCHÉS............. 447
§1. La résiliation judiciaire du marché pour faute... 447
§2. La résiliation judiciaire du marché de plein droit... 451

CONCLUSION 453
BIBLIOGRAPHIE 457
TABLE DES MATIÈRES 465

TABLE DES ABRÉVIATIONS

AAPC :	Avis d'appel public à la concurrence
AC :	Autorité contractante
AGPM :	Avis général de passation des marchés
AMP :	Accord sur les marchés publics
AOI :	Appel d'offres international
AON :	Appel d'offres national
ARCOP :	Autorité de régulation de la commande publique
ARMP :	Autorité de régulation des marchés publics
ARTP :	Autorité de régulation des télécommunications et des postes
ASER :	Agence sénégalaise d'électrification rurale
BAD :	Banque africaine de développement
CAA :	Cour administrative d'appel (France)
CAMC :	Centre d'arbitrage, de médiation et de conciliation de Dakar de la Chambre de commerce, d'industrie et d'agriculture de Dakar
CC :	Conseil constitutionnel
CE :	Conseil d'État français
CES :	ex-Conseil d'État sénégalais
CETUD :	Conseil exécutif des transports urbains de Dakar
CMP :	Code des marchés publics
CPM :	Cellule de passation des marchés
CCA :	Commission des contrats de l'Administration
CCAG :	Cahier des clauses administratives générales
CCAP :	Cahier des clauses administratives particulières
CCJA :	Cour commune de justice et d'arbitrage
CCTG :	Cahier des clauses techniques générales
CCTP :	Cahier des clauses techniques particulières

CENTIF :	Cellule nationale de traitement des informations financières
CGCT :	Code général des collectivités territoriales
CJCE :	Cour de justice des communautés européennes
CJUEMOA :	Cour de justice de l'UEMOA
CMP :	Code des marchés publics
CNCA :	Commission nationale des contrats de l'Administration
CND :	Commission nationale de dépouillement
CNM :	Commission nationale des marchés
CNUCED :	Commission des Nations unies pour le développement du commerce international
CNUDCI :	Commission des Nations unies pour le droit commercial international
COA :	Code des obligations de l'Administration
COCC :	Code des obligations civiles et commerciales
CPS :	Cahier de prescriptions spéciales
CRD :	Comité de règlement des différends
CS :	Cour suprême
DAO :	Dossier d'appel d'offres
DCMP :	Direction centrale des Marchés publics
DMTA :	Direction du Matériel et du transit administratif
DRP :	Demande de renseignements et de prix
DRPO :	Demande de renseignements et de prix à compétition ouverte
DRPR :	Demande de renseignements et de prix à compétition restreinte
DRPS :	Demande de renseignements et de prix simple
DTAO :	Dossier type d'appel d'offres
FORCE COVID :	Fonds de riposte et de solidarité contre les effets de la covid-19
FNR :	Fonds national de retraite
GATT :	*General Agreement on Tariffs and Trade* (Accord général sur les tarifs douaniers et le commerce)

GENIS :	Gestion et entretien par niveau de services
INCOTERMS :	(*International Commercial Terms* ou termes du commerce international) : règles officielles de la Chambre de commerce internationale pour l'interprétation des termes commerciaux
IPRES :	Institution de prévoyance retraite du Sénégal
LGDJ :	Librairie générale de droit et de jurisprudence
MOD :	Maître d'ouvrage délégué
NINEA :	Numéro d'identification national des entreprises et des associations
ODD :	Objectifs de développement durable
OFNAC :	Office national de lutte contre la fraude et la corruption
OHADA :	Organisation pour l'harmonisation en Afrique du droit des affaires
OMC :	Organisation mondiale du commerce
PGES :	Plan de gestion environnemental et social
PME :	Petites et moyennes entreprises
PMI :	Petites et moyennes industries
PNA :	Pharmacie nationale d'approvisionnement
PPM :	Plan de passation des marchés
PRM :	Personne responsable du marché
SDE :	Société des eaux
TC :	Tribunal des conflits (France)
UE :	Union européenne
UEMOA :	Union économique et monétaire ouest-africaine

PRÉFACE

L'ouvrage du Dr Moustapha Lô Diatta, *Droit des marchés publics sénégalais*, s'inscrit dans une démarche à la fois savante et pragmatique, répondant à un besoin crucial de systématisation et d'analyse critique d'une matière en perpétuelle évolution. Le droit des marchés publics, longtemps considéré comme un domaine technique et accessoire du droit administratif, a acquis une centralité incontestable dans les économies modernes, notamment en Afrique où il constitue un levier essentiel de développement et de régulation de l'action publique. Ce livre vient combler un vide doctrinal en offrant une vision exhaustive, rigoureuse et contextualisée des règles gouvernant la commande publique au Sénégal, tout en les situant dans leur environnement juridique communautaire et international.

Le Dr Diatta ne se contente pas de décrire les mécanismes juridiques ; il en révèle les fondements philosophiques et les enjeux socio-économiques. Son analyse repose sur une dialectique féconde entre le droit positif et les réalités pratiques, éclairée par une connaissance approfondie des sources normatives (nationales, communautaires, internationales) et de la jurisprudence. L'auteur démontre ainsi que le droit des marchés publics n'est pas seulement un instrument de gestion administrative, mais il est aussi un outil de politique économique, de moralisation de la vie publique et d'intégration régionale.

La structure de l'ouvrage reflète cette ambition. Le premier chapitre, consacré au *cadre normatif*, pose les jalons théoriques en exposant les sources multiples et parfois conflictuelles qui irriguent la matière. L'auteur y souligne l'influence prégnante du droit de l'UEMOA que les directives de 2005 ont profondément transformé en imposant des principes de transparence, de concurrence et de contrôle. Le dialogue entre le droit communautaire et le droit national est analysé avec finesse, notamment à travers la jurisprudence de la Cour de justice de l'UEMOA et de la Cour suprême du Sénégal, qui ont affirmé la primauté du premier sur le second.

Les chapitres suivants proposent une analyse minutieuse des étapes clés de la vie du marché public : sa *passation* (Chapitre II), son *contrôle* (Chapitre III), son *exécution* (Chapitre IV) et le *règlement des contentieux* (Chapitre V). Cette progression logique permet au lecteur de saisir les continuités et les ruptures entre les phases préparatoires, contractuelles et post-contractuelles, tout en mettant en lumière les acteurs (autorités contractantes, ARCOP, DCMP) et leurs interactions.

Ce qui distingue cet ouvrage des manuels classiques, c'est sa dimension critique. Le Dr Diatta n'hésite pas à interroger les ambiguïtés du système, comme les dérogations au Code des marchés publics – souvent source de détournements – ou les limites du contrôle *a posteriori* face aux urgences (exemple frappant des marchés Covid-19). Son analyse des arrêtés conjoints de 2023, qui exemptent certains achats de médicaments des procédures de concurrence, soulève des questions essentielles sur l'équilibre entre efficacité et légalité.

Par ailleurs, l'auteur inscrit sa réflexion dans une perspective dynamique. Il montre comment le droit des marchés publics sénégalais, influencé par les standards internationaux (OMC, Banque mondiale) et les impératifs de développement durable, évolue vers une plus grande responsabilisation des acteurs. Les innovations du Code de 2022 – achat public durable, promotion des PME – sont ainsi présentées comme des réponses aux défis de l'éthique et de l'inclusion économique.

Cet ouvrage s'adresse autant aux universitaires qu'aux praticiens. Les étudiants y trouveront une synthèse claire et pédagogique, enrichie de définitions et d'encadrés thématiques. Les professionnels (acheteurs publics, entreprises, juges) apprécieront les conseils pratiques, l'analyse des contentieux et les références aux textes en vigueur. Enfin, les décideurs politiques pourront y puiser des pistes pour réformer un système encore marqué par des lacunes (opacité des marchés de défense, lourdeurs procédurales, etc.).

En somme, le *Droit des marchés publics sénégalais* du Dr Diatta est bien plus qu'un traité : c'est une œuvre engagée, qui allie érudition et pragmatisme, et qui contribuera à nourrir le débat sur la modernisation de l'action publique en Afrique. Sa publication intervient à un moment charnière où les États africains, face aux exigences de bonne gouvernance et aux enjeux de souveraineté économique, doivent repenser leur commande publique. Ce livre deviendra sans doute une référence incontournable.

Babacar GUEYE,

Professeur agrégé des facultés de droit

Université Cheikh Anta Diop/Dakar

INTRODUCTION

Pour l'exercice de certaines activités d'intérêt général, la personne publique ne peut agir que par voie d'acte administratif unilatéral. Il en est ainsi en matière d'organisation des services publics, de police administrative, d'exercice de l'activité règlementaire, d'exercice des activités fiscales, etc. Pour d'autres activités d'intérêt général, en revanche, la personne publique peut contracter soit avec d'autres personnes publiques, soit avec les particuliers. Dans le premier cas, on peut citer comme exemples les contrats de plan entre l'État et les collectivités territoriales, les conventions entre État et collectivités territoriales en vue d'assurer le fonctionnement d'un service public ou d'orienter les interventions dans telle ou telle direction, les conventions entre collectivités territoriales dans le cadre l'intercommunalité, les contrats de performance entre l'État et les établissements publics, etc. Dans le second cas, on peut citer à titre d'exemples, notamment dans le secteur des interventions économiques, les contrats de programme, les contrats d'objectifs, les contrats de plan, les contrats d'entreprise ou de régulation conclus entre l'État et les grandes entreprises publiques pour définir des objectifs et modalités de relations ; dans la gestion du service public, les contrats de partenariat public-privé à paiement public et les contrats de partenariat public-privé à paiement par les usagers (concession, affermage, régie intéressée) ; dans le cadre de la satisfaction des besoins du service public, les contrats de recrutement, les contrats d'emprunt, les marchés publics ; dans le cadre de la gestion du domaine de l'État, les contrats d'occupation du domaine de l'État (autorisation d'occuper, bail ordinaire, bail emphytéotique, concession du droit de superficie, vente), etc.

Il faut rappeler que l'usage, « dans les relations publiques, de cet instrument essentiellement privé a depuis longtemps soulevé d'épineuses questions : le monde public est par essence celui de la norme règlementaire, de l'injonction faite à la personne privée, au nom d'impératifs collectifs, de faire ce à quoi elle n'a pas de raison individuelle de consentir, ainsi que le sait tout contribuable. Plonger dans ce monde gouverné par l'acte unilatéral un instrument conçu pour régir les relations bilatérales ne pouvait que provoquer des mélanges parfois explosifs, au moins pour la théorie »[1]. Mais ce moment est bien révolu. Théoriquement, la faculté de contracter et l'idée de puissance publique en charge de l'intérêt général ne sont pas antinomiques. Cette faculté est même nécessaire ou pratique, notamment lorsque l'Administration ne peut pas satisfaire elle-même ses propres besoins, lorsqu'elle se comporte comme un opérateur économique ordinaire et non comme une puissance publique, ou lorsqu'elle a tout simplement besoin du concours des particuliers pour mieux exécuter ou gérer une mission de service public. Dans la pratique, le développement du procédé contractuel dans l'action administrative est constant. En fait, « la contractualisation de l'action publique permet, de façon générale, de renforcer le rôle de l'État tout en faisant mieux accepter celui-ci »[2]. En effet, « le contrat est une des techniques qui sont utilisées pour accroître l'efficacité de l'administration grâce à la collaboration des intéressés. Certains y voient un moyen pour le pouvoir de mieux étendre son emprise, d'autres admettent que la place ainsi faite au consentement des intéressés introduit plus d'égalité et permet des "partenariats" rapprochant le pouvoir du citoyen »[3]. La recherche de nouveaux modes d'action publique, moins unilatéraux ou moins autoritaires, plus contractuels, s'explique aussi par la volonté de la puissance publique de réduire les déficits publics et de répondre efficacement aux besoins des usagers. La substitution du « faire faire » au « faire » opérée par les personnes publiques à travers les contrats publics de manière générale permet, en effet, « de développer des politiques d'externalisation et de contractualisation des personnes publiques pour alléger leurs structures, leurs effectifs et leurs coûts »[4].

Toutefois, tous les contrats passés par l'Administration ne sont pas nécessairement de même nature ni de même objet. L'Administration peut passer soit des *contrats de droit privé*, régis par le Code des obligations civiles et commerciales (COCC), soit des *contrats administratifs* soumis à un régime spécial, le régime de droit administratif tel que prévu par le Code des obligations de l'Administration (COA). Bien qu'ils supposent le consentement éclairé

---

1 CHABANOL, D., JOUGUELET, J.-P., BOURRACHOT, F., *Le régime juridique des marchés publics. Droits et obligations des signataires des marchés de travaux*, Paris, Éditions Le Moniteur, 2007, p. 17.

2 RICHER, L., *Droit des contrats administratifs*, 8e éd., Paris, LGDJ, 2008, p. 2.

3 RICHER, L., *op. cit.*, p. 43.

4 SARR, O., « La commande publique entre transparence et secret », *Revue des marchés publics* n° 02, 2011, p. 17.

et libre des parties, les contrats administratifs portent la marque des prérogatives de puissance publique reconnues à l'Administration. Certains contrats administratifs sont de moindre importance, de sorte que la soumission aux « règles générales applicables aux contrats administratifs »[5] suffit pour garantir leur spécificité par rapport aux contrats de droit privé : ce sont des *contrats administratifs simples*. D'autres contrats administratifs ont gagné une importance économique et stratégique à telle enseigne que les pouvoirs publics ont senti la nécessité de leur consacrer une législation ou une règlementation spéciale, donc de ne pas laisser le champ totalement libre aux parties et au juge administratif : ce sont des *contrats administratifs spéciaux*, parmi lesquels les *marchés publics*.

Le marché public est perçu comme étant « le contrat le plus anciennement règlementé »[6]. En France, la règlementation des marchés publics date de l'Ancien Régime qui avait organisé un système de passation des marchés sur adjudication. « Après la Révolution, un décret du 10 brumaire an XIV a prévu que les travaux des hospices et établissements de charité devaient être "donnés à l'adjudication" et le décret du 17 juillet 1806 a étendu cette règle aux communes. Puis, a été adopté l'article 12 de la loi du 31 janvier 1833, premier texte de portée générale, qui a servi de fondement au droit des marchés publics jusqu'au milieu du XXe siècle. Cette loi renvoyait au pouvoir règlementaire le soin de régler par ordonnance les formalités à suivre dans les marchés. »[7] Au Sénégal, la règlementation des marchés publics est plus récente. Elle remonte en 1961, bien que le *Code des marchés publics* n'apparût qu'en 2002, alors que le premier Code des marchés publics français résultait du décret du 17 juillet 1964.

De nos jours, les marchés publics « sont incontestablement d'actualité. Objets d'études, articles, de formations et d'interventions diverses, ils représentent un centre d'intérêt majeur alors que, il y a quelques années de cela, personne – doctrine, juristes, praticiens – ne s'y intéressait vraiment »[8]. Pourquoi cette soudaine évolution ? « Les facteurs d'explication ne manquent pas et sont en fait connus : multiplication des directives communautaires relatives aux marchés

---

5 CE 2 février 1983, *Union des transports publics*, *RDP* 1984, p. 212, note Auby.

6 RICHER, L., *op. cit.*, p. 357.

7 RICHER, L., *op. cit.*, p. 356.

8 PEYRICAL, J.-M., « Le paradoxe des marchés publics. Le marché public, repoussoir et modèle », *Droit administratif*, avril 2000, p. 4.

publics, redécouverte de l'impact économique de ces derniers, développement des contentieux relatifs à la passation des marchés, mais aussi émergence d'une nouvelle responsabilité – essentiellement pénale – appliquée aux acteurs de la commande publique. »[9] Paradoxalement, « à une heure où les marchés publics sont mis en avant, ils sont corrélativement le symbole des dysfonctionnements de l'administration. On retrouve là toutes les critiques régulièrement adressées à la lourdeur et à la complexité d'une règlementation qui, sans toujours être bien comprise, fait l'objet de rejets, voire de tentatives – toujours plus audacieuses – de contournements. Et puis, la médiatisation – notamment de la part de la presse écrite locale – des "affaires" relatives aux marchés publics ne favorise pas leur reconnaissance, voire leur légitimité, tout particulièrement auprès d'administrés et de gouvernés »[10]. Cela confirme l'intérêt croissant au marché public qui a « un avenir important devant lui », car il peut être « un instrument de revalorisation des politiques publiques » par lequel « les acteurs publics, et notamment les élus locaux, peuvent réaffirmer leur rôle de décideurs, et peuvent démontrer qu'ils détiennent les capacités d'assumer pleinement leurs responsabilités »[11].

S'inscrivant dans une logique d'efficacité administrative et de performance économique, les marchés publics apparaissent, dès lors, plus que jamais comme un des leviers majeurs de l'action publique tournée vers la contractualisation et le partenariat. Leur nombre et le volume des flux financiers qu'ils génèrent placent les marchés publics non seulement parmi les instruments juridiques les plus en vue aujourd'hui, mais aussi parmi les principaux instruments de financement de nos économies. Dans l'espace UEMOA, les marchés publics représentent plus de 20 % du PIB des pays membres. Au Sénégal, les marchés publics immatriculés étaient au nombre de 3998 en 2021 contre 3277 en 2020, soit une hausse de 22 %. Ils ont mobilisé un budget total de 1712 milliards de francs CFA contre 1150 milliards de francs CFA en 2020, soit une hausse de 48,8 %[12]. Certes, « au regard de l'importance de l'argent public injecté dans les travaux, les fournitures et les services, les marchés publics constituent, sans doute,

---

9 *Ibid.*
10 *Ibid.*
11 PEYRICAL, J.-M., *op. cit.*, p. 8.
12 *Rapport annuel de l'ARMP* 2021, p. 15.

une opportunité d'affaires qui attise convoitises et rivalités »[13]. Mais à travers ces marchés publics, l'État contribue de manière considérable au développement et à la promotion du secteur privé, au développement de petites et moyennes entreprises (PME) et de petites et moyennes industries (PMI) fortes, performantes et résilientes. « L'achat public est autant un acte juridique qu'un acte économique ; considéré sous ce second angle, il est un moyen d'action économique de l'État et des collectivités territoriales dont l'importance ne cesse de croître. »[14]

Aussi la sécurisation juridique des marchés publics préoccupe-t-elle tant les pouvoirs publics que les contribuables qui veulent voir les ressources publiques mobilisées gérées de manière optimale et transparente. C'est l'objet du *droit des marchés publics* qu'on peut définir comme étant l'ensemble des règles spéciales qui régissent la préparation, la passation, l'exécution, le contrôle, la terminaison des marchés publics et le règlement des différends y relatifs, en précisant les droits et obligations des parties et autres acteurs intervenants ou impliqués, ainsi que les sanctions applicables pour non-respect de ces règles spéciales. Jadis « parent pauvre du droit public »[15], ce droit des marchés publics connaît désormais une « régénérescence »[16]. Il est en effet « entré dans une nouvelle ère : les concepts de base, tels que la définition du marché et les sources du droit, les éléments du régime, tels que les modes de passation, le financement et le contrôle, ont subi une métamorphose exceptionnelle »[17]. Les facteurs d'explication de la « régénérescence » du droit des marchés publics sont à la fois juridiques et économiques.[18] Parmi les facteurs juridiques, il y a l'intervention progressive des instances communautaires bousculant les règles de la concurrence et obligeant le pouvoir normatif national à adapter les modes de passation du marché, la prolifération stupéfiante des normes nationales, ainsi que la contribution du juge communautaire et du juge national, constitutionnel et administratif, à l'élargissement du droit des

---

[13] ISSOUFOU, A., « Le droit des marchés publics : réflexion sur une discipline éclectique », in *Droit administratif : convergence ou concurrence des disciplines juridiques ? Mélanges en l'honneur de Demba SY*, tome 2, Toulouse, Presses de l'Université Toulouse 1 Capitole, 2020, p. 59.

[14] SCHULTZ, P., *Eléments du droit des marchés publics*, Paris, LGDJ, 1996, p. 16.

[15] BRISSON, J.-F., *Les fondements juridiques du droit des marchés publics*, Paris, Imprimerie Nationale, 2004, p. 415.

[16] SCHULTZ, P., *op. cit.*, p. 14.

[17] SCHULTZ, P., *op. cit.*, pp. 14-15.

[18] SCHULTZ, P., *op. cit.*, p. 17.

marchés publics.[19] Quant aux facteurs économiques, ils sont essentiellement liés au rapport de l'achat public à l'économie, nationale et locale : l'achat public étant un important moyen d'action économique de l'État, des collectivités territoriales, et des pouvoirs publics de manière générale, son succès dépend de la qualité de la règlementation des marchés publics.[20]

La question qu'on pourrait se poser est de savoir ce que cette nouvelle matière juridique a de particulier par rapport au droit général des contrats administratifs dont elle est issue. Les marchés publics ne sont-ils pas des contrats administratifs comme les autres ? La construction originale du droit des contrats administratifs selon laquelle l'égalité des parties est rompue au profit de l'Administration lorsque les exigences du service public l'imposent, cette dernière pouvant exercer des prérogatives exorbitantes à charge de verser une compensation financière au cocontractant, a-t-elle subi une entorse en ce qui concerne les marchés publics ? Les intérêts et droits de la puissance contractante sont-ils ici plus ou moins protégés ? En somme, l'enjeu économique des marchés publics va-t-il prendre le dessus sur les règles du jeu contractuel ?

Du point de vue de l'approche méthodologique, il est clair qu'une étude du droit des marchés publics doit prendre en compte l'incontestable réalité de l'imbrication et du décloisonnement des disciplines juridiques, surtout quand il s'agit d'une matière de droit public économique ou de droit public des affaires telle que le droit des marchés publics. D'après Adamou Issoufou, « si pendant longtemps, le marché public était envisagé sous l'angle quasi exclusif du droit administratif, l'on remarque que la matière a réussi à établir des connexions solides avec d'autres disciplines juridiques. La démultiplication des connexions ainsi observées entraîne la réduction de l'emprise du droit administratif et la diversification de ses angles de traitement. Mieux, le marché public constitue, aujourd'hui, l'un des terrains de prédilection du déclin de l'exorbitance du droit administratif. Il est incontestable que l'on peut, valablement, continuer à l'étudier sous l'angle classique du droit administratif puisque le marché public est un contrat administratif spécial au même titre que le contrat de partenariat public-privé, la convention de délégation de service public, etc. Mais, les approches contemporaines privilégient la mise en exergue

[19] SCHULTZ, P., *op. cit.*, p. 15.
[20] SCHULTZ, P., *op. cit.*, p. 16.

de ses connexions avec le droit communautaire, le droit budgétaire, le droit de la comptabilité publique, le droit fiscal, le droit constitutionnel, le droit public des affaires, le droit de la concurrence, le droit de l'environnement, le droit pénal, le droit des entreprises en difficulté, le droit des sûretés, le droit des assurances, le droit social et même le droit de la propriété intellectuelle »[21].

D'autre part, comme l'intitulé le précise, notre étude sera axée sur le *droit sénégalais des marchés publics*, puisque nous pensons que ce droit présente beaucoup de spécificités par rapport au droit français des marchés publics. Cette option ne nous empêche pas de convoquer, au besoin, la jurisprudence administrative française pour montrer les « connexions » entre les deux droits nationaux des marchés publics, tous fortement influencés par le *droit communautaire*, respectivement par le droit des marchés publics de l'Union européenne (UE) et par le droit des marchés publics de l'Union économique et monétaire ouest-africaine (UEMOA). Dans un souci de bonne pédagogie mais aussi de traitement global d'une matière juridique sans cesse grandissante et renouvelée, le présent ouvrage sur le *droit des marchés publics sénégalais*, dont l'objectif est d'apporter une modeste contribution à l'émergence d'une littérature juridique sénégalaise sur les marchés publics, est articulé autour de cinq (5) chapitres relatifs au cadre normatif des marchés publics (chapitre I), à la passation des marchés publics (chapitre II), au contrôle des marchés publics (chapitre III), à l'exécution des marchés publics (chapitre IV) et au règlement du contentieux des marchés publics (chapitre V).

---

21 ISSOUFOU, A., *op. cit.*, pp. 53-54.

CHAPITRE I

LE CADRE NORMATIF DES MARCHÉS PUBLICS

Sans verser dans un débat stérile sur l'autonomie du droit des marchés publics en tant que corpus homogène, source de droits et d'obligations, il est important d'apporter de prime abord des réponses précises à la question fondamentale du cadre normatif des marchés publics, c'est-à-dire des sources du droit des marchés publics (section I) et du champ d'application du Code des marchés publics (section II).

SECTION I. LES SOURCES DU DROIT DES MARCHÉS PUBLICS

Il est indiscutable que « les sources du droit des marchés publics ne sont pas aisées à délimiter étant donné qu'elles ne sont pas rassemblées dans un seul même texte. En effet, si le Code des marchés publics – caractère règlementaire – représente le texte essentiel dans ce domaine, plusieurs lois intéressent également le droit des marchés publics »[22]. En réalité, le bassin des normes régissant les marchés publics est beaucoup plus large. En effet, le droit des marchés publics tire ses règles de sources à la fois nombreuses et variées, contribuant ainsi « à la densification juridique de la matière »[23], ce qui lui a valu la qualification de « discipline juridique carrefour » ou « droit éclectique »[24]. Ce « renouvellement des sources a entraîné une profonde évolution des concepts, des définitions et des catégories

---

22 PEYRICAL, J.-M., *op. cit.*, p. 4.

23 BRISSON, J.-F., *op. cit.*, p. 415.

24 D'après Adamou Issoufou, « le droit des marchés publics est lui-même un droit éclectique, c'est-à-dire, un droit qui emprunte des éléments à plusieurs disciplines juridiques. Il est aujourd'hui immergé dans un environnement juridique hétérogène, qui prend ses racines aussi bien dans l'ordre juridique interne que dans l'ordre juridique international et communautaire » (ISSOUFOU, A., *op. cit.*, p. 53).

juridiques à l'œuvre en droit des marchés publics »[25]. On peut regrouper les sources du droit sénégalais des marchés publics en trois (3) catégories : les sources communautaires (§1), les sources internationales (§2) et les sources nationales (§3).

§1. Les sources communautaires

Dans le cadre de l'Union économique et monétaire ouest-africaine (UEMOA), l'*intégration des marchés publics* est perçue comme une composante essentielle de l'*intégration économique*[26]. C'est pourquoi, suite à la loi-type de la Commission des Nations Unies pour le droit commercial international (CNUDCI) adoptée par la résolution 49/54 du 9 décembre 1994, après la conférence d'Abidjan sur la réforme des marchés publics du 30 novembre au 3 décembre 1998 sous les auspices de la Banque africaine de développement (BAD) et suite à la

---

25 BRISSON, J.-F., *op. cit.*, p. 415.

26 En droit international public, l'*intégration* désigne le « transfert de compétences étatiques d'un État à une organisation internationale dotée de pouvoirs de décision et de compétences supranationales » (CORNU, G., *Vocabulaire juridique*, Paris, PUF, 8e éd., 2000, p. 468). L'*intégration économique* peut prendre plusieurs formes :

- la *zone de libre d'échange*, qui « est la situation internationale dans laquelle deux ou plusieurs États éliminent, dans leurs rapports mutuels, les restrictions tarifaires et non tarifaires à leurs échanges commerciaux » (CARREAU, D., JUILLARD, P., *Droit international économique*, 2e éd., Paris, 2005, p. 20) ;
- l'*union douanière*, qui « est la situation internationale dans laquelle deux ou plusieurs États, *d'une part*, éliminent, dans leurs rapports mutuels, les restrictions tarifaires et non tarifaires à leurs échanges commerciaux, et, *d'autre part*, instituent une protection commune, tarifaire et non tarifaire, dans leurs rapports avec les tiers » (CARREAU, D., JUILLARD, P., *op. cit.*, p. 21) ;
- le *marché commun*, qui « est la situation internationale dans laquelle deux ou plusieurs États, *premièrement*, éliminent, dans leurs rapports mutuels, les restrictions tarifaires ou non tarifaires à leurs échanges commerciaux ; *deuxièmement*, instituent une protection commune, tarifaire et non tarifaire, dans leurs rapports commerciaux avec les États tiers, et *troisièmement*, en supprimant toutes restrictions à la libre circulation des autres facteurs économiques, tendent à créer un milieu économique de caractère homogène » (CARREAU, D., JUILLARD, P., *op. cit.*, p. 21) ;
- l'*union économique*, qui parachève le processus d'intégration économique, en ce qu'elle traduit un fédéralisme économique dans lequel la création d'un marché unique entre deux ou plusieurs États exige une véritable unification de l'ensemble des conditions de la production et de la circulation des personnes, des biens, des capitaux et des services.

Déclaration de Paris des ministres de pays développés et de pays en voie de développement sur l'efficacité de l'aide au développement du 2 mars 2005, l'UEMOA enclencha une grande réforme du droit des marchés publics dans son espace, à travers notamment les directives n° 04/2005 et n° 05/2005 du 9 décembre 2005 du Conseil des ministres relatives aux marchés publics et aux délégations de service public. L'influence prégnante du droit communautaire sur le droit sénégalais des marchés publics[27] a connu son point d'orgue avec le décret n° 2007-545 du 25 avril 2007 portant Code des marchés publics, dont l'un des objectifs était justement de transposer ces deux directives communautaires de l'UEMOA au Sénégal. Il convient donc de préciser le contenu de ces directives communautaires de l'UEMOA relatives aux marchés publics (A) avant d'indiquer leur force juridique dans l'ordre interne sénégalais (B).

A. Les directives de l'UEMOA relatives aux marchés publics

Le Traité de l'UEMOA signé le 10 janvier 1994 à Dakar par sept (7) États d'Afrique de l'Ouest (Bénin, Burkina Faso, Côte-d'Ivoire, Mali, Niger, Sénégal, Togo), auquel la Guinée-Bissau a adhéré, a pour objectifs de : « renforcer la compétitivité des activités économiques et financières des États membres dans le cadre d'un marché ouvert et concurrentiel et d'un environnement juridique rationalisé et harmonisé ; assurer la convergence des performances et des politiques économiques des États membres par l'institution d'une procédure de surveillance multilatérale ; créer entre les États membres un *marché commun* basé sur la libre circulation des personnes, des biens, des services, des capitaux et le droit d'établissement des personnes exerçant une activité indépendante ou salariée, ainsi que sur un tarif extérieur commun et une politique commerciale commune ; (…) harmoniser, dans la mesure nécessaire au bon fonctionnement du marché commun, les législations des États membres… »[28]. Le marché commun doit donc réaliser l'ouverture de la commande publique, notamment des marchés publics, aux entreprises des États membres sans discrimination.

---

[27] Voir DRAME, B., *Droit comparé de la commande publique au sein de l'UEMOA*, Paris, L'Harmattan, 2021.

[28] Article 4 du Traité de l'UEMOA.

C'est ainsi que suite aux déclarations de la Conférence des chefs d'État et de gouvernement du 28 janvier et du 8 décembre 1999, le Conseil des ministres de l'UEMOA a d'abord pris la directive n° 02/2000/CM/UEMOA du 29 juin 2000 portant adoption du Code de transparence dans la gestion des finances publiques au sein de l'UEMOA abrogée et remplacée par la directive n° 01/2009/CM/UEMOA portant Code de transparence dans la gestion des finances publiques au sein de l'UEMOA du 27 mars 2009[29] et la décision n° 01/2000/CM/UEMOA du 29 juin 2000 portant adoption du document de conception du projet de réforme des marchés publics des États membres de l'UEMOA. Par la suite, le Conseil des ministres de l'UEMOA a adopté deux directives relatives aux marchés publics : la *directive n° 04/2005/CM/UEMOA du 9 décembre 2005* portant procédures de passation, d'exécution et de règlement des marchés publics et des délégations de service public dans l'UEMOA (a) et la *directive n° 05/2005/CM/UEMOA du 9 décembre 2005* portant contrôle et régulation des marchés publics et des délégations de service public dans l'UEMOA (b).

1. La directive n° 04/2005 du 9 décembre 2005

La *directive n° 04/2005/CM/UEMOA* du 9 décembre 2005 du Conseil des ministres de l'UEMOA harmonise les législations et les règlementations des États membres de l'UEMOA à travers l'édiction de règles communes en matière de passation, d'exécution et de règlement des marchés publics et de passation des délégations de service public. Elle s'applique :

✓ aux marchés publics « conclus par l'État, les collectivités territoriales, les établissements publics, les agences et organismes, personnes morales de droit public bénéficiant du concours financier ou de la garantie de l'État, les sociétés d'État, les sociétés à participation financière publique majoritaire et les associations formées par une ou plusieurs de ces personnes morales de droit public »[30] ;

---

[29] Aux termes du Code de transparence dans la gestion des finances publiques au sein de l'UEMOA, annexé à la directive n° 01/2009 du 27 mars 2009 de l'UEMOA : « La règlementation applicable aux passations des marchés publics et délégations de service public est conforme au présent Code de transparence ainsi qu'aux normes et meilleures pratiques internationales. » (point 1.4.)

[30] Article 4 de la Directive n° 04/2005 de l'UEMOA.

✓ aux marchés « passés par les personnes morales de droit privé agissant pour le compte de l'État, d'une collectivité territoriale, d'une personne morale de droit public, d'une société d'État, d'une société à participation financière publique majoritaire, ou d'une association formée par une ou plusieurs de ces personnes morales de droit public »[31] ; et

✓ aux marchés publics « passés par des personnes morales de droit privé, ou des sociétés d'économie mixte, lorsque ces marchés bénéficient du concours financier ou de la garantie de l'État ou d'une des personnes morales de droit public »[32].

La directive prévoit qu'une *commission d'ouverture des plis et d'évaluation des offres*, présentant toutes les garanties de professionnalisme et d'indépendance, est constituée par l'Autorité contractante, chargée de l'ouverture des plis et de la désignation du ou des attributaires provisoires. Ses membres, liés par la confidentialité des débats, ne peuvent faire l'objet de poursuite disciplinaire pour les propos tenus et les votes émis au cours des réunions.

En ce qui concerne la candidature aux marchés publics, la directive exclut de la procédure les entreprises dans lesquelles les agents publics préposés aux marchés ont des intérêts financiers, personnels ou autres liens, les entreprises en faillite, cessation d'activités, liquidation, redressement judiciaire ou autre situation similaire, et les entreprises reconnues coupables d'infraction à la règlementation des marchés publics par une décision de justice définitive en matière pénale, fiscale ou sociale, ou par une décision de l'organe de régulation des marchés publics. Hormis cette restriction, toute entreprise qui possède les capacités techniques et les capacités financières nécessaires à l'exécution d'un marché public, ainsi que l'expérience de l'exécution des contrats analogues, doit pouvoir candidater à un marché public.

Les entreprises peuvent présenter leur candidature sous forme de groupement solidaire ou conjoint, sous réserve du respect des dispositions communautaires en matière de concurrence, mais il leur est proscrit de présenter pour le même marché ou un de ses lots, plusieurs offres en agissant à la fois en qualité de candidats individuels ou de membres d'un ou plusieurs groupements. Enfin, la directive admet la possibilité, pour le titulaire d'un marché public, de sous-traiter

---

31 Article 5 de la Directive n° 04/2005 de l'UEMOA.

32 *Ibid.*

l'exécution de certaines parties de son marché, à condition d'en obtenir l'autorisation et que cette possibilité soit prévue dans le dossier d'appel d'offres, mais surtout de ne pas conduire à une modification substantielle de la qualification du titulaire après attribution du marché. Une marge de préférence ne dépassant pas 5 % peut même être accordée à une entreprise qui aura prévu de sous-traiter au moins 30 % d'un marché gagné auprès d'une collectivité territoriale ou de l'un de ses établissements publics.

En ce qui concerne les procédures de passation des marchés publics, la directive impose d'abord aux États membres de veiller à ce que les autorités contractantes élaborent des plans prévisionnels annuels de passation des marchés publics dans lesquels tous les marchés à passer par lesdites autorités contractantes doivent être inscrits, à peine de nullité. Elle indique ensuite que l'appel d'offres ouvert est la règle, le recours à tout autre mode de passation devant être exceptionnel, justifié par l'autorité contractante et être autorisé au préalable par l'organe de contrôle des marchés publics. L'entente directe reste l'exception. Les autorités contractantes peuvent avoir recours à d'autres procédures de passation, comme les procédures applicables aux marchés qui sont en dessous des seuils nationaux de passation de marchés, l'appel d'offres restreint, les procédures spécifiques aux marchés de prestations intellectuelles, la procédure applicable aux marchés à commandes, la procédure applicable aux marchés de clientèle.

Quelle qu'en soit leur nature et quel qu'en soit leur montant, les procédures nationales de passation des marchés publics sont soumises aux principes communautaires suivants : le principe de l'économie et de l'efficacité du processus d'acquisition, le principe du libre accès à la commande publique, le principe de l'égalité de traitement des candidats, de la reconnaissance mutuelle, et le principe de la transparence des procédures, et ce, à travers la rationalité, la modernité et la traçabilité des procédures.

En outre, les législations nationales doivent, d'une part, interdire toute mesure ou disposition fondée sur la nationalité des candidats de nature à constituer une discrimination à l'encontre des ressortissants des États membres de l'UEMOA, d'autre part, faire en sorte que la participation d'un soumissionnaire qui est un organisme de droit public à une procédure de passation de marché public ne cause pas de distorsion de concurrence vis-à-vis de soumissionnaires privés. Toutefois, la directive impose la préférence communautaire qui remplace les préférences nationales existant dans les États membres en matière d'attribution des marchés publics. Cette préférence communautaire doit être quantifiée sous forme de pourcentage du montant de l'offre qui ne peut en aucun cas dépasser 15 %.

La directive communautaire prévoit des règles communes concernant la publicité des projets d'achat public auxquels les autorités contractantes restent libres de ne pas donner suite, la détermination des besoins des autorités contractantes, la constitution de dossiers d'appel d'offres, l'allotissement, les spécifications techniques, la langue de la procédure, les délais de réception des offres, la présentation des offres, l'ouverture des plis, ainsi que l'évaluation et l'attribution des marchés. La directive communautaire pose également la règle de l'interdiction des négociations entre l'autorité contractante et le soumissionnaire ou l'attributaire sur l'offre soumise, sauf dans le cadre de l'entente directe, et les règles communes en matière de signature, d'approbation et d'entrée en vigueur du marché public dans les États membres. Les marchés publics, selon la qualité de l'Autorité contractante, sont transmis à une autorité approbatrice, centrale ou déconcentrée, obligatoirement distincte de l'autorité signataire, et qui a pour fonction d'en assurer l'approbation.

La directive communautaire fixe également un certain nombre de règles communes en matière d'exécution des marchés publics. Ces règles communes portent sur la passation d'un avenant au marché : l'avenant est obligatoire dès qu'il y a un changement dans la masse des travaux, fournitures ou prestations en application des conditions déterminées par les règlementations nationales et mentionnées dans les cahiers des charges ; l'avenant est soumis à l'autorisation de l'organe de contrôle des marchés publics ; le montant d'un ou des avenants ne doit pas dépasser 30 % du montant de la masse des travaux, au-delà, il est passé un nouveau marché. Les règles communes portent aussi sur les pénalités applicables en cas de non-respect des délais contractuels, la résiliation du marché et l'ajournement des travaux, fournitures ou prestations par l'autorité contractante avant leur achèvement.

Enfin, en matière de règlement du marché, les règles communes prévues par la directive communautaire concernent les caractères et modalités du prix. Les prix des marchés sont réputés couvrir toutes les dépenses qui sont la conséquence nécessaire et directe des travaux, fournitures ou services, et notamment les impôts, droits et taxes applicables, sauf lorsqu'ils sont exclus du prix du marché en vertu du commerce retenu ; ils sont réputés aussi assurer au titulaire un bénéfice ; ils sont soit des prix unitaires, soit des prix forfaitaires, soit une combinaison des deux, soit des prix sur dépenses contrôlées ; ils peuvent être des prix fermes lorsque l'évolution prévisible des conditions économiques n'expose ni le titulaire du marché ni l'autorité contractante à des aléas importants, ou des prix révisables en vertu d'une clause de révision du prix prévue par le marché. Le règlement du marché s'effectue sous forme de versements soit à titre d'avances ou d'acomptes, soit à titre de règlement partiel définitif ou pour solde.

2. La directive n° 05/2005 du 9 décembre 2005

La *directive n° 05/2005/CM/UEMOA* du 9 décembre 2005 du Conseil des ministres de l'UEMOA harmonise et réforme les mécanismes nationaux de contrôle et de régulation des procédures de passation des marchés publics et des délégations de service public au travers l'adoption d'un cadre de référence définissant les principes et les modalités de mise en œuvre des fonctions, mécanismes et procédures de contrôle et de régulation des marchés publics et délégations de service public dans l'UEMOA. Ainsi, les États membres de l'UEMOA doivent mettre en place :

- ✓ des procédures et mécanismes garantissant la séparation et l'indépendance des fonctions de contrôle et de régulation des marchés publics et des délégations de service public ;
- ✓ des entités administratives centrales, déconcentrées, ainsi que décentralisées de contrôle des marchés publics et des délégations de service public ;
- ✓ des mécanismes institutionnels et opérationnels de régulation qui ne peuvent pas être dévolus aux entités administratives chargées des fonctions de contrôle des marchés publics et des délégations de service public et qui doivent garantir une régulation indépendante des marchés publics et des délégations de service public et une représentation tripartite et paritaire de l'Administration, du secteur privé et de la société civile.

En outre, les États membres de l'UEMOA doivent mettre en place un dispositif d'éthique et de sanction des agents publics et de toute personne qui intervient, à quelque titre que ce soit, dans la chaîne de passation des marchés publics et des délégations de service public, coupables de pratiques frauduleuses ou d'actes de corruption.

B. La force juridique des directives de l'UEMOA relatives aux marchés publics dans l'ordre interne

Technique d'harmonisation des législations nationales, la *directive communautaire* est une norme communautaire qui lie tout État membre de l'UEMOA quant aux résultats à atteindre[33], à charge pour les États membres d'en déterminer la forme et les modalités. « Elle représente une méthode de législation à deux étages qui s'apparente à la technique de la loi-cadre complétée par des décrets d'application. En cela, elle constitue un instrument original qui paraît particulièrement bien adapté à la complémentarité des niveaux étatique et communautaire (...) en ce qu'elle combine une norme communautaire fixant un objectif à atteindre et une mise en œuvre par les États membres qui conservent la compétence pour choisir la forme et les moyens. »[34] La directive communautaire n'a pas de portée générale mais ne lie que ses destinataires ; elle n'est pas, en principe, directement applicable dans les États membres.

Les directives communautaires imposent d'abord aux États membres de l'UEMOA une *obligation de transposition* : « Dans un délai de deux (2) ans à compter de la mise en vigueur de la présente Directive, les États membres prennent les dispositions législatives, règlementaires et administratives pour se conformer à celle-ci. Ils en informent immédiatement la Commission. Les États membres communiquent à la Commission le texte des dispositions de droit interne déjà adoptées ou qu'ils adoptent dans les matières régies par la présente Directive. »[35] La Commission de l'UEMOA est chargée du suivi de l'application des directives de l'UEMOA sur les marchés publics par les États membres. Les directives communautaires bénéficient ensuite du *principe de primauté du droit communautaire* sur les droits nationaux inscrit à l'article 6 du Traité de l'UEMOA : « Les actes arrêtés par les organes de l'Union pour la réalisation des objectifs du présent Traité et conformément aux règles et procédures instituées par celui-ci, sont appliqués dans chaque État membre nonobstant toute législation nationale contraire antérieure ou postérieure. » Dans son arrêt du 8 juillet 2020, *Commission de l'UEMOA c/Décision n° 19-287*

[33] Article 43 du Traité de l'UEMOA.

[34] ISAAC, G., BLANQUET, M., *Droit général de l'Union européenne*, 9e éd., Paris, Sirey, 2006, p. 205.

[35] Article 93 de la Directive n° 04/2005 de l'UEMOA et article 14 de la Directive n° 05/2005 de l'UEMOA.

du 22 août 2019 de la Cour constitutionnelle du Bénin, la Cour de justice de l'UEMOA[36] a affirmé « que le sens et la portée de cette disposition sont établis dans la jurisprudence de la Cour de Justice de l'Union ainsi qu'il suit : "*La primauté bénéficie à toutes les normes communautaires, primaires comme dérivées, immédiatement applicables ou non, et s'exerce à l'encontre de toutes les normes nationales, administratives, législatives, juridictionnelles et, même, constitutionnelles parce que l'ordre juridique communautaire l'emporte dans son intégralité sur les ordres juridiques nationaux. Les États ont le devoir de veiller à ce qu'une norme de droit national incompatible avec une norme de droit communautaire qui répond aux engagements qu'ils ont pris, ne puisse pas être valablement opposée à celle-ci*" ; Que cette obligation est le corollaire du principe de la supériorité de la norme communautaire sur la norme interne ; qu'ainsi, le juge national, en présence d'une contrariété entre le droit communautaire et une règle de droit interne, devra faire prévaloir le premier sur la seconde en appliquant l'un et en écartant l'autre ».

Au Sénégal, la jurisprudence a clairement reconnu la primauté des directives communautaires de l'UEMOA relatives aux marchés publics sur le Code des marchés publics. En effet, dans son arrêt du 5 mai 2009, *État du Sénégal c/ARMP, Comité de Règlement des Différends de l'ARMP, Agence Autonome des Travaux Routiers (AATR)*, la Cour suprême a déclaré : « s'il est vrai que le comité ne peut annuler le décret portant Code des marchés publics, il reste qu'il peut écarter des dispositions contraires aux directives n° 4 et 5 en vertu du principe de la primauté du droit communautaire sur la législation nationale ». En l'espèce, la Cour suprême a estimé que conformément à la directive n° 05/2005 de l'UEMOA, « il est consacré une séparation des pouvoirs de régulation et de contrôle des marchés publics dès lors que l'Autorité de régulation des marchés publics (ARMP), autorité administrative indépendante ayant une autonomie financière, est distincte de la Direction centrale des marchés publics (DCMP), autorité administrative chargée du contrôle *a priori* de la passation des marchés, rattachée au ministère de l'Économie et des Finances, sans préjudice au demeurant

[36] La Cour de justice de l'UEMOA avait été saisie par requête du président de la Commission de l'UEMOA aux fins de la mise en œuvre de l'article 14 du Protocole additionnel n° 1 relatif au contrôle des organes de l'UEMOA, suite à la décision n° 19-287 du 22 août 2019 de la Cour constitutionnelle du Bénin interprétant de manière erronée les dispositions du Règlement de l'UEMOA du 25 septembre 2014 relatives à l'exercice de la profession d'avocat.

des dispositions législatives et règlementaires relatives au contrôle des dépenses » ; qu'en outre, « le représentant du contrôle financier ne saurait être pris comme un des observateurs prévus par l'article 14 de la directive, mais plutôt comme membre ayant voix consultative aux termes des dispositions des articles 37, 38 et 39 combinés du Code des marchés publics ».

§2. Les sources internationales

Les sources internationales du droit sénégalais des marchés publics sont constituées par les différents traités et accords internationaux touchant les marchés publics dont s'inspire l'État du Sénégal à défaut d'en être partie.

Il s'agit d'abord de l'*Accord sur les marchés publics* (AMP) de l'Organisation Mondiale du Commerce (OMC)[37] du 15 avril 1994, qui vise à garantir que les procédures et pratiques concernant la passation des marchés publics soient régies par des principes de transparence, de non-discrimination et d'équité. Contrairement à l'Accord sur les marchés du GATT de 1981, l'AMP de 1994 a élargi son champ d'application aux entités territoriales, en plus de l'État, à certaines entités des secteurs de l'eau, de l'électricité, des transports urbains, des ports et aéroports ayant le statut d'entreprises publiques, aux travaux et aux services. Ainsi, les fournisseurs de biens et services étrangers doivent bénéficier d'un traitement aussi favorable que celui accordé aux fournisseurs de biens et services nationaux dans les procédures de passation des marchés (*clause du traitement national*). L'Accord prévoit aussi le bénéfice de la *clause de la nation la plus favorisée* : chaque État accordera immédiatement et sans condition, aux produits et services des autres États et à leurs fournisseurs, un traitement qui ne sera pas moins favorable que le traitement accordé aux produits et services de tout autre État et à ses fournisseurs. Enfin, l'Accord règlemente la procédure d'adjudication, prévoit le recours à des

---

[37] Pour rappel, les négociations de l'*Uruguay Round* lancées en 1986 à *Punta del Este* (Uruguay) ont abouti à la signature de l'Accord de Marrakech (Maroc) du 14 avril 1994. Cet accord institue l'Organisation mondiale du commerce (OMC) qui a transformé le GATT (Accord général sur les tarifs et le commerce) de 1944 en une véritable organisation internationale en charge du commerce international (marchandises et services). L'Accord de Marrakech comprend également 4 accords plurilatéraux signés par quelques États signataires de l'Accord instituant l'OMC, dont l'Accord sur les marchés publics (AMP).

spécifications techniques dans les appels d'offres, les conditions relatives à la capacité à soumissionner, la publication des avis d'appel d'offres, les délais, le dépôt, la réception et l'ouverture des soumissions, les documents d'information des candidats aux appels d'offres, et les conditions d'attribution des marchés[38]. Cependant, en tant qu'accord plurilatéral, l'AMP « ne lie pas tous les signataires du GATT et membres de l'OMC, mais seulement ceux qui l'ont signé séparément, soit 36 États »[39]. Le Sénégal n'en fait pas partie mais s'en est inspiré.

Il s'agit ensuite de la *loi type de la Commission des Nations Unies pour le droit commercial international (CNUDCI) sur la passation des marchés publics* du 1er juillet 2011, qui prévoit des procédures et des principes visant à garantir le meilleur rapport qualité-prix et à empêcher les abus dans le processus de passation, notamment le principe de la transparence, et promeut l'objectivité, l'équité, la participation, la concurrence et l'intégrité pour permettre la réalisation de ces objectifs.

Il s'agit enfin du *Règlement de passation des marchés de la Banque mondiale pour les Emprunteurs sollicitant le financement de projets d'investissements* (FPI). La Banque mondiale s'est dotée d'un nouveau cadre de passation des marchés approuvé par le Conseil des administrateurs en juillet 2015 et entré en vigueur le 1er juillet 2016, qui régit la passation des marchés attribués dans le cadre des projets financés par la Banque mondiale. Il est rappelé, dans ce Règlement, que c'est conformément à l'exigence selon laquelle la Banque mondiale est tenue par ses Statuts de « prendre les dispositions pour assurer que les sommes provenant de tout prêt soient consacrées exclusivement aux objets pour lesquels le prêt a été accordé, en tenant dûment compte des considérations d'économie, de rendement, et sans laisser intervenir des influences ou considérations politiques ou extra-économiques », et à d'autres règles applicables à cette institution financière que la Banque mondiale a adopté le Règlement de passation des marchés pour les Emprunteurs sollicitant de la Banque mondiale un FPI qui régit la passation des marchés de fournitures, de travaux, de services autres que les services de consultants, et des services de consultants pour les opérations de FPI devant être financées, en tout ou en partie, par la Banque. Il y est également indiqué que le Règlement « est guidé par les

---

[38] SOKOLOFF, P., *Marchés publics, délégations de service public et autres contrats de partenariat public-privé des collectivités locales*, 2e éd., Londres, Paris, New York, 2004, pp. 115-116.

[39] RICHER, L., *op. cit.*, p. 377.

principes fondamentaux suivants de passation des marchés : optimisation des ressources, économie, intégrité, adaptation aux besoins, efficacité, transparence et équité ».

Le Règlement contient des règles en matière de passation des marchés qu'il propose aux Emprunteurs pour arriver à la meilleure approche pour aborder le marché. Il prévoit ainsi que : « L'Emprunteur est responsable de la conduite des activités de passation des marchés financés par la Banque conformément au présent Règlement de Passation des Marchés. Cela consiste notamment à préparer, planifier, solliciter et évaluer les Candidatures/Prix/Offres/Propositions, et à attribuer et gérer les marchés et contrats. L'Emprunteur doit conserver l'ensemble des documents et pièces relatives à la passation des marchés et aux contrats financés par la Banque, conformément aux dispositions de l'Accord juridique. » De son côté, la Banque mondiale, pour s'assurer que ses fonds ne sont utilisés qu'aux fins prévues par le financement accordé, « s'acquitte de ses fonctions en matière de passation des marchés, dont l'appui à la mise en œuvre, le suivi et le contrôle de la passation des marchés, sur la base d'une approche basée sur les risques ». Ainsi, « pour chaque projet financé dans le cadre d'un FPI, la Banque oblige l'Emprunteur à élaborer une Stratégie de passation des marchés du projet pour promouvoir le développement (PPSD) », qui traite de la façon dont les activités de passation des marchés aideront à atteindre les objectifs de développement du projet et à optimiser l'utilisation des ressources en appliquant une approche basée sur les risques, et un Plan de passation des marchés « pendant la préparation du projet ; la Banque examine la PPSD et approuve le Plan de Passation des marchés avant la fin de la négociation du prêt ».

En ce qui concerne l'éligibilité aux marchés, la Banque mondiale « autorise les entreprises et personnes physiques éligibles de tous les pays à proposer des Fournitures, Travaux, Services autres que des Services de Consultants et Services de Consultants pour les projets qu'elle finance ». Lorsque le marché concerné « est intégralement ou partiellement financé par la Banque, l'Emprunteur ne peut refuser la participation d'un Candidat/Soumission/Proposant/Consultant, ni l'attribution d'un marché à l'un d'entre eux pour des motifs autres que a) les capacités et les ressources dont il dispose pour bien exécuter le contrat ou b) les situations de conflit d'intérêts ». Toutefois, les entreprises ou personnes physiques d'un pays membre ou les fournitures fabriquées dans ce pays peuvent être exclues si les textes législatifs et règlementaires du pays de l'Emprunteur interdisent les relations commerciales avec ledit pays membre, pourvu que cette exclusion n'empêche pas le jeu efficace de la concurrence, si en application d'une décision du Conseil de sécurité au titre du Chapitre VII de la Charte des Nations Unies, le pays de l'Emprunteur interdit toute importation de fournitures en provenance, ou tout paiement à destination d'un pays, d'une personne physique, d'une entreprise ou autre entité donnée. Les entreprises ou institutions publiques (EIP) du pays de l'Emprunteur sont également « admises à concourir et à être attributaires de marché dans ledit pays uniquement si elles peuvent établir d'une façon jugée acceptable par la Banque i) qu'elles sont juridiquement et financièrement autonomes ; ii) qu'elles opèrent selon les règles du droit commercial ; et iii) qu'elles ne relèvent pas de l'organisme retenant leurs services ». Cependant, sont exclues des marchés les entreprises ou personnes physiques déclarées inéligibles ou sanctionnées pour corruption et, à la demande de l'Emprunteur, les entreprises ou personnes physiques sous le coup d'une mesure d'exclusion des marchés prise par les autorités judiciaires ou administratives compétentes du pays de l'Emprunteur, etc. Le Règlement est complété par des dossiers types de passation de marchés et des Guides à l'intention des États Emprunteurs avec lesquels la Banque mondiale a conclu un *Accord juridique* prévoyant un prêt au titre d'un projet et comprenant le Plan de passation des marchés et tous les autres documents auxquels l'Accord fait référence[40].

De manière générale, constituent des sources internationales du droit des marchés publics tous les instruments internationaux de protection des droits de l'homme, qu'ils soient universels, régionaux ou sous-régionaux, ainsi que la jurisprudence des juridictions communautaires ou internationales en matière de droits de l'homme : la Cour européenne des droits de l'homme avait admis que le droit de soumissionner à un marché public constituait un droit de caractère civil, au sens de l'article 6, § 1 de la Convention européenne de sauvegarde

---

[40] L'Accord juridique entre la Banque mondiale et l'Emprunteur est défini comme étant « chaque accord conclu avec la Banque prévoyant un prêt au titre d'un projet, comprenant le Plan de Passation des Marchés et tous les autres documents auxquels l'accord fait référence. Si la Banque conclut un accord de projet avec une entité chargée de la mise en œuvre du projet, ce terme inclut l'accord de projet » (*Règlement de passation des marchés de la Banque mondiale pour les Emprunteurs sollicitant le Financement de projets d'investissements [FPI] de la Banque mondiale*).

des droits de l'homme (Cour européenne des droits de l'homme 1er juillet 1998, *Tinnelly*)[41].

§3. Les sources nationales

Le droit sénégalais des marchés publics tient ses règles nationales des sources constitutionnelles (A), du Code des obligations de l'Administration (COA) (B), des principes généraux du droit et de la jurisprudence (C), du Code des marchés publics (D), ainsi que des marchés publics eux-mêmes conclus entre les parties (E). Sans en être une source reconnue, la doctrine administrative joue un rôle non négligeable dans la compréhension de ce droit (F).

A. Les sources constitutionnelles

À l'instar des autres branches du droit administratif, le droit des marchés publics est soumis au droit constitutionnel textuel et jurisprudentiel. En France, l'intervention du *droit constitutionnel des marchés publics* a porté sur la répartition des compétences entre la loi et le règlement dans la détermination des règles applicables aux marchés publics. Le Conseil constitutionnel et le Conseil d'État français se sont alignés sur la compétence traditionnelle du *pouvoir règlementaire* en matière de marchés publics, en faisant valoir que « ni l'article 34 de la Constitution ni aucune règle de valeur constitutionnelle n'exigent que les conditions de passation des marchés et contrats passés par l'État soient définies par la loi » (CC., décision n° 2002-460 du 22 août 2002, CE Ass., 5 mars 2003, *Ordre des avocats à la Cour de Paris*).

D'autre part, le Conseil constitutionnel français a érigé le principe de l'égalité devant la loi et le principe de libre administration des collectivités locales en principes constitutionnels (CC, décision n° 2001-452 du 6 décembre 2001), la liberté contractuelle en principe à valeur constitutionnelle (CC, décision n° 2000-437 du 19 décembre 2000), le *principe d'égal accès à la commande publique* englobant les principes de liberté d'accès, d'égalité de traitement des candidats et de transparence des procédures en « exigence constitutionnelle » (CC,

---

[41] BRACONNIER, S., *Précis du droit des marchés publics*, 3e éd., Paris, Éditions du Moniteur, 2009, p. 54.

décision n° 2003-473 du 26 juin 2003). Tous ces principes sont applicables aux marchés publics.

Au Sénégal, la Constitution du 22 janvier 2001 modifiée contient des principes applicables aux marchés publics, notamment le principe de transparence dans la conduite des affaires publiques, le principe de bonne gouvernance, le principe de non-discrimination et le principe d'égalité des êtres humains devant la loi. Sur la compétence de la loi ou du règlement pour déterminer les règles applicables aux marchés publics, elle indique que la loi détermine les principes fondamentaux « du régime de la propriété, des droits réels et des obligations civiles et commerciales »[42]. *A contrario*, il appartiendrait au règlement de déterminer les principes fondamentaux et les règles concernant les *obligations administratives*. Malgré cette rédaction, le législateur est intervenu pour déterminer les règles concernant les obligations administratives à travers la loi n° 65-51 du 19 juillet 1965 portant Code des obligations de l'Administration (COA). Cependant, l'importance des marchés publics est telle que depuis 1961 une règlementation spéciale des marchés publics est prévue par décret.

B. Le Code des obligations de l'Administration (COA)

La loi n° 65-51 du 19 juillet 1965 portant Code des obligations de l'Administration (COA) modifiée par la loi n° 2006-16 du 30 juin 2006 contient des dispositions générales applicables à tous les contrats administratifs, y compris les marchés publics dont elle fixe les principales règles, laissant au décret règlementant les marchés publics le détail.

D'abord, la loi énonce un principe général selon lequel « Les personnes administratives choisissent librement les modes de conclusion de leurs contrats sauf dans les cas où des dispositions législatives ou règlementaires imposent des procédures particulières »[43]. Ainsi, en ce qui concerne les marchés publics, non seulement les acheteurs publics doivent en principe recourir à *l'appel d'offres ouvert*, mais aussi, la conclusion des marchés publics « doit respecter *les principes de liberté d'accès à la commande publique, d'égalité de traitement des candidats et de transparence des*

[42] Article 67 de la Constitution du Sénégal.
[43] Article 23 nouveau du COA.

procédures »[44] ; la violation de ces principes fondamentaux est sanctionnée par la nullité de la procédure de passation ou du marché public conclu[45]. Ensuite, la loi habilite l'autorité règlementaire à fixer par décret les règles régissant la passation, l'approbation, l'exécution et le contrôle des marchés[46]. Enfin, la loi crée une *Autorité de régulation des marchés publics* (ARMP), autorité administrative indépendante bénéficiant de l'autonomie administrative et financière, dont les ressources, la composition, les compétences et les règles de fonctionnement sont fixées par décret, et prévoit également la mise en place d'une *structure administrative* spécialement dédiée au contrôle *a priori* des procédures de passation des marchés publics entre autres.

Suite à la loi n° 2021-23 du 02 mars 2021 relative aux contrats de partenariat public-privé qui a placé ces contrats dans le champ de compétence de l'Organe de Régulation de la commande publique et élargi la notion de contrat de partenariat aux délégations de service public, la loi n° 65-51 du 19 juillet 1965 portant Code des obligations de l'Administration (COA) est à nouveau modifiée par la loi n° 2022-07 du 19 avril 2022 qui dissout l'Autorité de régulation des marchés publics (ARMP) et crée une nouvelle entité administrative indépendante, dénommée *Autorité de régulation de la commande publique (ARCOP),* dont les missions et les pouvoirs sont fixés par décret. L'ARCOP bénéficie de la personnalité morale et de l'autonomie administrative et financière. Elle intervient, entre autres, dans le traitement du contentieux né de la préparation, de l'attribution et de l'exécution des marchés publics et des contrats de partenariat public-privé. Elle mène aussi des missions d'audit et d'enquête dans le cadre de la commande publique (marchés publics, contrats de partenariat public-privé à paiement public et contrats de partenariat public-privé à paiement par les usagers).

C. Les principes généraux du droit et la jurisprudence

Malgré le développement fulgurant du droit écrit, le juge administratif continue de jouer un rôle non négligeable dans

---

[44] Article 24 nouveau du COA.
[45] Article 24 nouveau du COA.
[46] Article 25 nouveau du COA.

l'élaboration des règles générales du contrat administratif[47] à travers les décisions de justice définitives et les principes généraux du droit qu'il constate et qui s'imposent au Code des marchés publics, aux marchés publics et aux parties. En France, le Conseil d'État a estimé que les principes de liberté d'accès à la commande publique, d'égalité de traitement des candidats et de transparence des procédures prévues par l'article 1er du Code des marchés publics, sont des principes généraux qui s'appliquent à tous les marchés publics (CE, avis du 29 juillet 2002, *Société MAJ Blanchisseries de Pantin*), pendant que le Conseil constitutionnel érige le principe de transparence en « objectif constitutionnel » (CC, décision du 20 janvier 1993), puis en principe du droit de la commande publique (CC, 26 juin 2003, *loi habilitant le Gouvernement à simplifier le droit*). Le Conseil constitutionnel a aussi consacré le principe d'égal accès aux marchés publics (CC, 6 décembre 2001, *loi MURCEF*[48]). Ainsi, « en dépit de la place considérable occupée par la règlementation et ses évolutions, le droit des marchés publics est en train de subir une mutation, une sorte de promotion qui tient à la progression des principes généraux »[49]. De la même manière, malgré « l'existence d'une règlementation très fournie et, notamment, d'un Code des marchés publics, la matière des contrats n'a pas échappé à l'influence de la jurisprudence administrative. D'abord, parce que le Code des marchés publics n'a qu'une valeur règlementaire, ensuite, parce que ce document n'a pas vocation à régir tous les aspects de la commande publique »[50].

D. Le Code des marchés publics (CMP)

En dehors du Code des obligations de l'Administration, l'essentiel des règles du droit des marchés publics se trouve dans le Code des marchés publics. Cette règlementation des marchés publics se caractérise d'abord par sa complexité : il est « bien difficile de faire la

---

47 « Régime de droit public, le régime du contrat administratif est principalement d'origine jurisprudentielle, mais la théorie a été élaborée par les efforts de la jurisprudence et de la doctrine. Les textes législatifs et règlementaires n'y ont contribué que pour une moindre part et surtout pour reprendre à leur compte des notions déjà définies par ailleurs. » (RICHER, L., *op. cit.*, p. 3.)

48 Loi n° 2001-1168 du 11 décembre 2001 portant mesures urgentes de réformes à caractère économique et financier (France).

49 RICHER, L., *op. cit.*, p. 358.

50 BRISSON, J.-F., *op. cit.*, p. 181.

distinction entre les dispositions dites "d'ordre public" (dispositions relatives à la publicité, à la concurrence et au traitement égalitaire des candidats), les dispositions impératives et celles simplement indicatives du Code, ce qui, dans certains cas (…) traduit un flou juridique qui ne favorise pas la sécurité juridique des opérations »[51]. Elle se caractérise ensuite par son instabilité avec « un phénomène d'inflation textuelle qui, là encore, ne sécurise pas les acteurs de la commande publique »[52]. La règlementation des marchés publics actuellement en vigueur est contenue dans le *décret n° 2022-2295 du 28 décembre 2022 portant Code des marchés publics* abrogeant et remplaçant le décret n° 2014-1212 du 22 septembre 2014 portant Code des marchés publics (CMP), lui-même modifié notamment par le décret n° 2020-22 du 07 janvier 2020, le décret n° 2020-876 du 25 mars 2020, le décret n° 2021-847 du 24 juin 2021, le décret n° 2021-383 du 29 mars 2021 et le décret n° 2022-1538 du 12 août 2022.

Le Code des marchés publics actuel, qui a apporté quelques innovations, n'est que le résultat d'une évolution jalonnée de réformes qui remonte à l'indépendance du Sénégal jusqu'à nos jours et au cours de laquelle la règlementation des marchés publics s'est élargie, bonifiée et consolidée. Il est important de retracer cette évolution de la règlementation des marchés publics (1) avant de montrer la valeur juridique du Code des marchés publics (2).

1. L'évolution du Code des marchés publics

Deux grandes phases peuvent être distinguées dans la trajectoire du Code des marchés publics : la période antérieure au décret n° 2007-545 du 25 avril 2007 portant Code des marchés publics abrogeant et remplaçant le décret n° 2002-550 du 30 mai 2002 portant Code des marchés publics, et la période postérieure marquée par la communautarisation de la règlementation nationale des marchés publics, c'est-à-dire l'arrimage de la règlementation nationale des marchés publics aux directives du Conseil des ministres de l'UEMOA relatives aux marchés publics du 19 décembre 2005.

---

[51] PEYRICAL, J.-M., *op. cit.*, p. 5.
[52] *Ibid.*

a. Avant l'avènement du Code des marchés publics de 2007

Avant 2007, la règlementation nationale des marchés publics était, tout au début de l'indépendance, dispersée dans des textes juridiques épars, avant d'être unifiée à partir de 1963.

➢ *L'éparpillement des règlementations sur les marchés publics*

« La règlementation de l'achat public au Sénégal plonge ses racines dans le terreau des textes qui régissaient la vie des colonies. Elle s'est par la suite accrochée irréversiblement au train des réformes qui ont jalonné la construction de l'État devenu souverain. »[53] Jusqu'en 1961, en effet, l'achat public au Sénégal était soumis aux dispositions du décret n° 49-500 du 11 avril 1949 portant application, pour les territoires relevant du ministère de la France d'outre-mer, du décret du 06 avril 1942 relatif aux marchés passés au nom de l'État[54]. Cette règlementation coloniale des marchés publics prévoyait certes l'obligation de publicité des avis d'appel d'offres et d'adjudication mais elle reconnaissait à l'autorité administrative un pouvoir discrétionnaire dans l'attribution des marchés publics qui étaient « réservés aux personnes, compagnies, établissements ou sociétés de nationalité française ».

En 1961, une règlementation nationale de l'achat public apparut « sous la forme de décrets spéciaux règlementant des aspects spécifiques de la passation des marchés »[55]. Il s'agissait du :

✓ décret n° 61-085 du 28 février 1961 régissant certains achats effectués sur le budget de l'État ;

✓ décret n° 61-126 du 23 mars 1961 relatif au fonctionnement de la commission des marchés ;

✓ décret n° 61-185 du 02 mai 1961 attribuant concomitamment le pouvoir d'approbation au ministre des Finances pour les marchés imputés sur le budget de l'État et au ministre du Plan pour les marchés gagés sur les ressources provenant de la coopération internationale et les marchés relatifs au fonds routier.

---

[53] DIOP, M., « L'évolution des marchés publics au Sénégal. Repères historiques et faits marquants », *Revue des marchés publics* n° 15, 2013, p. 14.

[54] D'après Mansour DIOP, « ce texte était le dernier de l'ère coloniale. Son examen révèle qu'il constitue la source d'inspiration première des textes nationaux ; on y trouve en effet des dispositions demeurées inchangées jusqu'à nos jours » (*ibid.*).

[55] *Ibid.*

➢ *L'unification des règlementations sur les marchés publics*

Pour la première fois, le décret n° 63-031 du 22 janvier 1963 relatif aux marchés passés au nom de l'État et des établissements publics tenta d'unifier les règlementations éparpillées des marchés publics. Il fut abrogé et remplacé par le décret n° 67-697 du 16 juin 1967 portant règlementation des marchés administratifs, dont l'objet était de rassembler les textes règlementaires régissant les achats de l'État, des établissements publics et des communes.

La loi n° 65-51 du 19 juillet 1965 portant Code des obligations de l'Administration énumérait, au départ, « les trois principaux modes de passation des contrats administratifs : l'adjudication, dans laquelle l'Administration n'est pas libre de choisir le cocontractant, l'entente directe où elle retrouve la liberté de choix, et un mode intermédiaire, l'appel d'offres »[56]. Par la suite, le décret n° 67-697 du 16 juin 1967 portant règlementation des marchés administratifs prévoyait les règles complémentaires applicables aux modes de passation des marchés publics suivants :

✓ l'*adjudication* : faisant appel à la concurrence entre les entreprises privées, elle a été pendant longtemps le principal mode de conclusion des contrats ; en effet, après appel à soumission à toutes les entreprises (à l'exception de celles dont l'Administration entend écarter la candidature pour défaut de garanties financières ou professionnelles suffisantes) et large publicité, le marché public était attribué à l'entreprise qui a proposé le prix le plus bas ou qui a consenti le plus fort rabais ; la séance d'adjudication était publique, les offres étaient lues, et les résultats étaient proclamés oralement ;

✓ l'*entente directe* ou marché de *gré à gré* : cette procédure permettait à l'Administration contractante de choisir librement son cocontractant, dans les conditions du droit commun, à condition d'organiser une publicité et de lancer un appel à la concurrence ; elle pouvait être utilisée par l'Administration pour des objets non susceptibles d'appel à la concurrence, pour des contrats d'essais ou d'études, lorsque le cocontractant ne pouvait être qu'unique, ou encore, pour les marchés publics d'un montant inférieur à 5 millions de FCFA ;

✓ l'*appel d'offres* : il faisait appel à la concurrence entre les entreprises privées et à des mesures de publicité, mais ici,

---

[56] GAUTRON, J.-C., ROUGEVIN-BAVILLE, M., *Droit public du Sénégal*, Paris, Éditions A. Pedone, 1970, p. 274.

l'Administration contractante gardait son entière liberté de choix de l'attributaire du marché public.[57]

Analysant le contenu du décret n° 63-031 du 22 janvier 1963 relatif aux marchés passés au nom de l'État et des établissements publics et du décret n° 67-697 du 16 juin 1967 portant règlementation des marchés administratifs, Mansour Diop remarque « les aspects suivants : le caractère non public des séances d'ouverture des plis « les candidats n'y sont pas admis » (article 36 du décret 67) ; l'adjudication est consacrée comme mode par principe de la passation tandis que l'appel d'offres est pour l'essentiel réservé aux marchés dont le montant excède 50 millions (article 28 du décret 63 et article 35 du décret 67) ; l'inexistence de règles précises en matière d'attribution de marchés sur appel d'offres. À ce propos, la circulaire n° 39 du 13 mai 1968 portant application du décret 67 se borne à prescrire d'étudier les offres en se limitant à la conformité de celles-ci avec le dossier technique d'appel à la concurrence pour le cas général où les prestations sont rigoureusement définies ; et à justifier le choix pour le cas particulier où il est tenu compte des différences de qualité entre les offres et qu'il n'a pas été retenu la proposition la moins disante (articles 29 du décret 63, et 36 du décret 67) »[58].

Du point de vue institutionnel, une *Commission nationale des marchés* (CNM) a été mise en place, chargée du contrôle *a priori* des marchés publics. Le système de passation des marchés était très centralisé. En effet, les marchés de l'État, des communes et des établissements publics d'un montant égal ou supérieur à 50 millions de francs CFA étaient soumis à l'approbation du président de la République. Une *Commission des contrats de l'Administration* (CCA), présidée par le secrétaire général de la Présidence de la République, prit plus tard le relai de la Commission nationale des marchés. Tandis que le pouvoir d'approbation des marchés passa du président de la République au Premier ministre, à la faveur de la « déconcentration du régime présidentiel » à partir de 1970, la suppression du poste de Premier ministre entraîna la reprise en main du pouvoir d'approbation des marchés par le président de la République, remettant ainsi en selle le « jacobinisme dans les marchés publics »[59].

---

[57] GAUTRON, J.-C., ROUGEVIN-BAVILLE, M., *op. cit.*, pp. 275-276.
[58] DIOP, M., *op. cit.*, p. 15.
[59] DIOP, M., *op. cit.*, p. 15.

Intervenu dans le cadre de la promotion d'une « administration de développement » voulue par les hautes autorités de l'État, le décret n° 82-690 du 07 septembre 1982 portant règlementation des marchés publics abrogeant et remplaçant le décret n° 67-697 du 17 juin 1967 portant règlementation des marchés administratifs avait pour objectif la rationalisation de la passation des marchés publics à travers notamment :

✓ la fixation des délais pour les différents stades de la procédure de la passation ;

✓ le relèvement du seuil de passation des marchés ;

✓ la possibilité de passer des marchés pluriannuels ; et

✓ la présence en plus grand nombre d'experts techniciens dans la *Commission nationale de dépouillement* (CND) et dans la puissante *Commission nationale des contrats de l'Administration* (CNCA), qui avait remplacé la Commission contrats de l'Administration (CCA) ; la CNCA disposait du pouvoir exceptionnel d'autoriser des achats directs ou « commandes directes » sans limitation de montant. « C'est vraisemblablement cette disposition exceptionnelle qui a valu au texte de tenir le cap pendant deux décennies ! »[60]

Le décret n° 82-690 du 07 septembre 1982 portant règlementation des marchés publics fut à son tour abrogé et remplacé par le décret n° 2002-550 du 30 mai 2002 portant Code des marchés publics (l'expression « Code des marchés publics » est utilisée pour la première fois), qui avait comme objectifs généraux la moralisation et l'accroissement de la visibilité des marchés publics, à travers notamment le renforcement de la transparence, l'accroissement de l'efficacité des procédures et la promotion des économies budgétaires. Le Code des marchés publics de 2002, qui faisait suite au Code des marchés publics français issu du décret n° 2001-210 du 07 mars 2001 dont l'objectif était la simplification des textes et la rationalisation des procédures d'achat public, introduisit comme innovations essentielles :

✓ la responsabilisation accrue des autorités contractantes grâce à l'érection d'une *commission des marchés* au sein de chaque autorité contractante ;

[60] DIOP, M., *op. cit.*, p. 16.

- ✓ la rationalisation des procédures par la réduction du nombre de membres de la commission des marchés composée en majorité de représentants de l'autorité contractante ;
- ✓ le relèvement du seuil de compétence des autorités contractantes en matière d'approbation des marchés ;
- ✓ la création au sein de la Commission nationale des contrats de l'administration (CNCA) de commissions spécialisées sur des aspects techniques des dossiers, etc.

b. Après l'avènement du Code des marchés publics de 2007

Le décret n° 2007-545 du 25 avril 2007 portant Code des marchés publics abrogeant et remplaçant le décret n° 2002-550 du 30 mai 2002 portant Code des marchés publics répondait à des besoins d'adaptation de la règlementation nationale des marchés publics à l'environnement économique changeant, à la règlementation communautaire des marchés publics (directive n° 04/2005/CM/UEMOA du 09 décembre 2005 portant procédures de passation, d'exécution et de règlement des marchés et délégations de service public dans l'UEMOA, directive n° 05/2005/CM/UEMOA du 09 décembre 2005 portant contrôle et régulation des marchés et délégations de service public dans l'UEMOA) et aux pratiques recommandées par la loi type de la CNUDCI. Il avait pour objectifs de : renforcer la transparence, accroître l'efficacité des procédures et réaliser des économies budgétaires (efficience de la dépense publique) et promouvoir le développement des petites et moyennes entreprises (PME).

Un nouveau dispositif est mis en place qui garantit la professionnalisation des acteurs, l'efficacité du contrôle *a priori* et *a posteriori*, et la régulation du système par l'institution d'un recours non juridictionnel. Alors que le contrôle *a priori* externe des marchés publics a migré de la Présidence de la République au ministère des Finances (Direction chargée du contrôle des marchés publics), le contrôle *a posteriori* externe des marchés publics est dévolu à l'Autorité de régulation des marchés publics (ARMP), le contrôle *a posteriori* interne des marchés publics étant confié à l'organe de contrôle interne existant au sein de l'autorité contractante (direction, service ou inspection de contrôle interne).

Conformément à la directive n° 04/2005 de l'UEMOA selon laquelle « l'appel d'offres ouvert est la règle, le recours à tout autre mode de passation doit être exceptionnel »[61], le Code des marchés publics de 2007 disposait que « *l'appel d'offres ouvert* constitue le mode de passation auquel les autorités contractantes doivent recourir par principe »[62], c'est-à-dire la procédure de droit commun. Jusque-là, le principal mode de conclusion des contrats administratifs était l'*adjudication*[63]. Le Code des marchés publics de 2007 prévoyait également l'entente directe comme procédure dérogatoire à la procédure par principe de l'appel d'offres ouvert, ainsi que des procédures spécifiques applicables à des marchés qui n'ont pas atteint les seuils de passation par appel d'offres ouvert (demandes de renseignements et de prix), aux marchés passés par les communautés rurales et certaines communes, aux marchés de prestations intellectuelles et aux contrats portant participation à l'exécution du service public. Enfin, l'autorité d'approbation des marchés de l'État était :

✓ le Premier ministre lorsque le montant du marché était égal ou supérieur à 500 millions FCFA ;

✓ le ministre chargé des Finances lorsque le montant du marché était égal ou supérieur à 100 millions FCFA mais n'atteignait pas 500 millions FCFA ;

✓ le ministre dépensier lorsque le montant du marché était égal ou supérieur à 50 millions FCFA mais n'atteignait pas 100 millions ;

✓ le gouverneur de région, lorsque le montant du marché était inférieur à 50 millions, à l'exception de la région de Dakar pour laquelle l'approbation des marchés reste de la compétence du ministre dépensier.

Le décret n° 2011-1048 du 27 juillet 2011 portant Code des marchés publics abrogeant et remplaçant le décret n° 2007-545 du 25 avril 2007 portant Code des marchés publics devait consacrer les nombreuses modifications du Code des marchés publics de 2007 concernant l'appel d'offres avec concours et les manifestations d'intérêt, les marchés de travaux immobiliers réalisés par la Présidence de la République ainsi que les marchés classés « secret d'État » et « secret défense » exclus du champ d'application du Code des marchés

---

61 Article 28 de la Directive n° 04/2005 de l'UEMOA.

62 Article 60 du CMP de 2007.

63 En France, la procédure d'adjudication en matière de passation des marchés publics avait disparu depuis l'intervention du décret n° 2001-2010 du 7 mars 2001.

publics (décret n° 2010-1188 du 13 septembre 2010[64] modifiant et complétant le décret n° 2007-545 du 25 avril 2007 portant Code des marchés publics). Il devait aussi regrouper les différents textes dans un document unique consolidé, enrichi des apports de la Commission des Nations Unies pour le développement du commerce international (CNUCED) et de l'expérience des partenaires techniques et financiers du Sénégal. Le décret n° 2012-01 du 02 janvier 2012 modifiant l'article 3 du décret n° 2011-1048 du 27 juillet 2011 portant Code des marchés publics a été considéré comme « une secousse de trop » en ce qu'il permettait, entre autres, « d'acquérir les combustibles destinés à l'exploitation des centrales électriques de l'État (fuel, diesel, etc.), les produits pétroliers super carburant, essence ordinaire et gasoil » sans recourir aux procédures de passation prévues par le Code des marchés publics[65].

Le décret n° 2014-1212 du 22 septembre 2014 portant Code des marchés publics abrogeant et remplaçant le décret n° 2011-1048 du 27 juillet 2011 portant Code des marchés publics met l'accent sur la réduction des délais, l'allégement des procédures et la responsabilisation des autorités contractantes à travers, notamment, le relèvement des seuils d'application des procédures du Code des marchés publics, avec toujours comme principes directeurs le libre accès à la commande publique, l'égalité de traitement des candidats et l'économie. En effet, il a été constaté, de façon récurrente, des difficultés pour les autorités contractantes de mener à bien leurs procédures de passation de marchés, et partant, d'absorber les crédits mis à leur disposition, en raison notamment de la lourdeur desdites procédures. Ainsi, au titre du relèvement des seuils d'application de la procédure d'appel d'offres ouvert prévus par le Code des marchés publics de 2007 et maintenus par le Code des marchés publics de 2011, ces seuils passèrent du simple au double, voire au triple. Les anciens seuils d'appel d'offres sont devenus les seuils de la demande de renseignements et des prix à compétition ouverte, une nouvelle

---

[64] Le décret n° 2010-1188 du 13 septembre 2010 était considéré par la société civile et les partenaires techniques et financiers « comme un grand bond en arrière pour le Sénégal » devenu jusque-là une référence en matière de gouvernance des marchés publics (MBODJ, A., « Code des marchés publics, encore une secousse ! », éditorial, *Revue des marchés publics* n° 07, 2012, p. 3).

[65] « Ainsi, c'est une manne financière – près de 20 % de la commande publique – qui échappe à tout contrôle, même *a posteriori* de la DCMP et de l'ARMP » (*Ibid.*).

procédure introduite dans la règlementation des marchés publics par le Code de 2014.

Pour rappel, l'article 53 du CMP de 2007 prévoyait que les seuils de passation de marchés publics par la procédure de l'appel d'offres ouvert sont fixés ainsi qu'il suit :

1. Pour ce qui concerne les marchés de l'État, des collectivités locales et des établissements publics :

a) 25 000 000 francs CFA pour les marchés de travaux ;

b) 15 000 000 francs CFA pour les marchés de services et fournitures courantes ;

c) 25 000 000 francs CFA pour les marchés de prestations intellectuelles.

2. Pour ce qui concerne les marchés des sociétés nationales et des sociétés anonymes à participation publique majoritaire et les agences ou autres organismes ayant la personnalité morale, mentionnés à l'article 2.1 c) :

a) 50 000 000 francs CFA pour les marchés de travaux ;

b) 30 000 000 francs CFA pour les marchés de services et fournitures courantes ;

c) 30 000 000 francs CFA pour les marchés de prestations intellectuelles.

L'article 53 du CMP de 2014 disposait que les seuils de passation de marchés par la procédure de l'appel d'offres ouvert sont fixés ainsi qu'il suit :

1. Pour ce qui concerne l'État, les collectivités locales et les établissements publics :

a) 70 000 000 francs CFA pour les travaux ;

b) 50 000 000 francs CFA pour les services et fournitures courantes ;

c) 50 000 000 francs CFA pour les prestations intellectuelles.

2. Pour ce qui concerne les sociétés nationales, les sociétés anonymes à participation publique majoritaire et les agences ou autres organismes ayant la personnalité morale, mentionnés à l'article 2.1 d), les marchés dont les montants estimés atteignent :

a) 100 000 000 francs CFA pour les travaux ;

b) 60 000 000 francs CFA pour les services et fournitures courantes ;

c) 60 000 000 francs CFA pour les prestations intellectuelles.

D'autres changements sont introduits, tels que l'intégration des médicaments et produits essentiels au titre des dérogations au Code des marchés publics, l'obligation de communiquer le Plan de passation des marchés (PPM) à la Direction chargée du contrôle des marchés publics (DCMP) au plus tard le 1er décembre de l'année précédant l'année budgétaire considérée, la possibilité de conclure des marchés relatifs à l'acquisition de manuels scolaires pour une durée d'un an, renouvelable par avenant, sur une période pouvant aller jusqu'à cinq (5) ans, la possibilité de conclure des accords-cadres pour les marchés de fournitures disponibles dans le commerce, les marchés de services simples et non complexes autres que les services de consultants ou les marchés de travaux de faible valeur dans le cadre d'opérations d'urgence, l'encadrement juridique de l'approbation des marchés publics, le caractère obligatoire du recours gracieux comme préalable avant tout recours contentieux, le resserrement des délais en matière de règlement non juridictionnel des différends, le relèvement sensible des seuils de revue des dossiers de marchés, la prise en compte des offres spontanées, etc.

Le décret n° 2014-1212 du 22 septembre 2014 portant Code des marchés publics (CMP) fut modifié par, notamment, le décret n° 2020-22 du 07 janvier 2020, le décret n° 2020-474 du 19 février 2020, le décret n° 2020-781 du 18 mars 2020, le décret n° 2020-876 du 25 mars 2020 et le décret n° 2021-847 du 24 juin 2021.

Le décret n° 2020-22 du 07 janvier 2020 prévoyait, à la suite de la suppression du poste de Premier ministre, que pour les marchés urgents d'une urgence impérieuse et les marchés passés dans le cadre des mesures de mobilisation générale et de mise en garde, l'autorité contractante, pour poursuivre la procédure passé le délai de 24 heures imparti à la DCMP pour donner son avis, devait s'en référer au secrétaire général de la Présidence de la République. De même, en cas d'avis négatif de la DCMP, l'autorité contractante, qui en informait le secrétaire général de la Présidence de la République, ne pouvait continuer la procédure qu'en saisissant le Comité de Règlement des Différends (CRD) près de l'organe chargé de la régulation des marchés publics (ARMP) d'une requête motivée, accompagnée de l'avis contesté. Le secrétaire général de la Présidence de la République pouvait certifier que, pour des raisons tenant à des circonstances exceptionnelles, l'attribution du marché devait être poursuivie immédiatement.

Le décret n° 2020-474 du 19 février 2020 suspend, à compter du 28 février 2020, toute commande ou acquisition de véhicules administratifs par l'État, ses démembrements, ainsi que les autres organismes publics, à l'exception des véhicules destinés à la sécurité, à l'assistance et au secours des victimes.

Le décret n° 2020-781 du 18 mars 2020, dans le but proclamé d'assurer la résilience pour faire face à la pandémie, incompatible avec la longueur des procédures, exclut du champ d'application du Code des marchés publics les travaux, fournitures et prestations de services réalisés dans le cadre de la lutte contre la COVID-19. Aux termes de l'article 1er dudit décret : « Les travaux, fournitures et prestations de service réalisés dans le cadre de la lutte contre le COVID-19 ne sont pas soumis aux dispositions du décret n° 2014-1212 du 22 septembre 2014 portant Code des marchés publics modifié par le décret n° 2020-22 du 07 janvier 2020. » Il faut souligner que le décret n° 2020-781 du 18 mars 2020 a été décrié par la Cour des comptes dans son *Rapport sur le contrôle de la gestion du Fonds de riposte et de solidarité contre les effets de la COVID-19 (FORCE COVID)*. D'après ce rapport de la Cour : « Si la prise de ces dispositions dérogatoires pour faciliter l'exécution diligente des dépenses en réduisant les délais d'acquisition des biens et services est compréhensible, il n'en demeure pas moins que le fait de soustraire les travaux, fournitures et prestations de service de toutes les procédures du décret n° 2014-1212 est problématique à plus d'un titre. L'application de ces dispositions dérogatoires, qui s'est poursuivie au-delà de la période prévue, n'a pas toujours permis de réduire les délais d'acquisition et a favorisé une contractualisation avec un nombre restreint de fournisseurs. »[66] En effet, la Cour constate que non seulement « des lenteurs ont occasionné des retards dans la livraison des biens et services au niveau de certains ministères », mais qu'il existe aussi « dans certains cas, un renchérissement des coûts d'acquisition du fait de l'absence de mise en concurrence et une contractualisation avec un nombre très limité de fournisseurs. (…). De plus, la Cour note la conclusion de contrats avec des entreprises, dont l'objet social n'a aucun lien avec le marché attribué, ou qui n'ont aucune expérience pour l'exécution des marchés pour lesquels elles ont été attributaires (voir chapitre III). Ces pratiques ne contribuent pas à la

---

[66] Cour des comptes *Rapport définitif sur le contrôle de la gestion du Fonds de riposte et de solidarité contre les effets de la COVID-19 (Force COVID) gestions 2020 et 2021*, 19 août 2022, p. 12.

rationalisation et à la préservation des deniers publics et entraînent des manques à gagner pour l'État »[67]. Dans la foulée, la Cour des comptes n'a pas manqué de relever « le caractère superfétatoire de la dérogation au Code des marchés publics en raison de l'existence dans le CMP 2014 de dispositions applicables en cas d'urgence »[68], notamment de l'alinéa 6 de l'article 76 du CMP de 2014 qui prévoit l'entente directe pour les marchés de « travaux, fournitures ou services qui, dans les cas d'une urgence impérieuse, motivée par des circonstances imprévisibles, ne peuvent pas subir les délais d'une procédure d'appel à la concurrence ». La Cour « considère, en outre, que l'absence d'une circulaire ou directive à l'attention des autorités contractantes pour rappeler que la dérogation au CMP n'implique pas l'absence totale d'une mise en concurrence, n'a pas permis d'encadrer les procédures mises en œuvre. Aussi rappelle-t-elle que même en période de crise, il était possible de solliciter plusieurs fournisseurs par tous moyens en leur demandant une réponse rapide, conformément aux principes de bonne administration publique rappelés par la loi n° 65-51 du 19 juillet 1965, modifiée par la loi n° 06-16 du 30 juin 2006 portant Code des obligations de l'Administration (COA) »[69]. Les risques de fautes de gestion et de prévarication des ressources colossales[70] du Fonds de riposte et de solidarité contre les effets de la COVID-19 (FORCE COVID-19) étaient d'autant plus grands que le décret n° 2020-884 du 1er avril 2020 portant création et fixant les règles d'organisation et de fonctionnement du Fonds de riposte et de solidarité contre les effets de la COVID-19 prévoit que, « par dérogation aux dispositions du Règlement général sur la comptabilité publique, les opérations de la FORCE COVID-19 sont dispensées de tout contrôle administratif *a*

---

67 *Rapport définitif sur le contrôle de la gestion du Fonds de riposte et de solidarité contre les effets de la COVID-19 (FORCE COVID) gestions 2020 et 2021*, *op. cit.*, pp. 12-13.

68 *Rapport définitif sur le contrôle de la gestion du Fonds de riposte et de solidarité contre les effets de la COVID-19 (FORCE COVID) gestions 2020 et 2021*, *op. cit.*, p. 13.

69 *Ibid.*

70 Il résulte du Projet de loi de règlement (PLR) de l'année 2020 que « le Fonds de riposte et de solidarité contre les effets du COVID-19 (FORCE COVID-19) a enregistré des ressources d'un montant de 773,214 milliards FCFA provenant de l'appui des partenaires au développement pour un montant de 651,006 milliards FCFA, du financement interne de l'État pour un montant de 102,25 milliards FCFA et de l'élan de solidarité des Sénégalais pour 19,958 milliards FCFA ».

priori et de tout visa préalable »[71]. D'après le rapport de la Cour des comptes précité : « Les opérations de dépenses en lien avec la pandémie ne sont pas donc soumises au contrôle tel que prévu par les dispositions de l'article 205 du décret n° 2011-1180 du 24 novembre 2011 portant Règlement général sur la comptabilité publique. Cependant, le fait de soustraire ces opérations au contrôle *a priori* et du visa préalable, pour accélérer la procédure de paiement, a contribué à favoriser la survenance de plusieurs irrégularités constatées dans certains ministères. Il s'agit notamment du non-respect de la règle du service fait en opérant le paiement de facture antérieur à la livraison des produits y relatifs, du défaut d'enregistrement de contrats et de l'absence de pièces justificatives de dépenses, etc. (...). Par ailleurs, certaines dépenses exécutées par des administrations financées par le fonds FORCE COVID-19 n'avaient aucun caractère urgent pour être dispensées du contrôle administratif *a priori*. C'est le cas, par exemple, des achats d'intrants agricoles ou de carburant, de frais de réparation de véhicules, d'acquisition de matériel informatique par les ministères chargés du Commerce et de la Fonction publique. Qui plus est, ces ministères ont exécuté sur la même période des dépenses similaires à partir de leur budget de fonctionnement. Cette situation est d'autant plus problématique que les dépenses du fonds FORCE COVID-19 sont exécutées à partir des comptes de dépôt ouverts au nom de gestionnaires qui signent des ordres de virements, procèdent à la liquidation des dépenses, retirent des fonds et paient directement les créanciers. Le cumul de ces tâches par un gestionnaire dans la chaîne de dépenses est un facteur d'irrégularités. En effet, pour la tenue et le fonctionnement des comptes de dépôt, les seuls contrôles que le comptable de rattachement effectue sont relatifs à la conformité de la signature du gestionnaire au spécimen déposé et à la disponibilité des fonds. Il n'effectue pas un contrôle de régularité des pièces, qui est du ressort du gestionnaire du compte de dépôt. Il n'a pas, non plus, la possibilité, par exemple, de s'assurer de la certification du service fait et de la conformité des produits livrés aux spécifications figurant sur les bons de commande. Or, les cas de non-respect du service fait et de défaut de

[71] Article 10 du décret.

production des procès-verbaux de réception ont été notés à plusieurs reprises. »[72]

Le décret n° 2020-876 du 25 mars 2020 ajoute à l'alinéa 3 de l'article 3 du décret n° 2014-1212 du 22 septembre 2014 portant Code des marchés publics modifié, un point *c)* ainsi rédigé : « *c)* Les travaux, fournitures, prestations de service et équipements réalisés pour la défense et la sécurité du Sénégal, engagés par les Forces armées, la Police nationale et la Brigade nationale des Sapeurs-pompiers et lorsqu'ils sont incompatibles avec les mesures de publicité prévues par le Code des marchés publics parce qu'exigeant le secret et la protection des intérêts essentiels de l'État. » Ainsi, face aux enjeux sécuritaires du moment et de la nécessité pour l'État d'y apporter les réponses appropriées, ce décret soustrait ces marchés classés « secret-défense » de l'application des dispositions du Code des marchés publics.

Le décret n° 2020-1774 du 16 septembre 2020 abroge le décret n° 2020-781 du 18 mars 2020 portant dérogation au Code des marchés publics pour les dépenses relatives à la lutte contre la COVID-19, et met ainsi fin à ce régime dérogatoire. Pourtant, le rapport de la Cour des comptes précité « relève que des autorités contractantes ont continué de manière irrégulière à appliquer la dérogation en contractualisant, par entente directe, avec des fournisseurs sur la base du décret n° 2020-781 au-delà du 16 septembre 2020, après la date de son abrogation »[73].

Le décret n° 2021-847 du 24 juin 2021 déroge au décret n° 2014-1212 du 22 septembre 2014 portant Code des marchés publics (CMP) en ce qui concerne les marchés de fournitures nécessaires à la prise en charge de l'insuffisance rénale et de la transplantation d'organes, acquises par la Pharmacie nationale d'approvisionnement (PNA).

Le décret n° 2022-2295 du 28 décembre 2022 portant Code des marchés publics abrogeant et remplaçant le décret n° 2014-1212 du 22 septembre 2014 portant Code des marchés publics répond à la nécessité de tenir compte de l'incidence sur les marchés publics de l'adoption de lois sectorielles et de réformes postérieures au Code des

---

72 *Rapport définitif sur le contrôle de la gestion du Fonds de riposte et de solidarité contre les effets de la COVID-19 (FORCE COVID), gestions 2020 et 2021*, *op. cit.*, p. 14.

73 *Rapport définitif sur le contrôle de la gestion du Fonds de riposte et de solidarité contre les effets de la COVID-19 (FORCE COVID) gestions 2020 et 2021*, *op. cit.*, p. 13.

marchés publics de 2014. Il en est ainsi de la loi n° 2020-01 du 06 janvier 2020 relative à la création et à la promotion de la *startup* au Sénégal, de la réforme relative au budget programme, de l'adoption de la phase II du Plan Sénégal Émergent (PSE) et de la stratégie de développement inclusif du Sénégal, désormais guidée par des objectifs de développement durable. D'où la promotion par le nouveau Code des marchés publics de nouveaux concepts :

✓ *achat public durable*[74] : « achat par lequel l'autorité contractante vise à répondre à son besoin tout en ajoutant dans le dossier d'appel à concurrence ou dans le cahier des charges la mise en œuvre d'un objectif de développement durable (ODD) dans l'une ou plusieurs de ses dimensions, à savoir, le pilier économique (accès privilégié des PME et des acteurs de l'économie sociale et solidaire), le pilier social (protection et accès à l'emploi des groupes vulnérables : femmes, jeunes, personnes vivant avec un handicap) et le pilier environnemental à travers des achats écologiques et techniques réduisant l'impact nocif sur l'environnement »[75] ;

✓ *achat public responsable* : « achat public devant se conformer aux règles imposées aux candidats ou titulaires du marché public par le droit sénégalais notamment dans les domaines de l'éthique, du droit du travail et de la Sécurité sociale, de la protection de l'environnement ainsi que des règles techniques propres à l'objet du marché pour lequel un engagement du candidat et du titulaire est formalisé par l'adhésion à

---

[74] Les *achats publics durables* intègrent la problématique environnementale dans les marchés publics. Ils poursuivent les objectifs de développement durable défini par le rapport Brundtland comme « un développement qui répond aux besoins du présent sans compromettre la capacité des générations futures à répondre aux leurs ». En effet, « en interrogeant nos pratiques d'achats, on se rend compte qu'elles contribuent à la pollution de l'air et de l'eau, provoquent des changements climatiques avec une forte émission de CO_2 et génèrent beaucoup de déchets. Pour la survie de l'humanité, il est impératif de changer ces pratiques d'achat, en réduisant les impacts négatifs, à travers la mise en place des spécifications techniques de conformité qui protègent l'environnement et promeut l'inclusion sociale et économique. Les marchés doivent également être attribués à des entreprises socialement responsables » (DIOP, B. S., « Intégrer la durabilité dans la gestion des marchés publics », *Revue de la commande publique* n° 39, juillet – août 2024, p. 3).

[75] Article 4.3 du CMP.

la Charte de transparence et d'éthique de la commande publique responsable »[76].

En outre, selon le rapport de présentation du décret de 2022, le Code des marchés publics de 2014 avait besoin d'une actualisation au regard de certaines limites liées notamment :

- ✓ à la désagrégation du cadre juridique par une multiplication des dérogations ;
- ✓ au rétrécissement du champ d'application du Code des marchés publics par l'exclusion de certaines structures relevant de l'État ;
- ✓ à la faiblesse du dispositif de promotion des achats publics durables ;
- ✓ à la non-prise en charge des impératifs liés au budget-programme avec l'avènement de la loi organique n° 2020-07 du 26 février 2020 relative aux lois des finances et des textes subséquents.

Enfin, l'entrée en vigueur de la nouvelle loi n° 2021-23 du 02 mars 2021 relative aux contrats de partenariat public-privé implique la suppression des dispositions du Code des marchés publics relatives aux délégations de service public.

2. La valeur du Code des marchés publics

Le Code des marchés publics est un acte règlementaire tiré d'un décret. Dès lors, s'imposent à lui toutes les normes supra-décrétales (Constitution, directives communautaires de l'UEMOA, COA et autres lois, principes généraux du droit, jurisprudence). D'autre part, les règles prévues par le Code des marchés publics sont *impératives* et de *caractère d'ordre public* : « Aucune règlementation ou procédure particulière à un acheteur public, à une catégorie d'acheteurs ou à une catégorie de fournitures, services ou travaux ne peut déroger aux règles fixées par le Code des marchés publics ou prises en application de ce Code. »[77] Il en résulte que tout acte règlementaire pris par une autorité contractante ou par une autre autorité administrative ou toute procédure interne organisée par l'autorité contractante pour déroger aux dispositions du Code des marchés publics est entaché d'illégalités et encourt l'annulation par le juge de l'excès de pouvoir. Les arrêtés relatifs aux marchés publics généralement pris par le ministre des

[76] Article 4.4 du CMP.

[77] Article 25 nouveau du COA.

Finances peuvent compléter les dispositions du Code des marchés publics mais ne sauraient les contredire. De même, les parties à un marché public ne peuvent prévoir des clauses dérogatoires aux dispositions du Code des marchés publics : de tels marchés publics ou de telles clauses dérogatoires d'un marché public sont nuls d'une nullité absolue.

E. Les sources contractuelles

Contrat administratif, le marché public est « la loi des parties ». Il fixe l'essentiel des droits et obligations des parties en ce qui concerne l'objet des prestations commandées et les modalités d'exécution des prestations que l'on retrouve dans les pièces constitutives du marché et les cahiers des charges qui, malgré leur nature règlementaire qui les expose à un recours pour excès de pouvoir de la part des tiers, « acquièrent pour les contractants, en tout cas en ce qui concerne les obligations et procédures qu'ils prévoient, valeur contractuelle, au même titre que les stipulations formelles du contrat qu'ils signent »[78]. Aussi, en cas de litige, le juge du contrat devra-t-il rechercher d'abord dans les clauses du marché public la règle de droit à appliquer : « La particularité du contentieux contractuel est la prééminence des règles de droit que se sont données les parties. »[79] En effet, « dans la jurisprudence administrative, la volonté des parties apparaît de prime abord comme la source unique des obligations contractuelles. Pour déterminer la portée de ces obligations, le juge administratif se réfère constamment à l'intention des parties, parfois même pour retenir des solutions contraires à la lettre du contrat ou pour fonder des constructions dont il est en fait exclu qu'elles aient été envisagées par les parties »[80]. Toutefois, certaines clauses de marchés publics sont interdites, soit par la loi, soit par la jurisprudence, qui apportent ainsi des limites au principe de l'autonomie de la volonté des parties au marché public. Ainsi, la loi n° 65-51 du 19 juillet 1965 portant Code des obligations de l'Administration (COA) modifiée déclare « nulle, d'ordre public, toute clause générale d'irresponsabilité de l'Administration »[81]. Sont également considérées comme nulles des

---

78 CHABANOL, D., JOUGUELET, J.-P., BOURRACHOT, F., *op. cit.*, p. 38.
79 CHABANOL, D., JOUGUELET, J.-P., BOURRACHOT, F., *op. cit.*, p. 37.
80 RICHER, L., *op. cit.*, p. 18.
81 Article 102 du COA.

clauses de marché public contraires aux règles impératives interdisant toute clause dérogeant aux dispositions légales ou règlementaires en matière de règlement des différends entre les parties aux marchés publics (CE 3 mars 1989, *Société des autoroutes de la région Rhône-Alpes*) et toute clause de renonciation aux intérêts moratoires (CE 17 octobre 2003, *Ministre de l'Intérieur c/ Syndicat intercommunal d'assainissement Le Beausset et a*).

Dans certains cas, le juge vient au secours des parties en recherchant la « commune intention des parties », lorsque le marché public « est muet sur un élément essentiel, par exemple, le prix : une commande est passée avec un entrepreneur, verbalement, pour un travail urgent. Si sa réalité et la qualité des travaux effectués ne sont discutées, naît un litige sur le prix que nul document ne vient préciser. La démarche du juge sera alors de se référer, avec de considérables risques d'erreurs, à ce que normalement les parties avaient pu prévoir de façon raisonnable lors de cette commande. Ce pourrait être le bordereau des prix habituellement pratiqué par la collectivité pour ce genre de travaux ou le tarif antérieurement fixé avec le même entrepreneur pour des missions identiques. Tout moyen est bon dans cette recherche, y compris l'exploitation d'éléments non contractuels (tels que les correspondances), l'objectif étant de placer les parties dans une situation "loyale", ni l'une ni l'autre n'étant supposée avoir eu l'intention de gruger l'autre »[82]. C'est aussi au nom de la « commune intention des parties » que le juge administratif admet qu'une partie puisse rectifier un document contractuel entaché d'erreur grossière, par exemple, un bordereau des prix (CE 3 juillet 1963, *Entreprise générale Patry*). Il a même posé une règle générale selon laquelle « si le caractère définitif des prix stipulés à un marché s'oppose en principe à toute modification ultérieure par l'une des parties, ce principe ne saurait recevoir application dans le cas exceptionnel où il s'agit d'une erreur purement matérielle et d'une nature telle qu'il est impossible à l'autre partie de s'en prévaloir de bonne foi » (CE 26 novembre 1975, *Société Entreprise Py*). Il a également décidé qu'une erreur d'interprétation des clauses du marché commise par une entreprise, « qui n'affecte pas la substance même de l'accord des parties, n'est pas de nature à entraîner la nullité du contrat » (CE 22 janvier 1986, *Société de construction et de ravalements*).

---

[82] CHABANOL, D., JOUGUELET, J.-P., BOURRACHOT, F., *op. cit.*, p. 50.

F. Le rôle de la doctrine administrative

Si elle ne constitue pas, à proprement parler, une source de droit ayant une valeur obligatoire, la doctrine administrative n'en joue pas moins un rôle très important en droit des marchés publics. Les avis et rapports de la DCMP ou de l'ARMP/ARCOP, les réponses ministérielles, circulaires (circulaire n° 0004/PM du 28 décembre 2007 du Premier ministre concernant l'entrée en vigueur du nouveau Code des marchés publics, circulaire n° 094/MEFP/SG/CPM du ministre de l'Économie, des Finances et du Plan portant contrôle *a priori* des marchés publics, etc.)[83] quasi règlementaires, instructions (instruction interprétative du décret portant Code des marchés publics), guides (guide pratique simplifié d'achats publics locaux pour les cantines scolaires, guide du soumissionnaire) à l'intention des acheteurs publics et des fonctionnaires chargés de conduire les procédures, ne sauraient laisser indifférent. La plupart de ces instruments ou documents dépourvus de toute valeur juridique obligatoire ont pour objet d'expliciter les dispositions complexes du Code des marchés publics et de ses textes d'application. En ce sens, ils ont au moins une autorité scientifique indéniable. Ce « pouvoir d'interprétation administrative, pour aussi important qu'il soit, reste cependant précaire et subordonné : les interprétations données par les services auront toujours besoin d'être authentifiées par le juge pour s'imposer avec force obligatoire aux acteurs de la commande publique »[84]. Il reste que la jurisprudence administrative a admis que les circulaires peuvent revêtir un caractère règlementaire lorsqu'elles ajoutent volontairement ou par inadvertance de nouvelles dispositions affectant les droits et obligations des administrés (CS 14 janvier 2010, *Ibrahima Diagne c/ État du Sénégal* ; CS 12 avril 2018, *Société Zénith Company SARL et 22 autres sociétés et GIE c/* État *du Sénégal*) ou un caractère impératif lorsqu'elles comportent des dispositions impératives à caractère général faisant

[83] En France, une circulaire du 7 décembre 1994 du ministre de l'Intérieur et de l'Aménagement du territoire, du ministre de l'Économie et du ministre délégué à l'Aménagement du territoire et aux Collectivités locales attache du prix au contrôle « sans faille » des préfets sur la passation des marchés publics locaux et des délégations de service public qui doivent être « systématiquement déférés au juge administratif » dès lors que les procédures d'attribution sont irrégulières, la procédure de référé précontractuel pouvant être déclenchée. Elle demande aussi aux préfets de ne pas hésiter, en cas d'infractions pénales, à saisir le procureur de la République.

[84] BRISSON, J.-F., *op. cit.*, pp. 196-197.

grief, alors même qu'elles réitèrent une règle déjà contenue dans une norme juridique supérieure (CS 22 avril 2018, *Société Zénith Company SARL et 22 autres sociétés et GIE c/ État du Sénégal*).

La jurisprudence française a même plus récemment décidé que les « *documents de portée générale* émanant d'autorités publiques, matérialisés ou non, tels que les circulaires, instructions, recommandations, notes, présentations ou interprétations du droit positif peuvent être déférés au juge de l'excès de pouvoir lorsqu'ils sont susceptibles d'avoir des effets notables sur les droits ou la situation d'autres personnes que les agents chargés, le cas échéant, de les mettre en œuvre. Ont notamment de tels effets ceux de ces documents qui ont un caractère impératif ou présentant le caractère de lignes directrices » (CE 12 juin 2020, *GISTI*)[85].

SECTION II. LE CHAMP D'APPLICATION DU CODE DES MARCHÉS PUBLICS

Si le Code des marchés publics a vocation à régir des *marchés publics*, il ne s'applique pas pour autant à tous les marchés publics. Il est donc nécessaire de préciser les marchés publics soumis au Code des marchés publics (§2) et les marchés publics et contrats échappant ou dérogeant aux dispositions du Code des marchés publics (§3). Mais il convient, avant une telle précision, de définir la notion de marché public (§1).

§1. La notion de marché public

Aux termes de l'article 4.28 du CMP, un *marché public* est un « contrat écrit, conclu à titre onéreux par une autorité contractante pour répondre à ses besoins en matière de travaux, de fournitures ou de services, ou à des besoins combinant ces différentes catégories ». Il ressort de cette définition règlementaire que le marché public est un contrat administratif écrit (A), un contrat conclu à titre onéreux (B), un contrat conclu par une autorité contractante (C) et un contrat conclu

---

85 En l'espèce, le Conseil d'État a estimé que la *note d'actualité* contestée, qu'il classe comme document de portée générale, est susceptible de recours pour excès de pouvoir, car elle peut avoir des « effets notables » au regard de « la situation des ressortissants guinéens dans leurs relations avec l'Administration française » (CE 12 juin 2020, Groupement d'information et de soutien des immigrés (GISTI).

pour répondre à des besoins de travaux, de fournitures ou de services (D).

A. Un contrat administratif écrit

Un marché public est d'abord et avant tout un *contrat*, en ce sens qu'il résulte d'un accord de volonté des parties contractantes, « volonté de se lier par des obligations réciproques » (CE 20 mars 1996, *Commune de Saint-Céré*). L'existence d'un tel accord fécond suppose que le consentement des parties soit libre et surtout non vicié. Mais il s'agit là d'un contrat conclu sous *forme écrite*, à l'exception de la demande de renseignements et de prix simple dispensée d'une forme écrite. En effet, il fait l'objet d'un dossier unique constitué des *cahiers des charges* qui déterminent les conditions dans lesquelles le marché est exécuté et de la *soumission* qui est l'acte par lequel le candidat présente son offre et adhère aux dispositions du marché. Pour ne pas laisser les marchés publics aux mains totalement libres des parties, un *contrat type* est élaboré pour chaque type de marché public. Dans certains cas, notamment pour les demandes de renseignements et de prix à compétition restreinte, le contrat écrit est librement rédigé.

L'exigence de la forme écrite du marché public trouve essentiellement son explication dans les impératifs de sécurité juridique des transactions administratives et de transparence de l'action administrative. En effet, « il est difficilement imaginable qu'une opération aussi importante qu'est l'engagement de deniers publics se fasse de manière tacite. La précision du caractère écrit du marché a son importance car une telle opération, souvent très complexe, avec beaucoup de pièces à fournir aussi bien par l'autorité contractante que par les candidats, doit être formalisée dans un document écrit. Cette exigence répond à un souci de traçabilité mais aussi, et surtout, à la nécessité de satisfaire aux règles d'engagement des dépenses publiques notamment en termes de contrôle »[86]. L'exigence de la forme écrite exclut donc des marchés publics les *actes non contractuels* par lesquels les administrations se procurent des prestations de travaux, de fournitures ou de services (réquisition, confiscation, saisie, etc.). De même, les *contrats non écrits* ne sont pas couverts par le Code des marchés publics. Toutefois, « le juge administratif n'hésite pas, à

---

[86] NDIAYE, I., *Guide de la passation des marchés publics au Sénégal*, Paris, L'Harmattan, 2011, p. 11.

l'occasion, à reconnaître l'existence de contrats verbaux[87] dans la volonté tacite des parties ou à indemniser, sur le terrain de la responsabilité extracontractuelle, l'opérateur qui, en l'absence de contrat écrit, a réalisé des prestations au profit d'une personne publique, alors considérée comme fautive. La jurisprudence, sur ce point, est néanmoins très restrictive, une simple correspondance ne pouvant, par exemple, constituer un engagement contractuel »[88]. D'ailleurs, le Conseil d'État avait décidé qu'une *commande verbale* était entachée de nullité au regard de la règlementation des marchés publics et ne pouvait donc faire naître des obligations à la charge de l'Administration (CE 1er octobre 1969, *Société des établissements privés*). Si cette nullité du *marché verbal* empêche l'exercice de toute action contractuelle, elle n'interdit pas aux entreprises d'obtenir le paiement des prestations déjà exécutées à la demande de l'Administration, leur droit à indemnisation pouvant reposer sur la faute de l'Administration résultant de l'utilisation d'un procédé de commande irrégulier (CE 14 juin 1967, *Chapuis*)[89]. « En pratique, les marchés publics sont presque toujours écrits. »[90]

---

87 CE 10 janvier 1930, *Commune de Pointe-à-Pitre*.

88 BRACONNIER, S., *op. cit.*, p. 110.

89 BRISSON, J.-F., *op. cit.*, p. 371.

90 BRISSON, J.-F., *op. cit.*, p. 369. L'auteur écrit : « Il est de jurisprudence constante que la volonté de l'Administration peut s'exprimer de manière tacite au moment de la conclusion d'un contrat (CAA Lyon, 30 décembre 1992, *Syndicat intercommunal de Combrailles*, *Rec.*, T., p. 1101) ou à l'occasion de sa reconduction (CAA Paris, 11 octobre 1994, *SARL Techno.*, *AJDA*, 1994, p. 901, concl. Paître), voire de son exécution (acceptation tacite de travaux, réception tacite). Le Conseil d'État a même admis, dans l'arrêt *Bertin*, le principe de la participation d'un tiers à l'exécution d'une mission de service public sur la base d'un contrat administratif verbal (CE, 20 avril 1956, *Bertin*, *AJDA*, 1956, II, p. 221, et *Les Grands Arrêts*, p. 527). Dans une récente affaire, la Cour administrative d'appel de Lyon a admis que la demande téléphonique d'un sous-préfet à une entreprise spécialisée de procéder à l'enlèvement et à l'élimination des déchets toxiques pourrait être regardée comme un contrat verbal passé pour le compte de l'État (CAA Lyon, 29 juin 1994, *Société Trédi*, req., n° 92LY01571). Ces solutions classiques s'expliquent, dans la mesure où l'Administration n'a pas besoin juridiquement de formaliser son consentement. Comme en droit civil, le contrat naît de l'existence et de la rencontre des consentements, et le juge constate l'existence du contrat dès lors qu'il pourra établir cette rencontre. Ces solutions se retrouvent, cependant, surtout dans le droit des concessions, elles cadrent mal, en effet, avec les principes et l'économie générale du droit des marchés publics » (BRISSON, J.-F., *op. cit.*, pp. 369-370). Un autre auteur, Patrick SCHULTZ, préconise la même prudence : « Par ailleurs la notion de contrat administratif

Enfin, du point de vue de leur nature juridique, « les marchés publics sont des *contrats administratifs* à l'exception de ceux passés par les sociétés nationales et les sociétés anonymes à participation publique majoritaire qui demeurent des contrats de droit privé »[91]. Les marchés publics constituent donc des « contrats administratifs par détermination de la loi » par opposition aux « contrats administratifs par nature », c'est-à-dire aux contrats qui répondent aux critères dégagés par la jurisprudence administrative française[92] et repris par le Code des obligations de l'Administration[93].

B. Un contrat conclu à titre onéreux

Dans tout marché public, la contrepartie du cocontractant consiste en une rémunération au moyen d'un *prix* versé par l'autorité contractante qui commande la prestation. Ce prix « est non seulement un élément fondamental des marchés publics, mais il s'agit même d'un critère de la notion de marché public : c'est en effet le mode de rémunération qui permet de distinguer le marché public d'autres contrats passés par des personnes publiques »[94]. C'est ainsi que les contrats relatifs aux prestations ou fournitures que l'Administration se procure gratuitement ou les contrats en vertu desquels elle confie à une personne privée l'exploitation d'un service public, ne sont pas des marchés publics, faute de prix versé au cocontractant[95]. Le *critère de l'onérosité* permet de distinguer les marchés publics des *délégations de service public* dans lesquelles « la rémunération du cocontractant est substantiellement assurée par les résultats de l'exploitation » (CE 15 avril 1996, *Préfet des Bouches-du-Rhône c/ Commune de*

---

verbal se fonde sur l'arrêt *Bertin* (CE 20 avril 1956, *Bertin*, jurisprudence de principe bien connue). Mais dans cette affaire où il s'était agi de confier à des personnes privées, l'exécution même d'un service public, pour laquelle les époux Bertin étaient rémunérés forfaitairement, on ne constate pas qu'il y ait eu un marché public. Il apparaît donc qu'il faille accueillir avec la plus grande réserve une prétendue notion de marché public verbal. » (SCHULTZ, P., *op. cit.*, p. 25.)

91 Article 4.28 du CMP.

92 CE 13 décembre 1963, *Syndicat des praticiens de l'art dentaire du département du Nord et sieur Merlin* ; CE 31 juillet 1912, *Société des granits porphyroïdes des Vosges* ; CE 20 avril 1956, *Époux Bertin.*

93 Articles 8 à 15 du COA.

94 CASTAING, B., NOGUELLOU, R., PREBISSY-SCHNALL, C., *Les marchés publics. Notion, modalités de gestion, exécution*, Paris, Litec, 2003, p. 11.

95 CASTAING, B., NOGUELLOU, R., PREBISSY-SCHNALL, C., *op. cit.*, p. 83.

Lambesc)[96], impliquant pour le cocontractant la prise d'un risque économique minimal. « Au paiement par un prix versé par la collectivité qui caractérise le marché s'oppose donc la rémunération liée aux "résultats de l'exploitation" qui caractérise la délégation de service public »[97]. Le Conseil d'État le confirme dans un rapport de 2002 : une rémunération « indifférente à la performance de l'exploitation et indépendante des résultats financiers de l'exploitation permet d'identifier l'existence d'un prix, caractéristique du marché public et d'écarter la qualification de délégation de service public ». Le paiement immédiat (c'est-à-dire non différé) après service fait permet aussi de distinguer le marché public du *contrat de partenariat public-privé* (PPP) où le paiement est échelonné en fonction de la durée du contrat.

L'onérosité s'oppose à la gratuité. Ainsi, la qualité d'entrepreneur contractuel de travaux publics ne pouvait être reconnue à une personne qui ne tire aucun intérêt direct ou indirect de l'exécution des travaux (CE 29 janvier 1971, *Association Jeunesse et Reconstitution*). De même, le critère du prix « exclut des marchés publics certaines opérations, notamment les subventions que les collectivités publiques peuvent accorder à des opérateurs privés. En effet, cette notion de "subvention" constitue une contribution financière de la personne publique à une opération justifiée par l'intérêt général mais qui est initiée et menée par un tiers. Il s'agira d'une subvention si l'initiative du projet vient de l'organisme bénéficiaire et si aucune contrepartie directe n'est attendue par la personne publique du versement de la contribution financière. Cette notion d'initiative implique non seulement l'impulsion du projet, mais aussi sa conception et sa définition »[98]. Enfin, l'onérosité du marché interdit les paiements en nature des prestations. Toutefois, la jurisprudence administrative ne réduit pas la contrepartie d'un marché public à un versement d'un prix au cocontractant. Elle prend également en considération des contreparties de prestations sous la forme d'avantages accordés à titre onéreux au cocontractant qui apparaissent comme une *rémunération indirecte* par l'autorité contractante (CE 4 novembre 2005, *Société Jean-Claude Decaux*), des abandons de recettes fiscales ou des

---

96 En l'espèce, le Conseil d'État avait estimé que la *délégation de service public* supposait que la rémunération du cocontractant soit « substantiellement assurée par les résultats de l'exploitation ».

97 CASTAING, B., NOGUELLOU, R., PREBISSY-SCHNALL, C., *op. cit.*, p. 13.

98 *Guide d'application du décret n° 2014-1212 du 22 septembre 2014 portant Code des marchés publics*, ARMP, 2018, p. 16.

subventions accordées (CE 4 juillet 1990, *Comité pour le développement industriel et agricole de Châtelains* ; CE 26 mars 2008, *Région de Réunion*).

C. Un contrat conclu par une autorité contractante

Le critère organique est déterminant dans la définition du marché. Constituent d'abord des marchés publics les marchés passés *par une autorité contractante* définie comme étant une « personne morale, service et organisme, visés à l'article 2 du (…) décret »[99]. Il s'agit de :

- l'État, y compris ses services déconcentrés, les organismes non dotés de la personnalité morale placés sous son autorité et les institutions constitutionnelles (président de la République, Assemblée nationale, Gouvernement, Conseil constitutionnel, Cour des comptes, cours et tribunaux) ;
- les collectivités territoriales, y compris leurs services déconcentrés et les organismes non dotés de la personnalité morale sous leur autorité ainsi que les groupements mixtes et établissements publics locaux formés par celles-ci ;
- les établissements publics, à l'exception des ordres professionnels ;
- les sociétés publiques ;
- les agences, autres structures administratives similaires ou assimilées dont l'activité est financée majoritairement par l'État ou une collectivité territoriale et s'exerce essentiellement dans le cadre d'activités d'intérêt général ;
- les institutions de protection sociale (Caisse de sécurité sociale, IPRES, FNR) ;
- les associations et groupements formés par les personnes ci-dessus visées.

Constituent ensuite des marchés publics les marchés passés *pour le compte d'une autorité contractante* : les « marchés passés par une personne morale de droit public ou privé pour le compte d'une autorité contractante sont soumis aux règles qui s'appliquent (…) aux marchés passés directement par ladite autorité contractante »[100]. En revanche, les

[99] Article 4.8 du décret n° 2022-2295 du 28 décembre 2022 portant Code des marchés publics.

[100] Article 2 du CMP.

marchés passés par les sociétés nationales et les sociétés anonymes à participation publique majoritaire restent des *contrats de droit privé*.

D. Un contrat répondant à des besoins de travaux, de fournitures ou de services

Les marchés font partie des « contrats ayant pour objet la satisfaction des besoins d'un service public, qu'on appelle "contrats-moyens" puisque leur objet est de procurer au service les moyens nécessaires à l'accomplissement de ses fonctions d'intérêt général »[101]. En effet, les marchés ont pour objet la réalisation, au profit des autorités contractantes, des prestations de :

✓ *travaux* : opérations de construction, reconstruction, démolition, réparation ou rénovation de tout bâtiment ou ouvrage, y compris la préparation du chantier, les travaux de terrassement, l'installation d'équipements ou de matériel, la décoration et la finition, ainsi que les services accessoires aux travaux si la valeur de ces services ne dépasse pas celle des travaux eux-mêmes[102] ;

✓ *fournitures* : biens mobiliers de toutes sortes y compris des matières premières, produits, équipements et objets sous forme solide, liquide ou gazeuse et l'électricité, y compris également les biens acquis par crédit-bail ou location-vente avec ou sans option d'achat et les services accessoires à la fourniture des biens si la valeur de ces derniers services ne dépasse pas celle des biens eux-mêmes[103] ;

---

[101] RICHER, L., *op. cit.*, p. 68. L'auteur distingue trois catégories de *contrats administratifs* selon la nature du lien avec l'intérêt général poursuivi par le contrat : les contrats définissant des règles générales dénommés « contrats d'encadrement » (convention de gestion du service public, conventions pour la mise en œuvre de la décentralisation, contrats État-régions, contrats État-entreprises publiques, contrats en matière culturelle et sociale), les contrats ayant pour objet la satisfaction des besoins d'un service public appelés « contrats-moyens » (contrats de recrutement, marchés publics, contrats d'emprunt, contrats d'offres de concours, etc.) et les contrats ayant pour objet (mais non pour but) la satisfaction des besoins du contractant, qualifiés de « contrats-buts », dont le but d'intérêt privé qu'ils permettent d'atteindre coïncide par certains aspects avec l'intérêt général (contrats d'aide aux personnes privées, contrats d'occupation du domaine public).

[102] Article 4.52 du CMP.

[103] Article 4.23 du CMP.

✓ *services* : prestations autres que de fournitures ou de travaux, y compris les prestations intellectuelles[104].

On distingue ainsi, selon l'objet de la prestation, quatre (4) types de marché public : les marchés de travaux, les marchés de fournitures, les marchés de services courants et les marchés de prestations intellectuelles. Le *marché de travaux* « est l'équivalent d'un contrat d'entreprise du droit privé ; il porte sur une opération immobilière dont l'exécution est confiée à un entrepreneur qui travaille pour le compte du maître d'ouvrage public sans être pour autant subordonné à celui-ci »[105]. Marché public et marché de travaux publics ne coïncident pas toujours. « La plupart des travaux réalisés par des collectivités publiques sont des travaux publics : il y a, en ce cas, coïncidence entre marché public et marché de travaux publics. Mais il arrive, par exception, que les travaux d'une collectivité publique soient des travaux privés (ex. : travaux forestiers), cela n'empêche pas le marché de travaux d'être un marché public. À l'inverse, un marché de travaux publics n'est pas toujours un marché public » au sens du Code des marchés publics, lorsqu'il n'entre pas dans le champ d'application de ce Code[106].

Les *travaux publics* désignent « les travaux immobiliers réalisés pour le compte d'une personne publique dans un but d'intérêt général, ou par une telle personne ou sous sa direction dans le cadre d'une mission de service public (et ces travaux peuvent alors être effectués pour un particulier) »[107]. Les *travaux immobiliers* sont non seulement « les travaux qui concourent à la construction d'un immeuble » mais aussi « les travaux effectués sur les immeubles », à condition qu'il y ait « travail », c'est-à-dire « création, réparation ou entretien, et pas seulement simple contrôle ou vérification »[108]. Sont ainsi exclus des travaux publics les travaux mobiliers ou les installations non fixées au sol, comme les travaux effectués sur un navire ou l'installation sur une plage d'un plongeoir flottant non fixé au sol (CE 12 octobre 1973, *Commune de Saint-Brévin-Les-Pins*). En revanche, l'aménagement spécialement réalisé dans le sol d'une tribune même démontable constitue un travail public (CE 11 décembre 1970, *Ville de Saint-*

---

[104] Article 4.45 du CMP.
[105] RICHER, L., *op. cit.*, p. 407.
[106] *Ibid.*
[107] CHABANOL, D., JOUGUELET, J.-P., BOURRACHOT, F., *op. cit.*, p. 20.
[108] CHABANOL, D., JOUGUELET, J.-P., BOURRACHOT, F., *op. cit.*, pp. 20-22.

Nazaire). Il ne suffit pas que des travaux immobiliers soient réalisés, il faut qu'ils soient réalisés soit dans un objectif d'intérêt général, soit dans le cadre d'une mission de service public. Sur la base de l'objectif d'intérêt général, sont exclus des travaux publics les travaux, même effectués sur un ouvrage public, qui visent à répondre à un intérêt privé[109]. Il en est ainsi de la construction d'un bâtiment pour une coopérative agricole, avec le concours du service du génie rural (TC 2 mai 1988, *Caisse d'assurance mutuelle du bâtiment*), des travaux effectués sur la voie publique par le titulaire d'une permission de voirie (CE 11 mai 1962, *Dame Veuve Ymain*) ou encore de la maîtrise d'œuvre confiée par une société privée au service de la navigation de Nancy (État), comportant la conception de l'ouvrage et la surveillance des travaux (TC 11 octobre 1993, *Société centrale sidérurgique de Richemont*). Sur la base de la mission de service public, sont qualifiés de travaux publics des travaux effectués sur des immeubles par les associations syndicales de reconstruction ayant le caractère d'établissements publics, peu importe que les immeubles reconstruits appartiennent à des particuliers (TC 28 mars 1955, *Association syndicale de reconstruction de Toulon c/Effimieff*), des travaux effectués d'office par une commune sur un édifice privé menaçant ruine (CE 12 avril 1957, *Mimouni*) ou sur un immeuble privé insalubre (CE 30 mai 1962, *Poplin*), ou encore des travaux de reboisement effectués par les services de l'État pour le compte de particuliers (CE 20 avril 1956, *Consorts Grimouard*).

Le *marché de fournitures* a pour équivalent la vente mobilière du droit privé. Il a pour objet l'acquisition d'un bien mobilier et non d'un droit sur un immeuble[110]. Quant à la notion de *marché de services*, elle est « une notion à croissance rapide »[111], voire une notion erratique, en ce sens que c'est une notion qui « est en voie de diversification constante compte tenu du développement de nouveaux services, allant du nettoyage de locaux aux services informatiques »[112]. On met généralement sous ce vocable de marché de services les marchés publics qui ont pour objet les services courants : travaux d'impression, de reluire ou de confection, location de matériel, entretien d'équipements, de matériel, de locaux, surveillance et gardiennage de

[109] CHABANOL, D., JOUGUELET, J.-P., BOURRACHOT, F., *op. cit.*, p. 22.
[110] RICHER, L., *op. cit.*, p. 412.
[111] BRISSON, J.-F., *op. cit.*, p. 323.
[112] RICHER, L., *op. cit.*, p. 412.

locaux ou d'installations, opérations de manutention ou de transport, contrats de restauration collective, installation de chauffage, élimination des déchets, etc. On ajoute à ces services courants des prestations de nature intellectuelle : marchés d'études et de recherche, maîtrise d'ingénierie et d'architecture[113]. Cette catégorie de marchés publics forme ce que le Code des marchés publics appelle les *marchés de prestations intellectuelles*, c'est-à-dire des marchés ayant pour objet des « services consistant, principalement, en la réalisation d'activités telles que des études, des travaux de recherche, des services de conseils, d'ingénierie ou d'assistance qui ne se traduisent pas par un résultat physiquement mesurable ou apparent »[114].

Enfin, rien n'empêche les parties de conclure des « *marchés publics mixtes*, c'est-à-dire des marchés portant sur plusieurs catégories de prestations à la fois (travaux, fournitures, services), dès lors que le régime juridique applicable à chacune des catégories n'est pas exactement le même, notamment en matière de publicité préalable, il convient de les faire entrer dans une seule catégorie »[115]. Dans ce cas, on recherchera la prestation dominante en termes économiques, c'est-à-dire par référence au prix, « l'objet principal » du marché ou son « élément prépondérant » pour savoir si on est en face d'un marché de fournitures ou d'un marché de services ; une distinction doit alors « être faite entre les prestations qui apparaissent essentielles et celles qui ne sont qu'accessoires ou complémentaires, le montant respectif des prestations n'apparaissant que comme un indice parmi d'autres »[116]. Finalement, du point de vue de « leur objet, les marchés publics sont semblables aux contrats que concluent entre eux des particuliers. Il s'agit en effet de contrats par lesquels l'Administration se procure des fournitures ou des services et fait réaliser des travaux moyennant un prix. Ces contrats sont identiques aux contrats de vente, de location, de service du droit privé »[117].

---

[113] BRISSON, J.-F., *op. cit.*, pp. 327-328.

[114] Article 4.42 du CMP.

[115] BRACONNIER, S., *op. cit.*, p. 126.

[116] *Ibid.*

[117] RICHER, L., *op. cit.*, p. 355.

§2. Les marchés publics soumis au Code

Les dispositions du Code des marchés publics s'appliquent aux marchés passés par :

- l'État, y compris ses services déconcentrés, les organismes non dotés de la personnalité morale placés sous son autorité et les institutions constitutionnelles[118] ;
- les collectivités territoriales, y compris leurs services déconcentrés et les organismes non dotés de la personnalité morale placés sous leur autorité ainsi que les groupements mixtes mis en place par les collectivités territoriales et les établissements publics locaux ;
- les établissements publics, à l'exception des ordres professionnels ;
- les sociétés publiques (sociétés nationales, sociétés anonymes à participation publique majoritaire) ;
- les agences, autres structures administratives similaires ou assimilées prévues par la loi d'orientation relative au secteur parapublic et les organismes, personnes morales de droit public ou privé autres que les établissements publics, les sociétés publiques dont l'activité est financée majoritairement par l'État ou une collectivité territoriale et s'exerce essentiellement dans le cadre d'activités d'intérêt général ;
- les institutions de protection sociale ;
- les associations et groupements formés uniquement par les personnes citées avant.

L'application du Code des marchés publics aux *entités du secteur parapublic* est également rappelée par la loi d'orientation n° 2022-08 du 19 avril 2022 relative au secteur parapublic, au suivi du portefeuille de l'État et au contrôle des personnes morales de droit privé bénéficiant du concours financier de la puissance publique. Aux termes de l'article 42 de cette loi d'orientation, en effet, « Les entités du secteur parapublic sont, sauf dérogation expresse, soumises au Code des marchés publics. Elles sont également, dans les mêmes conditions, soumises à la règlementation sur les contrats de partenariat public-privé ».

---

[118] « Les dispositions du règlement intérieur de ces institutions ne sauraient être interprétées comme autorisant la moindre dérogation aux dispositions du Code des marchés publics » (*Guide d'application du décret n° 2014-1212 du 22 septembre 2014 portant Code des marchés publics*, ARMP, 2018, p. 34).

Les dispositions du Code des marchés publics s'appliquent également aux marchés passés par une personne morale de droit public ou privé *pour le compte* d'une autorité contractante et aux marchés financés par des accords de financement ou des traités internationaux, sous réserve de l'application de dispositions contraires résultant des procédures prévues par lesdits accords ou traités internationaux.

§3. Les marchés et contrats exclus ou dérogeant au Code

Le Code des marchés publics distingue les exclusions (A) des dérogations (B) au Code.

A. Les exclusions du Code

Les dispositions du Code des marchés publics ne s'appliquent pas :

1. aux *marchés de prestations de services* concernant :

✓ les services d'arbitrage, de conciliation, d'assistance et de représentation juridiques[119] ;

✓ les services financiers relatifs à l'émission, à l'achat, à la vente et au transfert des titres ou d'autres instruments financiers, en particulier les opérations d'approvisionnement en argent ou en capital des autorités contractantes et les services fournis par des banques centrales[120] ;

---

[119] « Il convient de rappeler que les services d'arbitrage et de conciliation, ainsi que d'autres modes alternatifs similaires de règlement des conflits, sont habituellement fournis par des organismes ou des personnes dont la spécificité de la règlementation qui régit leurs activités rendrait incompatible toute mesure de publicité et de mise en concurrence, sans oublier le caractère *intuitu personae* de ces prestations et de la nécessité d'en garantir, à ce stade, la confidentialité. Concernant spécifiquement la représentation en justice par les avocats, il convient de préciser que ceux-ci sont régis par des principes relatifs notamment au respect du secret des relations avec leurs clients et à leur indépendance, dont le respect s'impose au pouvoir règlementaire » (*Guide d'application du décret n° 2014-1212 du 22 septembre 2014 portant Code des marchés publics*, *op. cit.*, p. 34).

[120] « Pour illustrer ces cas… il convient de retenir l'exemple des procédures d'emprunts obligataires effectuées par ces Autorités contractantes, ou encore celui de leurs opérations boursières. Pour ces types d'opérations financières, le Code des marchés publics ne s'applique pas. Cette exclusion visée à l'article précité se justifie par des raisons pratiques liées aux spécificités des marchés financiers. En

2. aux *contrats de travail* passés par les autorités contractantes[121] : l'exclusion « n'est valable que si l'autorité contractante souhaite recruter par elle-même des agents ou employés ; par contre, si elle a recours à une entreprise de travail temporaire ou à des cabinets de recrutement, l'autorité contractante doit passer un marché de

effet, dans le cadre des besoins que les personnes morales soumises au Code peuvent avoir en matière d'acquisition sur le marché financier, il est nécessaire de prendre rapidement des décisions qui ne peuvent être retardées par une excessive formalisation des procédures. Incontestablement, les marchés de services financiers exigent, en effet, tout à la fois un degré de confidentialité et une réactivité incompatibles avec les délais de mise en concurrence fixés par le Code des marchés publics. Mais attention, la disposition précitée vise bien les services fournis par les banques centrales. Cela signifie que les emprunts et services financiers classiques effectués auprès des établissements ou banques commerciales restent des marchés de services soumis au Code. » (*Guide d'application du décret n° 2014-1212 du 22 septembre 2014 portant Code des marchés publics*, *op. cit.*, pp. 39-40.)

[121] « Les contrats de travail conclus par les Autorités contractantes visées à l'article 2 du Code des marchés publics, même s'ils impliquent des prestations pour celles-ci, sont des opérations différentes des marchés publics et sont régis par le droit privé (code du travail). Ces contrats visés à l'article 3.3.b sont exclus du champ d'application du Code. Cette exclusion recouvre le cas où la personne publique souhaite recruter elle-même des agents ou des employés, sans passer par un intermédiaire. En effet, quand la personne publique passe par un intermédiaire pour recruter un ou des agents, on est dans le cadre d'un mandat qui porte sur une prestation de services. Ainsi, les marchés ayant pour objet le recours à des agences d'intérim ou à des cabinets de recrutement ne sont pas exclus du champ d'application du CMP. Ils s'analysent comme des marchés de services. L'Autorité contractante devra nécessairement organiser une mise en concurrence pour sélectionner l'intermédiaire qui procédera au recrutement des agents. Par contre, une fois recrutés, les relations entre ces agents et cette Autorité contractante seront exclues du champ d'application du CMP. Mais pour que cette dérogation puisse s'appliquer, il est obligatoire que le contrat par lequel l'Autorité contractante procède elle-même au recrutement présente les caractéristiques d'un contrat de travail. Le contrat de travail est la convention par laquelle une personne physique s'engage à mettre son activité à la disposition d'une autre personne, physique ou morale, sous la subordination de laquelle elle se place, moyennant une rémunération. La qualification en contrat de travail suppose ainsi la réunion de trois critères cumulatifs : - un travail pour le compte d'autrui ; - un emploi rémunéré ; - un lien de subordination caractérisé par un pouvoir de direction, de contrôle et de sanction. » (*Guide d'application du décret n° 2014-1212 du 22 septembre 2014 portant Code des marchés publics*, *op. cit.*, pp. 39-40.)

prestations de services, dans la mesure où lesdits intermédiaires sont dans le domaine du commerce »[122] ;

3. aux *marchés de travaux, fournitures, prestations de service et équipements réalisés pour la défense et la sécurité du Sénégal, engagés par les forces armées, la police nationale, les douanes, la Brigade nationale des sapeurs-pompiers, l'Administration pénitentiaire, les services en charge des Eaux et Forêts, des Chasses et de la Conservation des sols, ainsi que des Parcs nationaux*, et lorsqu'ils sont incompatibles avec les mesures de publicité prévues dans le Code des marchés publics parce qu'exigeant le secret et la protection des intérêts essentiels de l'État.

Il faut ajouter que les règles du Code des marchés publics en matière de passation et de contrôle ne s'appliquent plus à la *conclusion des contrats portant participation des cocontractants des personnes publiques à l'exécution d'un service public*[123]. La conclusion des contrats de partenariat public privé est régie par les dispositions de la loi n° 2021-23 du 02 mars 2021 relative aux contrats de partenariat public-privé.

B. Les dérogations au Code

Le Code des marchés publics prévoit que, par *dérogation* à ses règles :

- le *Service en charge du mobilier national* peut faire des acquisitions aux enchères publiques sans limitation de prix et sans appliquer les procédures prévues par le Code des marchés publics ; le règlement de ces achats peut avoir lieu sur production du procès-verbal de vente de la personne habilitée à faire les ventes des enchères. Aux autorités contractantes, il est indiqué que « ce concept de "mobilier

[122] NIANG, M. S., « Aperçu sur l'essentiel des changements intervenus sur la règlementation de la commande publique par le décret n° 2011-1048 du 27 juillet 2011 portant Code des marchés publics », *Revue des marchés publics* n° 06, 2012, p. 9.

[123] Aux termes de l'article 3.2 du décret n° 2014-1212 du 22 septembre 2014 portant Code des marchés publics : « Sauf dispositions législatives ou règlementaires contraires, la conclusion des contrats portant participation des cocontractants des personnes publiques à l'exécution d'un service public visés à l'article 10 du Code des obligations de l'Administration est soumise aux règles de passation et de contrôle prévues par le présent décret. »

national" peut s'entendre au sens large et même inclure des œuvres d'art »[124] ;

- les *missions diplomatiques et consulaires du Sénégal à l'étranger* peuvent faire des acquisitions sans appliquer les procédures prévues par le Code des marchés publics ;

- les autorités contractantes peuvent, sans appliquer les procédures prévues par le Code des marchés publics :

✓ acquérir les produits pétroliers, à l'exception des produits destinés à l'exploitation[125] ;

✓ acquérir les titres de transport aérien et maritime pour les besoins des missions de leurs agents ;

✓ assurer l'hébergement et la restauration des participants dans les réceptifs hôteliers ou dans les structures ayant une telle vocation à l'occasion de sommets officiels, de séminaires ou ateliers[126] ;

---

[124] *Guide d'application du décret n° 2014-1212 du 22 septembre 2014 portant Code des marchés publics*, *op. cit.*, p. 38.

[125] « Conformément aux dispositions de l'article 3.4.c) i. du CMP, les opérations portant sur les produits pétroliers suivants dénommés super carburant, essence ordinaire et gasoil ne sont pas soumises aux procédures de passation de marchés, pour autant que ces produits soient destinés aux véhicules de l'Administration ainsi que le gaz butane à usage domestique. Ces acquisitions doivent cependant être soumises à l'application du prix en vigueur figurant au barème de la structure des produits pétroliers publié périodiquement par la Commission nationale des hydrocarbures du ministère chargé de l'Énergie. Ces procédures donnent lieu simplement à règlement sur mémoires ou factures. Mais cette disposition exclue de cette dérogation, les produits destinés à l'exploitation. Pour ne pas se tromper sur le sens de cette notion d'"exploitation", l'interprétation qu'il faut faire de cette disposition est que dans tous les cas où ces produits ne sont pas destinés à l'usage des véhicules de l'Administration, il y a lieu d'appliquer le Code des marchés publics. L'Autorité contractante devra utiliser le critère de "la destination de ces produits pétroliers" pour savoir si le Code des marchés publics devra être applicable à la procédure d'acquisition. » (*Guide d'application du décret n° 2014-1212 du 22 septembre 2014 portant Code des marchés publics*, *op. cit.*, pp. 40-41.)

[126] « Il faut comprendre cette dérogation comme étant une volonté, pour les pouvoirs publics sénégalais, de faciliter l'organisation de tels événements. Mais pour cette dérogation également, il importe de procéder à une interprétation stricte de l'article 3.4.c) iii du Code des marchés publics. Pour ces dépenses et quel que soit leur montant, l'application du Code des marchés publics n'est pas davantage requise. Cependant, ces dépenses doivent être circonscrites aux besoins des "participants" et se rattacher aux nécessités de l'organisation de sommets officiels, de séminaires ou ateliers. Cette précision est importante car toutes les prestations entrant dans le cadre de ces événements ne sont pas exclues du code des marchés

✓ assurer la publication par voie de presse d'insertions publicitaires[127] ;

✓ acquérir, en cas de rupture de stock, les médicaments et produits essentiels utilisés dans la médecine d'urgence et dont la liste est fixée par arrêté conjoint du ministre chargé des Finances et du ministre chargé de la Santé[128]. Il s'agit là de l'arrêté conjoint n° 032277 du 03 octobre 2023 qui comporte une liste, révisable, de 442 médicaments et produits essentiels utilisés dans la *médecine d'urgence*. Celle-ci est définie par ledit arrêté comme étant l'ensemble de pratiques mises en œuvre par les ressources médicales et chirurgicales pour faire face à une urgence, état de santé dans lequel la situation de la personne empire sans soins. Elle concerne également toute autre situation imprévisible telle que les épidémies, catastrophes naturelles ou assimilées. Tandis que la *rupture de stock* est assimilée à une situation dans laquelle la quantité disponible de médicaments et produits essentiels est insuffisante pour répondre aux besoins des patients ou pour apporter une réponse sanitaire adéquate ;

---

publics. Cette disposition vise uniquement "l'hébergement" et "la restauration". En effet, à titre d'exemple, si l'Autorité contractante a besoin, par exemple, de la confection et de la fourniture d'imprimés pour les besoins de communication sur de tels événements, le Code des marchés publics sera applicable. » (*Guide d'application du décret n° 2014-1212 du 22 septembre 2014 portant Code des marchés publics*, *op. cit.*, p. 41.)

127 Cette dérogation « a pour intérêt de faciliter la communication des Autorités contractantes qui peuvent ainsi, dans des conditions procédurales souples, informer rapidement les acteurs de la commande publique. Bien entendu, outre pour le support "papier", cette dérogation prévue par cette disposition s'applique également aux publications faites par voie électronique. Pour les publireportages, on peut penser par exemple à des campagnes de sensibilisation sur un programme de vaccination, d'inscription sur les listes électorales, etc. » (*Guide d'application du décret n° 2014-1212 du 22 septembre 2014 portant Code des marchés publics*, *op. cit.*, p. 43.)

128 Cette dérogation « se veut une réponse adéquate aux situations d'urgence auxquelles les structures de santé peuvent être confrontées. Cette situation d'urgence peut en effet être incompatible avec les délais normaux de mise en concurrence. Les conditions cumulatives d'application de cette dérogation sont : - une situation de rupture de stock, - que les médicaments à acquérir fassent partie de la liste établie par arrêté du ministre en charge de la Santé » (*Guide d'application du décret n° 2014-1212 du 22 septembre 2014 portant Code des marchés publics*, *op. cit.*, p. 44).

✓ acquérir les fournitures, médicaments et produits pharmaceutiques essentiels conformément à un arrêté conjoint du ministre chargé des Finances et du ministre chargé de la Santé[129]. Il s'agit de l'arrêté conjoint n° 031077 du 15 septembre 2023 qui concerne 997 fournitures, médicaments et produits essentiels que la SEN-Pharmacie nationale d'approvisionnement (SEN-PNA) peut acquérir par dérogation aux règles du Code des marchés publics. Les modalités d'acquisition sont déterminées par un manuel de procédures adopté par le Conseil d'administration de la SEN-PNA, après avis de l'ARCOP. « Cette dérogation devrait permettre à la SEN-PNA d'acquérir les fournitures, médicaments et produits pharmaceutiques essentiels suivant des procédures allégées, afin d'atteindre les objectifs de disponibilité et d'accessibilité géographique et financière des médicaments et autres produits de santé, mais aussi de qualité et de continuité des soins »[130] ;

- les autorités contractantes, sociétés publiques en charge de l'application de la politique pétrolière, de l'exploration, de l'exploitation des *ressources pétrolières et gazières*, du raffinage et de la commercialisation des produits pétroliers et gaziers, de la construction, de l'exploitation et de l'entretien d'infrastructures de transport et de distribution du gaz naturel, de la production, du transport, de la distribution d'énergie électrique, selon leurs activités, peuvent, sans appliquer les procédures prévues par le Code des marchés publics, acquérir des biens, équipements et services, dans les conditions

---

[129] Tout comme la précédente, cette dérogation « a été instituée pour éviter que l'approvisionnement en médicaments et produits jugés essentiels soient retardé, voire compromis par la longueur des délais de mise en concurrence. La disponibilité de ces "médicament" et "produits essentiels" pour les sujets qui en sont les destinataires pourra ainsi être préservée. En effet, le caractère formalisé des procédures de marchés publics impliquerait que ces structures et formations soient obligées de se résoudre à avoir des lignes infructueuses ou à relancer un appel d'offres, ce qui occasionnerait immanquablement de longues situations de rupture de stock. Mais cette dérogation doit être lue et appliquée en tenant obligatoirement compte de l'arrêté du ministre en charge de la Santé fixant les modalités de l'approvisionnement pharmaceutique des services et formations sanitaires » (*Guide d'application du décret n° 2014-1212 du 22 septembre 2014 portant Code des marchés publics*, *op. cit.*, p. 44).

[130] Commentaires sur la signature de l'arrêté conjoint n° 031077 du 15 septembre 2023 du ministre des Finances et du ministre de la Santé et de l'Action sociale, *Revue de la commande publique* n° 36, 2023, p. 17.

prévues par un arrêté conjoint du ministre chargé des Finances et du ministre chargé de l'Énergie, après approbation de l'ARCOP.

« Il est donc constant que le droit sénégalais prévoit un nombre important de dérogations à l'application des règles relatives aux marchés publics. Cela ne semble pas contribuer à l'efficacité et la transparence recherchées par le nouveau droit ouest-africain de l'achat public. »[131] Contrairement aux *exclusions*, à savoir, les marchés publics qui sont absolument hors de portée du Code des marchés publics, les *dérogations* restent une faculté pour les autorités contractantes[132], c'est-à-dire qu'elles peuvent y recourir ou ne pas y recourir. Il reste que dérogations et exclusions ont le même impact : réduire comme une peau de chagrin le champ d'application du Code des marchés publics et faire bon marché de la transparence des marchés publics. En dehors de ces exclusions et dérogations, aucune règlementation ou procédure particulière à un acheteur public, à une catégorie d'acheteurs ou à une catégorie de fournitures, services ou travaux, ne peut déroger aux règles du Code des marchés publics.

---

[131] DRAMÉ, B., *op. cit.*, p. 98.
[132] NIANG, M. S., *op. cit.*, p. 9.

CHAPITRE II

LA PASSATION DES MARCHÉS PUBLICS

En vue d'assurer l'efficacité de la commande publique et la bonne utilisation des deniers publics, la passation des marchés publics doit respecter les principes de liberté d'accès à la commande publique, d'égalité de traitement des candidats et de transparence des procédures sous peine de nullité de la procédure de passation ou du marché public passé, à la requête de toute personne intéressée au déroulement normal de la procédure[133]. La sacralisation de ces principes communautaires s'inscrit dans l'objectif global de moralisation de l'achat public et d'économie maximale de la dépense publique. La procédure de passation des marchés publics est conduite par la personne responsable du marché agissant au nom et pour le compte de l'autorité contractante. La personne responsable du marché public (PRMP) est assistée dans l'exécution de cette mission par la cellule de passation des marchés et la commission des marchés, ce trio constituant les principaux « *organes de passation* » de chaque autorité contractante[134]. « De par son positionnement, en l'occurrence son rôle de représentant légal de l'Autorité contractante, la PRMP a ainsi une certaine autorité (en termes de hiérarchie) sur les autres organes internes de passation des marchés publics. »[135]

Le régime de la passation des marchés publics est un régime contraignant qui englobe les règles relatives à la préparation des marchés publics (section I), à la candidature aux marchés publics (section II), aux procédures de passation des marchés autorisées (section III), à la conclusion formelle des marchés publics (section IV), à la forme et au contenu des marchés publics (section V), ainsi qu'aux parties à un marché public (section VI).

---

133 Article 24 du COA.

134 *Guide d'application du décret n° 2014-1212 du 22 septembre 2014 portant Code des marchés publics*, *op. cit.*, p. 47.

135 *Guide d'application du décret n° 2014-1212 du 22 septembre 2014 portant Code des marchés publics*, *op. cit.*, p. 52.

SECTION I. LA PRÉPARATION DES MARCHÉS

La passation des marchés publics nécessite une phase préparatoire au cours de laquelle les autorités contractantes déterminent les besoins à satisfaire par les marchés projetés (§1) et s'assurent du financement des marchés (§2), ainsi que des autorisations préalables requises (§3).

§1. La détermination des besoins

« Une définition précise des besoins à satisfaire par le marché, comprenant une évaluation de leur montant, est essentielle et doit précéder le commencement de la procédure. Elle doit donc intervenir avant le lancement de la consultation. L'évaluation financière des besoins doit être sincère et réaliste, c'est-à-dire qu'elle doit se fonder sur des niveaux de prix habituellement pratiqués dans le secteur économique concerné par la prestation projetée. »[136] La définition des besoins est « une étape importante de la préparation du marché puisque matérialisant la détermination de l'objet des prestations envisagées par l'Autorité contractante »[137]. Elle donne « à la personne publique la possibilité de déterminer l'enveloppe budgétaire permettant d'assurer le financement du marché et de s'assurer que l'offre du candidat répondra parfaitement à ses besoins »[138]. C'est ainsi que le Code des marchés publics fait obligation à l'autorité contractante, avant tout appel à la concurrence, consultation ou négociation, de déterminer aussi exactement que possible[139] la nature et l'étendue des besoins[140] à satisfaire en prenant notamment en compte les *objectifs de développement durable* (ODD)[141] à travers ses dimensions économique,

---

[136] LAJOYE, C., *Droit des marchés publics*, 2e éd., Paris, Gualino éditeur, 2005, p. 62.

[137] *Guide d'application du décret n° 2014-1212 du 22 septembre 2014 portant Code des marchés publics, op. cit.*, p. 59.

[138] BRACONNIER, S., *op. cit.*, p. 302.

[139] Il n'y a donc pas pour l'autorité contractante une véritable *obligation de précision* dans la définition des besoins. On est donc loin de la jurisprudence française selon laquelle une définition imprécise de l'objet du marché pourrait entraîner la nullité du marché (CE 29 décembre 1997, *Département de Paris*).

[140] Comme l'a dit Issakha NDIAYE, il ne faut surtout pas « croire que dans chaque service, quel que soit le marché à passer, il y a un préposé immuable à la définition des besoins. La personne compétente pour définir les besoins dépend de la nature de ces derniers » (NDIAYE, I., *op. cit.*, p. 26).

[141] Les *Objectifs de développement durable* (ODD), adoptés par l'Organisation des Nations unies en 2015, constituent un appel mondial à agir pour éradiquer, dans

sociale et environnementale. « Cette détermination des besoins doit être juste, pertinente et complète. À ce stade, les études préalables sont fortement recommandées surtout pour les projets dont l'Autorité contractante ne peut elle-même procéder à la définition exacte de ses besoins. Plus les besoins sont définis avec toute l'exactitude requise par l'article 5 du Code, plus l'évaluation de leurs seuils financiers (article 54) sera facilitée. »[142] Une « bonne appréciation des besoins de la personne publique acheteuse est non seulement une nécessité économique mais aussi une obligation juridique. Ces besoins constituent l'objet de l'obligation »[143]. Le non-respect de cette obligation juridique par l'autorité contractante est sévèrement sanctionné : une détermination trop vague de l'objet du marché dans l'avis d'appel à la concurrence peut conduire le juge à déclarer la nullité du marché (CE 29 décembre 1997, *Département de Paris*). C'est en vertu de cette obligation de détermination préalable des besoins que chaque autorité contractante, à travers ses services compétents et sous l'autorité de la personne responsable du marché, élabore un plan de passation des marchés publics (A), définit l'objet des prestations dont la commande est envisagée (B), procède à l'allotissement du marché (C) et, si nécessaire, a recours à un marché à exécution fractionnée (D).

A. Le plan de passation des marchés

Établi suivant un modèle approuvé par un arrêté du ministre chargé des Finances, après avis de l'Autorité de régulation de la commande publique (ARCOP), le *plan de passation des marchés* (PPM) regroupe l'ensemble des marchés publics que l'autorité contractante envisage de passer durant l'année concernée. L'inscription préalable des marchés publics à passer dans le plan de passation des marchés est une *formalité substantielle*, en ce sens que son non-respect peut entraîner la nullité du marché public passé ou de la procédure de passation. En effet, autant on ne peut engager une dépense publique qui n'est pas inscrite dans le budget, c'est-à-dire qui ne dispose de crédits budgétaires nécessaires,

---

tous les pays, la pauvreté, protéger la planète et faire en sorte que tous les êtres humains vivent dans la paix et la prospérité d'ici 2030. Ils partent du principe que tout développement doit équilibrer les aspects économiques, sociaux et environnementaux. Ils sont au nombre de 17.

142 *Guide d'application du décret n° 2014-1212 du 22 septembre 2014 portant Code des marchés publics*, *op. cit.*, p. 59.

143 LAJOYE, C., *op. cit.*, p. 63.

autant on ne peut passer ou exécuter un marché public qui n'est pas préalablement inscrit dans le plan de passation des marchés publics de l'autorité contractante concernée. Le plan de passation des marchés répond donc à l'exigence de prévisibilité de la commande publique et au souci de bonne gestion des ressources publiques.

À l'exception des marchés classés secrets, lancés sur la base d'urgence impérieuse ou dans le cadre des mesures de mobilisation générale et de mise en garde, sont inscrits dans le plan de passation des marchés : les marchés publics passés par les autorités contractantes y compris les demandes de renseignements et de prix (DRP), les accords-cadres et les avenants de non-reconduction dans le cadre de marchés de clientèle et de marchés à commande. L'inscription des accords-cadres dans le plan de passation des marchés se fait chaque année durant la période desdits accords-cadres.

Les plans de passation des marchés sont élaborés après des études préalables impliquant les services compétents : « Les documents constitutifs des projets de marchés sont préparés par les services compétents de l'autorité contractante sous la responsabilité de la personne responsable du marché. Pour la réalisation des études préalables et l'établissement des projets de marchés, il peut être fait appel à la collaboration de services techniques dépendant d'autres administrations ou d'hommes de l'art. »[144] En outre, les plans de passation des marchés doivent être cohérents avec les autres instruments de planification infra-annuelle de l'exécution du budget de l'autorité contractante (programme d'activités ou programme de performance, loi de finances rectificative ou réaménagement budgétaire), ce qui implique que le plan de passation des marchés intervient, en principe, après l'adoption du budget de la personne publique contractante, dont il doit être le reflet. Dans la pratique, les cellules de passation des marchés anticipent en élaborant un plan de passation des marchés provisoire sur la base des prévisions budgétaires de l'année en cours et du débat d'orientation budgétaire. Ce plan de passation des marchés provisoire, qui permet de respecter les délais, est par la suite retouché lorsque le budget de la personne publique contractante est adopté et approuvé ou réaménagé.

Une fois établis, les plans de passation des marchés doivent être communiqués à la Direction centrale des marchés publics (DCMP) au plus tard le 1er décembre de l'année précédant l'année budgétaire

[144] Article 5 du CMP.

considérée *via* le Système de gestion des marchés publics (SYGMAP)[145]. La DCMP vérifie la conformité du plan de passation des marchés et en assure la publication, dans les trois (3) jours francs suivant la réception, dans le portail des marchés publics (www.marchespublics.sn). Toutefois, si elle émet des observations sur la conformité du plan de passation des marchés, l'autorité contractante dispose d'un délai maximal de sept (7) jours, à compter de la réception, pour tenir compte de ces observations. Le délai est défini comme étant la « durée de temps qui sépare deux instants. Sauf précision contraire, les délais sont calendaires. Les délais de recours sont francs et ouvrés »[146]. Passé ce délai, la DCMP publie la dernière version du plan de passation des marchés soumise et informe l'ARCOP des observations faites et non prises en compte. Les marchés ayant fait l'objet de ces observations feront partie du champ de l'audit annuel des marchés publics conduit par l'ARCOP. Enfin, les plans de passation des marchés ne sont pas immuables mais *révisables*. Les révisions du plan de passation des marchés doivent être communiquées à la DCMP qui en vérifie la conformité et peut faire des observations dans les mêmes conditions précédemment indiquées.

La souplesse du plan de passation des marchés permet à l'autorité contractante d'adapter le service public aux besoins nouveaux survenus après sa publication. « L'attention des Autorités contractantes est attirée sur le fait que l'élaboration du programme de passation de marchés ne doit pas être subordonnée à la disponibilité préalable de ressources budgétaires. En effet, la fonction d'outil de planification, assignée au plan de passation de marchés, ne s'affirme que si les informations à l'état prévisionnel sont publiées en légère anticipation par rapport à la date de notification des budgets. Toutefois, ce plan, qui est intégré dans le processus d'élaboration du budget des Autorités contractantes, est défini sur une base annuelle ; sous réserve des révisions éventuelles, il ne saurait être modifié ou transmis à la DCMP à l'occasion de la communication pour avis des dossiers d'appel d'offres ou de

---

[145] SYGMAP est une plateforme informatique mise en place en 2009 en vue de la dématérialisation des procédures de passation. Ainsi, chaque autorité contractante a un nom d'utilisateur et un de mot de passe. La circulaire du Premier ministre n° 5412 du 21 décembre 2009 rend obligatoire la transmission des PPM *via* le SYGMAP.

[146] Article 4.18 du CMP.

consultation. »[147] Les autorités contractantes doivent aussi savoir que la publication du plan de passation des marchés « est du ressort de la Direction chargée du Contrôle des marchés publics. (...). Dès que le Plan est publié, l'Autorité contractante concernée devra immédiatement vérifier leur conformité (par rapport au document transmis à la DCMP). En cas d'erreur ou d'omission, il faudra immédiatement en faire part à la DCMP afin que celle-ci procède à la rectification avant d'effectuer une nouvelle publication »[148].

B. La définition de l'objet des prestations

La définition de l'objet des prestations passe d'abord par l'évaluation du montant des prestations (1), ensuite par l'observation des normes techniques en la matière (2).

1. L'évaluation du montant des prestations

Dans un premier temps, l'autorité contractante doit évaluer le *montant* estimé des fournitures, services ou travaux, objet du marché. L'article 6 du CMP indique que lors de l'établissement de son projet de budget, elle évalue le montant total des marchés de fournitures, par catégorie de produits, des marchés de services, par catégorie de services, et des marchés de travaux qu'elle envisage de passer durant l'année. Cet article reste cependant silencieux quant au *critère de regroupement*. Il semble, d'après Laurent Richer, que « La notion d'homogénéité passe au premier plan, mais il est indiqué qu'elle peut être définie de deux manières, soit par les caractéristiques propres, soit par l'unité fonctionnelle »[149]. Pour Stéphane Braconnier, *l'homogénéité* « se rattache soit à la similitude des caractéristiques propres des fournitures ou prestations en question, soit à une unité fonctionnelle de type de celle qui prévaut en matière de travaux à travers la notion d'opération »[150]. Du point de vue des caractéristiques propres applicables à l'objet des marchés de fournitures ou de services, seront considérés comme homogènes les fournitures ou services identiques ou

[147] *Guide d'application du décret n° 2014-1212 du 22 septembre 2014 portant Code des marchés publics*, *op. cit.*, p. 60.

[148] *Guide d'application du décret n° 2014-1212 du 22 septembre 2014 portant Code des marchés publics*, *op. cit.*, pp. 60-61.

[149] RICHER, L., *op. cit.*, p. 447.

[150] BRACONNIER, S., *op. cit.*, p. 294.

similaires. Du point de vue des caractéristiques propres applicables à l'objet des marchés de travaux, seront qualifiés d'homogènes les travaux destinés à remplir une fonction économique ou technique ou les produits ayant une finalité identique ou similaire[151]. Dans le premier cas de figure, « c'est l'homogénéité des prestations qui commande l'estimation des marchés. C'est la valeur totale des fournitures ou services homogènes qui doit être prise en compte pour estimer le montant des commandes et donc la procédure applicable. Il revient aux acheteurs de déterminer des catégories homogènes de fournitures ou de services qui devront être agglomérées à chacun des niveaux d'achat qui auront été décidés au sein de la personne publique »[152]. Dans le second cas de figure, on est en présence d'une *opération de travaux* « lorsque le maître d'ouvrage prend la décision de mettre en œuvre, dans une période de temps et un périmètre limités, un ensemble de travaux caractérisé par son unité fonctionnelle, technique ou économique. Unité d'objet, unité de décision, unité de lieu et de temps, tels sont les caractères d'une opération de travaux. Ils permettent d'isoler les travaux ou l'ensemble de travaux qui concourent à la réalisation ou la réfection d'un ou plusieurs ouvrages répondant à un besoin unique et une même logique économique »[153]. Une « opération » est donc bien plus qu'un « ouvrage » : on peut en effet avoir plusieurs ouvrages dans une même opération de travaux[154].

Ces critères de regroupement sont confirmés par l'article 54 du CMP relatif au calcul de la valeur des marchés pour les besoins de l'application des seuils de passation des marchés par la procédure de l'appel d'offres ouvert. Le critère de l'opération s'applique aux travaux, tandis que celui de l'homogénéité s'applique aux fournitures et services.

L'*opération de travaux* « est caractérisée par son unité fonctionnelle, technique ou économique, à mettre en œuvre dans une période de temps et un périmètre limités »[155]. Ainsi, l'autorité contractante « prendra en compte la valeur globale des travaux se rapportant à une même opération portant sur un ou plusieurs ouvrages.

---

151 RICHER, L., *op. cit.*, pp. 447-448.

152 TESSIER, André., « La nouvelle refonte du Code des marchés publics », *Droit administratif*, avril 2004, p. 9.

153 *Ibid.*

154 MICHON, J., *La nouvelle règlementation des marchés publics*, Paris, Groupe Moniteur (Éditions du Moniteur), 2004, p. 150.

155 Article 54 du CMP.

Il y a opération de travaux lorsque la PRMP décide de mettre en œuvre dans une période de temps et dans un périmètre délimité un ensemble de travaux caractérisé par son unité fonctionnelle, technique, économique ou comptable (article 54.1 du CMP). Une opération peut consister :

- en plusieurs ouvrages si elle porte sur des travaux de même nature, exécutés dans un périmètre géographique délimité (exemple : la réfection des toitures des écoles d'une même commune ou la réalisation de trottoirs dans différents quartiers de la ville, car il en résulte une unité fonctionnelle) ;
- en travaux de nature différente si ceux-ci sont réalisés sur un même ouvrage et sont programmés au même moment, par exemple en matière de réhabilitation d'un même bâtiment ou ensemble de bâtiments.

En revanche, plusieurs chantiers comportant des travaux de plusieurs types qui concernent des ouvrages différents ne constituent pas une même opération s'il n'existe pas d'unité fonctionnelle du fait de la variété de travaux envisagés, même s'ils s'inscrivent dans le cadre d'un projet global. Un *ouvrage* peut être défini comme le résultat d'un ensemble de travaux de bâtiment ou de génie civil destiné à remplir, par sa nature même, une fonction économique ou technique (exemple : un bâtiment ou un ensemble de bâtiments, un ouvrage d'infrastructure tel qu'un collecteur des eaux pluviales). L'Autorité contractante doit ainsi prendre en compte la valeur globale des travaux se rapportant à une opération portant sur un ou plusieurs ouvrages ainsi que la valeur des fournitures nécessaires à leur réalisation qu'elle met à disposition des opérateurs. L'addition de ces deux valeurs lui permettra de savoir si elle a dépassé ou non lesdits seuils »[156].

Quant aux fournitures ou services, ils « peuvent être considérés comme *homogènes* soit en raison de leurs caractéristiques propres, soit parce qu'ils constituent une unité fonctionnelle. La délimitation d'une catégorie homogène de fournitures ou de services ne doit pas avoir pour effet de soustraire des marchés aux règles qui leur sont normalement applicables en vertu du (…) décret »[157]. Dans le premier cas, « par exemple : des meubles de bureaux constituent une catégorie d'achats homogène en raison de leurs caractéristiques propres même s'ils sont

---

[156] *Guide d'application du décret n° 2014-1212 du 22 septembre 2014 portant Code des marchés publics*, *op. cit.*, p. 59.

[157] Article 54 du CMP.

destinés à des services exerçant des activités de natures différentes »[158]. Dans le second cas, « par exemple : les achats de matériels et mobiliers destinés à équiper un hôpital ou une salle d'opération sont destinés à une même unité fonctionnelle et doivent être considérés comme une seule opération d'achat même s'ils portent sur des biens de nature différente. Cette notion, qui doit s'apprécier au cas par cas en fonction des prestations attendues, suppose une pluralité de services ou de fournitures concourant à un même objet. Dans cette hypothèse, l'ensemble des prestations nécessaires à l'élaboration d'un projet, et faisant partie d'un ensemble cohérent, est pris en compte de manière globale. Si le montant total de cette évaluation est supérieur aux seuils de procédures précisés par les dispositions précitées, l'Autorité contractante devra s'y conformer »[159].

Dans tous les cas, deux règles s'imposent aux autorités contractantes. D'une part, il « est exigé des Autorités contractantes une très grande rigueur dans l'application de ces textes sur la définition des besoins et de leur évaluation et d'éviter ainsi tout *fractionnement malintentionné*. L'article 54 du Code des marchés publics précise (…) que la valeur estimée des marchés comportant des lots doit prendre en compte la valeur estimée de la totalité des lots et que les Autorités contractantes ne peuvent en aucun cas fractionner les dépenses ou sous-estimer la valeur des marchés de façon à les soustraire aux règles qui leur sont normalement applicables en vertu du Code »[160]. D'autre part, les fournitures, services ou travaux qui font l'objet de marchés publics doivent répondre exclusivement aux *besoins de l'autorité contractante*[161]. Est donc condamnable, par exemple, la passation de *marchés fictifs*, c'est-à-dire de marchés pour des objets qui ne paraissent pas les nécessiter, soit pour s'affranchir de la règle de spécialité des crédits en dissimulant l'objet véritable des dépenses et en les imputant sur des crédits ouverts à d'autres fins ou alloués au titre d'un autre exercice que celui qui aurait dû en supporter la charge, soit pour échapper à la règle de l'annualité budgétaire par la conclusion d'importants marchés pour lesquels les commandes non assorties de délai de livraison permettent de mettre en réserve une partie des crédits

---

[158] *Guide d'application du décret n° 2014-1212 du 22 septembre 2014 portant Code des marchés publics*, *op. cit.*, p. 59.

[159] *Ibid.*

[160] *Guide d'application du décret n° 2014-1212 du 22 septembre 2014 portant Code des marchés publics*, *op. cit.*, p. 60.

[161] Article 5 du CMP.

en vue d'une utilisation ultérieure[162]. C'est dire que les « besoins en cause sont donc ceux qui permettent son fonctionnement mais aussi ceux qui permettent d'assumer les services publics dont elle a la charge et donc de fournir des prestations aux usagers »[163].

2. L'observation des normes techniques

Dans un second temps, l'autorité contractante doit définir les prestations de travaux, fournitures ou de services objet du marché public par référence aux normes, labels, écolabels, agréments techniques ou spécifications techniques nationaux, communautaires ou internationaux[164]. Pour Issakha Ndiaye, « cette disposition n'indique en rien la manière dont les services compétents doivent s'y prendre pour définir les besoins. Cette définition dépendra de la nature des besoins et du type de marché envisagé. L'acheteur public doit savoir identifier et évaluer les besoins du service avant de les transcrire dans les cahiers des charges »[165].

L'autorité contractante ne peut déroger à l'obligation de conformité technique, dans la définition des prestations à commander, que dans trois (3) cas :

✓ lorsque les normes, labels, écolabels, agréments ou spécifications techniques nationaux, communautaires ou, à défaut, internationaux, ne contiennent aucune disposition concernant l'établissement de la conformité ou lorsqu'il n'existe pas de moyens techniques permettant d'établir de façon satisfaisante la conformité d'un produit à ces normes, agréments ou spécifications techniques ;

✓ lorsque ces normes, labels, écolabels, agréments ou spécifications techniques nationaux, communautaires ou, à défaut, internationaux, imposent l'utilisation de produits ou de matériaux incompatibles avec des installations déjà utilisées par l'autorité contractante ou entraînent des coûts disproportionnés ou des difficultés

---

[162] LINDITCH, F., *Le droit des marchés publics*, 3e éd., Paris, Dalloz, 2004, pp. 84-85. L'auteur donne un exemple de pratique consistant à tourner le principe de spécialité des crédits budgétaires : « … tel service de l'État passera un marché de mobilier de 413 000 F TTC, ne s'en fera livrer qu'à concurrence de 187 000 F TTC, le solde de la facture ayant servi à financer les travaux d'aménagement – peinture, moquette, climatisation, décoration – du bureau du directeur… ».

[163] LAJOYE, C., *op. cit.*, p. 63.

[164] Article 7 du CMP.

[165] NDIAYE, I., *op. cit.*, p. 27.

techniques disproportionnées mais uniquement dans le cadre d'une stratégie clairement définie et consignée en vue d'un passage, dans un délai déterminé, à des normes, agréments ou spécifications techniques nationaux, communautaires ou internationaux ;

✓ lorsque le projet concerné constitue une véritable innovation par laquelle le recours à des normes, agréments ou spécifications techniques nationaux, communautaires ou, à défaut, internationaux, serait inapproprié[166].

La référence aux spécifications techniques mentionnant des produits d'une fabrication ou d'une provenance déterminée ou des procédés particuliers et qui ont pour effet de favoriser ou d'éliminer certaines entreprises est interdite à moins que de telles spécifications ne soient justifiées par l'objet du marché[167]. En d'autres termes, la référence aux normes, labels, écolabels, agréments techniques ou spécifications techniques nationaux, communautaires ou internationaux « doit être neutre, c'est-à-dire ne pas entraîner de *facto* le choix d'une entreprise déterminée »[168]. Est notamment interdite l'indication de marques, de brevets ou de types, de numéro de catalogue ou celle d'une origine ou d'une production déterminée[169]. Toutefois, une telle indication accompagnée de la mention « ou équivalent » est autorisée lorsque les autorités contractantes n'ont pas la possibilité de donner une description de l'objet du marché au moyen de spécifications suffisamment précises et intelligibles pour tous les intéressés[170].

C. L'allotissement des marchés

L'*allotissement* d'un marché public est un procédé qui consiste pour l'acheteur public à éclater le marché en plusieurs lots, chaque lot donnant lieu à la conclusion d'un marché distinct avec son titulaire. Aux termes de l'article 8 du CMP, en effet, « Les travaux, fournitures ou services *doivent* être répartis en lots donnant lieu chacun à un marché distinct. La division en lots permet de faciliter la candidature des petites et moyennes entreprises et des acteurs de l'économie sociale et solidaire ».

---

166 Article 7 du CMP.
167 *Ibid.*
168 LAJOYE, C., *op. cit.*, p. 64.
169 Article 7 du CMP.
170 *Ibid.*

Il en résulte que, d'une part, l'allotissement est appréhendé par le Code des marchés publics comme « la division d'une même opération de fournitures, de prestations de services ou de travaux en plusieurs lots, un lot étant une unité économique qui est attribuée séparément. Chaque lot est attribué individuellement au candidat dont l'offre a été choisie pour ce lot »[171]. D'autre part, le Code des marchés publics assigne une fonction à l'allotissement : celui-ci « facilite l'accès des entreprises, et notamment des plus petites, aux marchés publics, dans la mesure où le fractionnement le rend plus accessible d'un point de vue financier et technique. Les petites entreprises peuvent donc se porter candidates plus facilement »[172]. C'est pour cette raison qu'on estime que le « recours à l'allotissement plutôt qu'à un marché en lot unique est supposé favoriser l'accès des PME à la commande publique »[173]. L'autorité contractante y trouve également des avantages économiques, techniques ou financiers. Enfin, sur le plan de la pratique, « l'allotissement est particulièrement approprié lorsque l'importance des travaux, fournitures ou services à réaliser risque de dépasser les capacités techniques ou financières d'une seule entreprise »[174].

Toutes ces raisons expliquent le remplacement, par le nouveau Code des marchés publics de 2022, de la *faculté d'allotir* les marchés publics, lorsque cette division est susceptible de présenter pour l'autorité contractante des avantages économiques, techniques ou financiers, par une *obligation d'allotir* les marchés publics. L'allotissement devient dorénavant « le droit commun et non une option offerte »[175] à l'autorité contractante. À cet égard, le « juge administratif demeure attentif à la réalité des motifs avancés par l'acheteur pour écarter l'obligation d'allotir et n'hésite pas, s'il estime que le non-respect de cette obligation n'est pas justifié et que l'Administration a commis une erreur manifeste d'appréciation, à annuler le marché »[176]. L'absence d'allotissement ou le mauvais allotissement, qu'il soit insuffisant ou abusif, constitue donc une illégalité pouvant entraîner la nullité absolue du marché public[177].

---

[171] LAJOYE, C., *op. cit.*, p. 64.
[172] BRACONNIER, S., *op. cit.*, pp. 296-297.
[173] SAMBE, C. S. B., « Marchés publics. Quels dispositifs d'accès pour les PME ? », *Revue des marchés publics* n° 03, 2011, p. 27.
[174] BRACONNIER, S., *op. cit.*, p. 297.
[175] CHABANOL, D., JOUGUELET, J.-P., BOURRACHOT, F., *op. cit.*, p. 218.
[176] BRACONNIER, S., *op. cit.*, p. 298.
[177] NDIAYE, I., *op. cit.*, p. 30.

Toutefois, deux limites sont apportées à l'obligation d'allotir. En premier lieu, le choix de l'allotissement « ne doit pas avoir pour objet ou pour effet de soustraire les marchés aux règles qui leur sont normalement applicables en vertu du (...) décret »[178]. Ainsi, « la division du marché en lots ne peut être utilisée pour faire échapper l'opération aux règles de publicité, de mise en concurrence et de détermination de la procédure instaurée par le Code »[179]. Il est vrai que lorsqu'un marché comporte plusieurs lots, c'est la valeur de la totalité des lots qui est prise en compte. Cependant, la division du marché en lots peut permettre un allégement des règles de publicité et de mise en concurrence[180]. En deuxième lieu, « à condition de justifier son choix, l'autorité contractante peut estimer que le marché unique ou global présente des avantages économiques, techniques ou financiers en fonction des caractéristiques de l'opération envisagée »[181]. Il y a intérêt pour l'autorité contractante à recourir à un marché en lot unique « lorsque : - l'allotissement présente un inconvénient technique lié à la cohérence de la prestation ou à l'incapacité de l'Autorité contractante à assurer le pilotage et la coordination de plusieurs lots ; - l'allotissement présente un inconvénient financier inhérent à l'existence de charges fixes incompressibles se rapportant à chaque lot »[182].

Dans cette analyse des avantages économiques, techniques ou financiers de la formule de marché unique ou de celle du marché alloti, le choix de l'autorité contractante « sera guidé par la fonctionnalité de l'ouvrage à construire ou par la coordination nécessaire des divers intervenants lors de l'exécution de la prestation. Il lui faut aussi prendre en compte les différents corps de métier concernés. Plus largement, la décision d'allotir doit être guidée par la situation du marché, par les caractéristiques de la prestation à exécuter et par les objectifs recherchés par l'acheteur public. C'est ainsi que la division en lots est indiquée quand l'importance de la prestation à exécuter est de nature à dépasser les capacités tant financières que techniques d'une seule entreprise ; chaque lot de plus petite importance pourra être réalisé par des candidats de moindre taille »[183]. Ces règles appellent, par

---

[178] Article 8 du CMP.

[179] LAJOYE, C., *op. cit.*, p. 64.

[180] LAJOYE, C., *op. cit.*, p. 65.

[181] Article 8 du CMP.

[182] *Guide d'application du décret n° 2014-1212 du 22 septembre 2014 portant Code des marchés publics*, *op. cit.*, p. 62.

[183] LAJOYE, C., *op. cit.*, p. 64.

conséquent, « toute une réflexion préalable sur le niveau efficace de l'achat, en termes économiques, qui est demandée aux acheteurs sans bien évidemment que le Code ne donne d'indications quant aux résultats à atteindre. Les Administrations devront avoir à l'esprit, lors de cette réflexion préalable, les objectifs d'efficacité de la commande publique et de bon usage des deniers publics »[184]. Cela implique deux choses. D'une part, les Administrations doivent comprendre que « le niveau auquel on décide de passer des marchés (ensemble d'un ministère, direction par direction, services déconcentrés, ensemble d'une collectivité territoriale ou circonscriptions d'achat au sein d'une collectivité, etc.) dépend de la nature du besoin qui justifie le marché. Il revient aux acheteurs publics de l'apprécier, en fonction du degré de concurrence, des zones économiques considérées, de l'intérêt qu'il peut y avoir à regrouper des commandes et de la possibilité de le faire aux meilleures conditions, de la spécificité ou de la fongibilité des produits ou services considérés »[185]. D'autre part, « si les acheteurs sont libres de déterminer les niveaux auxquels les marchés sont passés, ils doivent éviter tout fractionnement injustifié de ces mêmes marchés. En d'autres termes, ces niveaux doivent être le fruit d'une réflexion permettant de les justifier, et ils doivent être stables. Il ne saurait être question de passer tel marché au niveau central puis au niveau déconcentré, de faire changer de circonscriptions d'achat au gré des circonstances »[186].

Le Code des marchés publics ne précise pas les modalités de l'allotissement. Mais la directive n° 04/2005 de l'UEMOA apporte un éclairage : « Le dossier d'Appel d'Offres fixe le nombre, la nature et l'importance des lots, ainsi que les conditions imposées aux candidats pour souscrire à un ou plusieurs lots et les modalités de leur attribution et indique que la Commission d'évaluation des offres attribuera les marchés sur la base de la combinaison des lots évaluée la moins disante par l'Autorité contractante. Si, dans le cadre d'un Appel d'Offres, un ou plusieurs lots ne sont pas attribués, l'Autorité contractante a la

---

[184] TESSIER, André., *op. cit.*, p. 9.

[185] *Ibid.*

[186] *Ibid.* Toutefois, André TESSIER ne manque pas de préciser « que ceci ne concerne que les marchés de fournitures et de services. En effet, les marchés de travaux obéissent à une autre logique : chaque marché présente des caractéristiques propres, car il est lié à la construction d'un ouvrage ou à la réalisation d'une opération. Par définition, chaque marché répond donc à un besoin particulier et il est inutile de déterminer par avance à quel niveau de l'organisation administrative il devra être passé » (TESSIER, André., *op. cit.*, p. 9).

faculté d'entamer de nouvelles procédures d'appel à la concurrence pour les lots non attribués en modifiant, s'il y a lieu, la consistance de ces lots »[187]. De façon plus pratique, la constitution de lots peut « répondre à des critères techniques, chacun des lots concernant un corps d'état traditionnel ; physique, chaque lot correspondant alors à une unité physique de l'opération ; temporel, chaque lot correspondant à une prestation succédant à une autre ; etc. Pour constituer ses lots, la collectivité publique peut, en outre, "croiser" plusieurs critères. L'essentiel étant que chaque lot constitue une unité autonome susceptible d'être attribuée séparément, que chacun des lots ne comporte que des prestations homogènes susceptibles d'être exécutées par une même entreprise. »[188] L'autorité contractante ne doit surtout « pas entraver la concurrence en favorisant certains opérateurs par une définition artificielle du ou des lot(s). (…). Lorsqu'une même entreprise est retenue pour plusieurs lots, un marché est passé pour chaque lot séparément. Cela implique donc qu'un acte d'engagement est signé par la personne responsable du marché pour chacun des lots. Mais si plusieurs lots sont attribués à un même titulaire, il est toutefois possible de ne signer avec ce titulaire qu'un seul marché, et donc un seul acte d'engagement, regroupant tous ces lots. Seulement, une telle possibilité ne constitue pas une exception au principe indiqué ci-dessus et selon lequel il y a autant de marchés que de lots. Il ne s'agit que d'une commodité pratique destinée à faciliter la procédure de finalisation du processus de conclusion du marché. Elle constitue ainsi un allégement pour les marchés (et accords-cadres) comportant un nombre très important de lots »[189].

D. Les marchés à exécution fractionnée

Le *fractionnement* est le fait d'inscrire des marchés de nature homogène sur des lignes différentes afin de se soustraire de la procédure applicable. « Il ne s'agit pas ici du fractionnement au sens où on peut l'entendre en cas de découpage en lots ou pour apprécier le dépassement ou non d'un seuil. »[190] Il ne saurait y avoir de fractionnement à la passation des marchés. C'est plutôt l'exécution des marchés qui est

---

[187] Article 47 de la Directive n° 04/2005 de l'UEMOA.

[188] BRACONNIER, S., *op. cit.*, p. 299.

[189] *Guide d'application du décret n° 2014-1212 du 22 septembre 2014 portant Code des marchés publics*, *op. cit.*, p. 63.

[190] MICHON, J., *op. cit.*, p. 162.

fractionnée (par séquences ou bons de commande). Le Code des marchés publics autorise, en effet, l'autorité contractante à recourir à des techniques d'achat public sous forme de *marchés à exécution fractionnée* lorsqu'elle ne peut déterminer à l'avance le volume et le rythme des commandes de fournitures ou de services courants nécessaires à ses besoins ou, pour des raisons économiques, lorsque le rythme ou l'étendue des besoins à satisfaire ne peuvent être entièrement arrêtés dans le marché[191]. Il s'agit, dans le premier cas, des marchés à commande (1) et des marchés de clientèle (2), dans le second cas, des marchés à tranche ferme et tranche(s) conditionnelle(s) (3) et des accords-cadres (4). Trois traits communs caractérisent ces marchés à exécution fractionnée : d'abord, le recours à de tels marchés à exécution fractionnée doit être motivé[192]. Ensuite, les marchés à exécution fractionnée font l'objet d'un contrôle *a priori* quel que soit leur montant. Enfin, les marchés à exécution fractionnée ne peuvent être conclus que dans le cadre d'une *procédure d'appel à la concurrence*, dans les conditions fixées par le Code des marchés publics[193].

1. Les marchés à commande

Aux termes de l'article 36 de la directive n° 04/2005 de l'UEMOA, un *marché à commande* est un marché public « qui a pour objet de permettre à l'autorité contractante de couvrir ses besoins courants annuels de fournitures dont il n'est pas possible, au début de l'année, de prévoir l'importance exacte, ou bien qui excèdent les possibilités de stockage ». Il « permet à la personne publique de définir les prestations dont elle a besoin mais de ne pas en commander une quantité déterminée : le marché sera exécuté par émissions de bons de commande successifs, selon les besoins »[194]. En effet, le marché à commande fixe le *minimum* et le *maximum* de fournitures ou de prestations, arrêtés en valeur ou en quantité, susceptibles d'être commandés au cours de la période déterminée n'excédant pas celle d'utilisation des crédits de paiement ; les quantités des prestations ou fournitures à exécuter sont précisées, pour chaque commande, par l'autorité contractante en fonction des besoins à satisfaire[195]. Ainsi,

---

[191] Article 25 du CMP.

[192] MICHON, J., *op. cit.*, p. 162.

[193] Article 25 du CMP.

[194] CASTAING, B., NOGUELLOU, R., PREBISSY-SCHNALL, C., *op. cit.*, p. 28.

[195] Article 25 du CMP.

après la rédaction des pièces constitutives du marché public, la signature du marché public par les parties, « des bons sont successivement envoyés au prestataire, en fonction des besoins de l'Administration. Chaque bon ne sera valable que s'il porte sur des prestations envisagées dans le marché initial, et que les quantités y sont déterminées »[196].

De ce point de vue, le marché à commande « ressemble à bien des égards au marché de clientèle mais s'en distingue par la possibilité de déterminer, en quantité ou en valeur, le minimum et le maximum des biens et services susceptibles d'être acquis. Pour ces marchés également, la période de couverture budgétaire correspond à celle d'utilisation des crédits de paiement. Les commandes que l'Autorité contractante effectue ne doivent pas excéder ladite période. Pour ce type de marché, il faut raisonner en termes de "minimum" et de "maximum" ; l'Autorité contractante est contractuellement engagée sur le minimum défini. Le marché fixe ainsi une tranche devant encadrer le volume susceptible d'être commandé au cours d'une période déterminée. Mais à chaque fois que l'Autorité contractante adresse un bon de commande à son cocontractant, les quantités des prestations ou fournitures à exécuter doivent être bien précisées en fonction des besoins à satisfaire. À la fin du marché, le volume global des commandes ne doit pas être inférieur au minimum ni supérieur au maximum exprimés dans la description des besoins et les documents contractuels »[197].

Les marchés à commande ne peuvent être utilisés que pour les *prestations de fournitures ou de services courants*. Ils sont conclus pour une durée égale à un (1) an, renouvelable par *avenant*, sans pouvoir dépasser trois (3) ans, sauf dans les cas exceptionnels dûment justifiés, notamment par leur objet ou par le fait que leur exécution nécessite des investissements amortissables sur une durée supérieure à trois (3) ans[198]. Le *renouvellement* du marché à commande est soumis à l'autorisation de la DCMP. Une révision des prix peut être appliquée, si nécessaire, en cas de reconduction du marché, sur la base de la formule renseignée dans le contrat. En outre, d'après la jurisprudence,

---

[196] MICHON, J., *op. cit.*, p. 163.

[197] *Guide d'application du décret n° 2014-1212 du 22 septembre 2014 portant Code des marchés publics*, *op. cit.*, p. 89.

[198] En France, le Code des marchés publics de 2004 avait porté la durée des marchés à bons de commande à 4 ans au maximum au lieu de 3 ans.

la *reconduction* du marché public ne conduit pas nécessairement à la passation d'un nouveau marché mais elle ne peut être tacite : « en décidant de ne pas reconduire un marché après l'une des dates fixées par les stipulations du contrat, la personne responsable du marché met fin à son exécution avant le terme de la période totale d'exécution ; qu'en revanche, lorsqu'elle reconduit ce marché, elle prend simplement la décision de poursuivre son exécution qui ne fait pas naître… un nouveau marché par application de la clause de reconduction » (CE 23 février 2005, *Association pour la transparence et la moralité des marchés publics [ATMMP] et autres*).

2. Les marchés de clientèle

Un *marché de clientèle* est un marché « par lequel l'autorité contractante s'engage à confier au prestataire ou au fournisseur retenu des commandes portant sur une catégorie déterminée de prestations de services, fournitures ou travaux d'entretien ou de maintenance, sans indiquer la quantité ou la valeur globale des commandes »[199]. Les marchés de clientèle sont conclus pour une durée égale à un (1) an, renouvelable par *avenant*, dans les mêmes conditions applicables aux marchés à commande. « Dans les cas où les marchés de clientèle sont passés pour une durée supérieure à douze mois, si ces marchés le prévoient expressément, chacune des parties contractantes a la faculté de demander, à des dates fixées par elles, qu'il soit procédé à une révision des conditions du marché par application de la formule de révision des prix qui y figure, ou de dénoncer le marché au cas où l'application de la formule de révision des prix entraînerait une augmentation des prix unitaires de plus de 20 %. »[200]

Un marché de clientèle « peut être conclu avec un ou plusieurs prestataires, entrepreneurs ou fournisseurs. Ici, le cocontractant est choisi puis "gardé en réserve" et ne sera sollicité que lorsque le besoin se manifestera. Cette procédure est parfaitement adaptée aux situations où l'événement générateur du besoin n'est pas inéluctable (exemples : acquisition de vaccins dans le cas d'épidémie ou produits phytosanitaires dans le cas de péril acridien, fournitures d'imprimés pour les élections, interventions dans le cadre de la lutte contre les inondations, etc.). Pour ces marchés de clientèle, la période de

[199] Article 25 du CMP.
[200] *Ibid.*

couverture budgétaire correspond à celle d'utilisation des crédits de paiement. Les commandes que l'Autorité contractante effectue ne doivent pas excéder ladite période. (…). Désormais, les marchés de clientèle ou à commande sont conclus pour une durée égale à un an, renouvelable par avenant, sans pouvoir dépasser trois ans, sauf dans les cas exceptionnels dûment justifiés, notamment par leur objet ou par le fait que leur exécution nécessite des investissements amortissables sur une durée supérieure à trois ans. En conséquence, seule une bonne connaissance de la durée raisonnable d'amortissement des investissements peut garantir une bonne appréciation de la durée qu'il convient de décider pour ces types de procédure d'acquisition. L'attention des Autorités contractantes est attirée sur le fait que cette appréciation de la durée d'amortissement des investissements doit leur être propre et non guidée principalement par les indications du titulaire du marché. Une telle recommandation se justifie par la nécessité d'éviter toute manœuvre de la part de celui-ci, dans le seul but d'obtenir une reconduction du marché alors qu'elle ne se justifiait pas. Le principe d'économie dans les procédures de commandes publiques ne doit pas être négligé en matière de marchés de clientèle ou à commandes »[201].

3. Les marchés à tranche ferme et tranche(s) conditionnelle(s)

Un *marché à tranche ferme et tranche(s) conditionnelle(s)* est défini comme étant « un marché comportant une tranche ferme et une ou plusieurs tranches conditionnelles »[202]. Ce type de marché public à exécution fractionnée doit donc nécessairement contenir ces deux tranches, « chacune formant un ensemble cohérent »[203]. Les tranches conditionnelles « seront, le cas échéant, affermies et exécutées. Le même chef d'entreprise titulaire bénéficie automatiquement de l'attribution de l'ensemble du contrat. En conséquence, dès son lancement, il convient de prendre en compte le marché, dans sa durée maximale et potentielle d'exécution eu égard aux prestations totales (commande ferme et conditionnelle) pour apprécier les éventuels

---

[201] *Guide d'application du décret n° 2014-1212 du 22 septembre 2014 portant Code des marchés publics*, *op. cit.*, p. 87.

[202] Article 25 du CMP.

[203] CASTAING, B., NOGUELLOU, R., PREBISSY-SCHNALL, C., *op. cit.*, p. 28.

dépassements de seuils et déterminer les procédures de passation à suivre »[204].

L'autorité contractante peut recourir au marché à tranche ferme et tranche(s) conditionnelle(s) lorsque, pour des raisons économiques, techniques ou financières, le rythme ou l'étendue des besoins à satisfaire ne peuvent être entièrement arrêtés dans le marché. Le recours à ce type de marché permet ainsi de pallier l'incertitude quant à la réalisation de tout ou d'une partie des prestations commandées par l'autorité contractante. Pour ce faire, le marché à tranche ferme et tranche(s) conditionnelle(s) « définit la consistance, le prix ou ses modalités d'exécution des prestations de chaque tranche, qui doivent constituer un ensemble cohérent. L'exécution de chaque tranche conditionnelle est subordonnée à une décision de la personne responsable du marché, notifiée au titulaire dans les conditions fixées au marché »[205]. Ainsi, seule la *tranche ferme* bénéficie de crédits disponibles engageant l'autorité contractante vis-à-vis du titulaire du marché à tranche ferme et tranche(s) conditionnelle(s), qui est sûr non seulement de se voir confier la tranche ferme mais aussi de l'exécuter. En revanche, la réalisation d'une *tranche conditionnelle* est subordonnée à la constitution du financement.

« Concrètement, avec cette option, l'Autorité contractante a la possibilité de conclure un marché et de surseoir à l'exécution d'une ou de plusieurs tranches dudit marché en attendant la réalisation de certaines conditions économiques, techniques ou financières bien spécifiées dans le DAO et le contrat. Ces documents doivent également définir clairement les modalités de déclenchement des tranches conditionnelles, les délais de mise en œuvre ainsi que les mécanismes de révision et d'actualisation des prix qui en découleraient. En principe, le déclenchement d'une tranche conditionnelle doit être matérialisé par avenant puisque les conditions de lancement d'une tranche conditionnelle sont liées généralement à la mise en place des financements complémentaires ou une modification des modalités de financement, autant d'actes qui ne peuvent être posés que par avenant. Les différentes tranches du marché constituent un ensemble cohérent et indissociable. Le montant du marché à prendre en compte pour la détermination des modalités de revue et d'approbation est celui qui inclut la tranche ferme et les tranches conditionnelles. C'est également

[204] MICHON, J., *op. cit.*, pp. 167-168.
[205] Article 25 du CMP.

sur la base de ce montant global que le marché sera enregistré. »[206] Enfin, « contrairement aux marchés à bons de commande, les marchés à tranche ferme et à tranche(s) conditionnelle(s) ne sont pas limités dans leur durée »[207].

4. Les accords-cadres

Le Code des marchés publics autorise l'autorité contractante à passer des marchés dans le cadre d'un accord-cadre conclu avec des fournisseurs de biens, de travaux et de services. L'*accord-cadre* est défini comme étant un « accord conclu avec des fournisseurs de biens, de travaux et de services fixant les termes et conditions de la passation de marchés subséquents qui peuvent être attribués pendant la durée de l'accord »[208]. L'accord-cadre n'est pas un marché public proprement dit mais « une procédure permettant de sélectionner des opérateurs avec lesquels, pendant la durée de l'accord, des marchés pourront être conclus directement »[209]. De ce point de vue, il « faut considérer ce concept comme étant un instrument de planification de la commande publique, car l'Autorité contractante s'engage à passer des marchés auprès du ou des titulaires de l'accord, pendant une période donnée et pour des prestations déterminées »[210].

Par rapport à son contenu, l'accord-cadre « fixe les termes et conditions de la passation de marchés individuels subséquents qui peuvent être attribués pendant la durée de l'accord qui ne doit pas dépasser trois (3) années »[211]. Notamment, l'accord-cadre précise, pour ces marchés subséquents, les prix et le cas échéant les quantités. « On doit en déduire que si l'objet des marchés à venir doit être précis et les prix déterminés ou déterminables dès la conclusion de l'accord-cadre, les autres éléments (quantités, délais, etc.) peuvent n'être fixés

---

[206] *Guide d'application du décret n° 2014-1212 du 22 septembre 2014 portant Code des marchés publics*, *op. cit.*, p. 89.

[207] CASTAING, B., NOGUELLOU, R., PREBISSY-SCHNALL, C., *op. cit.*, p. 28.

[208] Article 4.1 du CMP.

[209] TEISSIER, Alain, « Les nouvelles directives communautaires sur les procédures de passation des marchés publics : quelles innovations ? », *Droit administratif*, juillet 2004, 10.

[210] *Guide d'application du décret n° 2014-1212 du 22 septembre 2014 portant Code des marchés publics*, *op. cit.*, p. 90.

[211] Article 25 du CMP.

qu'ultérieurement. »[212] En règle générale, l'accord-cadre est « basé sur des prix qui ont été préalablement fixés ou qui sont déterminés lors de la remise en concurrence ou par une procédure permettant leur modification sans remise en concurrence »[213].

L'accord-cadre se présente soit sous la forme d'un *accord-cadre fermé*, c'est-à-dire un accord avec un ou plusieurs fournisseurs qui n'autorise pas de nouveaux entrants pendant sa durée, soit sous la forme d'un *accord-cadre ouvert*, c'est-à-dire un accord sans restriction concernant la participation de nouveaux entrants. L'accord-cadre fermé peut être organisé en deux étapes : la première étape permet de sélectionner plus d'un fournisseur et la seconde étape sert à remettre en concurrence des fournisseurs sélectionnés lors de la première étape et à attribuer le marché public au fournisseur qui a présenté l'offre évaluée la moins-disante au regard du prix proposé et des conditions de livraison. L'accord-cadre ouvert est organisé en deux étapes sans restriction concernant la participation de nouveaux entrants. Le Code des marchés publics renvoie à une résolution de l'organe de régulation des marchés publics pour toutes autres modalités complémentaires de passation et d'exécution de l'accord-cadre[214]. Celle-ci est la résolution n° 01-20 du 30 janvier 2020 du Conseil de Régulation de l'ARMP relative à l'adoption, d'une part, des dossiers-types, et d'autre part, des lignes directrices, pour la passation des contrats d'accords-cadres. Ces *lignes directrices* pour la passation de contrats d'accords-cadres, qui précisent et complètent les dispositions du Code des marchés publics, prévoient que l'autorité contractante « peut engager une procédure d'accord-cadre (…) lorsqu'elle estime que :

a) l'objet du marché devrait être sollicité de manière répétée ou incertaine par rapport à la consistance, la nécessité ou la période du besoin ; ces conditions ne sont pas cumulatives ; ou

b) l'objet du marché peut, de par sa nature, être réalisé de façon urgente au cours d'une procédure donnée ».

Les procédures d'accords-cadres sont adaptées à certains types d'achat public : achats de produits de base, de fournitures de bureau, de pièces détachées, de fournitures informatiques ou de services de maintenance informatique, normalement réguliers ou récurrents, dans des quantités variables, sur un marché pouvant être très concurrentiel,

---

212 TEISSIER, Alain, *op. cit.*, pp. 10-11.
213 Article 4.1 du CMP.
214 Article 25 du CMP.

achats auprès de plusieurs sources et achats d'articles dont le besoin peut survenir de manière urgente, tels que des médicaments (ce qui permet d'éviter les prix excessifs et la mauvaise qualité pouvant résulter d'une source unique en cas d'urgence). Dans tous les cas, l'autorité contractante doit indiquer dans un rapport de présentation les raisons[215] et circonstances sur lesquelles elle s'est fondée pour justifier le recours à une procédure d'accord-cadre et le type d'accord-cadre choisi. Elle peut prévoir un minimum et un maximum en valeur ou en quantité, ou uniquement un minimum, ou un maximum, ou encore conclure un accord-cadre sans minimum ni maximum. Toutefois, par comparaison au marché à bons de commande, l'accord-cadre « offre la possibilité de ne pas définir, à l'avance, l'ensemble des conditions d'exécution du contrat et de mettre en concurrence les titulaires de l'accord-cadre afin de bénéficier, tout au long de l'accord-cadre, de la meilleure qualité au meilleur prix »[216].

D'après les lignes directrices pour la passation des accords-cadres, l'autorité contractante peut ainsi choisir entre trois (3) types de procédure de passation d'un accord-cadre : la procédure d'accord-cadre « fermé » sans mise en concurrence lors de la deuxième étape, la procédure d'accord-cadre « fermé » avec mise en concurrence lors de la deuxième étape et la procédure d'accord-cadre « ouvert ».

La *procédure d'accord-cadre « fermé » sans mise en concurrence lors de la deuxième étape* est la procédure dans laquelle l'autorité contractante conclut avec un ou plusieurs fournisseurs ou entrepreneurs un accord-cadre qui fixe toutes les conditions de passation de marché. La soumission de la première étape est définitive et il n'y a pas de mise en concurrence des fournisseurs ou entrepreneurs lors de la deuxième étape de la passation de marché. La seule différence entre ce type d'accord-cadre et les passations de marchés classiques est que le ou les

---

[215] L'*accord-cadre* présente comme avantages potentiels : efficacité administrative, réduction de la nécessité de recourir à des procédures d'urgence, meilleurs résultats pour des marchés de moindre valeur, dont on considère que la passation risque de donner lieu à des abus ou de ne pas aboutir à un bon rapport qualité-prix parce qu'elle se fait souvent par des procédures peu transparentes et peu concurrentielles, participation accrue des PME, sécurité d'approvisionnement, économies supplémentaires grâce à la centralisation des achats, efficacité du processus avec l'amélioration de la qualité des offres. Mais l'accord-cadre présente aussi des inconvénients : incidences négatives sur la concurrence, risque de collusion entre les entreprises dans le cadre d'un accord-cadre fermé.

[216] *Guide d'application du décret n° 2014-1212 du 22 septembre 2014 portant Code des marchés publics*, *op. cit.*, p. 91.

articles sont achetés ultérieurement, souvent par lots, sur une période donnée. Ces accords-cadres sont dits « fermés » parce qu'aucun nouveau fournisseur ou entrepreneur ne peut devenir partie à l'accord après qu'il a été conclu.

La *procédure d'accord-cadre « fermé » avec mise en concurrence lors de la deuxième étape* est la procédure dans laquelle l'autorité contractante conclut avec plusieurs fournisseurs ou entrepreneurs un accord-cadre qui fixe certaines des principales conditions de la passation de marché. La soumission de la première étape est dite « initiale », parce que même si chaque soumission est évaluée, une nouvelle mise en concurrence des fournisseurs ou entrepreneurs parties à l'accord-cadre doit avoir lieu lors de la deuxième étape. Ces fournisseurs ou entrepreneurs présentent alors une soumission finale. L'autorité contractante sélectionne la soumission à retenir à ce stade au moyen de la mise en concurrence de la deuxième étape. Ces accords-cadres sont aussi dits « fermés » parce qu'aucun nouveau fournisseur ou entrepreneur ne peut devenir partie à l'accord après qu'il a été conclu.

La *procédure d'accord-cadre « ouvert »* est la procédure dans laquelle l'autorité contractante conclut avec plusieurs fournisseurs ou entrepreneurs un accord-cadre qui fixe certaines des principales conditions de la passation de marché. La soumission de la première étape est dite « indicative » parce qu'elle n'est pas évaluée mais examinée du point de vue de la conformité, et une nouvelle mise en concurrence des fournisseurs ou entrepreneurs doit avoir lieu lors de la deuxième étape. En ce sens, une soumission « indicative » n'est pas contraignante. Les fournisseurs ou entrepreneurs parties à l'accord-cadre présentent alors une soumission finale. L'autorité contractante sélectionne la soumission à retenir à ce stade au moyen de la mise en concurrence de la deuxième étape, comme dans les accords-cadres fermés avec mise en concurrence lors de la deuxième étape. Ces accords-cadres restent « ouverts » à de nouveaux fournisseurs ou entrepreneurs au sens où tout fournisseur ou entrepreneur peut devenir partie à tout moment de la durée de l'accord s'il est qualifié et si sa soumission indicative est conforme. La pratique voudrait que ces accords-cadres fonctionnent par voie électronique.

Ainsi, de manière générale, les procédures d'accords-cadres constituent une technique de passation de marchés *en deux étapes* qui se déroulent sur une certaine période. La *première étape* de la passation de l'accord-cadre comporte les opérations suivantes :

✓ la sollicitation de soumissions dans des conditions prédéterminées ;

✓ l'évaluation et la qualification des candidats, l'examen et l'évaluation de leurs soumissions au regard des conditions de l'accord ;

✓ la conclusion d'un accord-cadre entre le ou les candidats sélectionnés et l'autorité contractante sur la base des soumissions : l'accord-cadre conclu pour une durée déterminée énonce les conditions des achats futurs.

Dans la *deuxième étape* de la passation de l'accord-cadre, l'autorité contractante procède à l'attribution ultérieure ou périodique, avec ou sans remise en concurrence, de marchés publics à ces fournisseurs ou entrepreneurs parties à l'accord-cadre aux conditions de celui-ci, lorsque surviennent des besoins particuliers.

Les accords-cadres sont régis par certaines *règles communes* prévues par les lignes directrices pour la passation des accords-cadres. En premier lieu, l'autorité contractante est tenue de publier les accords-cadres dans le plan de passation des marchés et dans l'avis général de passation des marchés de l'année de leur passation. Lorsque l'accord-cadre est ouvert, son inscription dans le plan de passation des marchés doit être renouvelée, chaque année, durant sa validité. En revanche, lorsque l'accord-cadre est fermé, l'autorité contractante n'est pas obligée d'inscrire les marchés subséquents dans le plan de passation des marchés.

En deuxième lieu, les accords-cadres sont soumis aux organes de contrôle *a priori* et *a posteriori* des marchés publics. Si la valeur estimée de l'accord-cadre est égale ou supérieure aux seuils de contrôle *a priori* des marchés, la DCMP émet un avis sur les dossiers d'appel à la concurrence avant le lancement de la passation concernant des accords-cadres, quel que soit leur montant estimatif, un avis sur le rapport d'analyse comparative des offres ou propositions et un avis sur le procès-verbal des candidats parties à l'accord-cadre. Elle effectue en outre un examen juridique et technique des projets d'accord-cadre. La deuxième étape des procédures d'accords-cadres relative à la passation des marchés subséquents n'est pas soumise au contrôle *a priori* mais au contrôle *a posteriori* de l'ARCOP, toute partie à un accord-cadre ou tout candidat pouvant faire partie d'un accord-cadre pouvant saisir le CRD.

En troisième lieu, concernant l'attribution des marchés dans le cadre d'un accord-cadre, lorsqu'un accord-cadre est attribué à plusieurs fournisseurs ou entrepreneurs, ceux-ci doivent être au moins au nombre de trois (3). Si le nombre d'offres reçues ne permet pas d'atteindre ce minimum, l'autorité contractante poursuit la procédure avec les candidats ayant soumis lesdites offres, quel que soit le nombre. Les marchés passés en application d'un accord-cadre peuvent être des marchés à commande. Ils sont, dans ce cas, passés et exécutés selon les règles applicables aux accords-cadres prévues par les lignes directrices et les règles du Code des marchés publics régissant les marchés à commande.

À propos de l'attribution des marchés dans le cadre d'un accord-cadre, Alain Teissier estime que « Deux situations peuvent se présenter. Dans une première hypothèse, une seule entreprise est retenue pour être partie à l'accord-cadre. Pendant la durée de l'accord, les marchés lui sont attribués selon les termes de l'accord lui-même. (...). Dans une deuxième hypothèse, l'accord-cadre est conclu avec plusieurs entreprises, qui doivent être en principe au moins au nombre de trois. Les marchés peuvent ensuite leur être attribués de deux façons. Soit l'accord-cadre fixe de manière précise tous les termes qui gouvernent cette attribution, et les marchés sont attribués sans remise en concurrence, et sans qu'il soit possible, semble-t-il, de compléter les offres. C'est une forme simple de multi-attribution, qui permet de répartir des marchés portant sur le même objet. Soit l'accord ne fixe que certains des termes, et les marchés sont attribués à l'issue d'une remise en compétition qui suppose une consultation écrite des entreprises, un délai de remise des offres suffisant et avant l'expiration duquel ces offres restent confidentielles, et l'attribution à la meilleure offre en fonction des critères exposés dans le cahier des charges de l'accord-cadre »[217]. En quatrième lieu, les accords-cadres prennent fin conformément aux règles applicables aux contrats administratifs prévues par le COA. L'autorité contractante peut résilier un accord-cadre, après avis de la DCMP, lorsque sa mise en œuvre ne permet plus d'assurer un meilleur rapport qualité-prix ou lorsque le nombre de cocontractants restants, à la suite de désistements, ne permet pas d'assurer, le cas échéant, une concurrence suffisante pour la passation des marchés subséquents.

[217] TEISSIER, Alain., *op. cit.*, p. 11.

Du point de vue pratique, « les accords-cadres se sont avérés d'une grande utilité dans le secteur des fournitures et services ; ils sont adaptés à l'achat répétitif correspondant à un besoin assez précis, mais ils permettent aussi de répondre à la difficulté de définition initiale du besoin grâce à l'adaptabilité du marché subséquent »[218].

§2. Le financement des marchés

En principe, les marchés publics sont financés sur *fonds publics* gérés par les autorités contractantes (A). Dans la pratique, l'exécution du marché public par le titulaire nécessite de sa part la mobilisation de *fonds privés* permettant de préfinancer (B) les dépenses de réalisation des prestations commandées, en attendant le règlement du prix du marché par l'autorité contractante, lequel survient, en principe, après réception des prestations commandées.

A. Le financement public du marché

Le financement public des marchés provient de ressources internes (1) et/ou de ressources externes (2) retracées dans le budget annuel de l'autorité contractante.

1. Le financement interne

La passation d'un marché public suppose pour l'autorité contractante la capacité de régler le prix du marché. Aussi, l'article 9 du CMP prescrit-il qu'au cours de la phase de préparation des marchés, l'autorité contractante doit « évaluer le montant estimé des fournitures, services ou travaux, objet du marché et s'assurer de l'existence de *crédits budgétaires* suffisants ». Cette règle est une application spécifique d'un *principe général* applicable aux contrats administratifs, selon lequel « la conclusion d'un contrat susceptible d'engager les finances de la personne administrative contractante est soumise à l'existence de crédits budgétaires suffisants et au respect des règles d'engagement des dépenses publiques »[219].

---

[218] RICHER, L., *op. cit.*, p. 507.
[219] Article 17 du COA.

Ce principe général signifie d'abord qu'avant le lancement de la procédure de passation du marché, l'autorité contractante doit s'assurer qu'elle a prévu ou obtenu, dans son budget annuel voté et approuvé, des crédits affectés au paiement du prix du marché projeté. L'autorité contractante doit précisément prouver *l'existence de crédits budgétaires suffisants* pour couvrir le prix de la prestation commandée. La preuve est rapportée par la production d'une *attestation d'existence de crédits* signée par l'ordonnateur des dépenses après visa du contrôleur budgétaire ou de toute autre personne habilitée. La non-production de l'attestation d'existence des crédits ou l'insuffisance des crédits budgétaires prévus pour couvrir le marché est une cause de refus d'approbation du marché public par l'autorité compétente. Il ne s'agit donc que d'un *financement strictement budgétaire* du marché public, qui n'exige pas, à ce stade de préparation des marchés publics, la disponibilité de fonds liquides ou de trésorerie. Tout de même, cette mesure de prudence budgétaire permet de prévenir les risques de défaut de paiement provoqués par la forte propension des personnes responsables de marché à s'engager au-delà des crédits disponibles. Les ressources budgétaires proviennent essentiellement de recettes fiscales et non fiscales, de redevances perçues sur les usagers de service public, de dotations ou subventions reçues mais également de ressources propres dégagées par la personne publique contractante. « Avec la nouvelle rédaction de l'article 9, les services compétents n'ont plus l'obligation de remettre au futur cocontractant, et avant la signature du marché, le document portant engagement ou autorisation des dépenses relatives au marché. Mais l'attention des Autorités contractantes est attirée sur le fait qu'il ne faut surtout pas faire une confusion entre cette question du document portant autorisation des dépenses relatives au marché et celle qui concerne la règle de l'existence de crédits suffisants pour couvrir les prestations envisagées. La garantie de l'existence de ces crédits budgétaires suffisants est fondamentale et est toujours en vigueur avec l'actuelle règlementation ; il est dès lors nécessaire que les Autorités contractantes transmettent ce document à la DCMP lors de la revue du contrat. D'ailleurs, l'article 85 du CMP souligne que les autorités compétentes refusent d'approuver les marchés en cas d'absence de document attestant de l'existence de crédits suffisants »[220].

---

[220] *Guide d'application du décret n° 2014-1212 du 22 septembre 2014 portant Code des marchés publics*, *op. cit.*, p. 68.

Ce principe général signifie ensuite que la conclusion d'un contrat administratif à incidence financière ne peut intervenir que dans le respect des règles applicables en matière d'engagement des dépenses publiques. À cet égard, le décret n° 2020-978 du 23 avril 2020 portant Règlement général de la comptabilité publique indique que « Les engagements de dépenses de l'État sont justifiés, concernant : - les achats de fournitures et l'exécution de travaux ou services, par l'établissement d'une commande ou la passation d'un marché »[221]. Le même décret prévoit, en outre, que « Les engagements sont soumis au visa préalable du contrôleur budgétaire compétent. Aucune dépense ne peut recevoir un commencement d'exécution avant approbation de l'ordonnateur, excepté les dérogations prévues à l'article 95 du présent décret »[222]. Ces dérogations prévues à l'article 95 du Règlement général de la comptabilité publique concernent les opérations effectuées à titre provisoire par le comptable public ou par l'intermédiaire d'autres comptables ou de régisseurs d'avances[223]. Du point de vue des finances publiques, l'*engagement* est « l'acte par lequel un agent administratif (en l'occurrence l'ordonnateur-délégué), habilité à cet effet, crée ou constate à l'encontre de l'État une obligation dont résultera une

[221] Article 86 dudit décret.

[222] Article 161 dudit décret.

[223] Une *régie d'avances* « est une caisse rattachée à un service public. Elle est destinée à recevoir des avances permettant à ce service public de régler directement un certain nombre de dépenses sans devoir passer par le réseau classique des comptables publics » (NGUYEN CHANH TAM, *Finances publiques sénégalaises*, Paris, L'Harmattan, 1990, p. 252). Elle est destinée « soit à faciliter le règlement des menues dépenses des services, soit à accélérer le règlement de certaines dépenses dont la nature permet de substituer un contrôle *a posteriori* au contrôle *a priori*. Dans sa philosophie, la régie d'avances est un mécanisme financier qui permet à un comptable public de verser à un agent de l'ordre administratif, appelé régisseur d'avances, des avances de fonds pouvant être utilisées directement en vue du paiement de certaines dépenses qui, en raison de leur caractère exceptionnel d'urgence ou de leur faible montant, ont intérêt à être effectuées sans mandatement préalable. La régie d'avances est soit renouvelable, soit unique et exceptionnelle » (FALL, M., TOURE, I., *Finances publiques. Approche théorique et pratique*, 3e éd., Dakar, L'Harmattan-Sénégal, 2023, p. 255). Les régisseurs d'avances qui dirigent une régie d'avances sont donc habilités non seulement à engager de « menues dépenses des services ou des dépenses dont la nature permet de substituer un contrôle *a posteriori* au contrôle *a priori* », qui sont prévues dans l'acte de création de la régie d'avances, mais également à payer ces dépenses. Ils ne peuvent en aucun cas être nommés parmi les ordonnateurs.

dépense »[224]. Il s'agit de l'acte initial de la procédure d'exécution d'une dépense publique qui comporte en réalité deux opérations : d'une part, l'*engagement juridique*, qui est « l'acte par lequel l'organisme public s'oblige en créant ou en constatant à son encontre, une obligation à laquelle résultera une charge » et, d'autre part, l'*engagement comptable*, qui est « l'affectation d'une partie des crédits budgétaires à la réalisation de la dépense qui résulte de l'engagement juridique. Tout engagement de dépenses doit avoir pour support, un acte pouvant revêtir les différentes formes suscitées, dont la conséquence est le blocage en comptabilité par le contrôleur budgétaire de la partie du crédit qui correspond au montant probable de la dépense projetée »[225]. L'initiateur de la dépense publique est l'administrateur des crédits (actuellement appelé gestionnaire de crédits). Celui-ci ou son délégué détermine les besoins, fait la commande publique conformément aux dispositions du Code des marchés publics, et « soumet le projet de dépense au contrôle budgétaire ou à son délégué, lequel procède aux contrôles appropriés, puis au visa du bon de commande ou de l'acte d'engagement de la dépense. Le dossier transmis au Contrôleur budgétaire comporte les pièces suivantes :

- l'original du bon de commande ou de l'acte d'engagement ;
- la facture *pro forma*, le devis ou le décompte d'un marché ;
- les autres pièces justificatives.

Les contrôles du contrôleur financier (appelé contrôleur budgétaire au Sénégal) consistent à vérifier (art. 88 de la directive n° 07/2009/CM/UEMOA portant RGCP) :

- la qualité de l'administrateur de crédits ;
- la disponibilité des crédits ;
- l'imputation budgétaire ;
- l'application des dispositions d'ordre financier, des lois et règlements, de leur conformité avec les autorisations parlementaires et des conséquences que les mesures proposées peuvent avoir sur les finances publiques »[226].

---

[224] NGUYEN, C. T., *op. cit.*, p. 296.
[225] FALL, M., TOURÉ, I., *op. cit.*, pp. 237-238.
[226] FALL, M., TOURÉ, I., *op. cit.*, pp. 238-239.

2. Le financement externe

Les marchés publics peuvent aussi être financés par des accords de financement ou des traités internationaux sous forme d'*accords de prêts*, d'*appuis ou* d'*aides budgétaires* accordés par les partenaires techniques et financiers (bailleurs de fonds bilatéraux ou multilatéraux). Aux termes de l'article 3 du CMP, en effet, « Les marchés passés en application d'accords de financement ou de traités internationaux sont soumis aux règles du présent décret sous réserve de l'application de dispositions contraires résultant des procédures prévues par lesdits accords ou traités internationaux ». En d'autres termes, les dispositions du Code des marchés publics s'appliquent aux marchés publics financés sur fonds extérieurs dans la mesure où elles ne sont pas contraires aux dispositions des accords de financement ou des traités internationaux. En cas de conflit entre les dispositions du Code des marchés publics et les dispositions de ces accords de financement ou traités internationaux relatives aux procédures de passation des marchés publics, les secondes l'emporteront.

Ainsi, les marchés financés par la Banque mondiale sont passés conformément aux directives de la Banque mondiale, en particulier pour les marchés publics soumis à un appel d'offres international. La Banque mondiale exerce un contrôle *a priori* et *a posteriori* des documents de passation des marchés financés et des audits des décisions d'attribution des marchés publics de l'Emprunteur, dépendant des seuils spécifiés dans l'accord de prêt. En effet, lorsque les activités de passation des marchés sont d'un montant élevé et/ou à haut risque, la Banque mondiale « réalise un examen préalable pour déterminer si elles sont exécutées dans les conditions prévues par l'Accord juridique »[227] avec l'Emprunteur. Elle « réalise aussi un examen *a posteriori* des activités de passation des marchés entreprises par l'Emprunteur pour déterminer si elles sont conformes aux dispositions de l'Accord juridique. Elle peut aussi faire appel à une tierce partie, telle qu'une institution supérieure de contrôle, qu'elle jugera acceptable, pour réaliser cet examen »[228]. Si la Banque mondiale « établit que l'Emprunteur n'a pas respecté les conditions de passation

---

[227] *Règlement de passation des marchés de la Banque mondiale pour les Emprunteurs sollicitant le Financement de projets d'investissements (FPI)* de la Banque mondiale, 2016.

[228] *Ibid.*

des marchés énoncées dans l'Accord juridique, elle peut, outre l'exercice des recours prévus dans ledit Accord, prendre toute mesure appropriée et, notamment, déclarer la passation des marchés non conforme (par exemple, pour ne pas avoir donné suite aux plaintes dans les conditions prévues par les dispositions applicables). Même une fois le marché attribué après réception d'un avis de non-objection de la Banque, celle-ci garde la possibilité de prendre les mesures appropriées et d'exercer des recours, que le projet soit ou non clos, si elle établit qu'elle a donné son avis de non-objection, ou de règlement satisfaisant de la plainte, sur la base de la communication par l'Emprunteur d'informations incomplètes, erronées ou volontairement inexactes, ou que les conditions et modalités du marché ont été considérablement modifiées sans obtention de son avis de non-objection »[229].

D'après la lettre d'entente entre le ministre des Finances et le directeur des Opérations de la Banque mondiale au Sénégal, en date du 10 décembre 2016, le contrôle *a priori* des marchés des autorités contractantes du Sénégal financés par la Banque mondiale est effectué par celle-ci si le seuil de revue préalable défini par elle est atteint ou si la sensibilité des marchés financés requiert son examen, indépendamment de leur montant. Dans le cas contraire, la revue préalable est du ressort de la DCMP. Avant cette lettre d'entente, les marchés financés par la Banque mondiale faisaient l'objet d'une double revue *a priori* de la DCMP et de la Banque mondiale. Cela ne favorisait pas la célérité dans les procédures de la Banque mondiale. S'agissant du contrôle *a posteriori*, les marchés publics financés par des accords de financement ou des traités internationaux font partie du champ de l'audit annuel des marchés publics conduit par l'ARCOP[230].

B. Le préfinancement privé des dépenses d'exécution du marché

L'exécution d'une commande publique nécessite parfois la mobilisation de ressources financières importantes dont le titulaire du marché public ne dispose pas tout de suite, même s'il est de principe que le titulaire doit toujours trouver le financement nécessaire à l'exécution des prestations objet du marché. Il s'ajoute qu'en général, les paiements des prestations du titulaire du marché ne surviennent que

[229] *Ibid.*
[230] Article 3 du CMP.

bien après la constatation du service fait. Pour remédier aux difficultés de trésorerie ou de liquidités financières, les titulaires de marchés publics peuvent solliciter l'intervention des banques commerciales pour *préfinancer* les opérations d'exécution des marchés publics remportés. L'intervention de la banque commerciale au profit du titulaire du marché public peut prendre la forme de nantissement du marché (1) ou de cession de créances (2). La première opération est prévue par le Code des marchés publics. La deuxième opération n'est pas prévue par ce dernier, mais elle est admise en droit commun.

1. Le nantissement du marché

Aux termes de l'article 121 du CMP, « Les créances nées ou à naître d'un marché de travaux, fournitures ou services peuvent être affectées en nantissement par une convention conclue entre le titulaire du marché et un tiers appelé créancier nanti ou bénéficiaire du nantissement ». Le *nantissement* est défini par l'Acte uniforme OHADA portant organisation des sûretés du 15 décembre 2010 comme étant « l'affectation d'un bien meuble incorporel ou d'un ensemble de biens meubles incorporels, présents ou futurs, en garantie d'une ou plusieurs créances, présentes ou futures, à condition que celles-ci soient déterminées ou déterminables ». Le *nantissement de marché public* consiste, pour le titulaire d'un marché public, à donner en gage à la banque la créance qu'elle détient de l'autorité contractante, laquelle vient garantir le prêt accordé par la banque à l'entreprise pour financer le marché public[231]. La banque, créancier nanti, reçoit alors directement les paiements dus à l'entreprise. Le nantissement porte sur les *créances nées ou à naître* du marché public. En d'autres termes, sont concernées, outre le prix définitif du marché, les créances détenues par les sous-traitants acceptés et agréés, les créances résultant des marchés passés sans formalités préalables, et les acomptes. Du point de vue financier, le nantissement est une opération de préfinancement sous la forme d'une avance de fonds accordée par la banque au titulaire du marché. Du point de vue juridique, le nantissement est une convention conclue entre le titulaire du marché et une banque par laquelle le titulaire du marché donne en gage à la banque la créance qui résultera de l'exécution du marché public. Il convient d'examiner les conditions (a), les effets (b) et la mainlevée (c) du nantissement de marché public.

---

[231] BRACONNIER, S., *op. cit.*, p. 578.

a. Les conditions du nantissement

De manière générale, les nantissements de marchés publics doivent être établis dans « les conditions de forme et de fond du droit commun ». D'abord, le nantissement doit notamment être constaté dans un *écrit* contenant la désignation des créances garanties et des créances nanties ou, si elles sont futures, les éléments de nature à permettre leur individualisation, tels que l'indication du débiteur, le lieu de paiement, le montant des créances ou leur évaluation et leur échéance. Ensuite, « L'Autorité contractante doit être pleinement informée de toute opération de nantissement ou de cession de créances que ses cocontractants envisagent de faire (en rapport bien sûr avec le marché). Le créancier nanti doit en effet ainsi notifier (de manière écrite), ou faire signifier à l'Autorité contractante une copie certifiée conforme de l'original de l'acte de nantissement »[232]. Car, pour être opposable au débiteur de la créance nantie, le nantissement doit lui être *notifié* par écrit ou ce dernier doit intervenir à l'acte. Le nantissement devient opposable aux tiers à compter de son inscription au Registre du commerce et du crédit mobilier (RCCM).

En vue du nantissement du marché public, « en tout début de procédure, avant même que le contrat de nantissement ne soit envisagé ou conclu »[233], l'autorité contractante ou son représentant dûment habilité est tenu de remettre au titulaire du marché, après visa de l'ordonnateur du budget de la personne publique, une copie certifiée conforme de l'original du marché, revêtue de la mention « *exemplaire unique délivré en vue du nantissement* ». Sur la question de la détermination de l'autorité responsable de la certification de la conformité de la copie du marché à nantir, le CRD a estimé que, même si le Code des marchés publics « ne détermine pas expressément l'autorité responsable de la certification de la conformité de la copie du marché à nantir, il est constant que la DCMP, organe chargé du contrôle *a priori* des procédures de passation des marchés, dispose des prérogatives liées à l'immatriculation et à l'archivage des marchés approuvés ; et qu'à ce titre la DCMP doit être habilitée à confirmer l'authenticité des copies de marchés destinées à un nantissement »[234].

---

232 *Guide d'application du décret n° 2014-1212 du 22 septembre 2014 portant Code des marchés publics*, *op. cit.*, p. 119.

233 *Ibid.*

234 Avis n° 004/09/ARMP/CRD du 25 mars 2009 du CRD statuant en Commission Litiges sur la demande de la Direction centrale des Marchés publics portant sur la

Dès lors, pour « une parfaite application de l'article 122 susvisé, les Autorités contractantes sont donc invitées à saisir la DCMP pour l'authentification des copies de leurs marchés »[235].

L'exemplaire unique est également remis aux sous-traitants acceptés et agréés. Il ne peut en être délivré de duplicata. La perte de l'exemplaire unique empêche donc le titulaire du marché public de nantir sa créance. L'exemplaire unique délivré en vue du nantissement est ensuite remis par le titulaire du marché à la banque, créancier nanti, qui doit le transmettre, avec la notification, à l'agent comptable de l'autorité contractante. À travers cette notification, essentielle, l'agent comptable est informé du fait que les paiements des prestations exécutées ne doivent plus être effectués au profit du titulaire du marché mais de la banque, créancier nanti. Dès conclusion du nantissement, le titulaire du marché doit en informer l'autorité contractante à toutes fins utiles. Lorsque le titulaire du marché public envisage de sous-traiter une part du marché ayant fait l'objet d'un nantissement, l'agrément des sous-traitants par l'autorité contractante est subordonné à une réduction du nantissement à concurrence de la part que le titulaire du marché se propose de sous-traiter. À son tour, le sous-traitant qui a été accepté et dont les conditions de paiement ont été agréées par l'autorité contractante peut donner en nantissement, à concurrence de montant des prestations devant lui être réglées directement, tout ou partie de sa créance.

b. Les effets du nantissement

Sauf dispositions contraires dans l'acte et sauf l'effet des *privilèges* (un privilège est un droit appartenant à un créancier d'être payé sur le prix de vente d'un ou de plusieurs biens du débiteur par préférence à d'autres créanciers), seul le bénéficiaire d'un nantissement encaisse le montant de la créance ou de la part de la créance affectée en garantie, sauf à rendre compte à celui qui a constitué le gage. En effet, le nantissement permet à la banque, créancier nanti, d'encaisser en lieu et place du titulaire du marché public les créances qui lui ont été données en gage. La banque reçoit valablement paiement des créances tant en

détermination de l'autorité habilitée à certifier la conformité de la copie d'un marché délivrée pour nantissement.

[235] *Guide d'application du décret n° 2014-1212 du 22 septembre 2014 portant Code des marchés publics*, *op. cit.*, p. 120.

capital qu'en intérêts et autres accessoires, même lorsque le paiement n'a pas été poursuivi par elle, mais elle ne peut exercer son droit qu'après, ou au même titre que d'autres créanciers.

Au cas où le nantissement a été constitué au profit de plusieurs bénéficiaires, chacun d'eux encaisse seul la part de la créance qui lui a été affectée dans l'acte signifié au comptable. Si l'acte n'a pas déterminé cette part, le paiement a lieu sur la décharge collective des bénéficiaires du gage ou de leur représentant muni d'un pouvoir régulier. Le bénéficiaire du nantissement ne peut encaisser les sommes qui sont l'objet de la créance nantie qu'à compter de la date de la *notification* du nantissement. C'est après notification du nantissement au comptable public, qui en informe l'ordonnateur de l'autorité contractante, que les paiements sont effectués au profit de la banque, créancier nanti. Les paiements effectués, après la notification du nantissement, au titulaire du marché public, ne dégagent pas l'autorité contractante de son obligation auprès de la banque, quitte à payer deux fois les mêmes sommes.

Le bénéficiaire d'un nantissement peut, par une convention distincte, *subroger* le tiers bénéficiaire de créances au titre du marché dans l'effet de ce nantissement à concurrence soit de la totalité, soit d'une partie de la créance affectée en garantie. Cette *subrogation* (faculté ouverte, sous certaines conditions, à un créancier de se substituer, dans une procédure d'exécution, à un autre créancier négligeant) doit être signifiée au comptable assignataire dans les mêmes conditions que celles fixées pour le nantissement. Le bénéficiaire de la subrogation encaisse seul le montant de la part de la créance qui lui a été affectée en garantie, sauf à rendre compte suivant les règles du mandat à celui qui a consenti la subrogation.

Enfin, le titulaire du marché public ainsi que les bénéficiaires des nantissements ou des subrogations pourront, au cours de l'exécution du marché, requérir de l'autorité contractante soit un état sommaire des travaux, fournitures et services effectués, appuyé d'une évaluation qui n'engage pas l'autorité contractante, soit le décompte des droits constatés au profit de l'entreprise, du fournisseur, prestataire ou consultant ainsi qu'un état des acomptes mis en paiement. Ils pourront également requérir de l'agent comptable un état détaillé des significations reçues par lui en ce qui concerne le marché public. En revanche, ils ne pourront exiger d'autres renseignements que ceux limitativement mentionnés tantôt, ni intervenir en aucune manière dans l'exécution du marché public.

c. La mainlevée du nantissement

La *mainlevée* consiste en « une levée – pour un retour à la normale – d'un obstacle qui avait créé, dans un intérêt légitime, une situation de blocage ou de protection que les circonstances ne justifient plus »[236]. La mainlevée des significations de nantissement de marché public « est donnée par le bénéficiaire au comptable public détenteur de l'exemplaire spécial par lettre recommandée adressée ou remise avec récépissé d'accusé de réception. Elle prend date le deuxième jour ouvrable suivant celui de la réception du pli par le comptable public »[237].

2. La cession de créance du marché

Malgré le silence du Code des marchés publics, la cession de créance peut être mise à contribution dans le cadre du préfinancement bancaire de l'exécution du marché public. Aux termes de l'article 241 du COCC, en effet, « Sans le consentement du débiteur, le créancier peut céder son droit à un tiers à moins que la cession ne soit interdite par la loi, la convention ou la nature de l'obligation ». La *cession de créance d'un marché public* consiste alors, pour l'entreprise (cédant), à céder à la banque (cessionnaire), la créance résultant de l'exécution d'un marché public qu'elle détient sur l'autorité contractante dont le cessionnaire devient le seul créancier, le seul qui encaissera le montant de la créance, les éventuels intérêts moratoires compris. La cession doit être constatée par écrit et signifiée au débiteur cédé pour être opposable à ce dernier ainsi qu'aux autres cessionnaires de la créance et aux créanciers du cédant.

La cession de créance de marché public fonctionne à peu près comme le nantissement (aussi bien pour procédure que pour les effets), sauf que la cession de créance « n'est pas concernée par la question de l'ordre des créances. En effet, le cessionnaire reçoit, à titre de sûreté, la pleine propriété de la créance, ce qui évite tout conflit d'intérêt avec d'éventuels créanciers. Le comptable public doit, en effet, payer le

---

236 CORNU, G., *op. cit.*, p. 531.
237 Article 127 du CMP.

cessionnaire dès l'instant où la date d'effet de la cession est antérieure aux oppositions, même si celles-ci bénéficient de privilèges »[238].

§3. Les autorisations préalables à la conclusion du marché

Dans certains cas, l'autorité contractante doit solliciter une autorisation préalable avant de procéder à la conclusion du marché public. Aux termes de l'article 67 de la directive n° 04/2005 de l'UEMOA, en effet, « Lorsque la passation d'un marché a été soumise à l'obligation d'une autorisation préalable et que cette obligation n'a pas été respectée, le marché est nul ». De même, l'article 18 du COA dispose que « Lorsque la conclusion d'un contrat est soumise à une autorisation préalable, la violation de cette obligation entraîne la nullité absolue du contrat ». En application de ces dispositions communautaires et légales, l'article 9 du CMP prévoie que : « Au cours de la phase de préparation des marchés, l'autorité contractante doit : (...) b) obtenir, le cas échéant, les autorisations préalables auxquelles la conclusion du marché est soumise, sous peine de nullité, conformément au Code des Obligations de l'Administration. »

Il en est ainsi des marchés publics souscrits par l'organe exécutif local qui doivent être préalablement autorisés par l'organe délibérant de la collectivité territoriale contractante. En effet, aux termes de l'article 14 du Code général des collectivités territoriales (CGCT) : « Les contrats souscrits par l'organe exécutif local sont autorisés par le conseil de la collectivité territoriale qui peut en fixer les conditions, selon les modalités et limites prévues au Titre IV du Livre premier du présent code. » En application de cette disposition, la Cour suprême a annulé le contrat de prestation de services du 29 janvier 2018 conclu entre le maire de la commune de Ziguinchor et Polycarpe Dominique Badiane et portant nomination de ce dernier en qualité de conseiller technique en charge des affaires financières du maire, au motif « qu'il ne ressort pas de l'examen des pièces du dossier que le maire de la commune de Ziguinchor, organe exécutif, a reçu l'autorisation du conseil municipal avant de conclure le contrat de prestation de services déféré » (CS 09 mai 2018, *Préfet du département de Ziguinchor c/ Commune de Ziguinchor*). L'autorisation de l'organe délibérant de la

---

[238] BRACONNIER, S., *op. cit.*, p. 582.

collectivité territoriale de conclure le contrat est donnée par une délibération de cet organe, qui est créatrice de droits, ce qui signifie que, après la délibération d'autorisation, l'exécutif local est tenu de signer le contrat (CE 16 décembre 1988, *SCI Paule*…). Faute de délibération de l'organe délibérant, le contrat signé n'a « pas fait l'objet d'un accord valable entre les parties » (CE 31 juillet 1992, *Société Barchetta*). De même, si la délibération du conseil municipal autorisant le maire à signer le contrat n'a pas été transmise, à la date de signature, au représentant de l'État, « le maire n'était pas autorisé à signer le contrat » (CE 20 janvier 1989, *Ville de Millau*). Cette jurisprudence est confirmée par un avis du Conseil d'État du 10 juin 1996, *préfet de Côte d'Or* : « L'absence de transmission de la délibération autorisant le maire à signer un contrat avant la date à laquelle le maire procède à sa conclusion entraîne l'illégalité dudit contrat ou, s'agissant d'un contrat privé, de la décision de signer le contrat. Entachés d'illégalité, de tels contrats de droit public ou, s'agissant de contrats de droit privé, les décisions de les signer, *ne peuvent être régularisés ultérieurement* par la seule transmission au préfet de la délibération du conseil municipal. »[239]

En outre, aucun marché public ne peut être signé et approuvé sans *autorisation préalable d'engagement* couvrant ledit marché visé par le contrôleur budgétaire[240] ou toute autre personne habilitée, et signé par l'ordonnateur de la dépense. Aux termes de l'article 161 du décret n° 2020-978 du 23 avril 2020 portant Règlement général de la comptabilité publique (RGCP), en effet, « les engagements sont soumis au visa préalable du contrôleur budgétaire compétent. Aucune dépense ne peut recevoir un commencement d'exécution avant approbation de l'ordonnateur, excepté les dérogations prévues à l'article 95 du présent décret ». De telles dérogations portent sur les opérations effectuées à titre provisoire par le comptable ou par l'intermédiaire d'autres comptables publics ou de régisseurs d'avances.

---

239 Voir RICHER, L., *op. cit.*, pp. 147-149.

240 « Juridiquement, il s'agit ici de contrôler la régularité financière de la dépense. En cas de refus de visa, la personne chargée du marché ne peut le signer. Si elle procède néanmoins à la signature du marché, le comptable assignataire du marché ne pourra, faute de visa, le payer. Or, dans la mesure où le droit budgétaire est autonome par rapport au droit administratif, le marché signé dans ces conditions reste, d'un point de vue administratif, régulier. En conséquence, le cocontractant peut parfaitement s'en prévaloir » (BRACONNIER, S., *op. cit.*, p. 385).

SECTION II. LA CANDIDATURE AUX MARCHÉS PUBLICS

Lorsqu'une entreprise est attributaire d'un marché public, elle est associée à l'exécution d'une mission d'intérêt général. Comme le dit Gaston Jèze, « les effets des contrats administratifs ne sont pas les mêmes que les effets des contrats civils. Celui qui conclut un contrat administratif prend l'obligation non seulement de ne pas gêner le fonctionnement du service public, mais encore de faciliter le fonctionnement du service public »[241]. C'est pourquoi le Code des marchés publics, sans remettre en cause le principe de libre accès aux marchés publics, encadre la candidature aux marchés publics en ce qui concerne la qualité des candidats au marché (§1) et les conditions d'accès au marché que ces candidats doivent remplir (§2), afin de s'assurer de la qualité du collaborateur potentiel du service public.

§1. La qualité des candidats au marché

Si l'acheteur public est toujours une autorité contractante, les candidats à un marché public peuvent être des personnes privées (A) ou des personnes publiques (B), avec la possibilité de constituer des groupements (C) et le droit pour certains candidats d'être préférés à d'autres (D).

A. Les personnes privées

En général, les candidats aux marchés publics sont des personnes privées, qu'elles soient des personnes physiques ou des personnes morales : consultant, entreprise, société, groupement d'intérêt économique (GIE), architecte, etc. Ces opérateurs économiques privés, qualifiés de manière générique d'« entrepreneurs », de « fournisseurs » ou de « prestataires de services », en ce sens qu'ils offrent sur le marché la réalisation de travaux ou d'ouvrages, la fourniture de produits ou la prestation de services[242], peuvent être de nationalité ou de droit

[241] JEZE, G., *Les contrats administratifs de l'Etat, des départements, des communes et des établissements publics*, 3 vol., 1927-1934, p. 8.

[242] Le Code de la commande publique français définit l'*opérateur économique* comme étant « toute personne physique ou morale, publique ou privée, ou tout groupement

sénégalais. Ils peuvent également être de statut communautaire ou de nationalité ou de droit étranger non communautaire, notamment en cas d'appel d'offres international.

B. Les personnes publiques

Dans son avis du 8 novembre 2000, *Société Jean-Louis Bernard Consultants*, le Conseil d'État français affirmait : « Aucun texte ni aucun principe n'interdit, en raison de sa nature, à une personne publique de se porter candidate à l'attribution d'un marché public ou d'un contrat de délégation de service. Aussi, la personne qui envisage de conclure un contrat dont la passation est soumise à des obligations de publicité ou de mise en concurrence, ne peut-elle refuser par principe d'admettre à concourir une personne publique. » Toutefois, pour garantir l'égal accès aux marchés publics, le même avis du Conseil d'État indique que la personne publique ne doit pas profiter des avantages structurels dont elle pourrait être dotée à raison de ses missions de service public pour fausser la concurrence. Pour s'assurer que la personne publique ne bénéficiera pas d'un avantage concurrentiel indu, trois conditions doivent être remplies : il faut que le prix proposé par la personne publique soit déterminé en tenant compte de l'ensemble des coûts directs et indirects, que la personne publique n'ait pas profité d'un avantage tiré de ses ressources ou moyens de puissance publique, et qu'elle rapporte des preuves à travers des documents comptables ou autre document d'information[243].

Dans son arrêt du 30 décembre 2014, *Société Armor SNC*, le Conseil d'État a clairement confirmé la possibilité de la candidature d'une personne publique à des marchés publics lancés par d'autres personnes publiques, non sans fixer des limites. En l'espèce, le département de la Vendée a lancé en 2006 une procédure de passation d'un marché public portant sur le dragage de l'estuaire du Lay. Le marché a été attribué au département de la Charente-Maritime. La société Armor SNC, candidate évincée, a demandé l'annulation de la décision de la commission d'appel d'offres et de celle du président du Conseil général de la Vendée de signer ce marché. Déboutée par le

de personnes doté ou non de la personnalité morale, qui offre sur le marché la réalisation de travaux ou d'ouvrages, la fourniture de produits ou la prestation de services » (article L. 1220-I).

243 BRACONNIER, S., *op. cit.*, p. 98.

tribunal administratif de Nantes et par la Cour administrative d'appel de Nantes, la société Armor SNC se pourvoit en cassation contre l'arrêt du 4 novembre 2011 par lequel la Cour administrative d'appel de Nantes a confirmé le jugement du tribunal administratif de Nantes rejetant sa demande. D'après le Conseil d'État, « hormis celles qui leur sont confiées pour le compte de l'État, les compétences dont disposent les collectivités territoriales ou leurs établissements publics de coopération s'exercent en vue de satisfaire un intérêt public local ; que *si aucun principe ni aucun texte ne fait obstacle à ce que ces collectivités ou leurs établissements publics de coopération se portent candidats à l'attribution d'un contrat de commande publique pour répondre aux besoins d'une autre personne publique, ils ne peuvent légalement présenter une telle candidature que si elle répond à un tel intérêt public*, c'est-à-dire si elle constitue le prolongement d'une mission de service public dont la collectivité ou l'établissement public de coopération a la charge, dans le but notamment d'amortir des équipements, de valoriser les moyens dont dispose le service ou d'assurer son équilibre financier, et sous réserve qu'elle ne compromette pas l'exercice de cette mission ; qu'une fois admise dans son principe, cette candidature ne doit pas fausser les conditions de la concurrence ; qu'en particulier, le prix proposé par la collectivité territoriale ou l'établissement public de coopération doit être déterminé en prenant en compte l'ensemble des coûts directs et indirects concourant à sa formation, sans que la collectivité publique bénéficie, pour le déterminer, d'un avantage découlant des ressources ou des moyens qui lui sont attribués au titre de ses missions de service public et à condition qu'elle puisse, si nécessaire, en justifier par ses documents comptables ou tout autre moyen d'information approprié ; que ces règles s'appliquent enfin sans préjudice des coopérations que les personnes publiques peuvent organiser entre elles, dans le cadre de relations distinctes de celles d'opérateurs intervenant sur un marché concurrentiel ».

Le Code des marchés publics ne va pas à l'encontre de ces principes dégagés par le Conseil d'État. En effet, il n'exclut pas globalement les personnes publiques de la candidature aux marchés publics. Ne sont pas admises à prendre part aux marchés publics, quel que soit le mode de passation du marché, « les entreprises ou d'autres entités publiques lorsqu'elles sont soumises à la tutelle technique de l'autorité contractante »[244]. L'exclusion de la candidature aux marchés publics liée aux relations « *in house* » ne peut être levée que si ces entreprises ou entités publiques peuvent établir la preuve :

i. qu'elles jouissent de l'autonomie juridique et financière ;

ii. qu'elles sont gérées selon les règles du droit commercial ; et

iii. qu'elles ne dépendent pas de l'autorité contractante.

L'exclusion de principe des marchés « *in house* », c'est-à-dire des marchés par lesquels des prestations sont fournies à une personne publique par ses propres services ou par des services en position de dépendance, quand bien même organiquement distincts[245], vise à éviter les conflits d'intérêts. Elle répond aux exigences communautaires de transparence et de saine concurrence. Les marchés « *in house* » sont des marchés conclus entre deux parties distinctes, mais l'une des parties n'est que le prolongement administratif de l'autre. Ils sont apparus dans la jurisprudence communautaire européenne, notamment dans l'arrêt *Teckal* de la Cour de justice des Communautés européennes (CJCE) du 10 novembre 1998. En l'espèce, le Conseil municipal de Viano (Italie) avait confié à l'Azienda Gas-Acqua Consorziale (AGAC), groupement constitué par plusieurs communes dont la commune de Viano, la gestion du service du chauffage par délibération du 24 mai 1997, sans aucune procédure d'appel d'offres préalable. *Teckal*, une entreprise privée opérant dans le secteur des services de chauffage, a introduit un recours contre la décision devant le tribunal administratif régional compétent en faisant valoir que la Commune de Viano aurait dû recourir aux procédures de passation des marchés publics prévues par la règlementation communautaire. Saisie d'un renvoi préjudiciel par le juge national italien sur la question de savoir si les dispositions du droit communautaire en matière de passation des marchés publics sont applicables lorsqu'une collectivité territoriale confie la fourniture de produits et la prestation de services à un groupement auquel elle a participé, la CJCE devait vérifier s'il y a eu une convention entre deux personnes distinctes.

Pour la Cour de justice des Communautés européennes : « À cet égard, conformément à l'article 1er, sous a), de la directive 93/63, il suffit, en principe, que le marché ait été conclu entre, d'une part, une collectivité territoriale et, d'autre part, une personne juridiquement

---

[244] Article 43 du CMP.

[245] CASTAING, B., NOGUELLOU, R., PREBISSY-SCHNALL, C., *op. cit.*, p. 87.

distincte de cette dernière. Il ne peut en aller autrement que *dans l'hypothèse où, à la fois, la collectivité territoriale exerce sur la personne en cause un contrôle analogue à celui qu'elle exerce sur ses propres services et où cette personne réalise l'essentiel de son activité avec la ou les collectivités qui la détiennent*. Il convient par conséquent de répondre à la question préjudicielle que la directive 93/36 est applicable lorsqu'un pouvoir adjudicateur, telle une collectivité territoriale, envisage de conclure par écrit, *avec une entité distincte de lui au plan formel et autonome par rapport à lui au plan décisionnel*, un contrat à titre onéreux ayant pour objet la fourniture de produits, que cette entité soit elle-même un pouvoir adjudicateur ou non. »

C. Les groupements d'entreprises

Le Code des marchés publics autorise les candidats aux marchés publics à se grouper pour concourir à l'obtention des marchés publics sous forme de groupement d'entreprises solidaire ou de groupement d'entreprises conjoint, selon l'engagement des participants au groupement, sous réserve de respecter les règles relatives à la liberté des prix et à la concurrence[246]. En effet, la directive n° 04/2005 de l'UEMOA impose le respect des dispositions de l'article 88 du Traité de l'UEMOA relative à la concurrence, aux termes duquel « Un (1) an après l'entrée en vigueur du présent Traité, sont interdits de plein droit :

a) les accords, associations et pratiques concertées entre entreprises, ayant pour objet ou pour effet de restreindre ou de fausser le jeu de la concurrence à l'intérieur de l'Union ;

b) toutes pratiques d'une ou de plusieurs entreprises, assimilables à un abus de position dominante sur le marché commun ou dans une partie significative de celui-ci ;

c) les aides publiques susceptibles de fausser la concurrence en favorisant certaines entreprises ou certaines productions ».

Les intérêts pour les entreprises de constituer un groupement sont multiples. D'abord, le groupement « permet de participer à un marché pour lequel l'entreprise, prise individuellement, n'a ni les capacités techniques ni les capacités financières d'être candidate. Ensuite, la constitution du groupement n'exige pas la constitution d'une nouvelle

[246] Article 47 du CMP.

entité dotée de la personnalité morale. Enfin, le mode de participation au groupement est souple et variable »[247].

Le groupement est dit *conjoint* lorsque chacun de ses membres s'engage à exécuter une ou plusieurs parties du marché identifiées quant à leur nature et à leur prix, sans encourir de responsabilité quant à l'exécution des autres parties du marché. « Ce groupement s'analyse ainsi comme une juxtaposition de marchés distincts, pouvant faire naître des droits et des obligations différents pour chaque opérateur. Par suite, en cas d'offre présentée par ce groupement, ce n'est pas celui-ci qui, par l'intermédiaire de son mandataire, est candidat, mais chacun des opérateurs le composant. Chaque opérateur doit, en cas d'appel d'offres restreint, être admis comme candidat. »[248] Le groupement est dit *solidaire* lorsque chacun de ses membres est engagé financièrement pour la totalité du marché. « Ce type de groupement se justifie opportunément lorsque les prestations à accomplir sont de même nature. En pratique, le groupement se porte candidat sur l'un des lots d'un marché alloti ou sur l'intégralité d'un marché unique faisant appel à une seule spécialité. »[249] La forme conjointe ou solidaire du groupement est précisée dans l'acte d'engagement. En cas de silence du marché, la forme conjointe doit être retenue[250]. Cependant, les Cahiers des clauses administratives générales (CCAG) types du Sénégal précisent que tous les membres du groupement sont solidairement tenus envers l'autorité contractante de respecter les clauses du marché, sauf disposition contraire figurant dans le Cahier des clauses administratives particulières (CCAP). De même, les directives de la Banque mondiale indiquent que tous les membres du groupement d'entreprises sont solidairement et conjointement responsables de l'exécution du marché dans son intégralité[251]. En principe, la composition du groupement d'entreprises est intangible. Exceptionnellement, le groupement d'entreprises peut se transformer, en passant d'une forme à une autre. La composition du groupement peut être modifiée, en cas d'opération de restructuration de société, notamment de rachat, de fusion ou d'acquisition entre la date de soumission des offres et celle de la signature du contrat ou si le groupement apporte la preuve qu'entre la

---

[247] SARR, O., « Explications du concept de groupement », *Revue des marchés publics* n° 02, 2011, p. 30.

[248] CHABANOL, D., JOUGUELET, J.-P., BOURRACHOT, F., *op. cit.*, p. 201.

[249] SARR, O., *op. cit.*, p. 31.

[250] *Ibid.*

[251] Point 5.38 des directives de la Banque mondiale, version 2020.

date de soumission des offres et celle de la signature du contrat, une entreprise membre se trouve dans l'impossibilité d'accomplir sa tâche au titre du marché pour des raisons indépendantes de sa volonté. De même, en cas de procédure d'appel d'offres en deux étapes, la composition du groupement peut évoluer pendant la phase d'échanges en fonction des solutions techniques ou financières proposées. Toutefois, cette modification ne peut concerner le chef de file du groupement d'entreprises. Dans tous les cas, la modification de la composition du groupement d'entreprises doit être préalablement autorisée par l'autorité contractante, qui vérifie que le groupement transformé dispose d'une capacité professionnelle, technique, économique et financière au moins équivalente à celle qui a conduit à retenir la candidature initiale[252].

Le groupement d'entreprises, dépourvu de personnalité morale, présente une *offre commune*. Pour ce faire, les entreprises concernées doivent conclure une *convention constitutive du groupement*, régie par le droit privé, qui précise la nature conjointe ou solidaire du groupement constitué. La convention de groupement désigne également le *mandataire* pour représenter et coordonner les entreprises membres pendant les opérations de passation et d'exécution du marché public. De manière générale, les dispositions du COCC applicables au contrat de mandat régissent le mandat qui lie les entreprises membres du groupement au mandataire. Pour garantir une concurrence saine entre candidats au marché public, le Code des marchés publics interdit les doublures. En effet, un candidat qui se présente en qualité de candidat individuel ne peut être en même temps membre d'un groupement candidat, sous peine d'irrecevabilité des offres ou propositions présentées. « En général, on ne peut pas cumuler des candidatures à titre individuel et en tant que membre d'un groupement. »[253] De même, chaque membre d'un groupement ne peut participer à une procédure de passation, directement ou indirectement, qu'au titre d'un seul groupement. Le non-respect de cette règle entraîne la disqualification de tous les groupements comprenant un membre contrevenant à ladite règle[254].

---

[252] Article 47 du CMP.
[253] SARR, O., *op. cit.*, p. 32.
[254] Article 47 du CMP.

D. Les candidats préférés

Les *préférences en matière de marchés publics* constituent une exception au principe d'égalité des candidats dans la passation des marchés publics qui comprend le principe d'égalité dans l'accès aux marchés publics, ou le principe de libre accès aux marchés publics, et le principe d'égalité de traitement des candidats aux marchés publics. Elles consistent en des avantages que l'autorité contractante accorde à un ou plusieurs candidats à un marché public et comportant un certain élément de discrimination à l'égard des candidats qui ne bénéficient pas de tels avantages. La préférence en matière de marchés publics est un *droit* garanti par la règlementation communautaire et nationale des marchés publics (1) non sans limites (2).

1. Le droit de préférence en matière de marchés publics

Les règlementations communautaire et nationale des marchés publics ne se bornent pas à autoriser les préférences dans le domaine des marchés publics, mieux, elles obligent les États membres de l'UEMOA et leurs autorités contractantes à accorder ces préférences aux bénéficiaires qui en ont ainsi droit. Mais les deux types de règlementation des marchés publics ne partagent pas nécessairement la même approche des préférences en matière de marchés publics. Alors que la directive n° 04/2005 de l'UEMOA substitue la préférence communautaire aux préférences nationales (a), le Code des marchés publics procède plutôt à un couplage de la préférence nationale et de la préférence communautaire en matière de marchés publics (b).

a. La substitution de la préférence communautaire aux préférences nationales par la directive n° 04/2005 de l'UEMOA

Avant l'avènement de la directive n° 04/2005 de l'UEMOA, certains États membres de cette organisation appliquaient la *préférence nationale* au moins pour certains marchés, comme ce fut le cas du Sénégal, dont le Code des marchés publics de 2002 en son article 45 excluait expressément les candidatures des entreprises étrangères aux marchés de fournitures négociés. Avec la directive n° 04/2005, les États membres de l'UEMOA « s'engagent à interdire toute mesure ou disposition fondée sur la nationalité des candidats de nature à constituer une discrimination à l'encontre des ressortissants des États membres de l'UEMOA »[255], sous réserve des dispositions de l'article 62 aux termes duquel : « Lors de la passation d'un marché public… une préférence *doit* être attribuée à l'offre présentée par une entreprise communautaire. Cette préférence communautaire *remplace* les préférences nationales existant dans les États membres. » Ainsi, la directive n° 04/2005 de l'UEMOA interdit non seulement les discriminations fondées sur la nationalité des candidats ressortissants des États membres à un marché public mais aussi les préférences nationales en matière de marchés publics. Ces préférences nationales sont désormais remplacées par la préférence communautaire.

La *préférence communautaire* dont les conditions et modalités d'application seront précisées par la Commission de l'UEMOA, présente trois caractères essentiels. D'abord, elle est obligatoire : elle doit être attribuée à l'offre présentée par une *entreprise communautaire*, c'est-à-dire une entreprise ressortissante d'un État membre de l'UEMOA, plus précisément une « entreprise dont le siège social est situé dans un État membre de l'UEMOA »[256]. Ensuite, elle est exclusive : elle ne saurait s'accommoder de l'existence parallèle de préférences nationales. Enfin, elle est quantitativement limitée : elle « doit être quantifiée sous forme de pourcentage du montant de l'offre. Un tel pourcentage ne peut en aucun cas excéder quinze pour cent (15 %). La marge de préférence doit être prévue au dossier d'Appel d'Offres »[257].

b. Le couplage de la préférence nationale et de la préférence communautaire par le Code des marchés publics

La préférence nationale en matière de marchés publics consiste à favoriser les entreprises de droit national dans les procédures d'attribution des marchés. Elle a de ce point de vue des retombées positives sur l'économie nationale. En effet, l'ouverture économique du pays profite plus aux grandes entreprises étrangères qui ont davantage de capacités financières et techniques pour compétir et gagner des parts de marchés en dehors de leur pays d'origine. La préférence nationale réduit cette inégalité de moyens en augmentant les chances des entreprises de droit national face aux entreprises étrangères

[255] Article 2 de la Directive n° 04/2005 de l'UEMOA.
[256] Article 1er de la Directive n° 04/2005 de l'UEMOA.
[257] Article 62 de la Directive n° 04/2005 de l'UEMOA.

concurrentes. En favorisant dans l'attribution des marchés publics les entreprises de droit national, notamment les PME, la préférence nationale non seulement contribue au développement de ces entreprises, en leur offrant plus d'opportunités d'affaires, et à leur compétitivité sur le long terme en renforçant leurs capacités institutionnelles et techniques, mais surtout stimule la croissance économique par l'augmentation des investissements, la création de richesse et d'emplois. Qui plus est, elle contribue à la réduction de la pauvreté et à l'amélioration des conditions de vie des populations.

Cependant, la préférence nationale a aussi des inconvénients. Elle entraîne une distorsion de la concurrence : les entreprises étrangères sont désavantagées dès le départ dans la compétition au marché public, par rapport aux entreprises de droit national. Elle pourrait même avoir un effet de découragement de la participation d'entreprises étrangères très compétitives aux appels d'offres notamment internationaux, réduisant ainsi les probabilités pour l'acheteur public de bénéficier des prestations de meilleure qualité au meilleur prix. Cet effet de découragement pourrait être exacerbé si la préférence nationale s'accompagne de favoritisme, voire de corruption. Enfin, la préférence nationale pourrait installer les entreprises de droit national dans une dépendance contreproductive aux marchés publics, en entretenant une forme d'assistanat qui les empêcherait finalement d'être plus compétitives.

Nonobstant la substitution, par la directive n° 04/2005 de l'UEMOA, de la préférence communautaire aux préférences nationales existant dans les États membres de l'UEMOA, le Code des marchés publics prévoit, à la fois, la préférence nationale et la préférence communautaire, tant dans la participation (i) et l'attribution des marchés publics (ii), que dans la sous-traitance des marchés publics (iii). Dans les trois domaines d'application, les préférences nationale et communautaire sont *obligatoires* pour les autorités contractantes. Elles deviennent, par conséquent, *un droit* pour les entreprises bénéficiaires.

i) Les préférences nationale et communautaire dans la participation aux marchés publics

D'abord, par dérogation au principe de libre accès aux marchés publics et dans le « souci de protéger le Secteur privé national »[258],

[258] SAMBE, C. S. B., « Quels dispositifs favorisent l'accès des PME aux marchés publics ? », *Revue des marchés publics* n° 14, 2013, p. 22.

l'article 52 du CMP[259] *réserve la participation aux appels à la concurrence et aux marchés de prestations et de fournitures par entente directe,* dont le financement est prévu par les budgets des autorités contractantes, aux *seules entreprises sénégalaises et communautaires* inscrites au Registre du commerce et du crédit mobilier (RCCM) ou au Registre des métiers au Sénégal ou dans l'un des États membres de l'UEMOA, ou aux entreprises des États appliquant le principe de réciprocité. Ainsi, l'article 52 du CMP « restreint la participation des candidats à trois (03) catégories d'entreprises : les entreprises sénégalaises, communautaires et celles des États appliquant le principe de réciprocité »[260]. Par « *entreprise sénégalaise ou communautaire* », le Code des marchés publics entend un « opérateur économique ayant son siège social au Sénégal ou dans un État membre de l'UEMOA et dont le personnel dirigeant et le personnel d'exécution est composé au moins à cinquante pour cent (50 %) de personnes physiques ressortissantes d'un pays membre de l'UEMOA pour chacune des catégories susmentionnées du personnel »[261]. L'application du principe d'exclusivité pour les entreprises nationales et communautaires est subordonnée à la réunion de trois critères cumulatifs « liés au type de marché, à l'origine des ressources et à la fiscalité.

- Le *critère lié au type de marché*. Les marchés concernés par cette exclusivité sont ceux que les Autorités contractantes passent par le biais d'un appel à la concurrence et les marchés de prestations et fournitures par entente directe. Au sens du présent article, les prestations incluent les marchés de travaux.

- Le *critère lié à l'origine des ressources*. Les marchés décrits ci-dessus ne sont réservés aux entreprises nationales et communautaires que si le financement est prévu par les budgets de l'État, des

[259] Il a été constaté que, « depuis l'entrée en vigueur du décret n° 2007-545 du 25 avril 2007 portant Code des marchés publics (intervenue en fin décembre 2007), l'article 52 a été l'un des plus instables du point de vue de sa formulation. En effet, sur les quatre (04) versions enregistrées depuis décembre 2007, compte non tenu de la dernière modification qui ne concerne que l'article 3 (décret n° 2012-01 du 02 janvier 2012), cet article 52 a été réécrit quatre (04) fois. Malgré une volonté d'amélioration manifeste inspirée des différentes relectures, chaque version a la particularité de soulever en réalité d'autres difficultés, d'où la nécessité d'une réflexion plus approfondie autour des enjeux qu'il suscite en vue d'une rédaction moins équivoque et plus réaliste » (NDIAYE, P. L., « Article 52 du CMP : une perfectibilité quasi-impossible ? », *Revue des marchés publics* n° 12, 2013, p. 10).

[260] NDIAYE, P. L., *op. cit.*, p. 11.

[261] Article 4.21 du CMP.

établissements publics, des collectivités locales et des sociétés nationales ou sociétés à participation publique majoritaire. En conséquence, si le marché est financé, en partie ou en totalité, par un partenaire au développement, cette exclusivité ne pourra s'appliquer.

- Le *critère fiscal et commercial*. Ces marchés sont réservés aux seules entreprises sénégalaises et communautaires régulièrement patentées ou exemptées de la patente et inscrites au registre du commerce et du crédit mobilier, ou au registre des métiers au Sénégal, ou dans l'un des États membres de l'UEMOA. Les Autorités contractantes doivent donc prendre en compte la domiciliation fiscale des entreprises candidates. Celles-ci, à moins qu'elles ne bénéficient d'exemption, doivent être patentées dans l'un des 8 pays membres de l'UEMOA. En outre, sur le plan commercial, ces entreprises doivent obligatoirement avoir satisfait aux formalités d'enregistrement au registre du commerce et du crédit mobilier ou au registre des métiers au Sénégal ou de l'un des États membres de l'UEMOA »[262].

L'article 52 du CMP ne fait cependant pas l'unanimité au sein de la doctrine. Il lui est reproché d'imposer « certaines contraintes injustifiées de l'accès des entreprises communautaires aux marchés publics » malgré l'interdiction des préférences nationales dans la passation des marchés publics par la règlementation communautaire[263]. D'autre part, on a fait remarquer que sa rédaction, « d'apparence simple, soulève en réalité beaucoup d'interrogations dans son application. (…) : quel est le mode de publicité le plus adéquat pour un appel à la concurrence ayant pour cible les trois catégories d'entreprises visées au paragraphe 1 de l'article 52 susmentionné ? »[264]

---

[262] *Guide d'application du décret n° 2014-1212 du 22 septembre 2014 portant Code des marchés publics*, *op. cit.*, p. 80.

[263] D'après Bakary DRAMÉ : « Le même article 52 du CMP impose certaines contraintes injustifiées de l'accès des entreprises communautaires aux marchés publics. Le juge n'a pas encore eu l'occasion de se prononcer sur ces questions. Ce constat est tout de même regrettable d'autant plus que les textes des autres États membres se sont conformés aux dispositions communautaires » (DRAMÉ, B., *op. cit.*, p. 61).

[264] NDIAYE, P. L., *op. cit.*, p. 11. Pour ce conseiller en planification à la DCMP, « dans la mesure où la notion d'appel d'offres national a évolué vers un sens communautaire, l'entreprise étrangère à l'espace UEMOA, dont le pays applique le principe de réciprocité, doit-elle se mettre en concurrence dans les mêmes délais de préparation (30 jours calendaires) contre une entreprise communautaire ou nationale ? Si la réponse est oui, il se pose, dès le départ, une entorse au principe d'équité entre les candidats. Dès lors qu'il y a ouverture réciproque, les candidats

Ensuite, au titre de la préférence nationale, l'article 6 du CMP prévoit l'obligation pour les autorités contractantes de réserver un montant de leurs marchés publics *aux acteurs de l'économie sociale et solidaire et aux PME nationales*[265]. Aux termes de cette disposition,

---

aux marchés publics ou conventions de délégation de service public doivent être, de part et d'autre, mis dans les mêmes conditions de concurrence. De ce point de vue, nous estimons qu'un aménagement est possible pour que ledit appel d'offres national puisse comporter au moins un délai factuel de 40 ou 45 jours pour permettre aux entreprises des États appliquant le principe de réciprocité de soumissionner dans un délai raisonnable ; étant entendu que le délai de 30 jours fixé pour l'appel d'offres national ouvert n'est qu'un minimum à réaliser. Cela est d'autant plus pertinent qu'en dehors de la préparation des offres, il peut advenir des demandes d'éclaircissements et des échanges de courrier entre l'Autorité contractante et tous les candidats, quelles que soient leurs origines » (NDIAYE, P. L., *op. cit.*, pp. 11-12).

[265] La loi d'orientation n° 2020-02 du 7 janvier 2020 relative aux Petites et Moyennes Entreprises entend par :

- *Petite et Moyenne Entreprise (PME)* : toute personne physique ou morale autonome, commerçante ou productrice de biens et/ou services marchands, et dont le chiffre d'affaires hors taxes n'excède pas deux milliards (2 000 000 000) de FCFA ; toute PME dont 25 % du capital est directement détenu par une entreprise privée ou publique perd cette qualité au sens de la présente loi, à l'exception des sociétés de capital-risque et des investisseurs institutionnels. La PME doit être légalement déclarée et tenir une comptabilité régulière, qui s'effectue en particulier pour la Très Petite Entreprise (TPE), la Petite Entreprise (PE) et la Moyenne Entreprise (ME), selon le système normal de présentation des états financiers et de tenue des comptes. La PME comprend l'Entreprenant, la Très Petite Entreprise (TPE), la Petite Entreprise (PE) et la Moyenne Entreprise (ME) ;
- *PME nationale* : toute entreprise individuelle ou une société de droit sénégalais dont le capital est détenu à 51 %, au moins, par une ou des personnes physiques de nationalité sénégalaise ou par une ou des personnes morales de droit sénégalais et dont le chiffre d'affaires annuel hors taxes est inférieur ou égal à 2 000 000 000 FCFA ;
- *PME de droit sénégalais* : toute entreprise individuelle ou une société, immatriculée au Sénégal et dont le capital est détenu par une ou plusieurs personnes physiques ou morales quelle que soit leur nationalité et dont le chiffre d'affaires annuel hors taxes est inférieur ou égal à 2 000 000 000 FCFA ;
- *PME de droit communautaire* : toute entreprise individuelle ou une société, immatriculée dans un pays membre de la CEDEAO et de l'UEMOA dont le chiffre d'affaires annuel hors taxes est inférieur ou égal à 2 000 000 000 FCFA ;
- *Entreprenant* : un entrepreneur individuel, personne physique qui, sur simple déclaration prévue dans l'Acte uniforme révisé sur le droit commercial de l'OHADA, exerce une activité professionnelle, civile, commerciale, artisanale ou agricole.
- *Très Petite entreprise (TPE)* : toute personne, hors entreprenant, physique ou morale, exerçant une activité professionnelle, civile, commerciale, artisanale,

« Les autorités contractantes qui ont un budget annuel supérieur à un montant défini par arrêté du ministre chargé des Finances sont tenues de consacrer au moins cinq pour cent (5 %) de la valeur totale de leurs marchés annuels aux acteurs de l'économie sociale et solidaire ainsi qu'aux PME nationales. Dans ce pourcentage, deux pour cent (2 %) sont réservés aux PME à direction féminine ». Ces avantages sont applicables aux entreprises des pays membres de l'UEMOA, en vertu du principe de réciprocité[266]. La notion de *marché réservé,* qui a fait son apparition dans le nouveau Code des marchés publics de 2022, est définie comme étant un « marché de travaux, de fournitures ou de services non intellectuels d'un montant dont les seuils sont définis par arrêté du ministre chargé des Finances pour lequel les candidatures éligibles sont restreintes aux acteurs de l'économie sociale et solidaire tels que les associations, coopératives ouvrières ou artisanales, les groupements d'intérêt économique et les entreprises sociales ou les Petites et Moyennes Entreprises employant au moins 30 % de personnes victimes de handicap ou 50 % de jeunes non qualifiés ou 50 % de femmes »[267].

Aux termes de l'arrêté n° 012635 du 05 juillet 2024 du ministre des Finances et du Budget définissant les seuils des marchés réservés aux acteurs de l'économie sociale et solidaire et à certaines catégories de PME, les marchés publics à réserver aux acteurs de l'économie sociale et solidaire, aux PME nationales et PME à direction féminine sont les marchés dont les montants estimés sont *inférieurs* aux seuils ci-après :

✓ 80 millions de FCFA TTC pour les marchés de fournitures et de services autres que de prestations intellectuelles ;

✓ 100 millions de FCFA TTC pour les marchés de travaux.

---

agricole, industrielle ou de prestataire de services, dont le chiffre d'affaires hors taxes est inférieur ou égal à 100 000 000 FCFA ;

- *Petite entreprise (PE)* : toute personne physique ou morale, exerçant une activité professionnelle, civile, commerciale, artisanale, agricole, industrielle ou de prestataire de services, dont le chiffre d'affaires déclaré hors taxes est supérieur à 100 000 000 FCFA et inférieur ou égal à 500 000 000 FCFA ;
- *Moyenne entreprise (ME)* : toute personne physique ou morale, exerçant une activité professionnelle, civile, commerciale, artisanale, agricole, industrielle ou de prestataire de services, dont le chiffre d'affaires hors taxes est supérieur à 500 000 000 FCFA et inférieur ou égal à 2 000 000 000 FCFA.

[266] Article 1er de l'arrêté n° 012635 du 5 juillet 2024 du ministre des Finances.

[267] Article 4.30 du CMP.

Le montant des marchés réservés par toute autorité contractante concernée est fixé, *au minimum*, à 5 % de la valeur annuelle estimée de ses marchés publics ainsi répartis :

✓ 3 % aux acteurs de l'économie sociale et solidaire et aux PME nationales ;

✓ 2 % exclusivement aux PME à direction féminine.

Sont soumises à l'obligation de réservation des quotas aux acteurs de l'économie sociale et solidaire, aux PME nationales et PME à direction féminine, les autorités contractantes *autres que* les collectivités territoriales disposant d'un budget annuel supérieur à 1 milliard de FCFA et les collectivités territoriales ayant un budget annuel supérieur à 100 millions de FCFA. En d'autres termes, en dehors de ces deux catégories de collectivités territoriales, toutes les autorités contractantes sont concernées par l'obligation de réservation des quotas. L'arrêté du 05 juillet 2024 étend les avantages accordés aux acteurs de l'économie sociale et solidaire aux PME nationales et PME à direction féminine, aux acteurs de l'économie sociale et solidaire, aux PME et PME à direction féminine des autres pays membres de l'UEMOA, en vertu du principe de la reconnaissance mutuelle. L'imposition de marchés réservés ainsi que les autres dispositifs du Code des marchés publics relatifs à la justification des capacités à exécuter le marché, à la garantie de soumission, à l'accessibilité aux avis d'appels d'offres, à la sous-traitance et à l'allotissement des marchés publics, s'inscrivent dans le cadre global du renforcement de la politique de promotion des acteurs de l'économie sociale et solidaire ainsi que des PME nationales en vue de garantir leur accès effectif aux marchés publics, contribuant ainsi à la croissance inclusive et à l'essor de l'économie nationale. Ils viennent en appui aux politiques publiques de promotion des PME portées par d'importants dispositifs destinés à leur faciliter l'accès à la commande publique, comme la Charte des Petites et Moyennes Entreprises du Sénégal du 02 décembre 2003 et la loi d'orientation n° 2020-02 du 07 janvier 2020 relative aux Petites et Moyennes Entreprises[268].

ii) Les préférences nationale et communautaire dans l'attribution des marchés publics

---

[268] Voir pour détails SAMBE, C. S. B., « Quels dispositifs favorisent l'accès des PME aux marchés publics ? », *op. cit.*, pp. 20-22.

Par dérogation au principe de l'égalité de traitement des candidats à un marché public, l'article 50 du CMP prévoit des *préférences nationale et communautaire dans l'attribution des marchés par l'autorité contractante*. Cette disposition fait une distinction entre les marchés publics passés sur appel d'offres international et les marchés publics passés sur appel d'offres national dans l'attribution des préférences nationale et communautaire, une part belle étant faite aux acteurs de l'économie sociale et solidaire ainsi qu'aux PME nationales dans l'attribution des marchés passés sur appel d'offres national.

➢ Les marchés publics passés sur appel d'offres international

Pour les marchés publics passés sur appel d'offres international, une préférence doit être accordée aux candidats de droit sénégalais ou de pays membres de l'UEMOA et aux candidats dont les offres ne comportent que des produits d'origine sénégalaise ou de pays membres de l'UEMOA[269], par rapport aux candidats de droit non communautaire, à condition que leurs offres ne soient pas supérieures de plus de 15 % à celle du candidat moins disant. L'*appel d'offres international* (AOI) est défini comme étant un « appel d'offres qui

---

[269] D'après le Protocole additionnel n° III instituant les *règles d'origine des produits* de l'UEMOA, adopté le 19 décembre 2001 par la Conférence des chefs d'État et de gouvernement de l'UEMOA, et entré en vigueur le 1er janvier 2003, sont considérés comme des *produits originaires des États membres de l'UEMOA* « les produits entièrement obtenus ou ayant fait l'objet d'une ouvraison ou d'une transformation suffisante dans ces États ». Sont considérés comme « entièrement obtenus dans les États de l'UEMOA » : les animaux vivants nés ou élevés dans les États membres, les produits venant d'animaux vivants qui y font l'objet d'élevage et les sous-produits animaux, les produits de la chasse et de la pêche pratiquées dans les États membres, les produits de la pêche maritime et produits tirés de la mer par leurs navires, les marchandises fabriqués à bord de leurs navires-usines à partir exclusivement des produits de mer, les produits du règne végétal récoltés dans les États membres, les substances et produits minéraux extraits des sols, des eaux territoriales et des fonds de mers ou d'océans des États membres, les déchets et rebus provenant d'opérations manufacturières ou industrielles effectuées dans les États membres, les articles hors d'usage recueillis dans les États membres qui ne peuvent servir qu'à la récupération de matières premières, l'énergie électrique produite dans les États membres, les produits fabriqués à partir de substances provenant des États membres utilisées seules ou mélangées avec d'autres matières, sous réserve que leur proportion en quantité soit supérieure ou égale à 60 % de l'ensemble des matières premières mises en œuvre. L'origine communautaire des produits est obligatoirement attestée par un *certificat d'origine* délivré par les autorités compétentes et visé par le service des douanes de l'État membre où le produit a été entièrement obtenu ou a fait l'objet d'une ouvraison ou d'une transformation suffisante.

utilise des moyens de publicité au niveau international et s'adresse aux personnes physiques et morales répondant aux critères d'éligibilité et de qualification définis dans le dossier d'appel d'offres »[270].

Le mécanisme des préférences nationale et communautaire fonctionne comme suit : au stade de la comparaison des offres financières des candidats, la commission des marchés applique le *taux de préférence* (qui ne peut en aucun cas excéder 15 %), prévu au dossier d'appel à la concurrence, aux offres présentées par les entreprises étrangères ; ce qui se traduit par une augmentation artificielle du montant de l'offre de l'entreprise étrangère, qui sera ensuite comparé avec celui de l'entreprise de droit national ou de l'entreprise communautaire ; la commission des marchés propose enfin comme attributaire du marché l'entreprise qui a présenté l'offre conforme la moins-disante.

➢ Les marchés publics passés sur appel d'offres national

Pour les marchés publics passés sur appel d'offres national, la même préférence est accordée uniquement, à qualités équivalentes et à délais de livraison comparables, aux groupements d'ouvriers, aux coopératives ouvrières de production, aux groupements et coopératives d'artisans, aux coopératives d'artistes et aux artisans individuels suivis par les chambres consulaires ainsi qu'aux organismes d'étude, d'encadrement ou de financement agréés et aux *startup* labellisées. De même, une marge de préférence de 5 % est instaurée au profit des entreprises à direction féminine et des entreprises dont l'actionnariat est détenu à plus de 50 % par des jeunes ou des personnes vivant avec un handicap. L'*appel d'offres national* (AON) est un « appel d'offres qui utilise des moyens de publicité au niveau national et s'adresse aux personnes physiques et morales répondant aux critères d'éligibilité et de qualification définis dans le dossier d'appel d'offres »[271].

iii) Les préférences nationale et communautaire dans la sous-traitance des marchés publics

L'article 48 du CMP dispose que le titulaire qui sous-traite un marché de travaux ou un marché de services le fait « en recourant, en priorité, à des petites et moyennes entreprises de droit sénégalais ou à des petites et moyennes entreprises communautaires ». Aussi, les PME de droit sénégalais et les PME communautaires peuvent-elles réclamer

[270] Article 4.5 du CMP.
[271] Article 4.6 du CMP.

et faire valoir leur *droit de priorité* dans la sous-traitance de l'exécution de certaines parties d'un marché public conclu par une autorité contractante, jusqu'à concurrence de 40 % de son montant total. Ce droit de priorité n'est pas synonyme d'exclusion des autres entreprises mais tout simplement de droit pour ces PME de droit sénégalais et PME communautaires d'être servies avant les autres[272], dans la sous-traitance par le titulaire du marché autorisée par l'autorité contractante. Aux termes de l'article 51 du CMP : « Suivant le régime préférentiel, l'autorité contractante contrôle le respect par le titulaire des conditions contractuelles relatives à la sous-traitance aux petites et moyennes entreprises nationales ou communautaires, l'emploi de la main-d'œuvre nationale ou communautaire et l'utilisation des produits nationaux ou communautaires. »

2. Les limites des préférences en matière de marchés publics

Les préférences que les autorités contractantes doivent accorder aux candidats sénégalais et communautaires dans l'accès et l'attribution des marchés publics ne sont pas sans limites : elles sont non seulement conditionnées (a), mais aussi relatives (b).

a. Des préférences conditionnées

Pour bénéficier des *régimes préférentiels* des articles 48, 50 et 52 du CMP, les candidats au marché public doivent joindre aux documents attestant leurs capacités à exécuter le marché public une *déclaration* par laquelle ils demandent à bénéficier desdits régimes préférentiels, en même temps qu'ils apportent tous justificatifs utiles[273]. En d'autres termes, les préférences sont obligatoires mais pas automatiques : il faut faire une demande expresse pour en bénéficier. En outre, lorsque les marchés publics sont susceptibles d'être exécutés, totalement ou partiellement, par des candidats répondant aux caractéristiques requises pour bénéficier des régimes préférentiels, les *cahiers des charges* doivent définir :

---

[272] La *priorité* est définie comme « faveur, privilège, avantage particulier, traitement préférentiel parfois accordé à certaines personnes – prioritaires – pour des raisons inhérentes à leurs bénéficiaires ; droit d'être admis ou servi avant d'autres » (CORNU, G., *op. cit.*, p. 673).

[273] Article 51 du CMP.

- les travaux, fournitures ou services pouvant faire l'objet du droit de préférence ;
- les conditions de préférences accordées et la méthode d'évaluation et de comparaison des offres qui sera suivie pour appliquer le régime préférentiel[274].

b. Des préférences relatives

Les préférences en matière de marchés publics ne sont pas absolues mais relatives. D'une part, il est fait exception à l'obligation de réserver la participation aux appels à la concurrence et aux marchés de prestations et de fournitures par entente directe dont le financement est prévu par les budgets des autorités contractantes aux seules entreprises sénégalaises et communautaires, dans les cas suivants :

- lorsque les marchés concernés ne peuvent être exécutés par les entreprises visées ;
- lorsque, du fait de l'envergure financière du marché et/ou de la complexité technique des travaux, fournitures ou services, la faible concurrence locale ne garantit pas une compétition transparente ou une exécution économique et diligente du marché[275].

Pour ces cas, l'accès aux marchés publics concernés est autorisé aux groupements réunissant des entreprises communautaires et des entreprises non communautaires, et aux entreprises non communautaires. Une préférence est obligatoirement accordée aux entreprises communautaires et aux groupements conjoints proportionnellement à la participation des entreprises communautaires[276]. « Cette attitude traduit éloquemment la volonté de l'État d'assister et d'accompagner les entreprises nationales, notamment les PME, dans leur développement tant sur le plan technologique que sur le plan de la croissance. »[277] Ce faisant, l'article 52 du CMP autorise « la constitution de groupements réunissant des entreprises communautaires et des entreprises non communautaires » et « favorise la mise en place de coentreprises ou d'associations d'entreprises permettant ainsi le transfert de technologies et assurant un niveau suffisant de participation à l'échelle

---

[274] Article 50 du CMP.
[275] Article 52 du CMP.
[276] Article 52 du CMP.
[277] SAMBE, C. S. B., *op. cit.*, p. 22.

nationale » (CS 14 juin 2018, *État du Sénégal c/ARMP & Groupement d'entreprise solidaire CSTP SA*). Ainsi, dans sa décision du 8 mai 2013, le CRD, statuant en commission litiges sur la saisine du ministère de l'Éducation nationale demandant l'autorisation d'ouvrir à l'international l'appel d'offres relatif à l'acquisition de manuels scolaires, a affirmé que « même si l'appel d'offres litigieux est financé à travers le budget consolidé d'investissement, il n'est pas certain d'avoir un nombre assez large d'éditeurs disposant d'une capacité technique et financière leur permettant de concourir efficacement au marché ; Que pour cette raison, l'ouverture du marché à l'international ainsi que la faculté de se constituer en groupement entre les entreprises communautaires et les entreprises non communautaires sont justifiées ». Cela dit, « Une question demeure cependant : qu'en sera-t-il d'un groupement entre une entreprise d'un pays appliquant le principe de réciprocité et une entreprise non communautaire ? »[278]

D'autre part, dans l'attribution des *marchés publics passés sur appel d'offres international*, il ne peut être fait application des préférences nationale et communautaire au détriment des candidats de droit non communautaire lorsque les offres présentées par les candidats de droit sénégalais ou de pays membres de l'UEMOA et les candidats dont les offres ne comportent que des produits d'origine sénégalaise ou de pays membres de l'UEMOA sont supérieures de plus de 15 % à celle du candidat moins disant. Enfin, les préférences nationale et communautaire n'agissent que sur les montants des offres des entreprises étrangères en les majorant afin de réduire leurs chances d'emporter le marché face aux entreprises de droit national ou communautaires au moment de la comparaison des offres. Or, la mise en concurrence du marché public ne se réduit pas à une comparaison des prix proposés par les candidats. D'autres critères techniques et qualitatifs peuvent entrer en jeu. Pour maximiser les avantages des régimes préférentiels et gagner des marchés, les entreprises de droit national ou communautaires se doivent de combler leur retard sur les aspects techniques et qualitatifs.

---

[278] NDIAYE, P. L., *op. cit.*, p. 11. Pour lui, « A cette question, le bon sens apporterait, comme réponse, que l'entreprise d'un pays appliquant le principe de réciprocité soit traitée de la même façon que l'entreprise communautaire qui se grouperait à une entreprise étrangère. Pourtant, cette interprétation ne semble pas ressortir dans la lettre du texte, notamment le 2e paragraphe de l'article 52 du dernier décret ».

§2. Les conditions d'accès au marché

Aux termes de l'article 27 nouveau du COA : « Dans le respect des principes de libre accès à la commande publique et d'égalité de traitement des candidats, les acheteurs publics peuvent requérir des candidats aux marchés toute justification concernant :

- leur situation juridique y compris leur capacité de contracter et de poursuivre leurs activités ;
- les moyens matériels, humains et financiers dont ils disposent ;
- l'expérience acquise dans la réalisation d'activités analogues à celle faisant l'objet du marché ;
- l'absence de disqualification ou condamnation de l'entreprise candidate ou de ses dirigeants liée à la passation ou à l'exécution de marchés publics ou à leur activité professionnelle ;
- la régularité de leur situation vis-à-vis de l'Administration fiscale ou des organismes de protection sociale. »

Aussi le Code des marchés publics prévoit-il des conditions à remplir pour prendre part aux marchés publics (A) et des justifications à fournir attestant de la capacité du candidat à exécuter le marché convoité (B).

A. La capacité à soumissionner

Les candidats au marché public doivent, pour être admis à participer à la compétition, remplir certaines conditions liées à la capacité à soumissionner : ils doivent être des candidats dignes de la confiance de l'autorité contractante, des candidats d'une moralité irréprochable. Aux termes de l'article 43 du CMP, quel que soit le mode de passation du marché public employé, en effet, les candidats au marché public, aussi bien que leurs éventuels sous-traitants, ne doivent pas être :

- admis au régime de la liquidation des biens ;
- en état de redressement judiciaire lorsque la poursuite de l'activité est interdite par décision du juge commissaire ;
- frappés d'une mesure temporaire ou définitive d'interdiction d'obtenir des commandes publiques résultant d'une décision du CRD de l'ARCOP ;
- condamnés pour une infraction pénale liée à leurs activités professionnelles ou aux marchés publics ;

- condamnés pour violation du droit du travail, notamment pour conditions de travail dégradantes, travail illégal des enfants ou discrimination des femmes, de la protection sociale et du droit de l'environnement, notamment pour faits de pollution, usage de produits toxiques, déforestation illégale ;
- en situation irrégulière avec le fisc ;
- des entrepreneurs et artisans du bâtiment et des travaux publics qui n'ont pas produit l'attestation de qualification et de classement ou, à défaut, un récépissé de dépôt ;
- des entreprises ou agences publiques sous tutelle technique de l'autorité contractante.

Les candidats, personnes physiques ou morales, qui présenteront des soumissions alors qu'ils n'ont pas la capacité de soumissionner verront leurs soumissions déclarées irrecevables[279].

B. La capacité à exécuter le marché

Aux termes de l'article 44 du CMP : « Sous réserve du respect de ses droits en matière de protection de la propriété intellectuelle et de la confidentialité des informations concernant ses activités, tout candidat à un marché public doit justifier qu'il dispose des capacités juridiques, techniques, financières et environnementales requises pour exécuter le marché, en présentant tous documents, attestations et certificats appropriés énumérés par le dossier d'appel à la concurrence. » Il s'agit notamment :

- d'une déclaration d'intention de faire acte de candidature pour réaliser le marché ;
- d'une note présentant le candidat et indiquant ses moyens humains et techniques, sa démarche RSE[280] le cas échéant, toutes informations utiles sur les activités et marchés réalisés de même nature que le marché concerné ;

---

[279] Article 43 du CMP.

[280] La *Responsabilité sociétale des entreprises (RSE)* est l'« ensemble des actions mises en place par une entreprise afin de se conformer au respect de la règlementation existante, notamment à ses obligations éthiques, sociales et environnementales, à l'égard de son personnel, des autres entreprises participantes et en tenant compte de l'impact de ses activités sur son environnement » (article 4.44 du CMP).

- des attestations justifiant que le candidat est en règle avec les institutions de Sécurité sociale (Caisse de sécurité sociale, Institut de prévoyance retraite du Sénégal), le fisc et l'Inspection du Travail ;

- d'une attestation justifiant le paiement des redevances de régulation au titre des marchés publics de l'exercice précédent ;

- d'une déclaration sur l'honneur attestant que le candidat ne fait pas l'objet d'une procédure de liquidation des biens ou de faillite personnelle à la soumission et la production de l'attestation de non-faillite à la signature du marché ;

- d'une lettre d'engagement à respecter la Charte de l'éthique et de la commande publique responsable, définie comme un « engagement souscrit par le candidat, lors du dépôt de son offre, par lequel le futur titulaire reconnaît qu'il devra exécuter le contrat en se conformant à la législation applicable sous peine d'engager sa responsabilité contractuelle, sans préjudice d'autres responsabilités et condamnations éventuelles »[281] ;

- de la version originale de la garantie de soumission, le cas échéant ;

- des renseignements sur le savoir-faire du candidat en matière de protection de l'environnement, du respect des mesures d'hygiène, de santé, de sécurité, de genre, de développement social, le cas échéant ;

- des labels, certifications et autres quitus attestant des processus suivis par le candidat ou, à défaut, par équivalence, l'explication des méthodes adoptées et des dispositions prises pour atteindre le niveau d'exigence requis par les critères de qualification mentionnés dans les documents d'appel d'offres ;

- éventuellement, de tout autre document permettant de juger de la capacité financière du candidat.

Doivent être considérées comme étant en règle avec la Sécurité sociale (CSS, IPRES), les services chargés des recouvrements fiscaux et de l'Inspection du travail, et les obligations au titre de la redevance de régulation : les personnes qui, au 31 décembre de l'année précédant l'avis d'appel à la concurrence ou la souscription du marché par entente directe, se sont acquittées de leurs impôts, taxes, majorations, pénalités, cotisations et redevances de régulation des marchés publics et des contrats de partenariat public-privé mis à leur charge lorsque ces

[281] Article 4.14 du CMP.

produits devaient être réglés au plus tard à la même date du 31 décembre ; les personnes qui, à défaut de paiement au 31 décembre de l'année précédant l'avis d'appel à la concurrence ou la souscription du marché par entente directe, ont entre cette date et la date du lancement de la procédure de passation, soit acquitté lesdites sommes, soit constitué des garanties jugées suffisantes par l'organisme ou le comptable chargé du recouvrement des sommes en cause[282].

Les documents tels que la déclaration d'intention de faire acte de candidature pour réaliser le marché, la note de présentation du candidat, les attestations justifiant que le candidat est en règle avec la Caisse de Sécurité sociale, l'IPRES, le fisc et l'Inspection du travail, l'attestation de paiement des redevances de régulation pour l'exercice précédent, la lettre d'engagement à respecter la Charte de l'éthique et de la commande publique responsable, les renseignements sur le savoir-faire du candidat en matière de protection de l'environnement, du respect des mesures d'hygiène, de santé, de sécurité, de genre, de développement social, les labels, certifications et autres quitus délivrés au candidat et tout autre document pouvant permettre d'apprécier la capacité financière du candidat, sont exigibles dans un délai au plus égal à celui imparti à l'autorité contractante pour prononcer l'attribution provisoire du marché[283]. L'attestation de non-soumission à une procédure de liquidation des biens ou de faillite personnelle et l'attestation de non-faillite sont produites respectivement à la soumission de l'offre et à la signature du marché. Quant à la déclaration de *bénéficiaire effectif* (personne physique qui possède ou contrôle, directement ou indirectement, la personne morale candidate), elle doit être fournie par l'attributaire provisoire avant la signature du marché public sur la base du modèle établi par l'ARCOP[284].

Dans le cadre des *marchés passés par entente directe*, tous les documents justificatifs sont exigés, à l'exception de la garantie de soumission. Par contre, pour les *entreprises innovantes*[285], il est requis, outre les documents susmentionnés, les contrats de travail et diplômes du personnel technique d'encadrement ainsi que les attestations d'honorabilité de la structure en charge de la propriété industrielle et de

---

[282] Article 45 du CMP.

[283] Article 44 du CMP.

[284] *Ibid.*

[285] Les *entreprises innovantes* sont des « entreprises dont les investissements matériels et les ressources humaines se concentrent sur la création d'innovations » (article 4.20 du CMP).

l'innovation technologique et de la structure en charge de la normalisation[286]. « Même si l'article 44 susvisé ne le prévoit pas, une certaine souplesse est à observer relativement aux documents qui établissent ces capacités (capacités techniques et financières). Cette souplesse concerne les entreprises nouvellement créées. Pour ces dernières, les références pour les marchés similaires, qui sont exigées pour établir la capacité technique de l'entreprise peuvent être remplacées par tout document de nature à établir le profil technique, l'expérience et la formation du Personnel clé proposé ou alors par le terme marché similaire en termes de complexité. Également, pour favoriser l'accès à la commande publique aux entreprises nouvellement créées non assujetties à une expérience mais disposant d'un personnel qualifié et d'une bonne assise financière, il pourrait être fait fi de l'expérience similaire en termes de réalisation en mettant plutôt l'accent sur celle du personnel clé. Pour les capacités financières auxquelles fait référence le même article 44 du CMP, en lieu et place des chiffres d'affaires des trois dernières années, une entreprise nouvellement créée peut produire son bilan d'ouverture ou tout document établi par un établissement bancaire agréé précisant que celle-ci dispose dans son compte de ressources suffisantes ou bénéficie de facilités de caisse, afin d'assurer une bonne exécution des prestations objet de la procédure dans le cadre de laquelle elle soumissionne. »[287]

Les *PME et les startup, les entrepreneurs et entrepreneuses* doivent fournir les attestations d'agrément ou de labellisation prévues par la règlementation applicable[288]. Enfin, pour les *marchés secrets* ou dont l'exécution doit s'accompagner de mesures particulières de sécurité ou pour lesquels la protection des intérêts essentiels de l'État l'exige, passés par les autorités contractantes autres que les Forces de défense et de sécurité, l'autorité contractante peut exiger des candidats, outre les renseignements précédemment indiqués, des renseignements complémentaires concernant leur habilitation préalable si cela est exigé par une règlementation en vigueur, la composition de leur actionnariat, la valeur ajoutée créée sur le territoire national, l'implantation de leur

---

[286] Article 44 du CMP.

[287] *Guide d'application du décret n° 2014-1212 du 22 septembre 2014 portant Code des marchés publics*, *op. cit.*, p. 64.

[288] Article 46 du CMP.

patrimoine technologique et leurs capacités industrielles sur le site de réalisation du marché[289].

L'article 44 du CMP précise que la justification de la *capacité économique et financière* du candidat au marché public est constituée par une ou plusieurs des références ci-après :

- des déclarations appropriées de banques ou d'organismes financiers habilités, ou, le cas échéant, la preuve d'une assurance des risques professionnels ;
- la présentation des états financiers accompagnés de l'attestation de visa établie par un membre de l'Ordre national des Experts-comptables et Comptables agréés du Sénégal (ONECCA) ou un organisme assimilé pour les entreprises non sénégalaises ;
- une déclaration concernant le chiffre d'affaires global et, le cas échéant, le chiffre d'affaires annuel du domaine d'activités faisant l'objet du marché pour, au maximum, les trois derniers exercices en fonction de la date de création de l'entreprise ou du début d'activité du soumissionnaire dans la mesure où les informations sur ces chiffres d'affaires sont disponibles ;
- le numéro d'identification unique ;
- une déclaration de bénéficiaire effectif en cas de groupement.

Il est, dans la foulée, prescrit aux autorités contractantes, maîtres d'ouvrage ou maîtres d'ouvrage délégués, de préciser, dans l'avis d'appel à la concurrence ou dans l'invitation à soumissionner, celles des références qu'ils ont choisies ainsi que les autres références probantes qui doivent être produites. Au cas où, pour une raison justifiée, le soumissionnaire n'est pas en mesure de produire les références demandées, il est autorisé à prouver sa capacité économique et financière par tout autre document considéré comme approprié.

D'après la jurisprudence, il ressort de l'article 44 du CMP que « tout candidat à un marché public doit présenter un dossier comprenant notamment les justificatifs de ses moyens humains et techniques, toutes informations utiles sur les activités et marchés réalisés de même nature que le marché concerné ; que les documents non fournis ou incomplets sont exigibles dans un délai au plus égal à celui imparti à l'autorité contractante pour prononcer l'attribution provisoire » (CS 09 juillet 2020, *Société sénégalaise d'équipement et de prestation de service*

---

[289] Article 44 du CMP.

[SEPS] c/ARMP). Sur la question de la compétence de l'autorité contractante pour imposer un délai aux candidats dans la production des documents complémentaires, la jurisprudence estime que « ce texte fixe un intervalle de temps dans lequel l'autorité contractante peut demander au candidat n'ayant pas fourni les documents ou dont certains sont incomplets, de pallier cette carence, sans dépasser le délai imparti à ladite autorité pour prononcer l'attribution provisoire ; Que cette dernière peut, dès lors, fixer un délai en deçà de cette limite maximale, sous réserve du respect du caractère raisonnable dudit délai » (CS 09 juillet 2020, *Société sénégalaise d'équipement et de prestation de service [SEPS] c/ARMP*).

En ce qui concerne le contrôle par l'autorité contractante des justificatifs de la capacité à exécuter le marché, d'abord, « seule la capacité du soumissionnaire dont l'offre est évaluée moins-disante fait l'objet d'un examen avant la prise de la décision d'attribution »[290]. La capacité des autres soumissionnaires n'est donc pas examinée. Ensuite, le contrôle par l'autorité contractante se déroule « en deux étapes. Elle réalise, d'une part, un contrôle purement formel en vérifiant que tous les documents exigés des opérateurs économiques figurent dans le dossier de candidature. Elle réalise, ensuite, un contrôle du contenu de ces documents en examinant si les informations contenues dans ces documents démontrent que le candidat répond effectivement aux conditions de participation à la procédure de passation du contrat »[291].

Enfin, il faut souligner que les *candidats étrangers* aux marchés publics sont tenus, lors des appels à la concurrence internationale ou communautaire, de fournir les mêmes documents justificatifs de la capacité à exécuter le marché que les candidats nationaux, sauf que leurs documents sont délivrés par les autorités compétentes de leurs pays respectifs[292]. L'exigence de production des pièces administratives était limitée aux seules entreprises nationales en cas d'appel d'offres international. Le Code des marchés publics de 2014 dispensait les candidats étrangers, pour les appels à la concurrence internationale, de fournir un numéro de compte de contribuable et NINEA (numéro d'identification national des entreprises et des associations)[293], ainsi

---

[290] Article 44 du CMP.

[291] BRACONNIER, S., *op. cit.*, p. 229.

[292] Article 46 du CMP.

[293] Toute personne exerçant au Sénégal doit figurer dans un répertoire des contribuables, des établissements et des associations, qui lui fournit une identification satisfaisante pour faciliter ses démarches administratives. Le

qu'un numéro d'immatriculation au Registre du commerce et du crédit mobilier, ou le numéro d'immatriculation au Registre des métiers[294] ; mais si ces dispenses étaient notées au stade de la soumission, préalablement au paiement définitif pour solde, ces entreprises étrangères devaient fournir les documents nécessaires établissant qu'elles avaient satisfait à leurs obligations fiscales, sociales et vis-à-vis de l'Institut de prévoyance retraite du Sénégal (IPRES). Ces dérogations s'expliquaient « par une volonté d'éviter de rendre difficiles, voire insurmontables, pour cette catégorie d'appel d'offres, les conditions d'accès à la commande publique nationale, pour les entreprises étrangères »[295].

SECTION III. LES PROCÉDURES DE PASSATION DES MARCHÉS

Le Code des marchés publics prévoit des règles générales applicables à l'ensemble des procédures de passation des marchés publics, compte non tenu de leur nature, de leur montant ou de la qualité de l'autorité contractante (§1), ainsi que des règles spécifiques aux différentes procédures de passation des marchés publics (§2).

§1. Les règles générales applicables aux procédures de passation des marchés

Les règles générales applicables aux procédures de passation des marchés publics prévues par le Code des marchés publics sont relatives aux principes fondamentaux de la passation des marchés (A), aux seuils d'application des procédures de passation des marchés (B), à la publicité des projets de marchés (C), à l'information des candidats aux marchés (D) et à l'évaluation des offres (E).

NINEA est le numéro unique par lequel une personne physique ou morale est enregistrée dans ce répertoire. En dehors du timbre fiscal, sa délivrance, au vu d'un dossier de demande, est gratuite.

294 Article 46.2 du CMP de 2014.

295 *Guide d'application du décret n° 2014-1212 du 22 septembre 2014 portant Code des marchés publics*, *op. cit.*, p. 96.

A. Les principes fondamentaux de la passation des marchés

Le Code des obligations de l'Administration et le Code des marchés publics ont transposé au Sénégal les principes communautaires régissant la passation des marchés publics. D'abord, aux termes de l'article 24 du COA : « En vue d'assurer l'efficacité de la commande publique et la bonne utilisation des deniers publics, la conclusion des contrats d'achats passés à titre onéreux par les acheteurs publics : (…) doit respecter *les principes de liberté d'accès à la commande publique, d'égalité de traitement des candidats et de transparence des procédures*. Les principes susvisés s'appliquent aux achats effectués :

- par l'État, les collectivités locales et leurs établissements publics ;
- par les personnes qui agissent au nom et pour le compte des acheteurs publics ;
- par les organismes dont l'activité est financée majoritairement par des fonds publics, déterminés conformément aux dispositions du Code des marchés publics visé à l'article 25 ci-après.

Le non-respect des formalités de publicité prescrites et la violation du principe d'égalité de traitement des candidats aux commandes publiques par les acheteurs publics entraînent la nullité de la procédure de passation ou du marché passé, à la requête de toute personne intéressée au déroulement normal de la procédure ». Ensuite, aux termes de l'article 1er du CMP : « Les marchés publics sont régis par *les principes de liberté d'accès, d'égalité de traitement des candidats, de transparence et d'intégrité des procédures*. Dans leur attribution, les personnes désignées à l'article 2 du présent décret obéissent, également, aux règles de bonne gouvernance, d'efficacité et de bonne utilisation des deniers publics. Elles tiennent compte des exigences et des objectifs du développement durable dans leurs dimensions sociales, environnementales et économiques. » Il convient de préciser le contenu de ces *principes* fondamentaux de la passation des marchés qui s'appliquent à tous les marchés publics sans exclusive, c'est-à-dire quel que soit leur nature ou leur montant, à savoir, le principe de libre accès aux marchés publics (1), le principe d'égalité de traitement des candidats aux marchés publics (2), et le principe de transparence et d'intégrité des procédures (3). En revanche, la formulation générale des *règles* de bonne gouvernance[296], d'efficacité et de bonne utilisation des deniers publics rend difficile tout exercice de définition de leur contenu.

1. Le principe de liberté d'accès aux marchés publics

Le principe de liberté d'accès aux marchés publics « impose l'ouverture des marchés publics à toutes les entreprises intéressées »[297]. Cela signifie que tous les candidats à un marché public doivent pouvoir soumissionner et bénéficier des mêmes conditions de soumission au marché public, que sont interdites les discriminations restreignant l'accès de certaines personnes aux marchés publics, comme celles qui consistent à réserver l'accès aux marchés à des entreprises locales défavorisées ou à des entreprises du lieu d'exécution du marché[298]. En conséquence, la personne publique contractante ne doit pas créer un milieu non concurrentiel[299]. En fait, le principe du libre accès aux marchés publics est le corollaire de la soumission des marchés publics aux règles de concurrence de l'UEMOA. En effet, « Pour qu'un marché (au sens économique du terme) soit concurrentiel, quatre conditions doivent être réunies : l'atomicité (absence d'effet de domination), l'homogénéité des produits (pour permettre la comparaison), la liberté d'accès, la circulation de l'information »[300]. La *mise en concurrence* des marchés publics produit un effet d'entraînement : « à partir du moment où la mise en concurrence est obligatoire, l'acheteur public est contraint de définir ses besoins et de comparer diverses solutions ; le prestataire est incité à faire des efforts pour procurer la meilleure qualité au meilleur prix et pour améliorer la productivité »[301]. Concrètement, le principe de liberté d'accès aux marchés publics prohibe l'exclusion de candidats au marché public qui rempliraient les conditions prévues par le dossier d'appel à la concurrence. Il interdit également l'autorité

---

[296] D'après Babacar Gueye, la bonne gouvernance est un « mot magique où beaucoup regroupent la recherche de la transparence notamment financière, la lutte contre la corruption, l'appel à la société civile pour accompagner et éclairer la prise de décision (GUEYE, B., « Le nouveau Code sénégalais des marchés publics. Entre réponse aux attentes de la société et prise en compte des influences communautaires », *Revue des marchés publics* n° 04, 2011, p. 22).

[297] DRAMÉ, B., *op. cit.*, p. 57.

[298] DRAMÉ, B., *op. cit.*, p. 57.

[299] LAJOYE, C., *op. cit.*, p. 59.

[300] RICHER, L., *op. cit.*, p. 427.

[301] RICHER, L., *op. cit.*, p. 425.

contractante de faire figurer dans le dossier d'appel à la concurrence une exigence qui ne se justifierait pas par l'objet du marché public[302].

2. Le principe d'égalité de traitement des candidats aux marchés publics

L'égalité de traitement devant la loi, principe général de droit (CE Ass. 7 février 1958, *Syndicat des propriétaires de forêts de chênes-lièges d'Algérie* ; CS 9 janvier 2014, *Mame Thierno Dieng c/Recteur de l'Université Cheikh Anta Diop*), « est transposée dans le droit des marchés publics en égalité de traitement des candidats à un marché public »[303]. Ce principe d'égalité de traitement des candidats aux marchés publics, qui a également un lien avec la *mise en concurrence* des marchés publics, signifie qu'une fois que les candidats à un marché public ont soumissionné, ils doivent être traités de manière égale dans toutes les étapes de la procédure d'attribution du marché public, c'est-à-dire que leurs offres doivent être ouvertes, examinées, évaluées, comparées et choisies ou rejetées selon les mêmes critères objectifs préalablement définis et en toute impartialité, sans discrimination injustifiée. Il interdit donc toute discrimination à l'encontre d'un candidat au marché public[304]. Dès lors, violent la règlementation des marchés publics les pratiques anticoncurrentielles collectives : répartition des appels d'offres ou partage de marchés concerté (les entreprises obtiennent un marché à tour de rôle), remises d'offres de pure forme, augmentation artificielle des prix, sous-traitance occulte ou non déclarée, entente entre une collectivité publique et une ou plusieurs entreprises (parce qu'elles sont implantées localement ou qu'elles contribuent au financement de telle ou telle formation politique), fractionnement d'une commande en deux marchés publics pour rester en-deçà du seuil de l'appel d'offres ouvert et confier les marchés publics à des entreprises proches des dirigeants politiques du pays[305].

Toutefois, traitement égal ne signifie pas traitement égalitaire, égalité n'est pas non plus uniformité. Le traitement égal ne joue que lorsque les candidats se trouvent dans une situation identique : l'autorité contractante doit, par exemple, traiter de façon identique tous les

---

302 LAJOYE, C., *op. cit.*, p. 60.
303 LAJOYE, C., *op. cit.*, p. 61.
304 *Ibid.*
305 LINDITCH, F., *op. cit.*, p. 76.

candidats au marché public au regard de l'information sur les conditions du marché[306]. En revanche, « le principe constitutionnel d'égalité des citoyens devant la loi n'implique pas que des personnes placées dans des situations différentes soient traitées de manière identique » (CS 23 janvier 2020, *Pape Ahmeth Diallo c/État du Sénégal*). En effet, un traitement différent, pour un même service rendu, de divers usagers d'un service public ou d'un ouvrage peut être légalement pratiqué lorsqu'il est la conséquence nécessaire d'une loi, lorsqu'il existe entre les usagers des différences de situation appréciables ou lorsqu'il relève d'une nécessité d'intérêt général en rapport avec les conditions d'exploitation du service ou de l'ouvrage (CE 10 mai 1974, *Denoyez et Chorques*). Ainsi, « toute forme de discrimination, de traitement de faveur, qu'il s'agisse de préférences locales ou nationales dans l'attribution des marchés publics » est « un comportement anticoncurrentiel »[307], donc contraire au principe d'égalité de traitement des candidats aux marchés publics. Toutefois, le Code des marchés publics prévoit des préférences nationale et communautaire en matière de marchés publics à titre de dérogations au principe d'égalité de traitement des candidats aux marchés publics.

3. Le principe de transparence et d'intégrité des procédures

« S'il n'existe pas de principe général de transparence de l'action publique en Droit sénégalais, outre le fait que la Constitution du 22 janvier 2001, dans son préambule, affirme son attachement à la transparence dans la conduite des affaires publiques ainsi qu'au principe de bonne gouvernance, des textes, de plus en plus nombreux, l'imposent ponctuellement, comme en matière de marchés publics… »[308] Ainsi, l'article 24 du COA prévoit que la conclusion des contrats d'achat passés à titre onéreux par les acheteurs publics doit respecter, entre autres, le principe « de *transparence des procédures* ». Par la suite, l'article 1er du CMP dispose que les marchés publics sont régis, entre autres, par le principe « de transparence et d'intégrité des procédures ».

De manière générale, la *transparence*, « principe démocratique, est l'obligation quasi générale d'éviter l'opacité des procédures de décision

[306] LAJOYE, C., *op. cit.*, p. 62.
[307] DRAMÉ, B., *op. cit.*, p. 65.
[308] SARR, O., « La commande publique entre transparence et secret », *op. cit.*, p. 17.

publique, dans le but de permettre la vérification de l'observation d'autres règles, en particulier celle de non-discrimination dans le cadre de la passation des marchés publics, essentiellement au moyen d'une publicité adéquate ou éventuellement d'une autre information, par exemple l'accès à certains documents administratifs »[309]. Dans le domaine spécifique des marchés publics, le décret n° 2005-576 du 22 juin 2005 portant Charte de Transparence et d'Éthique en matière de marchés publics « entend par transparence en matière de marchés publics, l'application équitable et rigoureuse de procédures connues et qui constituent exclusivement la base des décisions d'attribution des marchés. (…). La *transparence des procédures* suppose :

- un système d'information performant permettant la publication régulière et en temps opportun de toute l'information sur les marchés publics[310] ;
- le bannissement de toute entrave à la compétition et l'abandon des pratiques anticoncurrentielles ;
- une culture de l'intégrité ;
- la reconnaissance et l'organisation d'un droit de recours afin de réparer éventuellement les dommages causés aux soumissionnaires et de redresser les décisions inéquitables notamment en matière d'attribution des marchés ».

D'après la Cour de justice des Communautés européennes, « cette obligation de transparence qui incombe au pouvoir adjudicateur consiste à garantir, en faveur de tout soumissionnaire potentiel, un degré de publicité adéquat permettant une ouverture du marché des services à la concurrence ainsi que le contrôle de l'impartialité des procédures d'adjudication » (CJCE, 7 décembre 2000, *Telaustria*). Ainsi, le *principe de transparence des procédures* exige de l'autorité contractante une large et adéquate publicité des documents de passation du marché public, ainsi que le caractère public et accessible des séances d'ouverture des offres (et non des débats et délibérations), qui permettent une ouverture du marché public à la concurrence et un contrôle de l'impartialité de la procédure d'attribution du marché. Bref,

---

309 SARR, O., *op. cit.*, p. 20.

310 Le principe de transparence des procédures « est mis en œuvre essentiellement par une publicité renouvelée. C'est pourquoi des avis de pré-information, des avis d'information (avis d'appel public à la concurrence) et des avis de post-information (avis d'attribution) sont publiés afin d'informer au mieux, aux phases cruciales de la procédure, les candidats potentiels » (LAJOYE, C., *op. cit.*, p. 62).

le principe de transparence des procédures s'applique à toutes les phases de l'attribution du marché public et même au-delà, aux phases d'exécution et de règlement du marché public.

La transparence des procédures est largement bien appréciée. Elle « renforce la crédibilité de l'Administration et contribue à la satisfaction, en qualité et en quantité suffisantes, de la demande des populations en matière notamment d'équipements collectifs et d'infrastructures publiques »[311]. Elle « profite au secteur privé créateur de richesse et d'emplois »[312]. Toutefois, tout comme la publicité, « la concurrence n'est pas toujours praticable »[313]. C'est pourquoi le Code des marchés publics a apporté au principe de transparence des procédures des dérogations notamment liées à la sensibilité de certains marchés publics dits secrets.

Quant à l'*intégrité des procédures*, elle vise à moraliser le comportement, dans la passation des marchés publics, des agents publics qui, selon le décret n° 2005-576 du 22 juin 2005 portant Charte de Transparence et d'Éthique en matière de marchés publics, « n'échangeront jamais leurs services contre des gains en espèces ou en nature. Ils veilleront à entretenir une bonne image de l'administration en observant :

- une intégrité et une moralité irréprochables dans le traitement des dossiers ;
- une utilisation sans gabegie des fonds publics ;
- un traitement équitable de tous les soumissionnaires.

Ils n'engageront aucune négociation ayant trait aux aspects financiers des offres autres que celles prévues par la règlementation. Ils seront tenus de signaler toute situation qui les mettrait en position de conflit d'intérêt et de notifier leur désistement de manière formelle. Ils limiteront les marchés de gré à gré et les appels d'offres en procédure d'urgence aux seuls cas prévus par la règlementation ». Au total, de la même manière qu'il ne peut y avoir une *mise en concurrence* saine d'un marché public sans libre accès, ni égalité de traitement des candidats, cette mise en concurrence serait une vue de l'esprit sans un minimum de transparence et d'intégrité des procédures. Aussi l'implication de

---

[311] Décret n° 2005-576 du 22 juin 2005 portant Charte de transparence et d'éthique en matière de marchés publics.

[312] NIANG, S. (directeur général de l'ARMP), « Nouvel élan », *Revue des marchés publics* n° 02, 2011, p. 3.

[313] RICHER, L., *op. cit.*, p. 425.

tous les candidats aux marchés publics est-elle nécessaire pour assurer le respect de ces règles de transparence et d'éthique. Il reste que l'article 24 du COA ne sanctionne de « nullité de la procédure de passation ou du marché passé » que la violation des formalités de publicité et du principe d'égalité de traitement des candidats aux commandes publiques par les acheteurs publics. *Quid* alors de la violation du principe de liberté d'accès à la commande publique et du principe de transparence et d'intégrité des procédures dans ses aspects ne touchant pas aux formalités de publicité ?

B. Les seuils d'application des procédures de passation des marchés publics

Aux termes de l'article 10 de la directive n° 04/2005 de l'UEMOA : « La présente Directive s'applique aux marchés publics qui n'en sont pas exclus en vertu de l'article 9 et dont la valeur estimée hors taxes est égale ou supérieure aux *seuils nationaux de passation des marchés* tels que définis par les règlementations nationales applicables des États membres. » L'article 28 de la même directive ajoute que « Les Autorités contractantes peuvent avoir recours, en dessous des *seuils nationaux de passation de marchés*, à des procédures de consultation d'entrepreneurs, de fournisseurs, de prestataires de services, ou de sollicitation de prix, à condition que les procédures mises en œuvre respectent les principes posés à l'article 2 de la (…) Directive », c'est-à-dire les principes de l'économie et de l'efficacité du processus d'acquisition, de libre accès à la commande publique, de l'égalité de traitement des candidats et de la transparence des procédures. En clair, la directive communautaire laisse les États membres de l'UEMOA libres de déterminer leurs seuils d'application des procédures de passation des marchés publics.

L'application des procédures de passation est fonction des montants estimés des marchés publics qui, à leur tour, varient selon le type de marché et la nature de l'autorité contractante. D'après le Code des marchés publics[314], la *procédure de l'appel d'offres ouvert* s'impose :

➢ pour ce qui concerne l'État, les institutions constitutionnelles, les collectivités territoriales et les établissements publics, lorsque les montants estimés des marchés sont égaux ou supérieurs à :

[314] Article 53 du CMP.

✓ 70 000 000 francs CFA pour les marchés de travaux,

✓ 50 000 000 francs CFA pour les marchés de services et de fournitures courantes,

✓ 50 000 000 francs CFA pour les marchés de prestations intellectuelles ;

➢ pour ce qui concerne les sociétés publiques, les agences ou autres organismes ayant la personnalité morale, les institutions de protection sociale, lorsque les montants estimés des marchés sont égaux ou supérieurs à :

✓ 100 000 000 francs CFA pour les marchés de travaux,

✓ 60 000 000 francs CFA pour les marchés de services et de fournitures courantes,

✓ 60 000 000 francs CFA pour les marchés de prestations intellectuelles.

La *procédure de demande de renseignements et de prix* s'applique :

➢ pour ce qui concerne l'État, les institutions constitutionnelles, les collectivités territoriales et les établissements publics, lorsque les montants estimés des marchés sont inférieurs à :

✓ 70 000 000 francs CFA pour les marchés de travaux,

✓ 50 000 000 francs CFA pour les marchés de services et de fournitures courantes,

✓ 50 000 000 francs CFA pour les marchés de prestations intellectuelles ;

➢ pour ce qui concerne les sociétés publiques, les agences ou autres organismes ayant la personnalité morale, les institutions de protection sociale, lorsque les montants estimés des marchés sont inférieurs à :

✓ 100 000 000 francs CFA pour les marchés de travaux,

✓ 60 000 000 francs CFA pour les marchés de services et de fournitures courantes,

✓ 60 000 000 francs CFA pour les marchés de prestations intellectuelles.

Pour les besoins de l'application des seuils, le calcul de la *valeur des marchés* « est effectué selon les règles suivantes, quel que soit le nombre de fournisseurs, prestataires ou entrepreneurs auxquels il est fait appel :

a) la valeur d'un marché de travaux doit prendre en compte la valeur globale des travaux. (…) ;

b) la valeur des marchés de fournitures ou de services doit prendre en compte la valeur totale des fournitures ou des services qui peuvent être considérés comme homogènes (…) ;

c) la valeur estimée des marchés de fournitures ou de services donnant lieu à des livraisons ou à des réalisations répétées de biens ou services doit prendre en compte l'ensemble des fournitures ou services correspondant aux besoins estimés pour la durée du marché ou pour une année, si cette durée est supérieure à un (1) an ou est renouvelable ;

d) la valeur estimée des marchés comportant des lots doit prendre en compte la totalité des lots, sous réserve des exceptions prévues par le (…) décret ;

e) la valeur estimée d'un accord-cadre doit prendre en compte la valeur estimée de l'ensemble des marchés subséquents prévus pour l'année.

Les autorités contractantes ne peuvent en aucun cas fractionner les dépenses ou sous-estimer la valeur des marchés de façon à les soustraire aux règles qui leur sont normalement applicables en vertu du (…) décret »[315].

Les autres procédures de passation des marchés publics, notamment les *procédures spécifiques*, s'appliquent, *sans considération de seuils*, dans les cas et conditions précisés par le Code des marchés publics.

C. La publicité des projets de marchés

Les principes fondamentaux de liberté d'accès aux marchés publics, d'égalité de traitement des candidats et de transparence des procédures commandent que la passation d'un marché public soit connue de tous les candidats potentiels et des citoyens, au moyen des mesures de publicité des projets de marchés. La *publicité* « est le corollaire de la transparence du système et a une triple utilité. Elle permet à l'Autorité contractante de faire connaître ses besoins aux candidats potentiels. Elle assure le libre accès à la commande publique de l'ensemble des prestataires intéressés et garantit donc une véritable mise en

[315] Article 54 du CMP.

concurrence »[316]. D'après Laurent Richer, en effet : « Cette publicité ne concerne pas la phase d'attribution, qui reste couverte, à tort ou à raison par le secret des offres qui, en pratique est plus ou moins bien gardé ; la publicité est préalable, elle est un des aspects de l'égalité puisque le meilleur moyen de respecter l'égalité est de donner à chacun ses chances en lui permettant d'entrer dans la compétition. Cela suppose à la fois que l'information est bien diffusée et que les personnes intéressées disposent effectivement de la possibilité de se préparer et de faire acte de candidature. »[317]

La *publicité* des projets de marchés permet de retenir les personnes « qui pourraient être disposées à mal faire si elles pouvaient agir en secret », tandis que la *mise en concurrence* permet de s'assurer que le travail « ne sera pas payé au-dessous de sa vraie valeur »[318]. Cependant, « mise en concurrence et publicité sont interdépendantes car la première est difficile et superficielle sans la seconde »[319]. On considère que « la passation d'un marché satisfait l'exigence de transparence dès lors que les moyens de publicité utilisés ont permis l'information des candidats potentiels et ont conduit à un nombre d'offres suffisant entraînant une véritable mise en concurrence »[320]. L'autorité contractante remplit l'obligation de publicité des projets de marchés, c'est-à-dire *en amont*, au moyen de l'avis général de passation des marchés (1) et de l'avis d'appel public à concurrence (2), qui interviennent après la publication du plan de passation des marchés déjà étudié, tandis que la publication des avis d'attribution des marchés publics, qu'on étudiera plus loin, satisfait l'obligation de publicité des marchés *en aval*. Il est même prévu une dématérialisation des procédures de passation des marchés publics (3) pour plus d'efficacité et de célérité.

1. L'avis général de passation des marchés

Les autorités contractantes sont tenues de publier chaque année, au plus tard le 15 janvier, un *avis général de passation des marchés* (AGPM) recensant les projets de marchés figurant dans le plan de

---

[316] *Guide d'application du décret n° 2014-1212 du 22 septembre 2014 portant Code des marchés publics*, *op. cit.*, p. 72.
[317] RICHER, L., *op. cit.*, p. 468.
[318] Dubois-Aymé à la Chambre des députés française le 22 novembre 1831, cité par RICHER, L., *op. cit.*, p. 356.
[319] LAJOYE, C., *op. cit.*, p. 90.
[320] *Ibid.*

passation des marchés qui doivent donner lieu à une procédure d'appel d'offres comportant un appel public à la concurrence, y compris les demandes de renseignements et de prix à compétition ouverte[321]. Cet avis général de passation des marchés est établi suivant un modèle type arrêté par décision de l'ARCOP et communiqué à la DCMP. Il est publié sur le portail officiel des marchés publics et dans un journal quotidien de grande diffusion[322], la voie électronique pouvant être utilisée à titre complémentaire. En clair, « Si l'Autorité contractante fait une insertion de son Avis général dans un support électronique (son site Internet, par exemple), cette publication ne peut nullement être exclusive ; elle doit nécessairement être en complément de celles visées ci-dessus »[323]. La grande diffusion d'un journal quotidien « s'exprime par le nombre d'exemplaires vendus, l'étendue de la diffusion sur tout le territoire national, et l'accessibilité sans délai du quotidien le jour de la publication dans les lieux de diffusion. (...). S'il s'agit d'un appel d'offres international, la publicité de l'avis doit paraître sur une publication à large diffusion internationale. L'utilisation d'une revue internationale vient s'ajouter à la publication effectuée sur le portail des marchés publics et même dans un journal quotidien de grande diffusion »[324]. Il faut avouer que « cette appréciation purement quantitative de la diffusion est très discutable. Elle ne préjuge en rien du fait que les entreprises intéressées par la commande publique en auront effectivement connaissance. Le plus souvent l'application du seul critère de diffusion conduit à accorder l'habilitation à la presse généraliste. Parfois il permet l'habilitation d'organes de presse

---

321 Article 6 du CMP.

322 « Seulement, une difficulté d'interprétation peut se poser à ce niveau. En effet, à partir de quel seuil peut-on dire qu'un quotidien est d'une large diffusion ? Ce seuil est indexé sur sa notoriété (nombre d'exemplaires tirés et importance de la vente) et sur sa place dans le paysage médiatique. En tout état de cause, cette large diffusion trouve toute son importance dans le fait qu'une faible diffusion est constitutive d'une mise en concurrence insuffisante. Cette insuffisance tient au fait que certains fournisseurs seront avantagés par rapport à d'autres qui, n'ayant pas accès à ces quotidiens de faible diffusion, ne sont pas au courant de l'avis de marché et, par conséquent, ne pourront pas soumissionner. » (NDIAYE, I., *op. cit.*, p. 51.)

323 *Guide d'application du décret n° 2014-1212 du 22 septembre 2014 portant Code des marchés publics*, *op. cit.*, p. 61.

324 *Guide d'application du décret n° 2014-1212 du 22 septembre 2014 portant Code des marchés publics*, *op. cit.*, p. 72.

spécialisés dans des secteurs complètement étrangers aux marchés... »[325]

2. L'avis d'appel public à la concurrence

Un marché public ne peut être passé par appel d'offres sans qu'il soit précédé d'un *avis d'appel public à la concurrence*, établi conformément à un modèle type par voie règlementaire et publié sur le portail officiel des marchés publics et dans un journal quotidien de grande diffusion, la voie électronique pouvant être également utilisée. Comme pour l'avis général de passation des marchés, « il est donc très facile à celui qui veut restreindre la portée de l'avis de l'appel à la concurrence de s'en tenir (le plus légalement du monde) à une insertion dans un journal, certes habilité, mais non lu par les professionnels du secteur concerné par le marché »[326]. Dans l'*affaire opposant le cabinet Grant Thornton au Port autonome de Dakar (PAD)* relativement à la sélection par le PAD de deux commissaires aux comptes titulaires et de leurs suppléants pour la période de 2012 à 2017, le requérant a relevé la publication dans un journal hebdomadaire de l'avis d'attribution provisoire du marché en lieu et place d'un journal quotidien de large diffusion. Selon la Direction du PAD, la publication de l'avis d'attribution provisoire dans l'hebdomadaire *Le Témoin* est motivée par des considérations d'économie budgétaire, compte tenu du contrat d'abonnement signé par le PAD avec ce journal de large diffusion et prenant en charge les insertions de toute nature de la société.

Se fondant sur l'article 56.3 du CMP de 2007 selon lequel les avis généraux de passation des marchés et les avis d'appel public à la concurrence doivent être publiés sur le portail officiel des marchés publics et au moins dans un journal quotidien de grande diffusion, ainsi que sur l'article 86 du CMP en vertu duquel les avis d'attribution sont publiés dans les mêmes conditions que les avis d'appel à la concurrence, le CRD a, dans sa décision n° 106/13 du 8 mai 2013, estimé « Qu'en conséquence, les avis d'attributions provisoires doivent également être publiés au moins dans un journal quotidien de grande diffusion. Considérant qu'à l'examen du dossier, l'Autorité contractante avait publié l'avis à manifestation d'intérêt dans le journal *Le Pays*, mais a fait paraître l'avis d'attribution provisoire dans

[325] LINDITCH, F., *op. cit.*, pp. 73-74.
[326] LINDITCH, F., *op. cit.*, p. 74.

l'hebdomadaire *Le Témoin* dans son édition du 7 au 12 mars 2013 ; qu'à cet égard, le motif d'économie budgétaire invoqué par l'Autorité contractante pour justifier l'insertion dans un journal hebdomadaire avec lequel elle aurait signé un contrat, en lieu et place d'une publication dans un journal quotidien, ne saurait être un motif recevable ; qu'en conséquence, le PAD a violé les formalités prescrites par les articles 56.3 et 86 du CMP relatives à la publicité ».

3. La dématérialisation des procédures de passation des marchés

La *dématérialisation* est définie, par l'article 43 de la directive n° 04/2005 de l'UEMOA, « comme étant la création, l'échange, l'envoi, la réception ou la conservation d'informations ou de documents par des moyens électroniques ou optiques, ou des moyens comparables, notamment, mais non exclusivement, l'échange de données informatisées (EDI) ou la messagerie électronique ». Cette définition est reprise *in extenso* par l'article 4.19 du CMP. L'intérêt de la dématérialisation des procédures de passation des marchés publics (*e-procurement*) est mis en évidence par les spécialistes. Selon Saër Niang, ancien directeur général de l'ARMP/ARCOP, la dématérialisation « permettra d'engager tout le processus de passation, d'attribution, d'exécution et de contrôle des marchés publics par le système électronique. Il n'y aura plus de paperasse, plus de délai à gérer qu'en amont (…) Cela va non seulement régler définitivement la question de la célérité, mais également la sécurité des marchés publics. La transparence sera davantage renforcée. Il y aura la sécurisation du bien public et la sécurité des entreprises qui soumissionnent parce que personne ne pourra tripatouiller »[327]. De manière générale, la dématérialisation vise le développement d'une administration électronique et permet de lutter efficacement contre la corruption et d'insuffler une célérité dans les procédures[328]. Pour toutes ces raisons,

---

[327] Interview du directeur général de l'ARMP dans *Revue des marchés publics* n° 16, 2014, p. 23.

[328] En France, les achats de fournitures courantes peuvent faire l'objet d'*enchères électroniques*, dans les conditions prévues par le décret n° 2001-846 du 18 septembre 2001 qui définit les *fournitures courantes* comme étant des fournitures ne nécessitant pas la précision de spécifications techniques de l'acheteur public. « L'enchère électronique repose sur la simple remise d'une offre de prix par une entreprise par la voie électronique. L'acheteur public peut avoir

le Code des marchés publics promeut la dématérialisation en prévoyant non seulement que les avis généraux de passation des marchés, les avis d'appel public à la concurrence et les demandes de renseignements et de prix à compétition ouverte peuvent faire l'objet de publicité par voie électronique, mais également que toutes les procédures de passation des marchés peuvent faire l'objet de transaction par voie électronique, conformément aux modalités fixées par l'ARCOP[329]. La publicité par voie électronique, qui se fait *via* le SYGMAP[330], est complémentaire de celle par support papier. Cela implique que la publication d'un avis d'appel à la concurrence dans un journal va de pair avec sa publication dans le portail des marchés publics. Désormais, les dispositions du Code des marchés publics qui font référence à des *écrits* ne font pas obstacle au remplacement de ceux-ci par un *support* ou un *échange électronique* dans la mesure où de telles dispositions sont applicables aux actes de la personne responsable des marchés. Les documents à adresser par les autorités contractantes aux candidats (documents

---

décidé d'ajouter d'autres critères issus de l'article 53 du code, au seul critère du prix. En conséquence, l'enchère électronique ne signifie pas obligatoirement le choix de l'offre la moins coûteuse, comme dans le cadre de l'ancienne procédure d'adjudication. Il peut s'agir de la mieux-disante, si le maître d'ouvrage en a décidé ainsi dans son règlement de consultation. » (MICHON, J., *op. cit.*, p. 254.) Les enchères électroniques, « qui ont pour but de sélectionner des offres par voie électronique, permettent aux candidats de réviser leurs prix à la baisse ou de modifier la valeur de certains autres éléments quantifiables de leurs offres. Il s'agit donc, en réalité, d'enchères inversées portant sur un ou plusieurs éléments quantifiables de l'offre, au premier rang desquels se trouve bien évidemment le prix » (BRACONNIER, S., *op. cit.*, p. 311). Depuis le 1er octobre 2018, la *dématérialisation des marchés publics* est devenue *obligatoire* pour tous les marchés dont le montant estimé est supérieur ou égal à 25 000 euros HT. Ce qui implique l'obligation pour les acheteurs publics de mettre gratuitement à la disposition des entreprises candidates au marché les documents de la consultation sur leur « profil d'acheteur » : règlement de la consultation, lettre de consultation, cahier des charges, tous autres documents et renseignements complémentaires (BRACONNIER, S., *op. cit.*, p. 309).

[329] Articles 56 et 57 du CMP.

[330] Le SYGMAP a été mis en place pour dématérialiser les procédures de passation des marchés publics. Il est composé de quatre (4) parties : une pour la DCMP, une pour l'ARMP, une pour les autorités contractantes et une pour le secteur privé. Les autorités contractantes doivent dérouler la procédure électronique *via* le SYGMAP pour procéder à la publication des avis. Des formations à l'utilisation du SYGMAP sont organisées par la DCMP avec les autorités contractantes. Mais rares sont les autorités contractantes qui déroulent une procédure électronique en plus de la procédure physique. Pour le moment, à part le PPM, le contrôle est flexible par rapport à l'utilisation du SYGMAP par les autorités contractantes.

d'appel d'offres ou de consultation) ainsi que les offres ou demandes de participation adressées par les candidats aux autorités contractantes peuvent être mis à la disposition des intéressés par voie électronique[331].

Toutefois, la passation des marchés publics par voie électronique doit répondre à certaines exigences. En premier lieu, l'autorité contractante doit respecter les principes de liberté d'accès, d'égalité de traitement des candidats, de transparence et d'intégrité des procédures. En second lieu, les outils utilisés pour communiquer par des moyens électroniques ainsi que leurs caractéristiques techniques doivent avoir un caractère non discriminatoire, être couramment à la disposition du public et compatibles avec les technologies d'information et de communication généralement utilisées. En troisième lieu, les communications, les échanges et le stockage de documents et d'informations doivent s'effectuer de manière à assurer que l'intégralité des données et la confidentialité des offres[332] et des demandes de participation soient préservées et que les autorités contractantes ne prennent connaissance du contenu qu'à l'expiration de la date limite de dépôt des offres. En quatrième lieu, les dispositifs de transmission et de réception électronique des documents ne peuvent être utilisés dans le cadre d'une procédure de passation par voie électronique que s'ils répondent aux caractéristiques techniques, y compris de cryptage et de signature, sur les transactions électroniques[333].

Ainsi, les autorités contractantes « doivent dès à présent se préparer à la transmission électronique des candidatures et/ou des offres des entreprises. En l'absence de moyens électroniques adéquats, ils doivent interdire toute transmission électronique de candidature et/ou d'offre, de manière explicite, dans leur avis d'appel à concurrence. On pourrait imaginer en effet un contentieux engagé par une entreprise pour un pli transmis par la voie électronique mais non examiné par l'administration, en l'absence d'une interdiction de sa part… »[334]

---

[331] Article 58 du CMP.

[332] Les offres doivent être confidentielles et anonymes, soumises avant l'ouverture des plis. Ce qui rend encore problématiques les soumissions électroniques, c'est la question de la *signature électronique* vu que les signatures scannées sont considérées comme des copies. Une règlementation est nécessaire pour organiser les processus ou protocoles électroniques en matière de passation des marchés publics, pour plus de sécurité et de fiabilité.

[333] Article 58 du CMP.

[334] MICHON, J., *op. cit.*, pp. 253-254.

D. L'information des candidats aux marchés

Le droit des candidats à l'information complète et précise est le préalable à toute procédure de mise en concurrence d'un marché public. Pour chaque marché public, le *dossier d'appel à la concurrence* doit contenir la totalité des pièces et documents nécessaires à la consultation et à l'information des candidats selon la procédure choisie, à savoir :

- les pièces relatives aux *conditions de l'appel à la concurrence* : la référence à l'avis d'appel d'offres ou à l'avis d'appel à candidatures ou la lettre de consultation ainsi que le règlement de la procédure, sauf si les informations figurant dans l'avis d'appel à la concurrence sont suffisantes ;
- les pièces constitutives du *futur marché*, notamment le projet de contrat, la lettre de soumission que doit renseigner le candidat, le cahier des prescriptions spéciales, le cahier des clauses administratives générales, le cahier des clauses techniques générales et toutes autres pièces requises en fonction de l'objet du marché telles que le Plan de Gestion environnemental et social (PGES)[335] dans les marchés qui ont été précédés d'une étude d'impact environnemental et social ou qui sont susceptibles d'avoir un impact important sur leur lieu d'exécution ;
- les *informations* communiquées par l'autorité contractante à titre indicatif, en vue de faciliter l'établissement de leurs offres par les candidats, qui ne sont pas des pièces constitutives du marché.[336]

Les projets de dossiers d'appel à la concurrence concernant les marchés publics répondant aux conditions de montant (seuil de revue préalable) ou d'objet (marchés à exécution fractionnée, marchés que l'autorité contractante souhaite passer par appel d'offres restreint) fixées par arrêté du ministre des Finances sont soumis à la DCMP pour avis avant le lancement de la procédure de passation des marchés concernés[337]. Le dossier d'appel à la concurrence validé par la DCMP

---

[335] Le *Plan de gestion environnemental et social (PGES)* est un « document exigé dans les marchés de travaux importants ayant un impact social et/ou environnemental. Il est établi par le titulaire à partir du modèle inclus dans le dossier d'appel d'offres ou dans les cahiers des charges. Il est approuvé par l'Ingénieur, le maître d'œuvre ou le maître d'ouvrage. Il doit reprendre les conclusions de l'Étude d'Impact environnemental et social (EIES) lorsque celle-ci a été réalisée en application de la règlementation issue du Code de l'Environnement » (article 4.41 du CMP).

[336] Article 59 du CMP.

[337] Article 59 du CMP.

est remis gratuitement ou à des conditions financières stipulées dans l'avis d'appel à la concurrence ou dans la lettre de consultation. Lorsque le dossier d'appel à la concurrence n'est pas remis gratuitement, les conditions financières doivent être fixées de façon à ne pas dépasser les frais engagés pour le reproduire et le remettre aux candidats. Un exemplaire du dossier d'appel à la concurrence devra être disponible pour être consulté gratuitement sur place par les candidats qui le souhaitent[338]. Les communications et les échanges d'informations peuvent être effectués soit par service postal[339] public ou privé ou remis au porteur, soit par voie électronique[340].

Toutefois, conformément à l'article 27 nouveau du COA, les dossiers d'appel à la concurrence doivent définir des *critères de qualification* dans « le respect des principes de libre accès à la commande publique et d'égalité de traitement des candidats », qui excluent « toute référence à caractère discriminatoire ou destinée à favoriser tel ou tel candidat. Étant définis en conformité avec l'objet du marché, ces critères ne sauraient avoir pour effet également d'exclure ou de réduire la participation des PME à la commande publique »[341].

Ainsi, dans son avis n° 017/10/ARMP/CRD du 11 août 2010, le CRD, statuant en Commission Litiges sur la saisine de la société *Universal Auto* dénonçant la pratique qui consiste à exiger des candidats aux marchés de fourniture de véhicules neufs l'autorisation du constructeur comme enfreignant les règles de la concurrence, en ce qu'elle exclut les vendeurs d'automobiles indépendants du réseau des constructeurs, a jugé : « Que l'autorité contractante ne peut donc rompre l'égalité des candidats en insérant dans l'expression de ses besoins ou dans les critères de sélection des candidats, des clauses de nature à entraver l'accès au marché ; Considérant que la clause relative à la production par les candidats au marché de véhicules neufs de l'autorisation du constructeur tend à ressusciter les accords croisés de répartition des marchés ou des sources d'approvisionnement particulièrement restrictives pour la concurrence et contraires aux objectifs de marché commun ; que l'accès du marché est nécessairement entravé lorsqu'un grand nombre de distributeurs sur ce

---

338 *Ibid.*

339 À déconseiller dans une procédure pour éviter les retards excessifs.

340 Article 58 du CMP.

341 *Guide d'application du décret n° 2014-1212 du 22 septembre 2014 portant Code des marchés publics*, *op. cit.*, p. 64.

marché sont liés par l'obligation de ne vendre que les produits du fabricant avec lequel ils ont un contrat ou des accords verticaux ayant un effet similaire d'exclusion des tiers comme les revendeurs indépendants ; Considérant par ailleurs, que quel que soit le vendeur, celui-ci est tenu des obligations légales de garantie d'éviction et de vices cachés ; Qu'en considération de ces éléments et de la possibilité pour l'Autorité contractante de requérir des candidats un certificat d'authenticité, il convient de déclarer irrégulière et contraire aux règles de concurrence et de libre accès aux marchés publics, l'inclusion dans les DAO d'une clause relative à l'autorisation du constructeur ».

E. L'évaluation des offres

Le Code des marchés publics donne compétence à la commission des marchés de l'autorité contractante pour évaluer les offres (1) selon une méthode préalablement définie (2).

1. L'organe d'évaluation des offres : la commission des marchés

Aux termes de l'article 35 du CMP, au niveau de chaque autorité contractante est mise en place « une *commission des marchés* chargée de l'ouverture des plis, de l'évaluation des offres ou propositions et de l'attribution provisoire des marchés », dans les conditions fixées par arrêté du ministre des Finances après avis de l'ARCOP. L'obligation de mise en place des commissions des marchés s'inscrit dans une démarche des pouvoirs publics de responsabilisation accrue des autorités contractantes dans la passation des marchés publics et de professionnalisation des opérations d'attribution des marchés publics. Le Code des marchés publics fixe les règles relatives à la composition (a) et au fonctionnement (b) des commissions des marchés, complétées ou précisées par l'arrêté n° 007116 du 23 mars 2023 fixant le nombre et les conditions de désignation des membres des commissions des marchés, ainsi que l'arrêté n° 07117 du 23 mars 2023 relatif aux commissions régionales et départementales des marchés publics dans les régions autres que Dakar.

a. La composition de la commission des marchés

La commission des marchés de l'autorité contractante est mise en place par un arrêté ou une décision de nomination du président, des autres représentants de l'autorité contractante ainsi que de leurs suppléants et de tous les autres membres[342]. En effet, pour chaque *membre titulaire* de la commission des marchés, il est désigné un *suppléant*. Les membres titulaires ou suppléants ne peuvent se faire représenter[343]. La présidence de la commission des marchés est assurée par le représentant habilité de l'autorité contractante[344]. Tous les membres de la commission des marchés doivent être des *spécialistes en marchés publics*[345]. En outre, les membres de la commission des marchés doivent être choisis en priorité parmi les agents dont la compétence en matière de passation de marchés publics et la probité sont avérées. Ils ne doivent en aucun cas relever de structures chargées du contrôle interne ou de la cellule de passation des marchés de l'autorité contractante[346]. Ils doivent être au moins de la hiérarchie B ou d'une catégorie assimilée pour les commissions des marchés de l'État, des collectivités territoriales et des entités dépourvues de la personnalité morale, de niveau cadre ou assimilé pour les commissions des marchés des autres autorités contractantes[347]. Les copies des actes de nomination des membres des commissions des marchés et de leurs suppléants sont communiquées au plus tard le 5 janvier de chaque année à l'ARCOP et à la DCMP[348].

Cependant, toutes les structures administratives ne peuvent pas avoir une commission des marchés. D'après la jurisprudence, seules les *autorités contractantes* peuvent mettre en place une commission des marchés. C'est « ainsi que la CENTIF dépourvue de la personnalité

---

[342] Article 3 de l'arrêté 007116 du 23 mars 2023 fixant le nombre et les conditions de désignation des membres des commissions des marchés des autorités contractantes.

[343] Article 36 du CMP.

[344] *Ibid.*

[345] Article 35 du CMP.

[346] Article 4 de l'arrêté 007116 du 23 mars 2023 fixant le nombre et les conditions de désignation des membres des commissions des marchés des autorités contractantes.

[347] Article 5 de l'arrêté 007116 du 23 mars 2023 fixant le nombre et les conditions de désignation des membres des commissions des marchés des autorités contractantes.

[348] Article 6 dudit arrêté.

morale n'a pas la qualité d'autorité contractante et ne peut en conséquence mettre en place sa propre commission des marchés en dehors de celle du ministère de l'Économie et des Finances, autorité de tutelle ; Que c'est donc à bon droit que l'ARMP a retenu comme nuls et de nullité absolue les actes pris par la commission des marchés mise en place par la CENTIF » (CS 10 mai 2012, *Cellule nationale de traitement des informations financières [CENTIF] c/CRD de l'ARMP*). En outre, toute commission des marchés doit être régulièrement composée, au risque d'entacher d'illégalités l'ensemble du marché public par elle examiné (CE 2 mai 1956, *Entreprise Touzet* ; CE 8 décembre 1997, *Commune d'Amnéville*)[349].

La commission des marchés est composée de représentants de l'autorité contractante et des représentants d'autres administrations et organismes dotés de la personnalité morale (organismes, personnes morales de droit public ou privé, autres que les établissements publics, les sociétés publiques, dont l'activité est financée majoritairement par l'État ou une collectivité territoriale et s'exerce essentiellement dans le cadre d'activités d'intérêt général)[350]. Les membres de la commission des marchés représentant l'autorité contractante sont nommés pour un (1) an. « Toutefois, les textes règlementaires n'interdisent pas le renouvellement de leur mandat qui est souhaitable afin d'assurer la pérennité du système et la professionnalisation de la fonction. »[351] Il peut également être constitué une commission des marchés pour un marché particulier lorsque la nature ou l'importance des fournitures, services ou travaux concernés, le justifie[352]. « L'appréciation des conditions pour la mise en place d'une telle commission est du ressort de l'Autorité contractante. À titre d'illustration, cette option est appropriée dans la passation des marchés relatifs à des projets internationaux pilotés par un comité interétatique selon des procédures prescrites dans des conventions internationales ou des protocoles. Dans tous les cas, les modalités de constitution d'une commission spécifique

349 MICHON, J., *op. cit.*, p. 270.

350 Article 36 du CMP ; article 1er de l'arrêté 007116 du 23 mars 2023 fixant le nombre et les conditions de désignation des membres des commissions des marchés des autorités contractantes.

351 *Guide d'application du décret n° 2014-1212 du 22 septembre 2014 portant Code des marchés publics*, op. cit., p. 52.

352 Article 36 du CMP.

à un marché particulier ne doivent pas déroger aux dispositions pertinentes du Code des marchés publics. »[353]

Le nombre des *représentants de l'autorité contractante* au sein de la commission des marchés varie selon les autorités contractantes :

✓ pour l'État y compris les institutions constitutionnelles : trois (3) représentants dont le président et le responsable du service maître d'œuvre ou son représentant ;

✓ pour les collectivités territoriales : deux (2) représentants composés de l'organe exécutif et, selon le cas, du secrétaire général ou municipal ;

✓ pour les entités non dotées de la personnalité morale placées sous tutelle de l'État ou des collectivités territoriales : quatre (4) représentants dont le président, les autres sont le directeur financier ou son représentant, le responsable du service technique ou son représentant, le responsable chargé des approvisionnements et des marchés ou son représentant ;

✓ pour les sociétés publiques, les établissements, les agences ou autres structures dotées de la personnalité morale et les institutions de protection sociale : quatre (4) représentants dont le président, les autres sont le directeur financier ou son représentant, le responsable du service technique ou son représentant, le responsable chargé des approvisionnements et des marchés ou son représentant[354].

Le nombre des *autres membres* de la commission des marchés varie également en fonction des autorités contractantes :

✓ pour les marchés de l'État passés en dehors de la région de Dakar : un (1) représentant du Contrôleur régional des finances dans les commissions régionales des marchés et les commissions départementales des marchés ;

✓ pour les marchés des collectivités territoriales : deux (2) représentants de l'organe délibérant non membres du bureau municipal ou départemental, le comptable de la collectivité territoriale ou son délégué qui assiste aux réunions avec voix délibérative ; le maire ou le président du conseil départemental ne peuvent siéger à la commission ;

---

[353] *Guide d'application du décret n° 2014-1212 du 22 septembre 2014 portant Code des marchés publics, op. cit.*, p. 23.

[354] Article 2 de l'arrêté 007116 du 23 mars 2023 fixant le nombre et les conditions de désignation des membres des commissions des marchés des autorités contractantes.

✓ pour les marchés des sociétés publiques, établissements publics, agences ou autres organismes dotés de la personnalité morale : un (1) représentant de la tutelle technique et un (1) représentant du contrôleur financier[355].

Il est prescrit à tous les membres de la commission des marchés, titulaires ou suppléants, avant le démarrage de leurs activités, de signer une déclaration attestant qu'ils ont pris connaissance des dispositions de la Charte de l'éthique et de la commande publique responsable, et une déclaration de non-conflit d'intérêts[356]. Les copies des différentes déclarations faites par les membres de la commission des marchés et les copies des actes de nomination des membres de la commission et de leurs suppléants doivent, à toutes fins utiles, être communiquées à la DCMP et à l'ARCOP au plus tard le 5 janvier de chaque année[357]. D'autre part, « Tout membre de commission des marchés ayant, personnellement ou par l'intermédiaire de son conjoint, ses ascendants ou de ses descendants, un intérêt direct ou indirect, notamment en tant que dirigeant, associé ou employé, dans une entreprise candidate à un marché examiné par la commission à laquelle il appartient, doit en faire la déclaration, se retirer de la commission et s'abstenir de participer aux opérations d'attribution du marché considéré »[358]. Ces dispositions sont introduites pour lutter contre le *favoritisme*, pratique qui porte atteinte à la libre concurrence[359]. Pour les mêmes raisons, « les standards applicables en matière de gestion des conflits d'intérêts soulignent également la nécessité de clarifier le positionnement des agents publics désignés pour composer la Commission des marchés en évitant de conférer soit la présidence, soit la majorité des votes au sein de la commission à des agents qui ont eu ou auront à intervenir au plan technique au stade de la définition des projets et des documents d'appel d'offres ou de consultation, ou encore dans la négociation des contrats

---

[355] Article 37 du CMP.

[356] Article 6 de l'arrêté 007116 du 23 mars 2023 fixant le nombre et les conditions de désignation des membres des commissions des marchés des autorités contractantes.

[357] *Ibid.*

[358] Article 40 du CMP.

[359] *Guide d'application du décret n° 2014-1212 du 22 septembre 2014 portant Code des marchés publics*, *op. cit.*, p. 18.

ou qui, enfin, exercent sur le plan financier ou comptable, des responsabilités au sein de l'Autorité contractante »[360].

Par ailleurs, dans chaque chef-lieu de région administrative autre que Dakar, il est institué, par arrêté du gouverneur de région, une *commission régionale des marchés publics* pour les services déconcentrés de l'État et des entités non dotées de la personnalité morale placées sous l'autorité de l'État, y compris les projets et programmes installés dans le ressort[361]. La commission régionale des marchés est composée des membres suivants : le représentant du gouverneur qui en assure la présidence, le représentant du service régional maître d'œuvre, le représentant du contrôleur régional des finances. Un représentant du service régional maître d'œuvre est désigné comme rapporteur de la commission. Il est désigné un suppléant pour chaque membre titulaire de la commission. Les membres et le rapporteur de la commission doivent avoir des compétences dans le domaine des marchés publics[362].

De même, dans chaque département, à l'exception des départements se situant dans les chefs-lieux de région et ceux de la région de Dakar, il est institué, par arrêté du préfet de département, une *commission départementale des marchés publics* pour les services déconcentrés de l'État et des entités non dotées de la personnalité morale placées sous l'autorité de l'État, y compris les projets et programmes installés dans le ressort[363]. La commission départementale des marchés est composée des membres suivants : le représentant du préfet qui en assure la présidence, le représentant du service départemental maître d'œuvre, le représentant du contrôleur régional des finances. Un représentant du service départemental maître d'œuvre est désigné comme rapporteur de la commission. Il est désigné un suppléant pour chaque membre titulaire de la commission. Les membres et le rapporteur de la commission

---

[360] *Guide d'application du décret n° 2014-1212 du 22 septembre 2014 portant Code des marchés publics*, *op. cit.*, p. 53.

[361] Article 1er de l'arrêté n° 007117 du 23 mars 2023 relatif aux commissions régionales et départementales des marchés publics dans les régions autres que Dakar.

[362] Article 2 de l'arrêté n° 007117 du 23 mars 2023 relatif aux commissions régionales et départementales des marchés publics dans les régions autres que Dakar.

[363] Article 1er de l'arrêté n° 007117 du 23 mars 2023 relatif aux commissions régionales et départementales des marchés publics dans les régions autres que Dakar.

départementale doivent avoir des compétences dans le domaine des marchés publics[364].

Les copies des actes de nomination des membres de la commission régionale des marchés et de la commission départementale des marchés et de leurs suppléants doivent être transmises par le gouverneur de région ou le préfet de département à l'ARCOP et au pôle régional de la DCMP au plus tard le 31 janvier de chaque année. Elles sont accompagnées des copies des attestations de prise de connaissance des dispositions de la Charte de l'éthique et de la commande publique responsable, ainsi que des déclarations de non-conflit d'intérêts, signées par les membres de la commission régionale des marchés et de la commission départementale des marchés, leurs suppléants et le rapporteur, avant le démarrage de leurs activités[365].

b. Le fonctionnement de la commission des marchés

La commission des marchés exerce ses fonctions en toute responsabilité, pour le compte de l'autorité contractante. Sur proposition de son président, elle peut désigner un *comité technique d'étude et d'évaluation des offres* ou des propositions qui remet à la commission des marchés des éléments d'analyse et d'évaluation des offres ou des propositions. Elle peut aussi faire participer à ses travaux, avec voix consultative, tout *expert* choisi en fonction de ses compétences particulières et de la nature des prestations objet du marché public[366]. Comme tous les membres de la commission des marchés, les membres du comité d'étude et d'évaluation des offres et les experts doivent signer la *déclaration de non-conflit d'intérêts et de secret* et une *attestation de prise de connaissance de la Charte de l'éthique et de la commande publique responsable* annexée à chaque rapport d'évaluation produit[367].

Les convocations aux réunions de la commission des marchés sont adressées à ses membres au moins cinq (5) jours ouvrables (au moins deux [2] jours en cas de procédure d'urgence) avant la date prévue pour la réunion. Le quorum est atteint en cas de présence de plus de la moitié

---

[364] Article 2 de l'arrêté n° 007117 du 23 mars 2023 relatif aux commissions régionales et départementales des marchés publics dans les régions autres que Dakar.

[365] Article 3 de l'arrêté n° 007117 du 23 mars 2023 relatif aux commissions régionales et départementales des marchés publics dans les régions autres que Dakar.

[366] Article 38 du CMP.

[367] *Ibid.*

des membres pour les réunions portant sur l'adoption des rapports d'évaluation et des procès-verbaux d'attribution provisoire, mais si, après une première convocation, il n'est pas atteint, une nouvelle convocation est envoyée, à l'issue de laquelle la commission des marchés se réunit valablement en présence de deux (2) membres dont au moins un (1) représentant de l'autorité contractante. En revanche, pour les séances d'ouverture des plis, la présence du président et du rapporteur de la commission des marchés (qui est un représentant de la cellule de passation des marchés), ainsi que des soumissionnaires, le cas échéant, suffit pour assurer la validité des délibérations. Non seulement procès-verbal de la réunion doit être dressé, mais les avis des membres de la commission des marchés sur l'évaluation des offres doivent être motivés et transcrits au procès-verbal de la réunion[368]. En dehors des séances d'ouverture des plis et de dépouillement des offres, les délibérations de la commission des marchés se font à huis clos et les débats revêtent le secret absolu. Les membres de la commission des marchés doivent respecter la confidentialité des informations concernant notamment le marché public et les candidats dont ils ont connaissance à l'occasion de l'exercice de leurs fonctions de membres[369]. Ils ont droit à une indemnité dans les conditions fixées par arrêté du ministre des Finances[370].

2. La méthode d'évaluation des offres

Avant de procéder à l'analyse, à l'évaluation et à la comparaison des offres sur la base de critères retenus (b) afin de proposer l'attribution provisoire du marché (c), la commission des marchés effectue un contrôle préliminaire de recevabilité et de conformité des offres reçues (a).

a. Le contrôle préliminaire de recevabilité et de conformité des offres

D'abord, la commission des marchés vérifie si les candidatures au marché public sont recevables et accompagnées de pièces justifiant que le candidat au marché dispose des capacités juridiques, techniques,

[368] Article 39 du CMP.
[369] Article 40 du CMP.
[370] Article 36 du CMP.

financières et environnementales requises pour exécuter le marché. Les offres non recevables sont rejetées[371]. D'après la jurisprudence, le Code des marchés publics « ne fait pas obligation à la commission des marchés de relancer les candidats qui n'ont pas produit les pièces exigées à l'article 44 du CMP susvisé » (CS 09 juillet 2020, *Société sénégalaise d'équipement et de prestation de service [SEPS] c/ARMP*). Faut-il le rappeler, les documents tels que la déclaration d'intention de faire acte de candidature pour réaliser le marché, la note de présentation du candidat, les attestations justifiant que le candidat est en règle avec la Caisse de Sécurité sociale, l'IPRES, le fisc et l'Inspection du travail, l'attestation de paiement des redevances de régulation pour l'exercice précédent, la lettre d'engagement à respecter la Charte de l'éthique et de la commande publique responsable, les renseignements sur le savoir-faire du candidat en matière de protection de l'environnement, du respect des mesures d'hygiène, de santé, de sécurité, de genre, de développement social, les labels, certifications et autres quitus délivrés au candidat et tout autre document pouvant permettre d'apprécier la capacité financière du candidat, « sont exigibles dans un délai au plus égal à celui imparti à l'autorité contractante pour prononcer l'attribution provisoire ; passé ce délai, l'offre est rejetée. Ces dispositions ne sont pas applicables si les pièces fournies ne sont pas conformes aux exigences du dossier d'appel à la concurrence »[372]. De même, le « défaut de fournir la garantie de soumission à l'ouverture des plis, en dehors des cas de dispense, entraîne le rejet de l'offre à l'examen préliminaire »[373].

Ensuite, la commission des marchés détermine si les offres sont conformes aux conditions et spécifications des cahiers des charges[374]. La conformité de l'offre renvoie aux caractéristiques techniques (respect de la qualité, des normes, des délais, etc.). À ce stade de la procédure, aucune *négociation* avec les candidats au marché public, aucune modification des offres, prix ou conditions de concurrence ne peut être demandée, offerte ou autorisée[375]. En effet, le *principe de l'intangibilité des offres* s'oppose à leur modification[376]. Toutefois, il est possible pour la commission des marchés de rectifier des erreurs

---

[371] Article 69 du CMP.

[372] Article 44 du CMP.

[373] *Ibid.*

[374] Article 69 du CMP.

[375] Article 70 du CMP.

[376] LINDITCH, F., *op. cit.*, p. 81.

purement arithmétiques découvertes au cours de l'examen des offres, comme elle peut requérir des candidats des compléments d'information sur leurs offres afin de faciliter l'examen, l'évaluation et la comparaison des offres[377].

b. Les critères d'évaluation des offres

Le choix du candidat auquel le marché public est attribué relève de la compétence de l'autorité contractante qui dispose, en la matière, d'un large pouvoir discrétionnaire[378]. D'après le Code des marchés publics, la commission des marchés, agissant au nom et pour le compte de l'autorité contractante, choisit *l'offre conforme la moins-disante* qu'elle détermine soit *sur la base du prix*, soit *sur la base du prix et d'autres critères*, voire des sous-critères, tels que le coût d'utilisation, les performances techniques, les mesures de protection de l'environnement, le délai de livraison ou d'exécution, la maintenance, l'accessibilité pour les personnes vivant avec un handicap le cas échéant[379]. Il est donc laissé à la commission des marchés toute latitude pour déterminer, en fonction de l'objet du marché public, la combinaison de critères adaptée au choix de l'offre conforme la moins-disante[380]. Cette notion d'*offre la moins-disante* oscille entre la notion de *prix le plus bas* utilisée dans le cadre de l'adjudication et la notion du *mieux-disant* que représente ou tente de représenter, en France, « l'offre économiquement la plus avantageuse »[381]. La notion de

---

[377] Article 70 du CMP.

[378] BRACONNIER, S., *op. cit.*, p. 329.

[379] Article 60 du CMP.

[380] Si le Code de la commande publique français semble refuser à l'acheteur public la possibilité de ne fonder son choix que sur un seul critère, le prix, le Code des marchés publics sénégalais ouvre la possibilité pour l'acheteur public de baser son choix de l'offre conforme la moins-disante uniquement sur le prix.

[381] Le Code de la commande publique français caractérise *l'offre économiquement la plus avantageuse* comme celle qui, après élimination des offres non conformes, découle de l'appréciation portée par la personne publique qui se fonde sur des critères variables selon l'objet du marché : la qualité, le prix, la valeur technique, le caractère esthétique et fonctionnel, les performances en matière de protection de l'environnement, les performances en matière de développement des approvisionnements directs de produits de l'agriculture, la garantie de la rémunération équitable des producteurs, les performances en matière d'insertion professionnelle des publics en difficulté, le coût global d'utilisation, les coûts tout au long du cycle de vie, la rentabilité, le caractère innovant, la biodiversité, le bien-être animal, le service après-vente et l'assistance technique, la date de livraison, le

mieux-disant est construite autour de l'idée selon laquelle « la réponse à une bonne dépense et à un achat efficace n'est plus nécessairement le prix le plus bas, mais bien celui qui présente un avantage économique, c'est-à-dire le meilleur rapport qualité-prix »[382]. Des raisons d'économie expliquent le choix parfois du critère du prix : est alors considérée par la commission des marchés comme moins-disante, parmi les offres déclarées conformes, l'offre de l'entreprise qui a proposé le prix le plus bas. En revanche, le prix attaché à la qualité des prestations et/ou à d'autres considérations extra-financières conduit parfois aussi la commission des marchés à choisir la combinaison du prix et d'autres critères ou sous-critères. Depuis 2022, le Code des marchés publics ajoute que, dans le cadre de leurs *achats publics durables* à impact sur le contexte local, économique et environnemental, les autorités contractantes peuvent prévoir, parmi les *critères d'attribution* énoncés dans le dossier d'appel à concurrence, les exigences liées au *contenu local*, notamment :

- les initiatives relatives à l'emploi et à la formation professionnelle ;
- les initiatives pour l'intégration des artisans, des structures de l'économie sociale et solidaire, des PME locales ;
- les actions et propositions concrètes en matière de développement durable, dont la gestion des déchets.

La notion de *contenu local* a fait son apparition dans la loi n° 2019-04 du 1er février 2019 relative au contenu local dans le secteur des hydrocarbures. Aux termes de l'article 1er de cette loi, « le contenu local dans le secteur des hydrocarbures renvoie à l'ensemble des initiatives prises en vue de promouvoir l'utilisation des biens et services nationaux, ainsi que le développement de la participation de la main-d'œuvre, de la technologie et du capital nationaux dans toute la chaîne de valeur de l'industrie pétrolière et gazière ». Dans le même esprit, le Code des marchés publics définit le *contenu local* comme l'« ensemble des initiatives prises en vue de promouvoir l'utilisation des biens et services nationaux ainsi que le développement de la participation de la main-d'œuvre, de la technologie et du capital nationaux »[383]. Le respect

délai de livraison ou d'exécution, la sécurité d'approvisionnement, l'interopérabilité et les caractéristiques opérationnelles.

382 OLIVIER, F., « Le nouveau droit des marchés publics. Une lecture pratique », *Droit administratif*, juillet 2001, p. 4.

383 Article 4.16 du CMP.

des exigences liées au contenu local implique, dès lors, la possibilité pour l'autorité contractante de prendre en compte des *critères environnementaux* et des *critères sociaux*[384] aux fins d'attribution du marché dans le cadre d'un *achat public durable*, qui prend aussi en charge, dans l'achat public, « la mise en œuvre d'un objectif du développement durable dans l'une ou plusieurs de ses dimensions à savoir le pilier économique (accès privilégié des PME et des acteurs de l'économie sociale et solidaire), le pilier social (protection et accès à l'emploi des groupes vulnérables : femmes, jeunes, personnes vivant avec un handicap) et le pilier environnemental à travers des achats écologiques et techniques réduisant l'impact nocif sur l'environnement »[385]. Alors qu'en France il est « clairement posé que le critère du "mieux-disant social" ne saurait être un critère de choix de l'offre, mais, tout au plus, une condition d'exécution du marché »[386], au Sénégal, le « mieux-disant social » peut faire partie des critères d'attribution du marché public énoncés dans le dossier d'appel à concurrence mais uniquement dans le cadre des achats publics durables des autorités contractantes. À travers les achats publics durables, la commande publique « peut, ainsi, constituer un levier permettant aux autorités contractantes, dans le cadre de l'acquisition des biens et des services ou des travaux, de mieux prendre en compte les besoins environnementaux et sociaux conformément à la cible 12.7 de l'objectif de développement durable numéro 12. Ce qui permet aux autorités contractantes et aux autres acteurs de répondre aux finalités du développement durable »[387].

En guise de transparence, le Code des marchés publics prévoit que les critères et sous-critères d'évaluation doivent être énumérés dans le

---

[384] En France, sous l'ancien Code des marchés publics, la jurisprudence administrative s'était montrée hostile aux *critères sociaux* dans l'attribution des marchés publics, consistant pour les candidats à proposer la création d'emplois et la formation de main-d'œuvre (CE 25 juillet 2001, *Commune de Gravelines*).

[385] Article 4.3 du CMP.

[386] CASTAING, B., NOGUELLOU, R., PREBISSY-SCHNALL, C., *op. cit.*, p. 78. Aux termes de l'article 14 du nouveau Code des marchés publics français, en effet : « La définition des conditions d'exécution d'un marché dans le cahier des charges peut viser à promouvoir l'emploi de personnes rencontrant des difficultés d'insertion, à lutter contre le chômage ou à protéger l'environnement. Ces conditions d'exécution ne doivent pas avoir pour effet discriminatoire à l'égard des candidats potentiels. »

[387] DIOP, A. H., « Achats publics durables (APD), pilier essentiel pour l'atteinte des ODD », *Revue de la commande publique* n° 36, novembre – décembre 2023, p. 3.

dossier d'appel à la concurrence et être exprimés en termes monétaires ou sous la forme de critères éliminatoires, en tenant compte, le cas échéant, dans le cadre de l'évaluation des offres, des préférences nationale ou communautaire[388]. Toutefois, « le pouvoir de l'autorité contractante dans l'élaboration et la mise en œuvre des critères du DAO n'est pas discrétionnaire, mais soumis au contrôle de l'autorité de régulation et de la juridiction compétente » (CS 12 mars 2020, *Société DELGAS Assainissement c/ARMP*). D'autre part, afin d'encourager les solutions environnementales ou sociales innovantes, l'autorité contractante peut demander aux candidats de proposer une *variante* répondant à des exigences techniques minimales et pour laquelle ils devront justifier avec précision l'amélioration technique ou l'économie générée par la variante par rapport à la solution de base. Cependant, la possibilité de prendre en considération les variantes doit être prévue dans l'avis d'appel à la concurrence et le dossier d'appel à la concurrence. De plus, seule la variante du soumissionnaire ayant proposé l'offre de base conforme et moins-disant pourra être prise en considération si elle est techniquement avantageuse pour l'autorité contractante[389].

Le contrôle des offres par la commission des marchés s'effectue tant du point de vue de leur *régularité formelle* que du point de vue de leur *régularité matérielle*, c'est-à-dire de leur conformité avec les spécifications du dossier d'appel à la concurrence. La commission des marchés procède par la suite à une *évaluation détaillée* des offres en fonction des critères (soit du prix, soit du prix et d'autres critères, voire sous-critères, tels que le coût d'utilisation, les performances techniques, les mesures de protection de l'environnement, le délai de livraison ou d'exécution, la maintenance, l'accessibilité pour les personnes vivant avec un handicap le cas échéant) par elle retenus et mentionnés dans le dossier d'appel à la concurrence[390]. Les pouvoirs d'appréciation de la commission des marchés, qu'elle exerce d'ailleurs en toute indépendance mais avec responsabilité, ne sont pas négligeables.

La commission des marchés peut *rejeter*, par une décision motivée :

- une *offre anormalement basse* si elle juge que son montant ne correspond pas à une réalité économique par rapport à la prestation offerte, après avoir demandé au candidat toutes précisions utiles

---

[388] Article 60 du CMP.

[389] *Ibid.*

[390] Article 71 du CMP.

concernant les sous-détails des prix[391] ; le candidat concerné peut ainsi justifier son prix notamment du fait :

✓ de l'économie résultant des solutions ou procédés adoptés ;

✓ des conditions exceptionnellement favorables dont il dispose pour exécuter les prestations commandées ;

✓ de la nécessité d'utiliser des ressources qui, sinon, resteraient inactives.

Les informations demandées au candidat « peuvent ainsi concerner : - les modes de fabrication pour les produits ; - les modalités de prestation pour les services ; - les procédés mis en œuvre pour la construction ; - pour les offres basses, le caractère exceptionnellement favorable de certaines conditions pour le candidat (propriété intellectuelle, proximité, subventions, disponibilité de matériel à coût marginal ou organisationnelle, capacité commerciale pour réduire certains coûts, intérêt particulier du projet au regard de considérations commerciales, etc.). Il sera utilement demandé au candidat un tableau de décomposition des prix pour tout ou partie jugée significative »[392] ;

- une *offre qui ne respecte pas la règlementation en matière sociale et environnementale* après avoir demandé au candidat de fournir toute pièce justificative du respect des normes sociales et environnementales prévues par la règlementation[393].

Enfin, la Commission des marchés examine le ou les *critères de qualification* autorisés par l'article 27 nouveau du COA et mentionnés dans le dossier d'appel à la concurrence. D'après le Code des marchés

---

[391] Si la Commission des marchés a un doute sur l'offre d'un candidat qui lui semble anormalement basse, elle doit demander par écrit à ce candidat les précisions qu'elle jugera opportunes et vérifier les justificatifs fournis, au vu desquels elle décidera du rejet ou non de l'offre. En France, le Code de la commande publique impose à l'acheteur public de mettre en œuvre « tous moyens lui permettant de détecter les offres anormalement basses ». Il reprend finalement à son compte la définition de l'*offre anormalement basse* dégagée par la jurisprudence (CE 29 mai 2013, *Société Artéis* ; CE 3 novembre 2014, *ONF*), selon laquelle « une offre anormalement basse est une offre dont le prix est manifestement sous-évalué et de nature à compromettre la bonne exécution du marché ». L'offre anormalement basse est appréciée non pas au niveau du prix de l'une des prestations prévues au marché, mais « au regard de son prix global » (CE 13 mars 2019, *Société Sepur*) (voir BRACONNIER, S., *op. cit.*, pp. 336-337).

[392] *Guide d'application du décret n° 2014-1212 du 22 septembre 2014 portant Code des marchés publics, op. cit.*, p. 107.

[393] Article 60 du CMP.

publics, la Commission des marchés doit examiner la *qualification du candidat* qui a présenté l'offre conforme la moins-disante, au regard des capacités juridiques, techniques, environnementales, sociales et financières à exécuter le marché, « indépendamment du contenu de son offre »[394]. En d'autres termes, la commission des marchés doit faire la part entre l'offre qu'elle évalue et le candidat qui l'a présentée. La qualification se rapporte au candidat, pas à l'offre, et renvoie à sa capacité à exécuter le marché (marché similaire exécuté, chiffre d'affaires, capacité financière, moyens humains et logistiques, etc.).

c. La proposition d'attribution provisoire du marché

La commission des marchés « propose à la personne responsable du marché dans un délai maximum de quinze (15) jours à compter de la séance d'ouverture des plis, l'attribution du marché au candidat qui a l'offre conforme la moins-disante après évaluation des critères d'attribution et qui est reconnu réunir les critères de qualification mentionnés dans le dossier d'appel à la concurrence »[395]. Le délai de proposition d'attribution du marché ne peut être prorogé par l'ARCOP que de manière exceptionnelle, sur demande motivée de l'autorité contractante et pour une durée maximale de dix (10) jours[396]. Pour y arriver, la commission des marchés, d'abord, « dresse, dans les trois (3) jours qui suivent la fin de ses travaux d'évaluation, un *procès-verbal* dans lequel elle relate les circonstances de son analyse, y compris la position motivée de chacun de ses membres et fait une *proposition de classement des offres* qui ne peut être rendue publique ni communiquée aux candidats ou à quiconque n'ayant pas qualité pour participer à la procédure d'évaluation »[397]. Le classement des offres s'effectue par ordre décroissant pour pouvoir attribuer le marché au candidat à l'origine de l'offre la mieux classée. Toutefois, « ce choix n'est que provisoire, il sera confirmé lorsque l'attributaire aura démontré le caractère régulier de sa situation sociale et fiscale en fournissant les certificats et attestations délivrés par les administrations et organismes compétents. Quand le candidat choisi ne peut produire ces certificats dans le délai déterminé par la PRM, son offre est rejetée et le candidat est éliminé. En conséquence, la PRM présentera la même demande au

---

394 *Ibid.*

395 Article 71 du CMP.

396 *Ibid.*

397 Article 84 du CMP.

candidat dont l'offre a été classée deuxième et ainsi de suite si nécessaire »[398].

C'est sur la base de cette proposition de classement des offres que la commission des marchés fait, ensuite, la *proposition d'attribution provisoire du marché public*, comprenant ce procès-verbal accompagné des cahiers des charges et des documents constituant l'offre évaluée conforme et classée la moins-disante[399]. La proposition d'attribution provisoire du marché public faite par la commission des marchés est adressée à l'autorité contractante pour suite à donner[400].

§2. Les règles spécifiques aux différentes procédures de passation des marchés

À côté de la procédure de l'appel d'offres (A), qui est la procédure de passation des marchés publics de principe ou de droit commun à laquelle il peut être dérogé par la procédure de l'entente directe (B), le Code des marchés publics prévoit des procédures de passation des marchés publics spécifiques ou adaptées à certains marchés publics (demandes de renseignements et de prix pour les marchés dont la valeur est en dessous des seuils de passation de marchés par appel d'offres ouvert, marchés de certaines communes, marchés de prestations intellectuelles et marchés passés suite à une offre spontanée) (C).

A. La procédure de l'appel d'offres

« La caractéristique fondamentale du marché public, la conséquence principale de la qualification d'un contrat comme tel est l'assujettissement à l'obligation de *mise en concurrence.* »[401] C'est donc à juste titre que le Code des marchés publics, conformément aux dispositions pertinentes de la directive n° 04/2005 de l'UEMOA et du Code des obligations de l'Administration modifié, a fait de l'appel d'offres ouvert « le mode de passation des marchés auquel les autorités contractantes doivent recourir par principe »[402]. L'*appel d'offres* est défini comme étant « la procédure par laquelle une autorité contractante

---

398 LAJOYE, C., *op. cit.*, p. 111.
399 Article 84 du CMP.
400 *Ibid.*
401 RICHER, L., *op. cit.*, p. 425.
402 Article 61 du CMP.

attribue le marché sans négociation, après appel à la concurrence, au candidat qui remet l'offre conforme la moins-disante, sur la base de critères exprimés en termes monétaires ou sous la forme de critères éliminatoires préalablement portés à la connaissance des candidats et également mentionnés dans le dossier d'appel d'offres »[403]. L'appel d'offres est souvent opposé à l'*adjudication*, qui est aussi un mode de sélection de l'attributaire d'un marché public après mise en concurrence. « La différence la plus importante porte sur les critères d'attribution : en cas d'adjudication, le candidat le moins-disant était obligatoirement déclaré adjudicataire (...) alors qu'en matière d'appel d'offres c'est le "mieux-disant" qui est choisi. »[404] En d'autres termes, l'adjudication est caractérisée par l'automatisme et la rigidité, tandis que l'appel d'offres laisse à l'autorité contractante une marge d'appréciation pour le choix de l'attributaire du marché public, en tout cas, elle ne fonctionne pas de manière automatique mais de manière dynamique.

Le recours à l'appel d'offres présente un intérêt évident pour tous les acteurs de la passation des marchés publics. Pour les autorités contractantes, il permet de choisir au mieux-offrant, d'économiser des ressources, alors que l'adjudication « ne garantit pas nécessairement que la prestation est la meilleure et la plus adaptée aux besoins » et facilite les ententes entre les entreprises pour se répartir les marchés publics à tour de rôle[405]. Pour les candidats au marché public, l'appel d'offres répond mieux aux exigences d'égal accès, de traitement égal et de transparence de la commande publique. Certains louent les vertus d'ouverture de la procédure de l'appel d'offres. D'autres la trouvent très compliquée ou complexe, lourde. Il existe plusieurs types d'appels d'offres : l'appel d'offres ouvert, l'appel d'offres ouvert avec préqualification, l'appel d'offres ouvert en deux étapes, l'appel d'offres restreint et l'appel d'offres avec concours. Ces appels d'offres obéissent à des règles communes (1) et particulières (2).

1. Les règles communes aux appels d'offres

Les règles communes aux appels d'offres portent essentiellement sur la présentation des offres ou candidatures au marché public (a) et

---

403 *Ibid.*
404 RICHER, L., *op. cit.*, p. 466.
405 *Ibid.*

sur la décision de ne pas donner suite aux appels d'offres lancés par l'autorité contractante (b).

a. La présentation des offres ou candidatures

Dans les cas d'appel d'offres, les offres doivent être présentées sous la forme d'une *soumission* établie en un seul original par les candidats aux marchés publics, accompagnée du nombre de copies mentionnées dans les cahiers des charges[406]. Une *soumission* est un « acte d'engagement écrit au terme duquel un candidat fait connaître ses conditions et s'engage à respecter les cahiers des charges applicables »[407]. Les offres et soumissions doivent, à peine de nullité, être signées par les candidats qui les présentent ou par leur représentant dûment habilité. Une même personne ne peut représenter plus d'un candidat pour un même marché[408]. L'autorité contractante peut prévoir que les candidats présentent une offre comportant des *variantes* par rapport aux spécifications des cahiers des charges qui ne sont pas désignées comme des exigences minimales à respecter[409]. L'*offre variante* est une modification, à l'initiative du candidat, de certaines spécifications des prestations décrites dans les cahiers des charges qui peuvent conduire à des prestations plus performantes ou à des propositions financières plus intéressantes que celles attendues par l'autorité contractante. Une variante ne peut être proposée qu'avec une *offre de base* conforme[410]. Il est vrai que l'autorité contractante peut trouver intérêt à ce que des candidats à un marché présentent des variantes. Il n'en demeure pas moins que « les variantes ne sont pas sans danger : elles rendent plus délicate la comparaison des offres et peuvent perturber le jeu normal de la concurrence en rompant l'égalité entre les candidats »[411].

Concrètement, la présentation des offres s'effectue de manière suivante : « En matière de travaux, fournitures et services, le candidat place l'original de son offre et toutes les copies, y compris les variantes éventuellement autorisées dans des enveloppes séparées et cachetées,

---

406 Article 62 du CMP.
407 Article 4.49 du CMP.
408 Article 62 du CMP.
409 Article 63 du CMP.
410 Article 63 du CMP.
411 MENEMENIS, A., « Conditions d'admission des variantes », *Droit administratif*, janvier 2003, p. 21.

portant la mention “ORIGINAL”, “VARIANTE” ou “COPIE”, selon le cas. Toutes ces enveloppes seront elles-mêmes placées dans une même enveloppe extérieure cachetée. Les dossiers d'appel d'offres précisent les mentions devant figurer sur chaque enveloppe, mais on peut d'emblée préciser que l'enveloppe extérieure doit :

a) être adressée à l'Autorité contractante conformément aux indications de l'AAPC et des DAO, notamment le DPAO ;

b) comporter l'identification de l'appel d'offres indiqué dans les Instructions aux Candidats, et toute autre identification indiquée dans les DPAO ;

c) comporter la mention “ne pas ouvrir avant la date et l'heure fixées pour l'ouverture des plis”. Si les enveloppes ne sont pas cachetées et marquées comme stipulé, l'Autorité contractante ne sera nullement responsable si l'offre est égarée ou ouverte prématurément »[412].

Les délais de réception des offres ou des demandes de participation sont fixés par l'autorité contractante qui « tient compte, en particulier, de la complexité du marché et du temps nécessaire pour préparer les offres, sans préjudice des délais minimaux » ci-après[413].

Lorsque l'appel d'offres est ouvert, avec ou sans qualification, le *délai minimal de dépôt des offres ou des candidatures* est de 30 jours calendaires à compter de la date de publication de l'avis d'appel à la concurrence[414], dans le cas d'appels d'offres nationaux, de 45 jours calendaires dans le cas d'appels d'offres internationaux et de marchés dont les montants sont supérieurs aux seuils communautaires définis par l'UEMOA. Lorsque l'appel d'offres est restreint en procédure d'urgence, ce délai est de 10 jours au moins à compter de la date de remise des lettres d'invitation pour l'appel d'offres national et de 15 jours au moins pour l'appel d'offres international. Lorsque l'appel d'offres est en deux étapes, le délai de soumission des candidatures ou des demandes de participation est de 30 jours pour l'AON et 45 jours pour l'AOI, pour chaque étape[415]. Toutefois, les délais minima de

---

412 *Guide d'application du décret n° 2014-1212 du 22 septembre 2014 portant Code des marchés publics*, *op. cit.*, pp. 102-103.

413 Article 64 du CMP.

414 Le point de départ du délai est donc le jour effectif de parution de l'annonce dans le journal et non le jour de la transmission de l'avis d'appel à la concurrence à l'organe de presse.

415 Article 73 du CMP.

réception des offres, candidatures ou demandes de participation aux marchés peuvent être *réduits* de 5 jours maximum lorsque l'autorité contractante offre, par moyen électronique et à compter de la publication de l'avis d'appel à la concurrence, l'accès libre, direct et complet au dossier d'appel à concurrence et à tout document complémentaire, en indiquant dans le texte de l'avis l'adresse Internet à laquelle ces documents peuvent être consultés[416]. Un dispositif de sécurisation des offres déposées est mis en place par les services de l'autorité contractante. « Ainsi, dès leur réception, les offres sont numérotées (indication sur chacune des enveloppes du numéro d'ordre et de la date et de l'heure de réception) puis enregistrées sur un registre ; un récépissé du dépôt est remis au candidat ; après enregistrement, la conservation des plis cachetés est assurée par un fonctionnaire désigné par la PRM dans un coffre ou un local fermé. Un modèle de registre de dépôt des offres est inclus dans le manuel de procédure élaboré par [l'ARCOP]. »[417]

Mais une fois déposées auprès de l'autorité contractante dans les délais règlementaires, les offres ne peuvent plus, en règle générale, faire l'objet de retrait (CE 9 juillet 1919, *Grande c/Commune d'Eyrein*)[418] ni de rectification ou de modification (CE 24 décembre 1929, *SA L'entreprise de l'Est*), encore moins de substitution par une nouvelle offre (CE 16 octobre 1935, *Dame Antoine*) de la part des candidats au marché public. Jusqu'à l'expiration du délai de validité (période à la fin de laquelle le candidat n'est plus tenu par les termes de son offre qui disparaît), les candidats sont en effet liés par les offres qu'ils déposent[419]. Toutefois, l'autorité contractante ou la commission des marchés peut rectifier les erreurs matérielles, erreurs de calcul

---

[416] Article 64 du CMP.

[417] *Guide d'application du décret n° 2014-1212 du 22 septembre 2014 portant Code des marchés publics*, *op. cit.*, p. 103.

[418] « Le Conseil d'État a même considéré qu'une entreprise ne pouvait pas retirer son offre au motif qu'elle présentait certaines irrégularités de forme, comme l'absence de certaines pièces ou d'un papier timbre (CE 21 mars 1962, *Société nationale des chantiers de reconstruction*). Mieux encore, il a déjà été considéré que la responsabilité financière de l'entreprise retirant son offre irrégulièrement pouvait être engagée sur le terrain de la faute. L'indemnisation de l'administration est évaluée en ce cas à la différence entre le montant de l'offre de l'entreprise et le prix du marché finalement conclu par le maître d'ouvrage (CE 15 janvier 1986, *Société L'Habitat moderne*) » (MICHON, J., *op. cit.*, p. 246).

[419] MICHON, J., *op. cit.*, p. 245.

involontaires, sans toucher les quantités et les prix estimés par les candidats au marché public (CE 9 décembre 1994, *M. Jean Coënon*)[420].

b. La décision de ne pas donner suite aux appels d'offres

Pour tous les appels d'offres, d'abord, l'autorité contractante, après consultation de la DCMP, peut déclarer un *appel d'offres infructueux* lorsque, selon l'avis de la commission des marchés, aucune offre n'a été remise à l'expiration de la date limite de dépôt des offres ou lorsqu'il n'a été proposé que des offres irrecevables ou non conformes, bien que toutes les conditions devant assurer le succès de l'appel à la concurrence aient été remplies[421]. La *déclaration d'infructuosité* « permet à l'autorité contractante d'interrompre le déroulement d'une procédure d'appel d'offres lorsqu'elle n'a pas obtenu de propositions acceptables »[422]. Dans ce cas, l'autorité contractante, après en avoir immédiatement avisé tous les candidats, peut, soit lancer un nouvel appel d'offres ouvert, soit, si les conditions initiales du marché ne sont pas modifiées, lancer un appel d'offres restreint[423]. Cependant, en plus du fait que le juge administratif n'exerce qu'un contrôle restreint sur les déclarations d'infructuosité limité à la sanction des erreurs manifestes d'appréciation commises par la personne responsable du marché[424], le risque de tentations, de la part des administrations, d'abuser de la déclaration d'infructuosité pour se libérer d'offres conformes d'entreprises indésirables est réel[425].

Ensuite, l'autorité contractante peut, après consultation de la DCMP, *ne pas donner suite à un appel d'offres pour des motifs d'intérêt général*, tels que la disparition du besoin qui était à l'origine de la procédure ou des montants d'offres trop élevés par rapport à la valeur estimée du marché projeté[426]. Cette décision de ne pas donner suite à un appel d'offres ne doit pas être confondue avec la précédente

---

420 MICHON, J., *op. cit.*, p. 246.

421 Article 65 du CMP. Le Guide méthodologique de la DCMP y ajoute le cas où « aucun des soumissionnaires n'est qualifié » (*Guide méthodologique de la DCMP*, 2016, p. 10).

422 LINDITCH, F., *op. cit.*, p. 79.

423 Article 65 du CMP.

424 CAA Bordeaux 29 mai 1995, *Entreprise Porte*, cité par BRACONNIER, S., *op. cit.*, p. 341.

425 LINDITCH, F., *op. cit.*, p. 79.

426 Article 66 du CMP.

déclaration du caractère infructueux d'un appel d'offres. Dans sa décision n° 027/ARMP/CRD du 03 septembre 2008 relative aux travaux de préparation du sommet de l'Organisation de la Conférence islamique (OCI) à Dakar par l'ANOCI (Agence nationale en charge de la préparation du sommet de l'OCI), le CRD de l'ARMP avait précisé les différences entre la déclaration du caractère infructueux d'un appel d'offres et la décision de ne pas donner suite à un appel d'offres. D'après le CRD, en effet, « l'avis déclaré infructueux replace et ouvre la procédure en la réorientant vers un appel d'offres en procédure d'urgence ou une consultation de candidats avec mise en concurrence (...) tandis que la décision de ne pas donner suite à l'appel d'offres met fin à la procédure sans produire d'autre effet ; qu'il s'en suit que dans ce cas, la procédure ne peut faire l'objet de relance que par un nouvel appel d'offres » ; l'avis d'appel d'offres déclaré infructueux « vise des situations comme la carence d'offres, des offres inacceptables ou irrégulières », alors que « la décision de ne pas donner suite ne doit s'appuyer que sur l'indisponibilité ou l'insuffisance des fonds, la modification ou la disparition du besoin ou sur des motifs d'intérêt général ». En l'espèce, l'entreprise Jean Lefèvre SA avait saisi le CRD suite à la décision de l'ANOCI de renoncer à donner suite à l'appel d'offres concernant les travaux d'élargissement et d'aménagement de la route de Ouakam, au motif que « toutes les offres financières reçues étaient supérieures au budget disponible et que les tentatives pour amener les bailleurs de fonds à augmenter le budget n'ont pas abouti ; que par ailleurs, lors de l'analyse des offres, aucune des entreprises soumissionnaires ne présentait les références en travaux similaires, moyens matériels, humains et une organisation adéquate pour exécuter les travaux dans un délai de huit mois requis par le DAO avant l'ouverture du sommet de l'OCI »[427].

Mais comme la déclaration d'infructuosité, la décision de ne pas donner suite à un appel d'offres pour des motifs d'intérêt général permet à l'autorité contractante de ne pas aller jusqu'au bout de la procédure de passation du marché, c'est-à-dire de ne pas attribuer le marché public et donc d'éviter de s'engager dans une relation contractuelle. Sauf qu'ici, le Code des marchés publics ne prévoit pas d'alternative qui consisterait pour l'autorité contractante, après avoir avisé tous les candidats de la décision de ne pas donner suite à l'appel d'offres, à

[427] DIOUF, R. P., « Marchés publics. La responsabilité des parties contractantes en question... », *Revue des marchés publics* n° 05, 2011, p. 19.

lancer soit un nouvel appel d'offres ouvert, soit un appel d'offres restreint.

2. Les règles particulières aux différents appels d'offres

Il existe des règles particulières applicables à l'appel d'offres ouvert (a), à l'appel d'offres ouvert avec préqualification (b), à l'appel d'offres ouvert en deux étapes (c), à l'appel d'offres restreint (d) et à l'appel d'offres avec concours (e).

a. L'appel d'offres ouvert

L'appel d'offres est *ouvert* lorsque tout candidat au marché public peut remettre une offre[428]. Pour tous les appels d'offres ouverts, le Code des marchés publics prévoit quelques règles particulières qui concernent l'avis d'appel d'offres, l'ouverture des offres et l'examen des offres.

➢ *L'avis d'appel d'offres*

L'appel d'offres ouvert est porté à la connaissance du public par la publication d'un *avis d'appel d'offres* qui indique l'objet du marché, les critères d'évaluation des offres dans l'ordre déterminé et non modifiable par la suite, le lieu et la date où l'on peut prendre connaissance des cahiers des charges ou les modalités d'obtention de ces documents, le lieu et la date limite de réception des offres, le délai pendant lequel les candidats restent engagés par leurs offres, les justifications à produire concernant les qualités et capacités exigées des candidats, le montant de la garantie de soumission à constituer et la présence à la séance d'ouverture des prix des représentants des organismes de financement, le cas échéant[429].

Les candidats peuvent solliciter auprès de la personne responsable du marché des renseignements complémentaires dix (10) jours au plus tard avant la date limite de dépôt des offres. Les réponses de la personne responsable du marché aux éventuelles sollicitations doivent être envoyées au plus tard cinq (5) jours avant la date limite de dépôt des offres, à défaut, l'ouverture des plis est reportée à une date permettant à l'autorité contractante de fournir les renseignements

---

[428] Article 61 du CMP.

[429] Article 67 du CMP.

complémentaires. Les réponses de la personne responsable du marché doivent être adressées à l'ensemble des candidats ayant retiré un dossier d'appel à la concurrence et non seulement aux candidats demandeurs de renseignements complémentaires[430].

➢ *L'ouverture des offres*

Comme le CRD l'a indiqué dans son avis n° 006/2020 du 1er avril 2020, les règles relatives à l'ouverture des plis qui « consacrent le droit à l'information des candidats aux marchés publics et délégations de service public, visent à assurer la transparence des procédures de passation des marchés publics et délégations de service public ». Aussi le Code des marchés publics prévoit-il qu'à l'expiration des date et heure limites de dépôt des offres, la commission des marchés procède à l'ouverture des plis, mais *seules* les offres sous plis reçues au plus tard aux date et heure limites de dépôt des offres précisées dans le dossier d'appel à la concurrence ou à la date spécifiée en cas de report sont ouvertes par la commission des marchés en *séance publique* en présentiel ou virtuelle, en présence de tous les candidats ou de leurs représentants qui signeront un registre attestant de leur présence. En revanche, les offres sous plis reçues après le délai fixé doivent être renvoyées aux candidats qui les ont présentées sans avoir été ouvertes. Pour garantir l'exercice de leurs droits, le Code des marchés publics oblige l'autorité contractante à autoriser tous les candidats qui ont soumis des offres à assister ou à se faire représenter à l'ouverture des plis[431]. Seuls les *soumissionnaires* possèdent donc le droit d'assister à l'ouverture des plis, non tous les candidats au marché. À cette occasion, il est donné lecture à haute voix du nom de chaque candidat, du montant de chaque offre, de la présence ou de l'absence de garantie financière, des rabais[432] éventuels ainsi que de toute autre information que

---

[430] Article 67 du CMP.

[431] Article 68 du CMP.

[432] « Dans la formulation de son offre et la détermination de son prix, le candidat peut accorder des rabais à l'Autorité contractante. Ces rabais peuvent être conditionnels et liés à l'obtention de plusieurs marchés ou lots, ou inconditionnels. Leur prise en compte est précisée dans les modèles de rapports d'évaluation des offres. Dans la lettre de soumission, ces rabais doivent être mentionnés de façon distincte du prix total de l'offre. Les rabais offerts et les modalités d'application desdits rabais sont ensuite précisés et notamment les postes du détail quantitatif et estimatif auquel ils s'appliquent. Les rabais éventuels sont d'ailleurs lus à haute voix lors de l'ouverture des plis. La pratique du rabais est courante en matière de marchés à commandes. Dans l'hypothèse où des rabais ont été accordés à l'Autorité contractante dans la formulation de l'offre, ceux-ci sont maintenus même en cas

l'autorité contractante peut juger utile de faire connaître. Dès la fin des opérations d'ouverture des plis, ces informations sont consignées dans le *procès-verbal d'ouverture des plis* qui doit être signé par tous les membres de la commission des marchés présents et remis à tous les candidats au marché public[433].

➢ *L'examen des offres*

D'abord, la commission des marchés procède à un *examen préliminaire* afin de déterminer si les candidatures sont recevables par rapport aux conditions à remplir pour prendre part aux marchés publics et accompagnées des justifications à fournir (tous documents, attestations et certificats appropriés énumérés par le dossier d'appel à la concurrence) attestant la capacité à exécuter le marché, et rejette les offres non recevables[434]. Dans l'impossibilité pour les candidats de satisfaire le critère relatif à la réalisation d'un *marché similaire*, la commission des marchés peut légalement accepter le *principe des références* (CS 27 octobre 2016, *Société SONERCO c/ARMP & ministère des Forces armées*). D'après la jurisprudence, « le critère relatif à la réalisation d'un marché similaire renvoie à l'exécution de marchés analogues, mais pas obligatoirement identiques » (CS 28 novembre 2013, *Al Firdaws Services c/ARMP*).

Ensuite, la commission des marchés vérifie la conformité des offres aux conditions et spécifications des cahiers des charges, la méconnaissance de ces conditions entraînant le rejet de l'offre pour irrecevabilité[435]. Cependant, le juge administratif peut être amené à contrôler le respect des dispositions des cahiers des charges par la commission des marchés et il peut, lorsqu'il est saisi par un candidat, procéder à l'annulation de la décision prise par le CRD entérinant l'appréciation de la commission des marchés. Ainsi, dans son arrêt du 03 juin 2011, *CERTEC SA c/ARMP*, la Cour suprême, saisie d'un recours en annulation de la société CERTEC SA contre la décision n° 088 du 07 juillet 2010 du CRD pour violation du cahier des charges qui exige la production de certification d'agrément du constructeur et de formation techniques des équipes de l'attributaire, avait jugé que « la décision attaquée, qui a rejeté le recours de la société CERTEC, sans

---

de révision du prix du marché. » (*Guide d'application du décret n° 2014-1212 du 22 septembre 2014 portant Code des marchés publics*, *op. cit.*, p. 99.)

433 Article 68 du CMP.

434 Article 69 du CMP.

435 *Ibid.*

relever la production par l'attributaire provisoire des certificats d'agrément du constructeur et de formation technique de ses équipes, comme exigé par le cahier des charges, encourt l'annulation ».

Enfin, la commission des marchés, après une évaluation détaillée des offres, propose à l'autorité contractante, dans un délai maximum de quinze (15) jours à compter de la séance d'ouverture des plis, l'attribution du marché au candidat qui a l'offre conforme évaluée la moins-disante et qui réunit les critères de qualification mentionnés dans le dossier d'appel à la concurrence. Exceptionnellement, ce délai peut être prorogé sans dépasser dix (10) jours, sur demande motivée de l'autorité contractante adressée à la DCMP[436].

b. L'appel d'offres ouvert avec préqualification

L'appel d'offres ouvert peut être précédé d'une préqualification dans les cas de *travaux importants ou complexes* ou, exceptionnellement, de *fournitures de matériels devant être fabriqués sur commande ou de services spécialisés*[437]. La *préqualification* des candidats s'effectue exclusivement en fonction de leur *aptitude à exécuter le marché* de façon satisfaisante et selon les critères suivants :

- références concernant des marchés analogues ;
- moyens matériels et humains dont les candidats disposent pour exécuter le marché ;
- capacité financière ;
- capacités à gérer les obligations sociales et environnementales, le cas échéant[438].

Un *avis d'appel public à candidatures* est publié, mentionnant la liste des renseignements à produire par les candidats et précisant la date limite de remise des dossiers de candidature. À l'expiration de la date et de l'heure limites de remise des dossiers de candidature, la personne responsable du marché procède à l'ouverture, publique et en présence de la commission des marchés, des dossiers de candidature reçus à temps, et enregistre leur contenu dans le procès-verbal de la séance

---

[436] Article 71 du CMP.
[437] Article 72 du CMP.
[438] *Ibid.*

d'ouverture signé par tous les membres de la commission des marchés[439].

La Commission des marchés examine les justifications des qualifications fournies par les candidats et établit un *procès-verbal d'examen des candidatures* auquel est jointe une liste de candidats préqualifiés. L'autorité contractante peut exiger la confirmation par un fournisseur ou un entrepreneur préqualifié de ses qualifications conformément aux critères utilisés pour la préqualification dudit fournisseur ou entrepreneur. Faute de confirmation de ses qualifications, le fournisseur ou entrepreneur prié de le faire est disqualifié par l'autorité contractante. Celle-ci, en outre, informe promptement chaque fournisseur ou entrepreneur prié de confirmer ses qualifications si elle juge satisfaisantes les justifications produites par le fournisseur ou entrepreneur. Dès qu'elle a arrêté la *liste des candidats préqualifiés*, l'autorité contractante prévient alors, par lettre, les candidats non retenus du résultat du dépouillement des demandes de préqualification, puis adresse simultanément et par écrit, à tous les candidats préqualifiés, une invitation à remettre leurs offres et un dossier d'appel à la concurrence et communique à tout candidat qui en fait la demande par écrit les motifs du rejet de sa candidature.

Les *lettres d'invitation* à remettre une offre doivent être adressées aux candidats 30 jours au moins avant la date fixée pour le dépôt des offres, en cas d'appel d'offres national, et 45 jours au moins en cas d'appel d'offres international. Toutefois, en cas d'extrême urgence dûment justifiée résultant de circonstances imprévisibles et non imputables à l'autorité contractante, ce délai peut être ramené à 15 jours au moins pour l'appel d'offres national et à 20 jours pour l'appel d'offres international. L'ouverture et l'examen des offres remises ainsi que la détermination de l'offre évaluée la moins-disante par la commission des marchés s'effectuent dans les mêmes conditions appliquées aux appels d'offres ouverts[440]. Mais avant de proposer l'attribution du marché, la commission des marchés doit s'assurer que le candidat qui a l'offre conforme la moins-disante réunit toujours les critères de qualification qui sont mentionnés dans le DAO[441].

439 Article 72 du CMP.
440 *Ibid.*
441 *Ibid.*

c. L'appel d'offres ouvert en deux étapes

L'appel d'offres ouvert est organisé en deux étapes dans le cas de *marchés d'une grande complexité* ou lorsque la personne responsable du marché souhaite faire son choix sur la base de *critères de performance* et non de spécifications techniques détaillées[442]. Son recours doit être motivé et soumis à l'*avis préalable* de la DCMP[443]. La procédure se déroule comme suit.

Dans la première étape, les candidats sont invités à remettre, dans un délai de 30 jours pour l'appel d'offres national et un délai de 45 jours pour l'appel d'offres international, des *propositions techniques, sans indication de prix*, sur la base de principes généraux de conception ou de normes de performance, et sous réserve de précisions et d'ajustements ultérieurs d'ordre technique et commercial. Une fois qu'elle a identifié la ou les solutions techniques susceptibles de répondre à ses besoins, l'autorité contractante informe les candidats de la fin de la première étape[444]. *Dans la seconde étape*, les candidats retenus sont invités à présenter, dans un délai de 30 jours pour l'appel d'offres national et un délai de 45 jours pour l'appel d'offres international, des *propositions techniques définitives assorties de prix*, sur la base du dossier d'appel à la concurrence établi ou révisé par la personne responsable du marché en fonction des informations recueillies au cours de la première étape. La remise, l'ouverture et l'examen des propositions ainsi que le choix de l'offre évaluée la moins-disante s'effectuent dans les mêmes conditions appliquées aux appels d'offerts ouverts[445].

d. L'appel d'offres restreint

L'appel d'offres est *restreint* lorsque peuvent remettre des offres seuls les candidats que la personne responsable du marché a décidé de consulter[446]. Ce type d'appel d'offres, qui permet à la personne responsable du marché de réduire le nombre de candidats admis à présenter une offre, est strictement encadré par le Code des marchés publics parce qu'il rompt manifestement l'égalité de traitement et le

---

442 Article 73 du CMP.
443 *Ibid.*
444 Article 73 du CMP.
445 *Ibid.*
446 Article 74 du CMP.

libre accès à la commande publique. D'abord, l'autorité contractante ne peut y recourir qu'après *avis* de la DCMP[447]. Ensuite, l'appel d'offres restreint ne doit porter que sur *certains marchés* :

- ✓ les marchés pour lesquels, en raison des circonstances particulières, une action rapide de l'autorité contractante est nécessaire, afin de prévenir un danger ou un retard préjudiciable non provoqué par l'autorité contractante ; il s'agit là d'une *urgence simple* définie comme étant une « situation qui n'est pas du fait de l'autorité contractante imposant une action rapide et justifiant, à cette fin, la réduction des délais de réception des candidatures et des offres afin de prévenir un danger ou un retard préjudiciable à l'autorité contractante »[448] ; l'autorité contractante doit obligatoirement justifier par écrit cette urgence simple et la situation d'urgence doit être mentionnée dans la lettre d'invitation ;
- ✓ les marchés de travaux, fournitures ou services qui ne sont exécutés qu'à titre de recherches, d'essais, d'expérimentation ou de mise au point ;
- ✓ les marchés que l'autorité contractante doit faire exécuter en lieu et place des titulaires défaillants et leurs frais et risques ;
- ✓ les marchés qui ont donné lieu à un appel d'offres infructueux[449].

Pour les premiers marchés, le délai de réception des offres est au moins égal à 10 jours en cas d'appel d'offres national, et 15 jours en cas d'appel d'offres international. La commission des marchés devra se réunir et déposer ses conclusions dans un délai de 3 jours ouvrables au plus. Le délai d'attente après publication ou notification de l'avis d'attribution provisoire, avant la signature du marché, est ramené à 7 jours. Le délai d'examen du recours est de 2 jours ouvrables au niveau de l'autorité contractante et de 3 jours ouvrables au niveau du CRD à compter de la réception des documents servant à l'instruction du recours. Pour les trois derniers marchés, le délai de réception des offres est au moins égal à 15 jours en cas d'appel d'offres national et à 30 jours en cas d'appel d'offres international[450].

---

[447] *Ibid.*
[448] Article 4.54 du CMP.
[449] Article 74 du CMP.
[450] Article 74 du CMP.

Si elle permet à l'autorité contractante d'aller vite en réduisant le nombre de candidats, la procédure d'appel d'offres restreint n'en reste pas moins soumise au principe cardinal de mise en concurrence des marchés publics. L'autorité contractante est tenue de mettre en concurrence, par une *consultation écrite,* un nombre de candidats permettant d'assurer une concurrence réelle, qui ne peut être inférieur à trois (3). « De fait, il est recommandé de retenir au moins cinq candidats pour autant qu'ils répondent aux critères de sélection requis. L'attention des Autorités contractantes est particulièrement attirée sur le choix des candidats retenus ; il doit permettre d'assurer une diversification de l'accès à la commande publique des entreprises et une réelle concurrence. Toutes les dispositions doivent être prises en conséquence pour s'assurer de la participation effective des entreprises retenues. La non-participation, sans motif légitime, des entreprises retenues sera ainsi de nature à remettre en cause l'inscription de ladite entreprise dans la base de données que l'Autorité contractante aura pu constituer. »[451] La consultation écrite consiste en une lettre d'invitation à présenter une offre, adressée par l'autorité contractante simultanément aux candidats qu'elle a choisis, accompagnée du dossier d'appel à la concurrence et, éventuellement, des documents complémentaires.

Il doit être indiqué dans la *lettre d'invitation* au moins :

- l'adresse du service auprès duquel le dossier d'appel à la concurrence et les documents complémentaires peuvent être demandés et la date limite de présentation de cette demande ainsi que le montant et les modalités de paiement de la somme qui doit être éventuellement versée pour obtenir ces documents ;
- la date de réception des offres et l'adresse à laquelle elles sont transmises ;
- l'indication détaillée des documents à joindre pour justifier des capacités à soumissionner ;
- les modalités de paiement[452].

Lorsqu'un minimum de trois (3) plis n'a pas été remis aux date et heure limites de réception des offres, l'autorité contractante ouvre un nouveau délai qui ne peut être inférieur à 10 jours pour l'appel d'offres national et à 15 jours pour l'appel d'offres international, et invite de

[451] *Guide d'application du décret n° 2014-1212 du 22 septembre 2014 portant Code des marchés publics, op. cit.*, p. 76.

[452] Article 75 du CMP.

nouveaux candidats. Toutefois, pour les procédures d'urgence, ce délai est de 5 jours pour les appels d'offres nationaux et de 10 jours pour les appels d'offres internationaux. Le dépouillement des plis est fait, quel que soit le nombre de plis reçus, à l'issue du nouveau délai. L'ouverture et l'examen des offres ainsi que le choix de l'offre évaluée la moins-disante s'effectuent dans les mêmes conditions appliquées aux appels d'offerts ouverts[453].

e. L'appel d'offres avec concours

Pour l'établissement d'un projet, d'une fourniture ou d'un ouvrage, lorsque des motifs techniques, esthétiques ou financiers justifient des *recherches particulières*, les autorités contractantes peuvent organiser un concours entre les hommes de l'art ou les entreprises qualifiées, sur la base d'un programme qui indique leurs besoins et, le cas échéant, le maximum de la dépense prévue pour l'exécution du projet, ainsi que les conditions auxquelles doivent satisfaire les projets à soumettre[454]. Le *concours* est une « procédure par laquelle l'autorité contractante choisit, après mise en concurrence et avis du jury (…) un plan ou un projet, notamment dans le domaine de l'aménagement du territoire, de l'urbanisme, de l'architecture et de l'ingénierie ou des traitements de données, avant d'attribuer à l'un des lauréats du concours, un marché »[455].

Le concours a lieu sur la base d'un programme établi par l'autorité contractante qui indique les besoins auxquels doit répondre la prestation et fixe, le cas échéant, le maximum de la dépense prévue pour l'exécution du projet. Dans ce cadre, la préservation de leurs droits de propriété intellectuelle reste une préoccupation légitime pour les auteurs de projets. En effet, il est indiqué dans le Code des marchés publics que le *programme de concours* fixe les conditions auxquelles les projets doivent satisfaire, notamment en ce qui concerne les frais exposés, les primes, récompenses ou avantages alloués aux auteurs des projets classés par une commission désignée à cet effet par l'autorité ayant organisé le concours. La personne responsable du marché se réserve le droit de faire exécuter tout ou partie des projets en achetant à l'amiable ou après expertise une licence d'utilisation pour son propre

[453] Article 75 du CMP.
[454] Article 76 du CMP.
[455] Article 4.13 du CMP.

usage des brevets, dessins ou modèles que les projets contiennent. Toutefois, il se peut que le programme du concours, après avis de la DCMP, prévoie au profit de l'auteur du projet que ce programme indiquera soit une option pour l'exécution du projet ou pour les premières commandes, soit une redevance sur les objets fabriqués en utilisant la licence, soit une indemnité en tenant lieu. En cas de désaccord sur les conditions d'exécution des projets, les auteurs des projets primés peuvent tout simplement retirer leurs projets en renonçant au prix et au marché[456].

Enfin, les prestations sont examinées par un *jury* dont les membres sont désignés par l'autorité contractante (au moins un tiers des membres du jury est constitué de personnalités ayant des compétences dans la matière qui fait l'objet du concours) qui lance le concours après *avis* de la DCMP. Pour chaque concours, les résultats sont consignés dans un *procès-verbal* établi par le jury qui formule un avis motivé relatant toutes les circonstances de l'opération. Les projets des concurrents non retenus leur sont rendus[457].

B. La procédure de l'entente directe

Selon Laurent Richer, « la concurrence n'est pas toujours praticable. C'est ce qui explique que le principe de concurrence soit assorti de limites définies par la règlementation elle-même et qu'il fasse parfois l'objet de critiques »[458]. De plus, ajoute-t-il, « il n'est pas exclu que, dans certains cas, la négociation avec un candidat à l'obtention d'un contrat permette d'obtenir de meilleurs résultats que l'appel à la concurrence »[459]. Ainsi, pour les marchés dans lesquels une entreprise détient un droit d'exclusivité, l'appel à la concurrence permet à cette entreprise de proposer un prix trop élevé sachant qu'elle est la seule capable de fournir les prestations commandées. Au contraire, la négociation directe avec l'entreprise détentrice de l'exclusivité permet d'avoir un meilleur prix pour la même qualité de prestations. Les règlementations communautaire et nationale des marchés publics semblent faire écho de ces remarques.

---

[456] Article 76 du CMP.
[457] *Ibid.*
[458] RICHER, L., *op. cit.*, p. 425.
[459] RICHER, L., *op. cit.*, p. 426.

Aux termes de l'article 38 de la directive n° 04/2005 de l'UEMOA, « Le marché est passé par entente directe lorsque l'Autorité contractante engage, sans formalité, les discussions qui lui paraissent utiles, avec un entrepreneur, un fournisseur ou un prestataire de services ». Quant à l'article 36 du Code des obligations de l'Administration relatif au marché de gré à gré, il prévoit que « L'Administration peut, si les dispositions législatives ou règlementaires l'autorisent, conclure selon la procédure des marchés de gré à gré. Le choix du co-contractant est libre sous réserve des conditions de publicité et d'appel à la concurrence prévues par les dispositions législatives ou règlementaires ». La définition de l'entente directe donnée par la directive communautaire est reprise par l'article 77 du CMP : « Les marchés sont passés par entente directe lorsque l'autorité contractante engage directement les discussions avec un ou plusieurs opérateurs économiques et attribue le marché au candidat qu'elle a retenu. »

Il résulte de ces dispositions communautaires et nationales que l'*entente directe* peut être définie comme étant une procédure de passation des marchés publics, dérogatoire de la règle de l'appel d'offres ouvert, par laquelle l'autorité contractante engage directement, sans formalité de publicité ni appel à la concurrence, des négociations avec un ou plusieurs candidats, à l'issue desquelles elle attribue le marché au candidat qui propose la meilleure offre. Ici, l'autorité contractante est libre à la fois dans le choix du ou des candidats avec qui entrer en négociation et dans le choix des critères d'évaluation des offres prévus par le Code des marchés publics. Mais surtout, ce « marché très particulier est passé sans aucune formalité de publicité. C'est dire donc qu'il n'y a pas de mise en concurrence dans le cadre des marchés par entente directe. La seule formalité préalable que doit respecter l'autorité contractante est la sollicitation de l'avis de la Direction chargée du contrôle des marchés publics »[460]. Toutefois, le Code des marchés publics dispose : « un marché par entente directe ne peut être passé qu'avec des entrepreneurs, fournisseurs ou prestataires de services qui acceptent de se soumettre à un *contrôle des prix spécifiques* durant l'exécution des prestations »[461]. Les obligations comptables auxquelles le titulaire du marché public sera soumis,

---

[460] NDIAYE, I., *op. cit.*, p. 77.
[461] Article 77 du CMP.

notamment l'obligation de présenter les états financiers certifiés, sont précisées par le marché passé par entente directe.

C'est un truisme de dire que l'entente directe est mal perçue par l'opinion publique, le moindre recours à l'entente directe est scruté par la presse qui s'en donne à cœur joie. Le recours à l'entente directe est aussi vertement critiqué par les partenaires techniques et financiers[462] et par les spécialistes des marchés publics. Ainsi, pour l'ancien directeur général de l'ARMP, Saër Niang : « Le gré à gré pénalise beaucoup d'entreprises capables d'offrir un produit et occulte certaines règles du jeu, puisque dans l'appel d'offres il y a la concurrence. Quand il y a la concurrence on peut avoir les meilleurs prix et les meilleures qualités… »[463] Le directeur général rassure quand même : « Aujourd'hui, on se plaint beaucoup. Mais dans le passé, avant l'entrée en vigueur de la réforme sur les marchés publics, près de 80 % des marchés étaient passés par entente directe. C'étaient les mêmes entreprises qui gagnaient. Aujourd'hui, on a fait descendre l'entente directe en dessous de 20 %. Plusieurs entreprises arrivent à gagner des marchés. »[464] Pourtant, l'entente directe a aussi ses mérites : en plus de permettre d'adapter les offres à la demande, son mode opératoire qui est la *négociation* « permet de mieux adapter une prestation difficile à cerner d'avance ou de mieux connaître les conditions d'élaboration de cette prestation, alors que les procédures trop formalistes entraînent une fâcheuse polarisation sur la sécurité juridique, aux dépens, parfois, de la performance économique »[465].

Eu égard à tous ces enjeux et parce qu'elle constitue une exception au principe du recours à l'appel d'offres ouvert en matière de passation des marchés publics, l'entente directe est strictement encadrée par le Code des marchés publics qui non seulement limite les marchés publics éligibles (1), c'est-à-dire susceptibles d'être passés par entente directe, mais également soumet le recours à l'entente directe à l'intervention préalable de l'organe de contrôle des marchés publics (DCMP) (2) et à

---

[462] Ainsi, dans le cadre du programme État du Sénégal-FMI, le taux trimestriel des marchés passés par entente directe ne doit pas dépasser 15 % du montant global des marchés conclus, ce taux ne prend pas en compte les marchés classés secrets et les achats de combustibles de la SENELEC.

[463] Interview du directeur général de l'ARMP, Saër NIANG, dans *Revue des marchés publics* n° 16, 2014, p. 23.

[464] Interview du Directeur général de l'ARMP, Saër NIANG, *op. cit.*, p. 23.

[465] RICHER, L., *op. cit.*, p. 426.

la surveillance des organes de contrôle et de régulation des marchés publics (3).

1. Les marchés éligibles à l'entente directe

L'autorité contractante ne peut recourir à l'entente directe que pour les marchés publics ci-après limitativement énumérés par le Code des marchés publics[466]. Il s'agit, en premier lieu, des marchés destinés à répondre à des besoins qui ne peuvent être satisfaits que par *un cocontractant détenant un droit d'exclusivité.* « Une mise en concurrence serait inutile dans cette situation. Le droit d'exclusivité (…) renvoie à l'application du droit de propriété intellectuelle ou à un droit consacré expressément par un texte. »[467] De plus, dans le dossier de demande d'autorisation adressé à la DCMP, « l'Autorité contractante doit impérativement prouver que les besoins ne peuvent pas être satisfaits autrement, sans autre moyen équivalent. Elle doit également établir la preuve de cette exclusivité »[468], à travers un certificat d'exclusivité ou tout autre document justificatif produit par l'entreprise bénéficiaire.

Il s'agit, en deuxième lieu, des *marchés complémentaires*, c'est-à-dire des marchés qui ont pour objet de compléter les prestations de fournitures, services ou travaux ayant fait l'objet d'un premier marché exécuté par le même titulaire. Un marché complémentaire « constitue un contrat totalement détaché du marché initial mais rendu nécessaire pour la réalisation de l'objet de ce dernier. De fait, il a pour objet des fournitures, services ou travaux qui ne peuvent être techniquement ou économiquement séparés du marché principal »[469]. Les marchés complémentaires ne consistent donc pas en de simples avenants mais en des marchés publics en bonne et due forme[470]. Mais l'admission des

---

466 Article 77 du CMP.

467 *Guide d'application du décret n° 2014-1212 du 22 septembre 2014 portant Code des marchés publics, op. cit.*, p. 81.

468 *Guide d'application du décret n° 2014-1212 du 22 septembre 2014 portant Code des marchés publics, op. cit.*, p. 82.

469 *Guide d'application du décret n° 2014-1212 du 22 septembre 2014 portant Code des marchés publics, op. cit.*, p. 125.

470 MICHON, J., *op. cit.*, p. 441.

marchés complémentaires est subordonnée au respect de quatre (4) conditions cumulatives[471] suivantes :

✓ le marché initial doit avoir été passé selon la procédure de l'appel d'offres ;

✓ le marché complémentaire ne porte que sur des fournitures, services ou travaux qui ne figurent pas dans le marché initial conclu mais qui sont devenus nécessaires, à la suite d'une circonstance imprévue et extérieure aux parties, et que ces fournitures, services ou travaux ne peuvent être techniquement ou économiquement séparés du marché principal ;

✓ le montant cumulé des marchés complémentaires ne doit pas dépasser un tiers du montant du marché principal, avenants compris ; ainsi, le « champ d'application des avenants est plus large que celui des marchés complémentaires (en termes de motivation), mais plus restreint en ce qui concerne ses incidences financières »[472].

Il s'agit, en troisième lieu, des *marchés secrets,* ou des marchés dont l'exécution doit s'accompagner de mesures particulières de sécurité ou pour lesquels la protection des intérêts essentiels de l'État l'exige, passés par les *autorités contractantes autres* que les Forces de défense et de sécurité (Forces armées, police nationale, douanes, Brigade nationale des sapeurs-pompiers, Administration pénitentiaire, Services en charge des Eaux et forêts, des Chasses et de la Conservation des sols, ainsi que les parcs nationaux)[473]. On estime en effet que la nature des

---

[471] « Ces éléments sont cumulatifs. Si une seule des conditions n'est pas remplie, la procédure de l'entente directe ne sera pas autorisée par la DCMP » (*Guide d'application du décret n° 2014-1212 du 22 septembre 2014 portant Code des marchés publics, op. cit.*, p. 82).

[472] MICHON, J., *op. cit.*, p. 443.

[473] Les *marchés classés secrets passés par les Forces de défense et de sécurité* étaient listés par l'article 76.2 a) de l'ancien CMP de 2014 (définition qui ne figure pas dans le Code des marchés publics de 2022 du fait de l'exclusion de ces marchés du champ d'application du Code) : « Sont considérés comme secrets :

i) les marchés de fournitures, services et travaux passés pour assurer les besoins de la défense nationale et concernant : • les marchés de fournitures et de services qui ont pour objet la conception, l'essai, l'expérimentation, la réalisation, l'acquisition, le maintien opérationnel, l'utilisation ou la destruction des armes, munitions et matériels de guerre ; • les marchés de fournitures qui ont pour objet la réalisation de démonstrateurs ou de prototypes d'armes, munitions ou matériels de guerre ; • les marchés de fournitures qui ont pour objet les composants, les

prestations concernées est « incompatible avec toute mesure de publicité »[474]. Il s'agit, en quatrième lieu, des marchés pour lesquels l'*urgence impérieuse*, résultant de circonstances imprévisibles, irrésistibles et extérieures à l'autorité contractante, n'est pas compatible avec les délais et règles de forme exigés par la procédure d'appel d'offres ouvert ou restreint. Ici, l'autorité contractante qui l'invoque doit produire par écrit une justification de l'urgence impérieuse. L'*urgence impérieuse* est une « situation résultant de circonstances imprévisibles, irrésistibles et extérieures à l'autorité contractante et imposant une action immédiate, notamment les situations de catastrophes naturelles, de conflits ou guerres, de crise économiques ou sanitaire »[475].

Il s'agit, en cinquième lieu, des marchés passés dans le cadre des *mesures de mobilisation générale et de mise en garde*. La *mobilisation générale* consiste en une « mise en œuvre de l'ensemble des mesures

---

outillages, les consommables et les moyens d'évaluation et d'essais, spécifiquement conçus pour la fabrication, l'emploi ou le maintien en condition opérationnelle des armes, munitions et matériels de guerre ou l'emploi des armes, munitions et matériels de guerre ou concourant à leur efficacité militaire ; • les marchés de service qui présentent un lien direct avec la stratégie militaire ou l'emploi des armes et qui ont pour objet soit les études exploratoires et les études technico-opérationnelles relatives aux équipements futurs, les études biologiques, médicales, hydrographiques, soit les études prospectives ; • les marchés de travaux directement liés à la réalisation, l'emploi, le maintien en condition opérationnelle et l'évaluation des armes, munitions et matériels de guerre ;

ii) les marchés portant sur des fournitures, services et travaux : • destinés à des fins de défense civile. Ces marchés portent sur des prestations visant à assurer l'ordre public, la protection matérielle et morale des personnes et la sauvegarde des installations et ressources d'intérêt général ainsi que l'appui au maintien ou au rétablissement de la liberté d'action des autorités militaires sur l'ensemble du territoire ; • relatifs à la sécurité nationale passés en vue de prévenir une menace, notamment terroriste, et plus généralement de prestataires, qui du fait de leurs prestations, accèdent à des informations ou domaines sensibles dont la divulgation pourrait porter atteinte à la sécurité et la sûreté de l'État et à son potentiel scientifique et économique ; • les marchés passés en vertu d'un accord international relatif à la participation des troupes sénégalaises à des opérations de maintien de la paix. »

474 *Guide d'application du décret n° 2014-1212 du 22 septembre 2014 portant Code des marchés publics, op. cit.*, p. 86.

475 Article 4.53 du CMP.

de défense nationale »[476], tandis que la *mise en garde* est définie comme étant la « mise en œuvre de mesures propres à assurer la liberté d'action des pouvoirs publics à diminuer la vulnérabilité des populations ou des équipements principaux et à garantir la sécurité des opérations de mobilisation générale ou de mise en œuvre des forces armées »[477].

2. L'intervention préalable de la DCMP

La directive n° 04/2005 de l'UEMOA est formelle : « l'Appel d'offres ouvert est la règle ; le recours à tout autre mode de passation doit être exceptionnel, justifié par l'Autorité contractante et être autorisé au préalable par l'entité administrative chargée du contrôle des marchés publics »[478]. Elle ajoute en particulier que « Le recours à la procédure par entente directe doit être motivé et soumis à l'autorisation préalable de l'entité administrative chargée du contrôle des marchés publics »[479]. C'est pourquoi le Code des marchés publics soumet le recours à l'entente directe par l'autorité contractante à l'intervention préalable de la DCMP, soit à son autorisation préalable, soit à son avis préalable, selon les situations ou cas de recours à cette procédure exceptionnelle[480].

L'*autorisation préalable* de la DCMP s'impose pour le recours à l'entente directe concernant les marchés pour lesquels une entreprise détient un droit d'exclusivité et les marchés complémentaires, tandis qu'un *avis préalable* de la DCMP est requis pour le recours à l'entente directe portant sur les marchés secrets, sur les marchés d'une urgence impérieuse et sur les marchés passés dans le cadre des mesures de mobilisation générale et de mise en garde. Pour les marchés d'une urgence impérieuse et les marchés passés dans le cadre de mesures de mobilisation générale et de mise en garde, la DCMP en avise dans les 24 heures. Passé ce délai, pour poursuivre la procédure, l'autorité contractante doit s'en référer au Premier ministre qui décide de la continuation ou non de la procédure. « L'Autorité contractante devra alors remettre au Premier ministre le même dossier communiqué à la DCMP et y inclure obligatoirement la preuve de la saisine de cette

[476] Article 4.32 du CMP.
[477] Article 4.31 du CMP.
[478] Article 28 de la Directive n° 04/2005 de l'UEMOA.
[479] Article 38 de la Directive n° 04/2005 de l'UEMOA.
[480] Article 77 du CMP.

dernière. »[481] L'autorité contractante, qui en informe le Premier ministre, ne peut poursuivre la procédure de passation, en cas d'avis négatif de la DCMP, qu'en saisissant le CRD d'une requête motivée, accompagnée de l'avis contesté dont copie est transmise au Premier ministre. Ce dernier peut certifier par notification écrite à l'ARCOP et à la DCMP que, pour des raisons tenant aux circonstances exceptionnelles du cas concerné impliquant des motifs impérieux d'intérêt général, l'attribution du marché public doit être poursuivie immédiatement[482].

Ainsi, *prima facie*, *autorisation* préalable et *avis* préalable (l'avis est moins contraignant que l'autorisation) de la DCMP ne se distinguent pas seulement du point de vue de leur domaine d'application, mais aussi du point de vue de leur portée juridique. En effet, « les avis de la DCMP ont une portée variable en fonction de l'objet de la consultation »[483]. D'un côté, l'autorité contractante peut poursuivre la procédure de passation en passant un marché outre à l'avis défavorable de la DCMP ou à des réserves accompagnant un avis favorable de la DCMP sur un dossier d'appel à la concurrence, à condition de motiver sa décision par écrit, d'en rendre compte à l'autorité d'approbation du marché dont elle relève et d'en informer l'ARCOP. En d'autres termes, « l'avis qui porte sur un dossier d'appel à la concurrence ne serait pas un avis conforme »[484]. D'un autre côté, l'autorité contractante ne peut poursuivre la procédure de passation du marché qu'en saisissant le CRD si elle n'accepte pas les avis et recommandations de la DCMP concernant la possibilité d'utiliser une procédure autre que l'appel d'offres ouvert ou relatives à la proposition d'attribution du marché[485]. L'autorité contractante ne peut pas, quant à elle, poursuivre la procédure de passation sans l'autorisation préalable de la DCMP. En réalité, la frontière entre *autorisation* préalable et *avis* préalable de la DCMP est ténue. En effet, « A chaque fois que les consultations de la DCMP sont obligatoires (au regard des seuils ou du type de procédure), l'avis que rendra cet organe de contrôle sera donc dit "conforme". Cela implique que l'Autorité contractante devra s'y conformer ; si elle est en

[481] *Guide d'application du décret n° 2014-1212 du 22 septembre 2014 portant Code des marchés publics*, *op. cit.*, p. 84.

[482] Article 77 du CMP.

[483] *Guide d'application du décret n° 2014-1212 du 22 septembre 2014 portant Code des marchés publics*, *op. cit.*, p. 55.

[484] *Ibid.*

[485] Article 43 du CMP.

désaccord avec le sens de l'avis, elle ne pourra pas poursuivre la procédure sans saisir le CRD de l'ARMP »[486]. De la même manière, ici, l'autorisation de la DCMP « désigne le nécessaire accord que l'Autorité contractante doit avoir de la part d'un organe qui a été sollicité à cet effet. Cette autorisation a la même portée qu'un avis conforme »[487]. De plus, en cas de refus d'autorisation préalable comme en cas d'avis préalable négatif de la DCMP, une décision favorable du CRD est indispensable pour poursuivre la procédure de passation du marché.

Le régime des *marchés classés secrets* est mieux détaillé. En raison de leur caractère très sensible et délicat, le Code des marchés publics renvoie à un arrêté du ministre des Finances pour déterminer les conditions dans lesquelles est assurée la protection du secret et des informations concernant la défense nationale et la sûreté de l'État durant toute la procédure de passation et d'exécution du marché secret. Pour ce type de marché, l'autorité contractante doit, d'une part, préciser, dans les documents du marché, *les mesures et les exigences nécessaires afin d'assurer la sécurité des informations*. À cet égard, l'offre faite par un candidat au marché secret comporte l'engagement du soumissionnaire et des sous-traitants à préserver de manière appropriée la confidentialité de toutes les informations classifiées en leur possession ou dont ils viendraient à prendre connaissance avant, pendant et après l'exécution du marché. En outre, le régime de la sous-traitance des marchés secrets est plus strict. En effet, le soumissionnaire d'un marché secret est tenu d'indiquer dans son offre toute partie du marché qu'il envisage de sous-traiter à des tiers et tout sous-traitant proposé ainsi que l'objet des contrats de sous-traitance pour lesquels ces derniers ont été proposés, et/ou indiquer tout changement intervenu au niveau du sous-traitant au cours de l'exécution du marché. Enfin, l'autorité contractante peut rejeter les sous-traitants sélectionnés par le soumissionnaire au stade de la procédure d'attribution du marché principal ou par le titulaire du marché lors de l'exécution du marché principal. Les décisions de rejet des sous-traitants doivent être justifiées par un écrit indiquant les raisons pour lesquelles l'autorité contractante estime que le sous-traitant ne remplit pas les critères[488]. L'autorité contractante doit, d'autre part, préciser dans les documents du marché

---

[486] *Guide d'application du décret n° 2014-1212 du 22 septembre 2014 portant Code des marchés publics*, *op. cit.*, p. 55.

[487] *Ibid.*

[488] Article 78 du CMP.

secret *ses exigences en matière de sécurité de l'approvisionnement*. Elle peut à cet effet exiger du soumissionnaire du marché secret :

- la certification que le soumissionnaire est à même de remplir ses obligations en matière d'exportation, de transfert et de transit des marchandises liées au contrat ;
- la certification que l'organisation et la localisation de la chaîne d'approvisionnement du soumissionnaire lui permettent de respecter les exigences en matière de sécurité de l'approvisionnement ;
- l'engagement du soumissionnaire à mettre en place et/ou à maintenir les capacités nécessaires pour faire face à une éventuelle augmentation des besoins de l'autorité contractante par suite d'une situation de crise, selon des modalités à convenir ;
- son engagement à assurer la maintenance, la modernisation ou les adaptations des fournitures ;
- son engagement à fournir tous les moyens spécifiques nécessaires pour la production de pièces détachées, de composants, d'assemblages et d'équipements d'essais spéciaux, y compris les plans techniques, les autorisations et les instructions d'utilisation, au cas où il ne serait plus en mesure de les fournir[489].

3. La surveillance des marchés passés par entente directe

Si les marchés publics passés par entente directe échappent aux règles applicables à l'appel d'offres ouvert, ils n'en demeurent pas moins soumis aux principes fondamentaux et règles générales applicables à toutes les procédures de passation des marchés publics. « En particulier, doivent être respectés le principe d'égalité et l'obligation de choisir l'offre la plus avantageuse économiquement. »[490] Mais surtout les marchés passés sont sous haute surveillance, notamment des organes de contrôle et de régulation des marchés publics (DCMP et ARCOP). D'une part, l'autorité contractante établit chaque année un *état statistique* précisant le nombre, la valeur des marchés attribués par entente directe et le nom de l'attributaire et portant, séparément, sur les marchés de fournitures, de services et de travaux. Elle transmet cet état statistique à la DCMP qui assure la mission de collecte et d'analyse des données ainsi que

[489] *Ibid.*

[490] RICHER, L., *op. cit.*, p. 494.

l'établissement des statistiques sur les marchés publics et une copie de l'état statistique à l'ARCOP. Seules les données relatives au nombre et à la valeur des marchés peuvent être publiées.

D'autre part, à l'exception des marchés relatifs à la défense et à la sécurité nationales, les marchés passés par entente directe donnent lieu à un *compte rendu détaillé* de la procédure de passation et d'exécution établi par l'autorité contractante et communiqué au Premier ministre et à l'ARCOP. De même, à l'exception des marchés classés secrets, les marchés passés par entente directe sont systématiquement compris dans le périmètre de l'*audit indépendant annuel* de l'ARCOP à la fin de chaque exercice budgétaire[491]. Enfin, l'ARCOP tient un compte rendu détaillé des marchés passés par entente directe dans son *rapport annuel* sur l'efficacité et la fiabilité du système de passation, d'exécution et de contrôle de la commande publique, publié par les soins de l'ARCOP[492]. Ce rapport annuel, très attendu par les acteurs de la commande publique, le secteur privé, la société civile, les partenaires techniques et financiers, la presse et l'opinion publique de manière générale, est transmis au président de la République, au président de l'Assemblée nationale, au Premier ministre, au ministre chargé des Finances et au Premier président de la Cour des comptes[493].

C. Les procédures spécifiques de passation des marchés

Le Code des marchés publics prévoit quatre *procédures spécifiques* de passation relatives à la demande de renseignements et de prix pour les marchés dont la valeur est en dessous des seuils de passation par appel d'offres ouvert (1), aux marchés de certaines communes (2), aux marchés de prestations intellectuelles (3) et aux marchés passés suite à une offre spontanée (4).

1. La procédure de la demande de renseignements et de prix

Aux termes de l'article 28 de la directive n° 04/2005 de l'UEMOA : « Les Autorités contractantes peuvent avoir recours, en dessous des seuils nationaux de passation de marchés, à des *procédures de*

---

[491] Article 78 du CMP.

[492] *Ibid.*

[493] Article 2.15 du décret n° 2023-832 du 5 avril 2023 fixant les règles d'organisation et de fonctionnement de l'ARCOP.

consultation d'entrepreneurs, de fournisseurs, de prestataires de services, *ou de sollicitation de prix* à condition que les procédures mises en œuvre respectent les principes posés à l'article 2 de la (…) Directive. » C'est ainsi que le Code des marchés publics prévoit que, pour les marchés de travaux, fournitures ou services dont la valeur estimée est inférieure aux seuils d'application de l'appel d'offres ouvert, l'autorité contractante « *peut* ne pas recourir à une des procédures d'appel d'offres ».[494] Dans ce cas, « Les Demandes de renseignements et de prix *doivent* alors être utilisées, conformément à la procédure fixée par arrêté du ministre chargé des finances »[495]. C'est en ce sens qu'a été pris, par le ministre des Finances, l'arrêté n° 007118 du 23 mars 2023 relatif aux modalités de mise en œuvre des procédures de demande de renseignements et de prix.

De manière générale, les *demandes de renseignements et de prix* (DRP) peuvent être définies comme étant des procédures par lesquelles une autorité contractante attribue le marché public au candidat qui a présenté l'offre conforme estimée la moins-disante sur la base des renseignements et prix reçus, lorsque le seuil d'appel d'offres ouvert n'est pas atteint. Elles sont « caractérisées par un formalisme des plus réduits »[496]. Toutefois, « quel que soit le type de DRP mis en œuvre, l'usage de la liberté de choix doit toujours se faire dans le respect des principes de liberté d'accès à la commande publique, d'égalité de traitement des candidats et de transparence des procédures. Les Autorités contractantes ne doivent pas comprendre ces procédures comme étant un moyen de se soustraire opportunément aux contraintes procédurales du Code des marchés publics. Ces souplesses ont été introduites par la règlementation dans le but de répondre de manière optimale à l'impératif que doit respecter toute Autorité contractante : la meilleure utilisation des deniers publics »[497]. D'ailleurs, d'après l'arrêté n° 007118 du 23 mars 2023 règlementant sa mise en œuvre, « La demande de renseignements et de prix est soumise, *obligatoirement*, à la revue préalable de la cellule de passation des marchés publics de

---

[494] Article 79 du CMP.
[495] Article 79 du CMP.
[496] NDIAYE, I., *op. cit.*, p. 81.
[497] *Guide d'application du décret n° 2014-1212 du 22 septembre 2014 portant Code des marchés publics*, *op. cit.*, p. 96.

l'autorité contractante »[498]. Selon le même arrêté, l'autorité contractante peut utiliser trois (3) types de demandes de renseignements et de prix (DRP) : la demande de renseignements et de prix simple (a), la demande de renseignements et de prix à compétition restreinte (b) et la demande de renseignements et de prix à compétition ouverte (c)[499].

a. La demande de renseignements et de prix simple

La procédure de demande de renseignements et de prix simple (DRPS)[500] est utilisée pour les commandes de :

✓ travaux d'un montant estimatif inférieur à 5 millions de francs CFA toutes taxes comprises ;

✓ prestations intellectuelles d'un montant estimatif inférieur à 5 millions de francs CFA toutes taxes comprises ;

✓ fournitures ou services courants d'un montant estimé inférieur à 3 millions de francs CFA toutes taxes comprises.

Dans ce cas, l'*autorité contractante* peut recourir à une demande de cotation auprès d'au moins trois (3) entrepreneurs, fournisseurs ou prestataires à consulter suivant des modalités laissées à son appréciation. Leurs propositions financières soumises sous forme de *facture pro forma* (« pour la forme » en latin)[501] sont transmises librement sous enveloppe, par fax ou par courrier électronique. La facture *pro forma* est le « nom donné en pratique – pour le distinguer de la facture ordinaire (ou définitive) – à un document portant évaluation de biens ou de services qui, établi par un fournisseur offrant de traiter aux conditions indiquées pour un client éventuel, est destiné à être remis par celui-ci, à titre d'information, à des tiers (organismes de crédit, administrations), afin d'en obtenir divers avantages (financement de l'opération, autorisation d'importation, etc.) »[502]. La

---

[498] Article 12 de l'arrêté n° 007118 du 23 mars 2023 du ministre des Finances relatif aux modalités de mise en œuvre des procédures de demande de renseignements et de prix.

[499] Article 1er dudit arrêté.

[500] Article 2 de l'arrêté n° 007118 du 23 mars 2023 du ministre des Finances relatif aux modalités de mise en œuvre des procédures de demande de renseignements et de prix.

[501] D'après le dictionnaire *Le Petit Robert*, une facture *pro forma* est une « facture anticipée établie dans les règles, et n'entraînant aucune conséquence juridique pour le client ».

[502] CORNU, G., *op. cit.*, pp. 371-372.

facture *pro forma* renseigne donc sur les termes de la commande publique, notamment sur les détails des biens, produits ou services proposés, ainsi que leur prix. Elle est utilisée comme une facture provisoire qui précède et sert de base à la *facture définitive* et à faire une offre à un acheteur. Contrairement à la facture définitive qui est un document comptable engageant l'acheteur à payer, la facture *pro forma* est un document informatif[503] dépourvu de valeur contractuelle, comptable et fiscale, une facture non payable. Au vu des factures *pro forma* reçues des différents entrepreneurs, fournisseurs ou prestataires consultés, l'autorité contractante attribue le marché public au candidat ayant soumis la proposition jugée la moins-disante et en dresse le *procès-verbal d'attribution* signé par la personne habilitée.

La DRPS est *dispensée d'une forme écrite*. Elle ne nécessite ni cahier de charge formel ni publicité ou saisine écrite, les commandes pouvant être réglées sur simple mémoire ou facture (achats « sur factures »)[504]. Pour Issakha Ndiaye, « Il ne fait pas de doute qu'une telle possibilité peut se révéler très pratique pour l'autorité contractante. Néanmoins, pour un marché public, le fait d'avoir comme seul document de référence des "mémoires" ou des factures, ne relève pas de la rigueur. Un marché public ne se résume pas seulement au règlement d'une prestation ou encore à l'échange de "mémoires". En

[503] La facture *pro forma* comporte des mentions recommandées suivantes : mention « *Facture pro-forma* », coordonnées du fournisseur et de l'acheteur, raison sociale du fournisseur, date et numéro de la facture, description détaillée des biens ou services, prix unitaire et prix total, délai de livraison et conditions de paiement, validité de l'offre, signature du fournisseur.

[504] En France, les simples *achats sur factures ou mémoires* n'existent plus, une obligation de publicité et de mise en concurrence s'applique dès le premier euro. Pour les marchés inférieurs à 90 000 euros HT, la circulaire d'application du ministre de l'Économie et des Finances du 7 janvier 2004 précise que « l'acheteur a le choix entre trois catégories de supports écrits : la presse écrite, l'affichage et l'Internet », les deux derniers supports étant utilisables dans deux cas : « soit en complément de l'annonce passée dans la presse, soit lorsque le coût de la publicité par voie de presse constitue une charge financière significative au regard du montant du marché envisagé ». Le support de presse écrite peut être le *Bulletin officiel des marchés publics* (BOAMP), un *Journal habilité à recevoir des annonces légales* (JAL), un journal ou une revue correspondant à la presse spécialisée du secteur économique concerné par l'objet même du marché. Il faut dire que la France avait été bousculée par la position de la Commission européenne confortée par la jurisprudence de la Cour de justice des communautés européennes (CJCE 7 déc. 2000, aff. C-324/98, *Telaustria* ; CJCE 3 décembre 2001, affaire C-59/00, *Ben Mousten Vestergaard*, etc.) (voir MICHON, J., *op. cit.*, pp. 199-203).

effet, il n'est pas exclu que des difficultés d'interprétation apparaissent, notamment par rapport aux obligations de l'une des parties »[505].

b. La demande de renseignements et de prix à compétition restreinte

La procédure de demande de renseignements et de prix à compétition restreinte (DRPR) s'applique aux marchés publics suivants :

➢ Pour l'État, les institutions constitutionnelles, les collectivités territoriales et les établissements publics, les marchés dont les montants sont inférieurs à :

✓ 25 000 000 francs CFA pour les travaux,

✓ 15 000 000 francs CFA pour les services courants et fournitures,

✓ 25 000 000 francs CFA pour les prestations intellectuelles ;

➢ Pour les sociétés publiques, les agences ou autres organismes ayant la personnalité morale, les institutions de protection sociale, les marchés dont les montants estimés sont inférieurs à :

✓ 50 000 000 francs CFA pour les travaux,

✓ 30 000 000 francs pour les services courants et fournitures,

✓ 30 000 000 francs pour les prestations intellectuelles.

Dans ce cas, l'*autorité contractante*, qui choisit librement les modalités de publicité adaptées au montant et à la nature du marché, sollicite simultanément, par écrit, des prix auprès d'au moins cinq (5) entreprises choisies, en priorité, parmi les prestataires ayant manifesté leur intérêt pour les acquisitions concernées et définies en référence à des normes dans la mesure du possible, et s'assure que les candidats sont intéressés par la procédure et ont la capacité d'exécuter le marché, dans le cadre d'une concurrence réelle. L'autorité contractante attribue ensuite le marché, suivant les critères contenus dans le dossier d'appel à la concurrence, au candidat présentant l'offre conforme évaluée la moins-disante, rédige un *procès-verbal d'attribution* et informe les candidats dont les offres n'auront pas été retenues.

« Contrairement à la DRP simple donc, celle à compétition restreinte nécessite une lettre d'invitation (qui peut être individuelle ou collective, avec la liste des entreprises sollicitées), l'établissement d'un

---

[505] NDIAYE, I., *op. cit.*, p. 82.

cahier des charges, une lettre de soumission et un projet de contrat. Comme pour la procédure ouverte, c'est la *Commission des marchés* qui doit procéder à l'ouverture des plis et à l'évaluation des offres, avant de proposer un attributaire provisoire à l'Autorité contractante. »[506] En outre, les marchés passés par DRPR donnent lieu à des *contrats écrits de forme libre*[507]. Enfin, les marchés passés par DRPR sont publiés sur le site des marchés publics dès leur attribution. L'autorité contractante communique à la DCMP la liste des personnes consultées, le nom de l'attributaire ainsi que la nature et le montant du marché conclu[508].

c. La demande de renseignements et de prix à compétition ouverte

La procédure de demande de renseignements et de prix à compétition ouverte (DRPO) s'applique aux marchés suivants :

➢ pour l'État, les institutions constitutionnelles, les collectivités territoriales et les établissements publics, les marchés dont les montants sont inférieurs à :

✓ 70 000 000 francs CFA et supérieurs ou égaux à 25 000 000 francs CFA pour les travaux,

✓ 50 000 000 francs CFA et supérieurs ou égaux à 15 000 000 francs CFA pour les services courants et fournitures,

✓ 50 000 000 francs CFA et supérieurs ou égaux à 25 000 000 francs CFA pour les prestations intellectuelles ;

➢ pour les sociétés publiques, les agences ou autres organismes ayant la personnalité morale, les institutions de protection sociale, les marchés dont les montants estimés sont inférieurs à :

✓ 100 000 0000 francs CFA et supérieurs ou égaux à 50 000 000 francs CFA pour les travaux,

✓ 60 000 0000 francs CFA et supérieurs ou égaux à 30 000 000 francs pour les services courants et fournitures,

---

[506] *Guide d'application du décret n° 2014-1212 du 22 septembre 2014 portant Code des marchés publics*, *op. cit.*, p. 95.

[507] Article 3 de l'arrêté n° 007118 du 23 mars 2023 du ministre des Finances relatif aux modalités de mise en œuvre des procédures de demande de renseignements et de prix.

[508] Article 4 de l'arrêté n° 007118 du 23 mars 2023 du ministre des Finances relatif aux modalités de mise en œuvre des procédures de demande de renseignements et de prix.

✓ 60 000 000 francs CFA et supérieurs ou égaux à 30 000 000 francs pour les prestations intellectuelles[509].

Le régime de la DRPO se rapproche plus de celui de l'appel d'offres ouvert. Ici, l'*avis d'appel public à la concurrence* est obligatoire, le délai minimal de dépôt des offres étant de 15 jours calendaires à compter de sa date de publication. La *commission des marchés* saisie évalue les offres selon les critères mentionnés dans le dossier d'appel à la concurrence et propose à l'autorité contractante, dans un délai maximum de 7 jours à compter de la séance d'ouverture des plis, l'attribution du marché au candidat qui a l'offre conforme évaluée la moins-disante et qui est reconnu réunir les critères de qualification mentionnés dans le dossier d'appel à la concurrence. Aussitôt qu'elle approuve la proposition d'attribution de la commission des marchés, l'autorité contractante publie un *avis d'attribution provisoire*. Enfin, les marchés publics conclus par DRPO sont *immatriculés* par la DCMP[510].

Dans le cadre des *marchés de prestations intellectuelles*, lorsque l'autorité contractante décide de ne pas effectuer de formalités de publicité et d'inviter directement 5 prestataires à soumettre une proposition[511], elle lance un avis d'appel à manifestation d'intérêt. Dans ce cas, le délai minimum de dépôt des candidatures est de 10 jours à compter de la date de publication de l'avis à manifestation d'intérêt. Si le minimum de 3 prestataires n'est pas réuni à la date limite de réception des candidatures ou après évaluation, l'autorité contractante ouvre un nouveau délai qui ne peut être inférieur à 7 jours ouvrables et invite de nouveaux candidats. L'autorité contractante continue la procédure de passation, à l'issue du nouveau délai, quel que soit le nombre de candidats obtenu. Elle adresse alors aux candidats sélectionnés une demande de proposition dont le délai minimal de dépôt est de 15 jours calendaires à compter de la date de notification de la lettre d'invitation. La soumission des propositions des candidats s'effectue sous la forme d'une enveloppe unique contenant deux enveloppes distinctes et cachetées comportant respectivement la proposition technique et la proposition financière. L'ouverture des propositions des candidats par

---

[509] Article 5 de l'arrêté n° 007118 du 23 mars 2023 du ministre des Finances relatif aux modalités de mise en œuvre des procédures de demande de renseignements et de prix.

[510] Article 5 de l'arrêté n° 007118 du 23 mars 2023 du ministre des Finances relatif aux modalités de mise en œuvre des procédures de demande de renseignements et de prix

[511] Conformément à l'article 81 c) du CMP.

la commission des marchés s'effectue en deux temps : dans un premier temps, les propositions techniques sont ouvertes et évaluées dans un délai de 10 jours conformément aux critères définis ; dans un second temps, seuls les soumissionnaires ayant présenté des propositions techniques conformes voient leurs propositions financières ouvertes et évaluées dans un délai de 5 jours, les autres propositions financières sont retournées aux soumissionnaires non retenus sans être ouvertes, à l'expiration des délais de recours. La désignation de l'attributaire provisoire du marché de prestations intellectuelles, suite aux négociations, s'effectue dans un délai de 3 jours.

2. La procédure applicable aux marchés de certaines communes

Aux termes de l'article 80 du CMP : « Les marchés passés par les communes dont le budget ne dépasse pas un seuil fixé par arrêté du ministre chargé des Finances, peuvent faire l'objet de *procédures allégées*, comportant en particulier des formalités de publicité et des cahiers de charges adaptés, dans le respect des principes posés par le (…) décret et conformément aux modalités fixées par arrêté du ministre chargé des Finances. » Ce dernier est l'arrêté n° 007119 du 23 mars 2023 relatif aux procédures applicables aux marchés passés par certaines communes, qui fixe les procédures applicables aux marchés passés par les communes dont le budget annuel est inférieur à 300 millions de francs CFA, à condition qu'ils soient imputables au budget de la commune concernée. À propos de l'interprétation de cette disposition : « L'attention des Autorités contractantes est attirée sur deux points : le premier est que même si le budget de la commune est inférieur à 300 millions de francs CFA mais que le marché envisagé n'est pas imputable à celui-ci, il ne sera pas fait application de l'article [80] du Code des marchés publics. C'est le cas par exemple des marchés financés par un partenaire au développement ou par l'État, dans le cadre d'un programme national de développement. Le second point sur lequel l'attention des communes est attirée est que même si elles se trouvent dans les critères définis à cet article [80] et son [arrêté] d'application, elles peuvent choisir de ne pas faire application de la procédure dérogatoire. En effet, à l'examen de l'article [80] précité, le recours aux procédures adaptées est une faculté, et pas une obligation. (…). Ces allégements tiennent compte également de la volonté de faciliter l'accès des PME locales aux marchés de leur localité. »[512]

Pour ces communes de taille modeste, les dates limites pour la transmission du *plan de passation de marchés* à la DCMP et la publication de l'*avis général de passation de marchés* sont fixées au 30 avril de chaque année[513]. En outre, pour les marchés de travaux de montants estimatifs inférieurs à 50 millions FCFA TTC et les marchés de fournitures et services (à l'exclusion des marchés de prestations intellectuelles) de montants estimatifs inférieurs à 25 millions FCFA TTC, les communes dont le budget annuel est inférieur à 300 millions FCFA « peuvent procéder à une *publicité allégée* qui s'affranchit des règles normales de mise en concurrence posées par le Code des marchés publics »[514]. Elles publient, par *affichage public*, à la fois au niveau de leurs sièges, de ceux des préfectures et sous-préfectures dont elles relèvent, et des chambres de métiers couvrant leurs localités, les *avis généraux et spécifiques de passation des marchés* ainsi que les *avis d'attribution provisoire et définitive*. Sans préjudice de l'obligation de publication par affichage public, ces communes peuvent également procéder à la publication des avis, soit dans un quotidien, soit sur le portail des marchés publics, ou par voie radiophonique ou par affichage au niveau des gouvernances, des chambres de commerce, d'industrie et de services et de tout autre lieu public situé sur le territoire de la commune concernée. Pour chaque avis publié, les délais légaux de publication courent à partir de la date d'affichage au siège de la sous-préfecture. À cet effet, les accusés de réception ou décharges de bordereaux de transmission des demandes d'affichage adressés aux communes concernées feront foi, aux fins d'attestation de la date de publication effective des avis[515]. « Mais même si une commune donnée remplit les critères définis par cet article [80] et l'arrêté d'application précité, rien ne l'empêche de procéder à une publicité formalisée. La dérogation prévue dans ces textes n'est pas

---

512 *Guide d'application du décret n° 2014-1212 du 22 septembre 2014 portant Code des marchés publics*, *op. cit.*, pp. 26-27.

513 Article 2 de l'arrêté n° 007119 du 23 mars 2023 relatif aux procédures applicables aux marchés passés par certaines communes.

514 *Guide d'application du décret n° 2014-1212 du 22 septembre 2014 portant Code des marchés publics*, *op. cit.*, p. 27.

515 Article 3 de l'arrêté n° 007119 du 23 mars 2023 relatif aux procédures applicables aux marchés passés par certaines communes.

d'application obligatoire ; l'opportunité d'en faire usage est laissée à la libre appréciation des communes concernées. »[516]

Pour tout marché dont le montant est inférieur à 25 millions FCFA TTC, ces communes peuvent ne pas exiger au titre des *renseignements et justifications à fournir par les candidats* les attestations justifiant que le candidat a satisfait à ses obligations à l'égard de la Caisse de Sécurité sociale, de l'IPRES, des services chargés des recouvrements fiscaux et de l'Inspection du travail[517]. En outre, lorsqu'elles ont recours à une DRPS ou à une DRPR, ces communes peuvent, dans ce cas, solliciter des prix par écrit auprès de *3 candidats au minimum*[518]. Enfin, dans le cadre de leurs opérations de passation de marchés, ces communes peuvent, sauf dispositions contraires, utiliser tout *document simplifié officiel* de passation de marchés[519].

3. La procédure applicable aux marchés de prestations intellectuelles

Les *marchés de prestations intellectuelles*[520] sont des marchés dont l'objet consiste pour le cocontractant à réaliser au profit de l'autorité contractante, principalement, des activités telles que des études, travaux de recherche, services de conseil, d'ingénierie ou d'assistance, dont le résultat n'est pas physiquement mesurable ou apparent.

Pour la passation de ce type de marché public, le Code des marchés publics prévoit des règles particulières applicables à la présélection (a) et à la sélection (b) des candidats, à la présentation et à l'ouverture des offres (c), ainsi qu'aux négociations avec les candidats (d), qu'il convient d'examiner tour à tour.

---

[516] *Guide d'application du décret n° 2014-1212 du 22 septembre 2014 portant Code des marchés publics*, *op. cit.*, p. 73.

[517] Article 4 de l'arrêté n° 007119 du 23 mars 2023 relatif aux procédures applicables aux marchés passés par certaines communes.

[518] Article 5 de l'arrêté n° 007119 du 23 mars 2023 relatif aux procédures applicables aux marchés passés par certaines communes.

[519] Article 6 de l'arrêté n° 007119 du 23 mars 2023 relatif aux procédures applicables aux marchés passés par certaines communes.

[520] Aux termes de l'article 4.42 du CMP, les *prestations intellectuelles* sont des « services consistant, principalement, en la réalisation d'activités telles que des études, des travaux de recherche, des services de conseils, d'ingénierie ou d'assistance qui ne se traduisent pas par un résultat physiquement mesurable ou apparent ».

a. La présélection des candidats

Aux termes de l'article 81 du CMP : « Les marchés de prestations intellectuelles donnent lieu à une présélection des candidats admis à présenter une proposition, puis sont attribués après mise en concurrence des candidats présélectionnés. » La *présélection* des candidats admis à présenter une *proposition* doit être faite à travers le recours à la *manifestation d'intérêt*, dont l'objectif « est de constituer, pour l'Autorité contractante, une liste restreinte de soumissionnaires qualifiés pour concourir »[521]. Il s'agit là d'une obligation de moyen à la charge de l'autorité contractante[522]. Dans ce cas, l'*avis public à manifestation d'intérêt* à lancer, publié dans les mêmes conditions et délais applicables aux avis généraux de passation des marchés et aux avis d'appel public à la concurrence, doit indiquer au moins :

- ✓ le nom, l'adresse de l'autorité contractante ;
- ✓ les principales activités de l'autorité contractante ;
- ✓ les conditions de participation, notamment : situation juridique, capacité technique, capacité économique et financière ;
- ✓ les critères de sélection ;
- ✓ la date limite de dépôt des offres ;
- ✓ l'adresse à laquelle les offres doivent être envoyées[523].

Le délai minimal de réponse à l'avis public à manifestation d'intérêt est de 15 jours à compter de la publication de l'avis. L'autorité contractante établit une *liste restreinte de candidats présélectionnés* en raison de leur aptitude à exécuter les prestations intellectuelles. L'autorité contractante peut également lancer un avis d'appel à manifestation d'intérêt pour la constitution d'une *base de données* d'entrepreneurs, fournisseurs et prestataires de services dont les modalités sont fixées par arrêté du ministre chargé des Finances.

b. La sélection des candidats

---

[521] *Guide d'application du décret n° 2014-1212 du 22 septembre 2014 portant Code des marchés publics*, *op. cit.*, p. 74.

[522] Article 82 du CMP : « L'autorité contractante *doit* recourir à la manifestation d'intérêt pour présélectionner des candidats dans le cadre des marchés de prestations intellectuelles. »

[523] Article 82 du CMP.

La présélection des candidats au marché de prestations intellectuelles est suivie d'une *sélection* des candidats par la commission des marchés sur la base de leur aptitude à exécuter les prestations intellectuelles objet du marché et d'une *classification* sur la base des critères publiés dans l'*appel à manifestation d'intérêt public.* Lorsqu'un nombre minimum de trois (3) candidats n'est pas réuni à la date limite de dépôt de candidatures, l'autorité contractante ouvre un nouveau délai qui ne peut être inférieur à 10 jours ouvrables et invite de nouveaux candidats. À l'issue de ce nouveau délai, l'autorité contractante continue la procédure quel que soit le nombre de candidats obtenu[524]. Une *demande de proposition* est alors adressée par l'autorité contractante aux candidats qualifiés suite à l'avis de manifestation d'intérêt, lesquels reçoivent alors un *dossier de consultation* (équivalent du dossier d'appel à la concurrence) comprenant les termes de référence, une lettre d'invitation indiquant les critères de sélection et leur mode d'application détaillé, ainsi que le projet de marché. Le dossier de consultation mentionne également les exclusions à la participation future aux marchés de travaux, fournitures et services qui résulteraient des prestations faisant l'objet de la consultation[525].

Toutefois, en cas d'*urgence simple*, l'autorité contractante soumet à la DCMP, pour avis, une demande de proposition accompagnée d'une liste de trois (3) candidats, au moins, retenus en raison de leur aptitude à exécuter les prestations prévues. Dans ce cas, le délai de réception des propositions est au moins égal à dix (10) jours lorsqu'il s'agit d'un appel à la concurrence nationale et quinze (15) lorsqu'il s'agit d'un appel à la concurrence internationale, à compter de la date de réception de la lettre d'invitation. La soumission des propositions s'effectue sous le même format. Lorsqu'un minimum de trois (3) plis n'a pas été remis aux date et heure limites de remise des propositions, l'autorité contractante ouvre un nouveau délai qui ne peut être inférieur à cinq (5) jours et invite de nouveaux candidats. À l'issue de ce dernier délai, la commission des marchés peut ouvrir les plis quel que soit le nombre de propositions reçues. L'ouverture et l'évaluation des propositions financières se font dans un délai maximum de trois (3) jours. Les propositions financières sont ensuite ouvertes en présence des soumissionnaires qui le souhaitent. Après évaluation combinée et négociations, la désignation de l'attributaire provisoire du marché est

[524] Article 81 du CMP.
[525] *Ibid.*

faite dans un délai maximum de trois (3) jours. Et le marché de prestations intellectuelles négocié est signé par les parties dans un délai maximum de trois (3) jours, à compter de la publication, dans les mêmes conditions et formes applicables aux autres marchés publics, de l'avis d'attribution provisoire du marché[526].

Enfin, pour les marchés de prestations intellectuelles dont *le montant des prestations est inférieur* à 50 millions FCFA en ce qui concerne l'État, les institutions constitutionnelles, les collectivités territoriales et les établissements publics, à 60 millions FCFA en ce qui concerne les sociétés publiques, les agences ou autres organismes ayant la personnalité morale, les institutions de protection sociale, l'autorité contractante peut ne pas effectuer de formalité de publicité et inviter directement cinq (5) prestataires à soumettre une proposition[527]. L'autorité contractante peut aussi, on l'a vu, décider de ne pas recourir à ces dispositions et faire une DRP. Dans ce dernier cas, elle lance un avis à manifestation d'intérêt conformément aux dispositions spécifiques aux manifestations d'intérêt prévues par le Code des marchés publics.

c. La présentation et l'ouverture des propositions

La *soumission des propositions* s'effectue sous la forme d'une *enveloppe unique* contenant deux (2) enveloppes distinctes et cachetées : l'une contient la proposition technique, l'autre la proposition financière. Concrètement, la présentation des offres en matière de prestations intellectuelles s'effectue de manière suivante : « La proposition technique doit être placée dans une enveloppe séparée et cachetée ; il en est de même pour la proposition financière. Les candidats joindront par ailleurs les pièces à caractère administratif requises par l'Autorité contractante. Les Candidats doivent placer l'original et toutes les copies de la Proposition technique dans une enveloppe portant clairement la mention "PROPOSITION TECHNIQUE", qu'ils cachettent. De même, l'original et les copies de la Proposition financière sont placés dans une enveloppe cachetée portant clairement la mention "PROPOSITION FINANCIÈRE" suivie du nom de la mission, et de l'avertissement "NE PAS OUVRIR EN MÊME TEMPS QUE LA PROPOSITION TECHNIQUE". Les

[526] Article 81 du CMP.

[527] *Ibid.*

Candidats placent ensuite ces deux enveloppes dans une même enveloppe cachetée extérieure portant l'adresse de soumission, le numéro de référence, ainsi que la mention “À OUVRIR UNIQUEMENT PAR LA COMMISSION DES MARCHÉS DE L'AUTORITÉ CONTRACTANTE”. »[528]

Lorsqu'un minimum de 3 plis n'a pas été remis aux date et heures limites de remise des propositions, l'autorité contractante ouvre un nouveau délai qui ne peut être inférieur à 5 jours et invite de nouveaux candidats. À l'issue de ce nouveau délai, la commission des marchés peut ouvrir les plis quel que soit le nombre de propositions reçues[529].

L'*ouverture des propositions* comporte deux phases : dans la première phase, les propositions techniques sont ouvertes et évaluées conformément aux critères retenus, dans la seconde phase, seuls les soumissionnaires ayant présenté les propositions techniquement qualifiées et conformes voient leurs propositions financières ouvertes par la *commission des marchés*, les autres propositions financières devant être retournées sans être ouvertes aux soumissionnaires non qualifiés[530]. La commission des marchés procède à *l'évaluation des propositions* des soumissionnaires qualifiés et à la désignation de l'attributaire provisoire du marché de prestations intellectuelles, sur la base :

✓ soit de la qualité technique de la proposition, résultant en particulier de l'expérience du candidat, de la qualification des experts et de la méthode de travail proposée ainsi que du montant de la proposition ;

✓ soit d'un budget prédéterminé dont le candidat doit proposer la meilleure utilisation possible ;

✓ soit de la meilleure proposition financière soumise par les candidats ayant obtenu une note technique minimum ;

✓ soit, dans les cas où les prestations sont d'une complexité exceptionnelle ou d'un impact considérable, ou encore lorsqu'elles donneraient lieu à des propositions difficilement comparables, exclusivement sur la base de la qualité technique de sa proposition.

---

[528] *Guide d'application du décret n° 2014-1212 du 22 septembre 2014 portant Code des marchés publics*, *op. cit.*, p. 103.

[529] Article 81 du CMP.

[530] Article 81 du CMP.

Dans ce dernier cas, l'exécution du marché doit donner lieu à un contrôle des prix de revient[531].

d. Les négociations finales avec les candidats

Le Code des marchés publics précise que « Le marché de prestations intellectuelles fait ensuite l'objet de *négociations* avec le candidat dont la proposition est retenue, pour la désignation de l'attributaire provisoire. Les négociations ne peuvent en aucun cas être conduites avec plus d'un candidat à la fois »[532]. La directive n° 04/2005 de l'UEMOA précise en outre que « Dans tous les cas, lorsque le prix a été un critère de sélection, ces négociations ne peuvent porter sur les prix unitaires. Une fois ces négociations conclues, les autres soumissionnaires sont informés du rejet de leur proposition »[533]. Les négociations engagées avec le candidat dont la proposition est retenue par la commission des marchés visent à arrêter les termes définitifs du marché de prestations intellectuelles et, si nécessaire, à modifier la proposition retenue afin de la rapprocher davantage des besoins de l'autorité contractante. « Cette discussion, est-il couramment affirmé, n'est pas une négociation ; en réalité, il s'agit d'une négociation mais qui ne peut porter que sur la définition du projet (projet technique et projet de contrat) et non sur les offres des candidats, ce qui fait la différence avec une procédure négociée. »[534]

D'après les « Instructions aux candidats » de la *Demande de propositions standard pour les marchés de prestations intellectuelles (marchés importants)* : « Les négociations auront lieu à l'adresse indiquée dans les Données particulières. Le Candidat invité confirmera, à titre de condition préalable au début des négociations, la disponibilité de tout son personnel clé. Si cette condition n'est pas remplie, l'Autorité contractante aura le droit de rejeter ce Candidat et d'entamer de négociations avec le Candidat sélectionné en deuxième position. Les représentants qui mèneront les négociations au nom du Candidat devront être pourvus d'une autorisation écrite les habilitant à négocier et à conclure un marché. Les négociations comporteront une discussion de la Proposition technique, de la conception et de la méthodologie

[531] *Ibid.*
[532] Article 81 du CMP.
[533] Article 34 de ladite directive.
[534] RICHER, L., *op. cit.*, p. 499.

proposées, du plan de travail, de la dotation en personnel clé et de toute suggestion faite par le Candidat pour améliorer les Termes de référence. L'Autorité contractante et le Candidat mettront ensuite au point les Termes de référence finalisés, la dotation en personnel clé, le calendrier de travail, les aspects logistiques et les conditions d'établissement des rapports. Ces documents seront ensuite intégrés à la "Description des Prestations", qui fera partie du marché. Il faudra veiller tout particulièrement à préciser la contribution de l'Autorité contractante en matière d'intrants et de moyens matériels visant à assurer la bonne exécution de la mission. L'Autorité contractante préparera un compte rendu des négociations qui sera signé par l'Autorité contractante et par le Candidat. Les négociations refléteront l'impact des modifications techniques convenues sur le coût des services. Sauf circonstances exceptionnelles, les négociations financières ne porteront ni sur les taux de rémunération du personnel, ni sur les autres taux unitaires en cas de Sélection qualité-coût, de Sélection dans le cadre d'un budget fixé ou de Sélection au moindre coût. En cas de sélection sur la base de la qualité seule, le Candidat fournira à l'Autorité contractante les renseignements sur les taux de rémunération et autres coûts qui sont demandés dans l'Annexe à la Section 5 — Proposition financière — Formulaire type de cette DP. »[535]

4. La procédure applicable aux marchés passés suite à une offre spontanée

Une *offre spontanée* est « une proposition de projet (fournitures, services ou travaux) émanant d'un opérateur économique. En effet, les entreprises peuvent adresser à l'Autorité contractante une offre spontanée, afin de lui présenter un projet répondant à un besoin qu'il n'aurait pas identifié »[536]. Cette proposition de l'opérateur économique est *spontanée* en ce sens qu'elle n'est pas soumise en réponse à un appel à la concurrence publié par l'autorité contractante. « Traditionnellement, le gouvernement implique le secteur privé dans le développement des infrastructures par le biais d'un processus de planification publique. Une administration développe un concept de

---

[535] *Demande de Propositions standard Passation des marchés de prestations intellectuelles (marchés importants)*, mai 2017.

[536] *Guide d'application du décret n° 2014-1212 du 22 septembre 2014 portant Code des marchés publics*, *op. cit.*, p. 77.

projet en réponse à un besoin d'infrastructure identifié (présenté dans un programme ou une stratégie de développement des infrastructures), puis prépare et développe le projet (avec l'appui de ses conseillers externes). L'administration lance ensuite une procédure de mise en concurrence dont l'objectif est de confier l'exécution du projet à l'opérateur privé le mieux qualifié. Les offres spontanées constituent une exception à cette pratique selon laquelle les projets d'infrastructures sont initiés par le secteur public. Dans le cas d'une offre spontanée, un opérateur privé soumet à une autorité contractante une proposition visant un projet d'infrastructure ou de service, sans avoir été au préalable expressément consulté ni invité à le faire par le gouvernement. »[537]

Le projet concerné par l'offre spontanée ne doit surtout pas être inscrit, ni totalement ni partiellement, dans le programme triennal d'investissements publics de l'État. En effet, « lorsqu'un opérateur privé soumet une proposition de projet, cette dernière n'est pas nécessairement conforme aux priorités de l'administration ni aux programmes de développement des infrastructures. Concilier l'intérêt général et les intérêts du secteur privé constitue certes déjà un défi dans le cas des PPP initiés par le secteur public ; or, cette difficulté peut se trouver exacerbée dans le cas des PPP initiés par secteur privé si l'autorité contractante n'est pas suffisamment impliquée aux stades initiaux du projet. Lorsqu'un opérateur privé soumet une offre spontanée, il incombe donc au gouvernement de s'assurer que le projet est conçu et structuré de façon à répondre aux besoins économiques et sociétaux, mais aussi qu'il donne lieu à une mise en concurrence pour garantir des conditions et des prix de marché équitables »[538]. Cela dit, « Si elles présentent des opportunités, les offres spontanées sont parfois

---

[537] Groupe de la Banque Mondiale/PPIAF (Fonds de conseil en infrastructure publique-privée), *Orientations pour les politiques de gestion des offres spontanées relatives aux projets d'infrastructures*, volume II. *Lignes directrices à l'attention des décideurs publics chargés d'élaborer une politique de gestion des offres spontanées*, octobre 2017, p. 5. D'après ce document de la Banque mondiale : « Les Lignes directrices ont pour objet de définir, à l'attention des gouvernements, des orientations pour encadrer le processus de gestion des offres spontanées, de façon à ce que les PPP issus de ces offres soient plus équitables et plus viables sur le plan budgétaire, tout en servant l'intérêt général. »

[538] *Orientations pour les politiques de gestion des offres spontanées relatives aux projets d'infrastructures* de la Banque Mondiale, *op. cit.*, p. 6.

également sources de difficultés »[539]. Au titre des opportunités, « L'identification de projets d'infrastructures viables nécessite des moyens techniques, institutionnels et financiers importants. Or, de nombreux gouvernements ne disposent pas des capacités requises pour initier les projets nécessaires pour pallier le déficit d'infrastructures dans le respect des principes de faisabilité et de pertinence d'une approche PPP. Lorsque les gouvernements autorisent les opérateurs privés à proposer des projets, une procédure de gestion bien conçue permet de tirer parti de l'intérêt du secteur privé dans l'identification de solutions viables »[540]. D'autre part, « Un processus de gestion des offres spontanées bien conçu peut stimuler l'innovation en incitant les opérateurs privés ou d'autres entités à proposer des technologies ou solutions nouvelles. Les fournisseurs de technologies privés sont parfois plus à même d'identifier des solutions potentielles aux enjeux en matière d'infrastructures que les fonctionnaires. Permettre à ces opérateurs de soumettre leurs idées peut générer des solutions plus intelligentes, plus durables et plus rentables »[541].

Au titre des difficultés, « Celles-ci peuvent être d'ordre institutionnel — les gouvernements doivent par exemple allouer les moyens nécessaires pour que les offres spontanées progressent au fil des procédures et des étapes de validation. Un autre défi consiste à concilier l'intérêt général et les intérêts du secteur privé, car un concept de projet proposé par un opérateur privé doit permettre d'atteindre les objectifs publics. Enfin, l'autorité contractante peut être confrontée à certaines réticences à l'égard des offres spontanées »[542]. De manière spécifique, les difficultés sont liées à la faible capacité institutionnelle de certains gouvernements à gérer les afflux d'offres spontanées qui peuvent mettre sous tension des ressources financières et humaines limitées, induire des problèmes de planification budgétaire, susciter des accusations de corruption ou de népotisme, notamment en cas de négociation directe, mais surtout obérer les conditions d'une mise en concurrence plus susceptible de garantir une tarification au prix du marché et un rapport qualité-prix plus avantageux que la négociation

---

539 *Orientations pour les politiques de gestion des offres spontanées relatives aux projets d'infrastructures* de la Banque Mondiale, *op. cit.*, p. 9.

540 *Orientations pour les politiques de gestion des offres spontanées relatives aux projets d'infrastructures* de la Banque Mondiale, *op. cit.*, p. 7.

541 *Ibid.*

542 *Orientations pour les politiques de gestion des offres spontanées relatives aux projets d'infrastructures* de la Banque Mondiale, *op. cit.*, p. 9.

directe d'un marché public ou contrat de partenariat, « pour les raisons suivantes : (1) le promoteur de l'offre spontanée a un accès facilité aux informations relatives au projet — et une maîtrise accrue de celles-ci (asymétrie d'information) — et (2) les concurrents potentiels renoncent parfois à élaborer une offre concurrente s'ils estiment que le promoteur de l'offre spontanée dispose sur eux d'un avantage significatif. Il est particulièrement difficile de créer des conditions de concurrence équitables lorsque : (1) le promoteur de l'offre spontanée joue un rôle actif dans le développement du projet ; (2) le promoteur a le droit de soumettre une offre alignée sur les propositions de la concurrence ou perçoit un bonus important au moment de l'évaluation des offres ; et/ou (3) les candidats concurrents ne disposent pas de délais suffisants pour préparer leurs offres ou ont un accès inégal aux informations »[543].

Pour toutes ces considérations, le Code des marchés publics autorise l'autorité contractante à donner suite à une *offre spontanée* de fournitures, de prestation de services et de réalisation de travaux lorsque celle-ci entre dans le cadre de ses missions et présente un intérêt général manifeste[544]. Sous réserve des exceptions ci-dessous précisées, les marchés à conclure suite à une offre spontanée sont passés par *appel d'offres ouvert*[545]. « Ce principe signifie que les offres spontanées ne permettent pas à l'Autorité contractante de contracter directement avec les entreprises qui en sont à l'origine. Si la personne publique souhaite donner suite à un tel projet, elle doit organiser la mise en concurrence de tous les opérateurs économiques potentiellement intéressés par sa mise en œuvre, offrant toutes les garanties d'impartialité de sélection. Il lui faut donc organiser un appel d'offres ouvert dans les conditions prévues par le Code des marchés publics. »[546] À cet effet, le *dossier d'appel à la concurrence* « est élaboré sur la base des études préalables réalisées par l'auteur de l'offre spontanée qui précise, à la transmission desdites études, les données confidentielles ou de propriété intellectuelle qui ne peuvent faire l'objet de divulgation dans le dossier à l'exception d'une cession de ses droits à l'autorité contractante »[547]. L'autorité contractante doit « éviter en conséquence, en procédant au

---

[543] *Orientations pour les politiques de gestion des offres spontanées relatives aux projets d'infrastructures* de la Banque Mondiale, *op. cit.*, p. 10.

[544] Article 83 du CMP.

[545] *Ibid.*

[546] *Guide d'application du décret n° 2014-1212 du 22 septembre 2014 portant Code des marchés publics*, *op. cit.*, p. 77.

[547] Article 83 du CMP.

lancement de l'appel d'offres, à divulguer des données qui n'auraient pas dû l'être car protégées par le secret des affaires. Mais si ce secret des affaires est tellement étendu qu'il rendrait impossible le lancement de l'appel d'offres, l'Autorité contractante qui a reçu l'offre est invitée à ne pas y donner suite ; l'acceptation d'une cession des droits de l'auteur de l'offre spontanée ne doit pas être automatique ; il faut éviter que les opérateurs privés utilisent ce concept pour instituer un commerce selon leur bon vouloir »[548].

Toutefois, par dérogation au principe du recours à l'appel d'offres ouvert pour faire suite à une offre spontanée, l'autorité contractante peut recourir à la *négociation directe*, après *avis préalable* de la DCMP, avec une entreprise présentant une offre spontanée. Mais cette possibilité de recourir à la procédure d'entente directe avec l'auteur de l'offre spontanée n'est admise que dans les conditions cumulatives suivantes :

- le montant estimatif du marché concerné est au moins égal à cinquante (50) milliards de francs CFA ;
- le financement intégral du marché est apporté par l'entreprise dans les conditions conformes aux règles d'endettement du Sénégal ;
- l'entreprise, dans le cas où elle serait de droit non communautaire, s'engage à apporter le financement intégral sans la garantie souveraine de l'État, à sous-traiter aux nationaux une part du marché qui ne peut être inférieure à 20 % du montant total ;
- l'entreprise définit, le cas échéant, un schéma pouvant assurer un transfert de compétences et de connaissances[549].

L'entreprise est toujours accompagnée par une banque pour faire l'offre spontanée. L'État s'engage avec cette banque dans un prêt pour le paiement des prestations. Le principe du règlement du marché après service fait est respecté. Mais compte tenu des risques de surendettement pour le pays, l'autorité contractante doit recueillir l'avis du ministre des Finances sur la soutenabilité budgétaire du prêt relatif à l'offre spontanée. De plus, la DCMP émet son *avis préalable* sur présentation par l'autorité contractante d'un dossier comprenant l'offre technique détaillée résultant d'études concluantes, l'offre financière avec une structure des prix détaillée et le schéma de financement avec les modalités de remboursement du prêt par l'État comme le taux

---

[548] *Guide d'application du décret n° 2014-1212 du 22 septembre 2014 portant Code des marchés publics*, *op. cit.*, p. 77.

[549] Article 83 du CMP.

d'intérêt, le différé, la durée de l'amortissement du prêt. L'avis tient aussi compte d'un rapport d'expertise portant notamment sur les aspects techniques, financiers et environnementaux. « Le contrôle de la DCMP est très attendu et ne laisse de côté aucun élément déterminant. C'est pourquoi outre les éléments que lui transmet l'Autorité contractante ayant reçu la proposition, l'avis de l'organe de contrôle est également émis sur la base d'un rapport d'expertise portant notamment sur les aspects techniques, financiers et environnementaux et c'est l'organe chargé de la Régulation des Marchés publics qui met à la disposition de la DCMP une liste d'experts indépendants. »[550]

Lorsque *l'avis de la DCMP est favorable*, l'autorité contractante peut signer un *protocole d'accord* avec l'entreprise auteure de l'offre spontanée afin de fixer les engagements des parties pour assurer une bonne négociation du contrat, les délais de mobilisation du financement ainsi que l'échéance de négociation du contrat. « Si l'auteur du projet ne mobilise pas le financement dans les délais définis par l'Autorité contractante, celle-ci peut soit annuler la procédure, soit organiser un appel d'offres ouvert. Pour éviter ce blocage dû au financement, il est particulièrement recommandé aux Autorités contractantes de veiller à ce que l'offre soumise contienne à l'origine des éléments bancaires ou comptables concrets qui établissent la disponibilité des fonds nécessaires à la réalisation du projet. »[551] D'autre part, le financement proposé par l'opérateur économique doit être mobilisé avant l'approbation du marché. « Si cette condition n'est pas respectée, l'autorité d'approbation réservera une suite défavorable à la demande. »[552] En revanche, lorsque *l'avis de la DCMP est négatif*, l'autorité contractante peut saisir le CRD[553].

---

[550] *Guide d'application du décret n° 2014-1212 du 22 septembre 2014 portant Code des marchés publics*, *op. cit.*, p. 78.

[551] *Ibid.*

[552] *Ibid.*

[553] Article 83 du CMP.

SECTION IV. LA CONCLUSION DES MARCHÉS

Par analogie au traité international, le marché public peut être considéré comme un *contrat administratif en forme solennelle*[554] caractérisé non seulement par une procédure « de double degré » dans la manifestation de l'engagement de l'autorité contractante, mais aussi par une procédure relativement longue marquée par des actes distincts et séparés dans le temps. En effet, une fois les formalités préalables remplies (§1), la conclusion du marché public est scellée par la signature (§2) et, le cas échéant, l'approbation (§3). Mais pour qu'il puisse devenir opposable, le marché signé et, éventuellement, approuvé doit faire l'objet d'immatriculation (§4), de notification (§5) et de publication à travers un avis d'attribution définitive (§6).

§1. Les formalités préalables à la conclusion du marché

La conclusion du marché public n'intervient qu'après décision d'attribution provisoire du marché (A) et publication d'un avis d'attribution provisoire du marché par l'autorité contractante (B).

A. La décision d'attribution provisoire du marché

La *proposition d'attribution provisoire* du marché faite par la commission des marchés est adressée par ses soins à l'autorité contractante pour décision. Si l'autorité contractante n'approuve pas la proposition d'attribution provisoire du marché, elle transmet pour avis, dans un délai de trois (3) jours ouvrables, la proposition d'attribution

---

[554] « La procédure longue, solennelle, est caractérisée par la dissociation entre la phase de l'authentification du texte du traité, qui se traduit par la signature, et celle du consentement à être lié, qui s'exprime par un acte distinct à la suite d'un examen effectué par les organes compétents pour engager l'État. Dans tous les cas, cet acte est donc séparé dans le temps de la signature. La conclusion du traité se réalise au moyen de deux actes successifs de l'État. Ce n'est qu'en vertu du deuxième acte que le traité produit ses effets de droit obligatoires. Cette procédure "à double degré" constitue l'élément essentiel de la définition des traités formels ou solennels » (FORTEAU, M., MIRON, A., PELLET, A., *Droit international public*, 9e éd., Paris, LGDJ, 2022, p. 180).

de la commission des marchés et sa propre proposition motivée à la commission des marchés et à la DCMP[555].

La *décision de l'autorité contractante* relative à la proposition d'attribution provisoire du marché doit intervenir dans les trois (3) jours ouvrables qui suivent la date de la décision de la commission des marchés ou de l'avis de la DCMP. Lorsqu'il s'agit de procès-verbal d'attribution provisoire relatif aux marchés à exécution fractionnée, aux marchés passés par appel d'offres restreint et aux marchés dont la valeur est égale ou supérieure aux seuils de revue de la DCMP, l'autorité contractante, même si elle ne remet pas en cause la proposition de la commission des marchés, transmet la proposition d'attribution à la DCMP, pour avis. Lorsque l'autorité contractante n'accepte pas les recommandations de la DCMP, elle peut saisir, dans un délai de trois (3) jours ouvrables suivant la réception de ces recommandations, le CRD qui a sept (7) jours suivant la réception de la demande pour statuer[556].

B. La publication de l'avis d'attribution provisoire du marché

Dès qu'elle a approuvé la proposition d'attribution provisoire du marché à elle régulièrement faite par la commission des marchés, l'autorité contractante avise *immédiatement*, c'est-à-dire sans délai ou tout de suite, les autres candidats déchus des motifs du rejet de leurs offres, leur restitue les garanties de soumission et publie un *avis d'attribution provisoire* du marché ou le notifie aux soumissionnaires en cas de consultation restreinte[557]. La publication de l'avis d'attribution provisoire est un acte important de la procédure de passation du marché, en ce sens qu'elle marque, avec la publication de l'avis d'appel à la concurrence ou la communication du dossier d'appel à la concurrence, le point de départ du *recours gracieux* préalable des candidats malheureux devant la personne responsable du marché. La publication de l'avis d'attribution provisoire du marché s'effectue dans les mêmes conditions que les avis d'appel à la concurrence[558]. En particulier, d'après le CRD, une autorité contractante ne peut faire publier un avis d'appel à la concurrence et un avis d'attribution

---

[555] Article 84 du CMP.

[556] *Ibid.*

[557] Article 84 du CMP.

[558] Article 87 du CMP.

provisoire relatif au même marché dans deux journaux différents pour des raisons d'économie[559].

§2. La signature des marchés

Certes, la signature du marché public n'est pas nécessairement l'étape ultime du processus de conclusion du marché public, mais elle est tellement importante que la directive n° 04/2005 de l'UEMOA en appelle à l'observation d'une sorte de principe de précaution avant de signer. Aux termes de l'article 67 de cette directive communautaire : « Avant signature de tout marché, les services compétents des Autorités contractantes doivent fournir à leurs co-contractants la preuve que le crédit est disponible et a été réservé. L'autorité administrative chargée du contrôle des marchés publics a pour responsabilité de valider la procédure de sélection. Lorsque la passation d'un marché a été soumise à l'obligation d'une autorisation préalable et que cette obligation n'a pas été respectée, le marché est nul. L'Autorité contractante peut demander au soumissionnaire retenu de confirmer l'ensemble de ses qualifications, préalablement à la signature du marché. Une fois la procédure de sélection validée, le marché est signé par le représentant de l'Autorité contractante et l'attributaire. »

Le Code des marchés publics précise que « Les marchés sont transmis à la personne responsable du marché pour signature, dans un délai minimum de dix (10) jours suivant la publication ou la notification de l'avis d'attribution provisoire »[560]. Le délai d'attente minimal de 10 jours avant la signature du marché « s'explique par la nécessité de laisser la possibilité aux candidats non retenus d'exercer leurs droits de recours. Mais ce n'est pas seulement pour préserver les intérêts éventuels des candidats non retenus que le moment de la signature est différé. En effet, avant de procéder à la signature, la règlementation communautaire oblige l'autorité contractante à envoyer à l'attributaire du marché les documents attestant de la disponibilité des crédits nécessaires et suffisants pour le contrat envisagé[561]. Par ailleurs, dans

---

[559] Décision n° 106/13/ARMP/CRD du 8 mai 2013 du CRD statuant en commission litiges sur la dénonciation du cabinet Grant Thorton relative à la sélection par le Port autonome de Dakar de deux commissaires aux comptes titulaires et de leurs suppléants pour la période 2012 à 2017.

[560] Article 85 du CMP.

[561] Article 67 de la directive n° 04/2005 de l'UEMOA.

l'hypothèse où le futur prestataire n'avait pas fourni tous les éléments relatifs à sa candidature, il devra obligatoirement compléter son dossier avant la signature du marché »[562]. La *personne responsable du marché* est la « personne chargée de conduire la procédure de passation du marché public, de signer le marché public au nom de l'autorité contractante et de représenter l'autorité contractante lors de l'exécution du marché »[563].

La signature de l'acte d'engagement par la personne habilitée constitue la conclusion formelle du marché public : elle marque non seulement l'accord de l'autorité contractante mais aussi l'existence du marché public. D'après la jurisprudence, ce qui compte c'est la signature de l'acte d'engagement, pas celle du cahier des charges (il est quand même conseillé de faire parapher par chaque entreprise partie chaque page du CCAP et du CCTP), jugée insuffisante. En effet, « en l'absence de signature de l'acte d'engagement et de notification du marché, aucun lien contractuel ne s'est formé entre les parties » (CE 26 février 1988, *OPHLM de Villeneuve-Saint-Georges*). L'*acte d'engagement* est la pièce signée par un candidat à un marché public dans laquelle le candidat présente son offre ou sa proposition conformément aux clauses du cahier des charges. Il fait partie des pièces constitutives du marché public. L'acte d'engagement est donc « un élément essentiel de la procédure de passation du marché »[564]. C'est en fait l'élément qui crée le lien contractuel entre les parties au marché[565]. Ce rôle créateur explique que l'acte d'engagement prime sur les autres pièces constitutives du marché public[566]. Le Code des marchés publics utilise, dans le même sens, le terme « *soumission* », défini comme étant un « acte d'engagement écrit aux termes duquel un candidat fait connaître ses conditions et s'engage à respecter les cahiers des charges applicables »[567]. Du point de vue de son contenu, « un acte d'engagement doit comporter l'offre de l'entreprise candidate au marché, c'est-à-dire le coût des prestations, ainsi que l'acceptation des clauses des cahiers des charges rédigées par la personne publique »[568]. Il est clair que « l'autorité compétente ne peut signer qu'avec

---

562 NDIAYE, I., *op. cit.*, p. 139.
563 Article 4.36 du CMP.
564 CE 14 janvier 1998, *Commune de Saint-Pierre c/M. Pilhouée.*
565 CE 26 février 1988, *OPHLM de Villeneuve-Saint-Georges c/M. Courteille.*
566 CE 10 juin 1932, *Bigot*.
567 Article 4.49 du CMP.
568 MICHON, J., *op. cit.*, p. 221.

l'attributaire »[569], c'est-à-dire le candidat proposé par la commission des marchés pour l'attribution provisoire du marché public.

La question est maintenant de savoir s'il existe, pour l'autorité contractante, une obligation de signer le marché public avec l'attributaire. La jurisprudence française a répondu par la négative : « lorsque l'Administration en vertu de ces dispositions, informe un soumissionnaire que son offre est acceptée, cette décision ne crée pour l'attributaire aucun droit à la signature du marché ; (...) par suite, le soumissionnaire dont l'offre a été acceptée ne peut, pour critiquer la décision par laquelle l'Administration, renonçant à conclure le marché, déclare l'appel d'offres infructueux, faire valoir utilement que se trouve ainsi méconnue la règle selon laquelle une décision individuelle créatrice de droits ne peut être rapportée, si ce n'est lorsqu'elle est illégale et dans le délai du recours contentieux » (CE 10 octobre 1984, *CGCT*). De même, une fois signé, le marché ne peut plus être modifié à souhait. En effet, « Le respect des conditions de la concurrence implique que le marché signé est celui qui a fait l'objet de la consultation »[570]. Ainsi, la « mise au point » des conditions du marché ne doit pas aboutir à une modification substantielle du marché signé ; elle peut porter sur des conditions non substantielles du marché comme le délai d'exécution (CE 10 janvier 1986, *Société des travaux du Midi*) ou l'adjonction d'une variante (CE 27 juillet 1984, *Société Biro*)[571].

§3. L'approbation des marchés

« L'acte d'approbation, matérialisé par la signature de l'Autorité compétente à ce titre, est la formalité administrative qui achève la procédure de passation de marché. »[572] Le pouvoir d'approbation des marchés publics, qui était *concentré* dans les mains du président de la République dans les années 1960, est véritablement *déconcentré* avec une diversification des autorités d'approbation. En effet, après leur signature, les marchés publics doivent être soumis à l'approbation des autorités compétentes, en fonction de leurs montants[573].

---

[569] RICHER, L., *op. cit.*, p. 435.
[570] RICHER, L., *op. cit.*, p. 480.
[571] RICHER, L., *op. cit.*, p. 480.
[572] *Guide d'application du décret n° 2014-1212 du 22 septembre 2014 portant Code des marchés publics*, *op. cit.*, p. 110.
[573] Article 85 du CMP.

Les autorités approbatrices de marchés publics sont :

- pour *les marchés de l'État* :

✓ le ministre chargé des Finances lorsque le montant est égal ou supérieur à 300 millions FCFA,

✓ le ministre dépensier lorsque le montant est égal ou supérieur à 100 millions FCFA sans atteindre 300 millions FCFA,

✓ le président de l'institution constitutionnelle quel que soit le montant,

✓ le gouverneur de région lorsque le montant est inférieur à 100 millions FCFA, à l'exception de la région de Dakar, pour laquelle l'approbation des marchés reste de la compétence du ministre dépensier ;

- pour *les marchés des collectivités territoriales* : le représentant de l'État en ce qui concerne les marchés des départements d'un montant égal ou supérieur à 100 millions FCFA, les marchés des villes des régions de Dakar et de Thiès, et les marchés des communes d'un budget égal ou supérieur à 300 millions FCFA, d'un montant égal ou supérieur à 50 millions FCFA, les marchés des autres communes, d'un montant égal ou supérieur à 15 millions FCFA ;

- pour *les marchés des établissements publics, agences et autres organismes* :

✓ le ministre chargé des Finances lorsque le montant est égal ou supérieur à 300 millions FCFA,

✓ le président du Conseil d'administration ou de l'organe délibérant lorsque le montant est égal ou supérieur à 100 millions FCFA sans atteindre 300 millions FCFA,

✓ le directeur ou l'organe exécutif équivalent lorsque le montant est inférieur à 100 millions FCFA ;

- pour *les marchés des sociétés nationales et des sociétés anonymes à participation publique majoritaire* : leur représentant légal ; l'avis favorable du conseil d'administration préalable à la signature des marchés, matérialisé par le procès-verbal des délibérations, est requis lorsque les marchés sont passés par une société nationale ou une société anonyme à participation publique majoritaire créée depuis moins de 12 mois ou lorsque le représentant légal décide de retenir un candidat autre que celui proposé par la commission des marchés ;

- pour les *marchés des institutions de protection sociale* : leur représentant légal[574].

Pour les marchés de l'État, les marchés des collectivités territoriales et les marchés des établissements publics, en cas d'avenant, le montant à prendre en considération est constitué par le cumul du montant initial du marché et du montant des avenants. Lorsque l'avenant a pour effet de faire passer le montant du marché en dessous du seuil pour lequel l'autorité approbatrice a compétence, celle-ci reste compétente[575]. Du point de vue de sa valeur juridique, l'*approbation* « est la formalité administrative nécessaire pour donner effet au marché public »[576]. Un marché public ne saurait donc emporter d'effets avant que ne soit accordée l'approbation. Et lorsqu'elle s'impose au marché public, « l'approbation par l'autorité compétente vaut conclusion du marché »[577]. Cependant, « Les demandes de renseignements et de prix entrent en vigueur dès leur souscription par l'autorité compétente après l'expiration des délais de recours »[578]. D'autre part, le Code des marchés publics dispose que « Dans tous les cas, les fonctions d'autorité signataire et d'autorité approbatrice ne peuvent être cumulées »[579] : c'est le *principe de la séparation entre l'autorité signataire et l'autorité approbatrice* qui s'applique de manière absolue en matière de marchés publics. Le délai dont dispose l'autorité compétente pour approuver le marché public est de 30 jours pour les marchés des collectivités territoriales et de 15 jours pour les marchés des autres autorités contractantes, suivant la transmission du dossier d'approbation[580]. « L'article 85 du CMP précise implicitement qu'au-delà de ce délai de quinze jours, l'approbation est réputée effectuée. »[581]

L'autorité compétente peut approuver ou refuser d'approuver les marchés signés soumis à son approbation. Lorsqu'elle est décidée, l'approbation « achève la procédure de passation des marchés. Aucun

[574] Article 29 du CMP.
[575] *Ibid.*
[576] *Ibid.*
[577] Article 43 du COA.
[578] Article 10 de l'arrêté n° 007118 du 23 mars 2023 du ministre des Finances relatif aux modalités de mise en œuvre des procédures de demande de renseignements et de prix.
[579] Article 29 du CMP.
[580] Article 85 du CMP.
[581] *Guide d'application du décret n° 2014-1212 du 22 septembre 2014 portant Code des marchés publics*, *op. cit.*, p. 112.

contrôle *a priori* ne peut être effectué après l'approbation du marché »[582]. À l'égard de l'autorité contractante, la date de la décision d'approbation du marché par l'autorité compétente marque l'entrée en vigueur du marché public. *A contrario*, en cas de refus d'approbation, la procédure de passation du marché n'est pas bouclée, mais le refus d'approbation du marché par l'autorité compétente « ne peut intervenir qu'en l'absence du document attestant de l'existence des crédits suffisants »[583]. En outre, la décision de refus d'approbation du marché public doit être motivée et rendue dans un délai de 30 jours suivant la transmission du dossier d'approbation pour les marchés des collectivités territoriales et 15 jours suivant la transmission du dossier d'approbation pour les marchés des autres autorités contractantes. Elle est susceptible de recours devant le CRD par toute partie au contrat[584].

§4. L'immatriculation des marchés

L'*immatriculation* des marchés est une « opération de numérotation auprès de l'organe en charge du contrôle des marchés publics à des fins d'établissement de statistique sur les marchés régulièrement conclus avant leur notification aux titulaires »[585]. Aux termes de l'article 86 du CMP : « Les marchés régulièrement conclus, y compris ceux passés par demandes de renseignements et de prix à compétition ouverte, sont transmis à l'organe en charge du contrôle des marchés publics pour immatriculation avant leur notification à l'attributaire par l'autorité contractante. » En clair, l'immatriculation des marchés publics est non seulement une formalité obligatoire, mais elle est aussi un préalable à la notification du marché public à l'attributaire par l'autorité contractante. Ensuite, l'immatriculation des marchés ne se réduit pas à une opération mécanique de numérotation : la DCMP vérifie, à l'occasion, si les marchés publics transmis sont *régulièrement conclus* avant de procéder à la numérotation. Dès réception du dossier de marché complet, la DCMP a un délai de trois (3) jours pour procéder à l'opération, délai en général respecté par la DCMP. L'immatriculation du marché est gratuite, mais elle n'exclut pas l'obligation d'*enregistrement* du marché au Service des impôts.

---

[582] Article 85 du CMP.
[583] *Ibid.*
[584] Article 85 du CMP.
[585] Article 4.24 du CMP.

Une fois le marché public immatriculé, la DCMP transmet à l'ARCOP une copie de la page du contrat sur laquelle est mentionné le numéro d'immatriculation et contenant les informations sur le financement du marché, l'objet, la référence sur le plan de passation des marchés, le titulaire, notamment le NINEA, le registre du commerce, l'adresse et le numéro de téléphone, le montant du marché public, le délai d'exécution, le comptable assignataire des dépenses, la date de souscription, et la date d'approbation du marché public[586]. Toutefois, l'obligation d'immatriculation ne concerne pas les marchés passés par DRP simple et DRP à compétition restreinte. Pour ces derniers marchés, l'enregistrement au Service des impôts suffit. Le fisc prélève les droits de timbre à raison de 2 000 FCFA par page du contrat, c'est-à-dire de l'acte d'engagement ou de la soumission signé par le titulaire du marché.

§5. La notification des marchés

Le Code des marchés publics fait obligation à l'autorité contractante de notifier au titulaire le marché public conclu[587]. La *notification* du marché public au titulaire « consiste en une remise au titulaire contre récépissé ou en un envoi par lettre recommandée avec accusé de réception ou par tout moyen permettant de donner date certaine à cet envoi. La date de notification est celle du récépissé ou de l'avis de réception »[588]. Le juge administratif attache du prix au respect de cette formalité substantielle. Ainsi, dans son arrêt du 09 décembre 2021, *Établissements Ndèye Diétou Thiam c/ARMP*, la Cour suprême a estimé « que pour établir la matérialité de la réception de la lettre portant demande de justification de prix, le CRD affirme que "la réception et la décharge de cette correspondance par un membre de la famille prouve que l'autorité contractante a respecté la règlementation" et ajoute que "la commission aurait pu compléter la décharge par certaines informations telles que l'adresse exacte, le numéro de la carte d'identité nationale, le cachet de l'entreprise, le numéro de téléphone" ; Qu'en se déterminant ainsi, sans rechercher si la personne qui a reçu et déchargé ladite lettre *est habilitée à la recevoir* alors surtout que la notification

586 Article 86 du CMP.
587 *Ibid.*
588 *Ibid.*

dudit acte est faite à une personne morale de droit privé, le CRD a méconnu le sens et la portée des dispositions susvisées ».

D'autre part, il est une règle bien établie en droit administratif que le contrat administratif « existe dès qu'il a été signé par l'autorité compétente et prend effet à compter de sa notification au bénéficiaire concerné »[589]. C'est donc à partir de sa notification au titulaire que le marché public conclu prend effet *à l'égard du titulaire*, « sans qu'aucun commencement d'exécution soit possible avant »[590]. S'il est déjà conclu alors qu'il n'est pas encore titulaire, le marché public ne produit ses effets *à l'égard de l'attributaire* qu'à compter de la date de sa notification. Sauf disposition contraire du marché public, la date de notification constitue le point de départ des délais contractuels d'exécution du marché[591].

§6. La publication de l'avis d'attribution définitive du marché

Dans les quinze (15) jours suivant la notification du marché public au titulaire, l'autorité contractante procède à la publication de l'avis d'attribution définitive du marché sur le portail des marchés publics. Le marché public conclu n'est opposable aux *candidats écartés* qu'à partir de la publication de l'avis d'attribution définitive y relatif. L'avis d'attribution définitive du marché est publié dans les mêmes conditions que les avis d'appel à la concurrence. Par ailleurs, la personne responsable du marché est tenue de communiquer par écrit, dans un délai de cinq (5) jours ouvrables à compter de la réception d'une demande écrite, aux *candidats écartés*, les motifs du rejet de leurs candidatures ou de leurs offres[592]. La personne responsable du marché doit également informer, par écrit, les candidats qui en font la demande écrite, des motifs qui l'ont conduite à ne pas attribuer ou notifier le

---

[589] CHABANOL, D., JOUGUELET, J.-P., BOURRACHOT, F., *op. cit.*, p. 297.

[590] RICHER, L., *op. cit.*, p. 480.

[591] Article 86 du CMP.

[592] Article 88 du CMP. Cette communication présente l'intérêt d'informer les entreprises non retenues des motifs qui ont conduit à leur échec afin de leur permettre d'améliorer leur compétitivité. D'autre part, l'entreprise soumissionnaire évincée pourra dorénavant exercer une action en responsabilité aux fins d'obtenir réparation du préjudice subi (LALLEMANT-BIF, L., *Les marchés publics : transparence et atteintes*, Thèse de doctorat, Université de Reims, 1999, p. 110).

marché ou à recommencer la procédure, dans un délai de cinq (5) jours ouvrables à compter de la réception de la demande[593]. Toutefois, l'obligation d'information et de transparence qui pèse sur la personne responsable du marché connaît une limite. En effet, la personne responsable du marché ne peut communiquer à un candidat au marché public des renseignements dont la divulgation serait contraire à la loi ou porterait préjudice aux intérêts commerciaux légitimes d'autres candidats en révélant des informations non publiques sur leur situation financière ou juridique ou sur leurs méthodes de fabrication ou de gestion[594].

SECTION V. LA FORME ET LE CONTENU DES MARCHÉS

Les marchés publics obéissent aux règles générales de forme et de fond applicables aux contrats administratifs auxquelles « se juxtaposent toutes les règles spécifiques du Code des marchés publics »[595]. D'après ce dernier, les marchés doivent se présenter sous la forme d'un dossier unique (§1), mais leur contenu varie (§2) parce que dépendant de la volonté des parties.

§1. La forme d'un dossier unique

En ce qui concerne leur forme, l'article 79 de la directive n° 04/2005 de l'UEMOA prescrit que les « marchés font l'objet d'un document unique qui comporte les pièces constitutives et les mentions obligatoires conformes au dossier-type communautaire ». Cette règle de l'unicité formelle du marché public est reprise par l'article 10 du CMP aux termes duquel les marchés publics « sont conclus sous forme écrite et font l'objet d'un dossier unique dont les cahiers des charges et la soumission sont les éléments constitutifs. Les pièces constitutives du marché doivent contenir toutes les indications propres à faciliter la compréhension du dossier type adopté par l'organe en charge de la régulation des marchés publics ».

---

593 Article 88 du CMP.
594 Article 88 du CMP.
595 RICHER, L., *op. cit.*, p. 384.

Alors que la directive n° 04/2005 de l'UEMOA utilise l'expression « *document unique* », le Code des marchés publics parle de « *dossier unique* ». En outre, à la différence de la directive n° 04/2005 de l'UEMOA, le Code des marchés publics établit une distinction entre les « *éléments constitutifs* » et les « *pièces constitutives* » du marché public. Les premiers désignent les pièces contractuelles : les cahiers des charges et la soumission. Les secondes englobent les pièces contractuelles mais aussi des documents qui ne sont pas forcément des pièces contractuelles, par exemple, les procès-verbaux de réunion de la commission des marchés (procès-verbal d'ouverture des offres et procès-verbal d'attribution provisoire du marché)[596]. La jurisprudence administrative française a posé deux principes pour régler les cas de conflit entre les normes de différents documents d'un marché public : ces « deux principes sont que les pièces contractuelles prévalent quasiment systématiquement sur les pièces constitutives d'un marché, et que les documents particuliers prévalent toujours sur les documents généraux, auxquels les pièces du marché peuvent d'ailleurs déroger. L'acte d'engagement, par exemple, prime sur les autres pièces du marché[597], y compris sur un cahier des charges[598], ou encore un CCAP prévaut sur un CCAG[599]. Mais il faut savoir aussi qu'un bordereau de prix aura une force juridique supérieure à des sous-détails de prix[600] ou à un détail estimatif[601], ou encore à un devis descriptif sur un détail estimatif[602] »[603].

§2. Le contenu variable des marchés

Les marchés publics doivent comporter des mentions obligatoires (A). Par exception, les marchés publics passés par entente directe revêtent une « forme simplifiée » (B).

---

596 MICHON, J., *op. cit.*, p. 190.
597 CE 10 juin 1932, *Bigot*.
598 CAA Paris, 7 novembre 1989, *SA Laurent Bouillet*.
599 CE 22 juillet 1933, *Vincent*.
600 CE 14 novembre 1956, *Société Union française d'entreprises*.
601 CE 27 novembre 1921, *Oranie*.
602 CE 21 mai 1948, *Société coopérative ouvrière*.
603 MICHON, J., *op. cit.*, p. 191.

A. Les mentions obligatoires des marchés

Aux termes de l'article 13 du CMP, les marchés publics définissent les engagements réciproques des parties contractantes et doivent contenir les *mentions obligatoires*, dont l'omission entache ces marchés d'irrégularités substantielles pouvant justifier le prononcé de leur nullité. Les mentions obligatoires consistent en :

✓ l'indication des parties contractantes avec notamment le numéro d'inscription au registre du commerce et du crédit mobilier ou au registre des métiers, le numéro de compte du contribuable ou d'identification aux taxes indirectes et le Numéro d'identification national des entreprises et Administrations (NINEA) ou, pour les candidats étrangers non encore immatriculés au Sénégal, la référence à l'immatriculation auprès d'organismes équivalents dans l'État dont ils sont ressortissants ;

✓ la définition de l'objet du marché ;

✓ la référence aux articles du Code des marchés publics en vertu desquels le marché est passé ;

✓ l'énumération par ordre de priorité des pièces constituant le marché ;

✓ les exigences en matière d'achats publics durables et responsables ;

✓ le montant du marché et le mode de détermination de son prix dans les conditions fixées par le Code des marchés publics ;

✓ le délai d'exécution du marché et le point de départ des délais ;

✓ les pénalités de retard, les intérêts moratoires et autres sanctions liées aux retards dans l'exécution du marché ;

✓ les pénalités et autres sanctions liées au manquement aux obligations énoncées par la Charte de l'éthique et de la commande publique responsable ;

✓ les conditions de réception et, le cas échéant, de livraison des fournitures, services ou travaux ;

✓ les conditions de règlement et la domiciliation bancaire où les paiements seront effectués ;

✓ les garanties éventuellement exigées ;

✓ les conditions de résiliation ;

✓ l'imputation budgétaire et la ligne budgétaire ;

- ✓ le comptable assignataire du paiement ;
- ✓ la date de notification du marché ;
- ✓ le cas échéant, les régimes fiscaux et douaniers dérogatoires du droit commun ;
- ✓ le cas échéant, la référence à l'avis de la DCMP ;
- ✓ la référence aux assurances couvrant la responsabilité civile et professionnelle du titulaire du marché, le cas échéant ;
- ✓ les modalités de règlement des litiges ;
- ✓ dans le cas de marchés passés avec des entreprises étrangères, la loi applicable ;
- ✓ la signature de la personne responsable et celle du titulaire du marché ;
- ✓ le cas échéant, l'approbation de l'autorité compétente.

B. La forme simplifiée des marchés passés par entente directe

L'article 13 du CMP prévoit cependant que certains marchés publics, tels que les marchés classés secrets, les marchés d'urgence impérieuse et les marchés passés dans le cadre des mesures de mobilisation générale et de mise en garde « peuvent revêtir une *forme simplifiée* » comprenant au moins les indications suivantes :

- ✓ l'indication des parties contractantes ;
- ✓ la définition de l'objet du marché ;
- ✓ le montant du marché, l'imputation budgétaire et les conditions de paiement ;
- ✓ les obligations des parties y compris la remise de toutes les informations financières et comptables permettant le contrôle spécifique des prix ;
- ✓ le point de départ du délai d'exécution du marché et, éventuellement, sa durée si celle-ci peut être déterminée ;
- ✓ la signature de la personne responsable et la signature du titulaire du marché.

En réalité, il ne s'agit pas d'une « forme simplifiée » de marché public, puisque la forme d'un document unique n'est pas concernée, mais bien d'un *contenu simplifié* de marché public. Pour ces marchés publics classés secrets, en effet, les parties peuvent faire l'économie de certaines mentions obligatoires des marchés en se limitant à des stipulations minimales ou incompressibles au regard de la règlementation des marchés publics en particulier et du droit des contrats administratifs en général.

SECTION VI. LES PARTIES AU MARCHÉ PUBLIC

Aux termes de l'article 13 du CMP, « Les marchés publics définissent des engagements réciproques des parties… » Un marché est donc un contrat synallagmatique qui ne produit des effets qu'à l'égard des parties : l'autorité contractante (§1) et le titulaire du marché (§2).

§1. L'autorité contractante

Le Code des marchés publics donne une définition de l'autorité contractante (A), qui peut cependant confier ses attributions relatives à la passation et à l'exécution de marchés à un maître d'ouvrage délégué (B). Il ouvre également la possibilité pour des autorités contractantes de grouper ou de centraliser leurs commandes publiques (C), pour plus d'efficacité et d'efficience dans les procédures de passation des marchés publics.

A. La définition de l'autorité contractante

D'après le Code des marchés publics, par *autorité contractante*, il faut entendre « personne morale, service et organisme, visés à l'article 2 du (…) décret »[604]. Sont énumérés comme autorités contractantes : l'État, les institutions constitutionnelles, les collectivités territoriales, les groupements mixtes mis en place par les collectivités territoriales, les établissements publics locaux, les établissements publics nationaux, à l'exception des ordres professionnels, les sociétés publiques (sociétés nationales et sociétés anonymes à participation publique majoritaire), les agences, les autres structures administratives similaires ou assimilées dont l'activité est financée majoritairement par l'État ou une collectivité territoriale et s'exerce essentiellement dans le cadre d'activités d'intérêt général, les associations et groupements

[604] Article 4.8 du CMP.

formés uniquement par les personnes tantôt énumérées et les institutions de protection sociale.

L'*autorité contractante* est donc la personne publique ou la personne privée investie d'une mission de service public ou d'intérêt général qui a fait la commande publique au nom de laquelle le marché public a été conclu et pour le compte de laquelle les prestations de travaux, fournitures ou services sont réalisées. L'autorité contractante doit être distinguée de la *personne responsable du marché*. Celle-ci est en effet la « personne chargée de conduire la procédure de passation du marché, de signer le marché au nom de l'autorité contractante et de représenter l'autorité contractante lors de l'exécution du marché »[605]. Il s'agit donc de l'autorité compétente pour engager l'acheteur public : elle signe l'acte d'engagement. Dans le cadre de la conduite de la procédure de passation du marché, la personne responsable du marché, par exemple, décide de diviser ou non en lots la prestation dont l'autorité contractante a besoin, choisit la procédure de passation du marché public, déclare un appel d'offres infructueux et en avise les candidats, accepte ou non les organismes apportant leur garantie, accepte et agrée ou non les sous-traitants, etc.[606] La personne responsable du marché est en principe statutaire, mais la personne responsable du marché peut désigner d'autres personnes responsables des marchés en précisant les catégories, les programmes et les montants des marchés publics pour lesquels ces personnes disposent des compétences de personnes responsables de marchés[607]. Les *personnes responsables des marchés* sont :

- pour les marchés de l'État :

• dans chaque ministère : le ministre qui est responsable des marchés passés par les services centraux, des marchés passés dans la région de Dakar et des marchés des organismes non dotés de la personnalité morale relevant de son ministère ;

• pour les institutions constitutionnelles : le président de l'institution ;

• pour les marchés de l'État passés dans les régions autres que la région de Dakar : le gouverneur de région ;

---

[605] Article 4.29 du CMP ; article 27 du CMP.

[606] Pour les attributions de la personne responsable du marché, voir LAJOYE, C., *op. cit.*, pp. 69-71.

[607] Article 27 du CMP.

- pour les marchés des collectivités territoriales : les présidents de Conseil départemental et les maires ou leurs représentants dûment habilités, qui sont responsables, respectivement, des marchés à passer par les départements et les communes ;

- pour les marchés des établissements publics, agences et structures similaires ou assimilées et autres organismes publics ayant la personnalité morale : l'organe exécutif désigné conformément aux règles qui leur sont applicables ;

- pour les marchés des sociétés publiques : le directeur général ;

- pour les marchés des institutions de protection sociale : l'organe exécutif désigné conformément aux règles qui leur sont applicables.[608]

Lorsqu'il s'agit notamment de marché de travaux, l'autorité contractante est souvent appelée *maître d'ouvrage*[609]. D'après le cahier des clauses administratives générales (CCAG) type pour les marchés des travaux grande taille, le maître d'ouvrage « désigne la division administrative, l'entité ou la personne morale pour le compte de laquelle les travaux sont exécutés et dont l'identification complète figure au Cahier des clauses administratives particulières ». Le maître d'ouvrage est donc le responsable principal de l'ouvrage, qui définit le projet, décide de la faisabilité et de l'opportunité du projet, détermine la localisation de l'ouvrage, arrête l'enveloppe financière provisionnelle, assure le financement, choisit le processus de réalisation de l'ouvrage et conclut des contrats avec le maître d'œuvre et les entreprises de construction pour les études et l'exécution des travaux. L'*ouvrage* est défini comme étant le « résultat d'un ensemble d'opérations ou de tâches physiques quantifiables de génie civil destiné à remplir par lui-même une fonction économique ou technique »[610].

Le maître d'ouvrage ne doit donc pas être confondu avec le *maître d'œuvre* qui, selon le même cahier des clauses administratives générales (CCAG) pour les marchés des travaux grande taille, « désigne la personne physique ou morale qui, pour sa compétence technique, est chargée par le maître d'ouvrage ou par le maître d'ouvrage délégué de diriger et de contrôler l'exécution des travaux et de proposer leur

---

[608] Article 28 du CMP.

[609] En France, un arrêté du 29 juin 1973 définit le *maître d'ouvrage* comme étant « non seulement la personne morale pour le compte de laquelle sont produits les ouvrages, mais aussi le service, organisme ou agent public désigné pour la conduite de l'opération d'investissement ».

[610] Article 4.35 du CMP.

réception et leur règlement ; si le maître d'œuvre est une personne morale, il désigne également la personne physique qui a seule qualité pour le représenter, notamment pour signer des ordres de service ». Le maître d'œuvre s'appuie sur l'*ingénieur,* qui est la personne physique dûment accréditée par le maître d'œuvre pour le contrôle et la surveillance des travaux. À ce titre, l'ingénieur assure, au nom du maître d'œuvre, les responsabilités du contrôle technique et administratif des travaux.

B. Le maître d'ouvrage délégué

L'autorité contractante peut déléguer tout ou partie de ses attributions relatives à la passation et à l'exécution de marchés publics concernant la réalisation :

- d'ouvrages, de bâtiments ou d'infrastructures, y compris la fourniture de matériels et d'équipements nécessaires à leur exploitation ;
- de programmes d'intérêt public ou projets inclus dans de tels programmes comprenant un ensemble de travaux, de fournitures et de services[611].

C'est ce qu'on appelle la *délégation de maîtrise d'ouvrage*. Celle-ci repose sur une convention, la *convention de maîtrise d'ouvrage*, une forme de gestion privée des marchés publics. Il s'agit d'une convention régie par les règles applicables au mandat et passée conformément à la procédure applicable aux marchés de prestations intellectuelles, sauf lorsque le maître d'ouvrage délégué est placé sous la tutelle de l'autorité contractante[612], en vertu de laquelle l'autorité contractante donne à une autre personne le pouvoir d'accomplir des actes juridiques pour son compte. D'après le CRD, « au sens des articles 33 et 80 combinés du Code des marchés publics, la convention de maîtrise d'ouvrage déléguée est passée, en principe, par procédure concurrentielle »[613]. Le *maître d'ouvrage délégué* est alors la personne mandatée pour entreprendre les démarches nécessaires à la conclusion et à l'exécution

611 Article 31 du CMP.

612 « Par dérogation aux dispositions de l'alinéa qui précède, les rapports entre l'autorité contractante et le maître d'ouvrage délégué placé sous sa tutelle *sont régis par les textes législatifs et règlementaires qui leur sont applicables.* » (article 33 du CMP.)

613 Décision n° 137/2021/ARMP/CRD/DEF du 06 octobre 2021 du CRD.

du marché des travaux au nom et pour le compte du maître d'ouvrage. Le Code des marchés publics précise les personnes pouvant être des maîtres d'ouvrage délégués (1), leurs attributions (2) et leurs rapports avec l'autorité contractante (3).

1. La qualité de maître d'ouvrage délégué

Peuvent seules se voir confier par une autorité contractante les attributions de maître d'ouvrage délégué, en raison de leurs compétences dans le domaine concerné :

✓ les personnes morales et organismes reconnus comme autorités contractantes ;

✓ les personnes publiques ou privées auxquelles est confiée la réalisation de programmes ou de projets financés sur fonds d'aide extérieure ou agréées par arrêté du ministre chargé des Finances, après avis de l'organe en charge de la régulation des marchés publics[614]. Comme exemple de structure de maîtrise d'ouvrage déléguée hors du secteur public, on peut citer l'Agence d'exécution des travaux d'intérêt public contre le sous-emploi (AGETIP) mise en place, en 1989, par l'État du Sénégal avec l'appui des partenaires techniques et financiers dont la Banque mondiale. Pour couvrir ses charges, l'AGETIP, qui ne reçoit de subventions ni de l'État ni des partenaires techniques et financiers, se fait rémunérer sur ses prestations de maîtrise d'ouvrage déléguée.

2. Les attributions du maître d'ouvrage délégué

Le maître d'ouvrage peut, dans la limite du programme et de l'enveloppe financière prévisionnelle qu'il a arrêtée, confier au maître d'ouvrage délégué l'exercice, en son nom et pour son compte, de tout ou partie des attributions suivantes :

✓ la définition des conditions administratives et techniques selon lesquelles l'ouvrage ou le projet concerné sera exécuté ;

✓ l'organisation et la conduite de la procédure de passation des marchés nécessaires à l'exécution de l'ouvrage ou du projet jusqu'à l'attribution provisoire ;

[614] Article 34 du CMP.

- ✓ la signature des marchés après approbation du choix du titulaire par l'autorité contractante ;
- ✓ la gestion des marchés passés au nom et pour le compte de l'autorité contractante ;
- ✓ le paiement ou l'autorisation des paiements aux titulaires des marchés ;
- ✓ la réception de l'ouvrage ou du projet ;
- ✓ l'accomplissement de tous actes afférents aux attributions ci-dessus mentionnées[615].

Les règles de passation des marchés publics utilisées par le maître d'ouvrage délégué sont celles qui s'appliquent à l'autorité contractante, sous réserve des adaptations nécessaires pour tenir compte de l'intervention du maître d'ouvrage délégué.

3. Les rapports entre maître d'ouvrage délégué et autorité contractante

Outre les règles de droit commun applicables au mandat, les rapports entre maître d'ouvrage délégué et autorité contractante délégante sont régis par la convention les liant. Cette *convention de maîtrise d'ouvrage*[616] doit prévoir, à peine de nullité :

- l'ouvrage ou le projet qui fait l'objet de la convention, les attributions confiées au maître d'ouvrage délégué, les conditions dans lesquelles l'autorité contractante constate l'achèvement de la mission du maître d'ouvrage délégué, les modalités de la rémunération du maître d'ouvrage délégué, les pénalités qui lui sont applicables en cas de méconnaissance de ses obligations et les conditions dans lesquelles la convention peut être résiliée ;
- le mode de financement des fournitures, services ou travaux ainsi que les conditions dans lesquelles le maître de l'ouvrage fera

---

[615] Article 32 du CMP.

[616] Pour ce qui concerne les investissements de l'État : « Le projet de convention est préparé par l'agence d'exécution, soumis à l'avis préalable de l'ordonnateur principal des crédits avant son approbation et signature par les parties. » (Instruction n° 3489/MFB/DGB du 22 juin 2022 du ministre des Finances et du Budget relative à la délégation de maîtrise d'ouvrage des projets et programmes d'investissements des ministères et des institutions au profit des organismes publics ou privés et à l'exécution des dépenses y afférentes.)

l'avance des fonds nécessaires à l'accomplissement de la convention ou remboursera les dépenses exposées pour son compte et préalablement définies ;

- les modalités du contrôle technique, financier et comptable exercé par l'autorité contractante aux différentes phases de l'opération, y compris les phases de la réalisation du marché qui sont soumises à l'approbation préalable de celle-ci[617].

Le maître d'ouvrage délégué « est tenu de respecter l'enveloppe financière définie par le Maître d'Ouvrage ; il assumera la responsabilité de tout dépassement. À l'inverse, le Maître d'Ouvrage assumera la responsabilité des dépassements résultant de ses propres carences »[618]. Le maître d'ouvrage délégué n'est tenu envers l'autorité contractante que de la bonne exécution des attributions dont il a personnellement été chargé par l'autorité contractante[619]. Il représente l'autorité contractante à l'égard des tiers dans l'exercice des attributions qui lui sont confiées jusqu'à ce que l'autorité contractante ait constaté l'achèvement de sa mission[620]. À cet égard, « La convention de MOD doit prévoir de manière explicite un système permanent de suivi et de contrôle qui exige l'approbation de l'Autorité contractante pour tout acte important. Dans le cadre de la mise en œuvre d'une convention, le MOD est assujetti aux obligations suivantes : - mise en place d'une Commission et d'une Cellule de passation des marchés constituées et fonctionnant conformément aux dispositions du CMP ; - sélection des candidats et attribution des marchés selon les dispositions pertinentes du CMP »[621].

C. Le groupement ou la centralisation des commandes

« Pour répondre à leurs besoins en matière de travaux, fournitures et services, les acheteurs publics ont la possibilité de lancer des procédures de marchés publics de façon séparée, ou de "rationaliser l'achat public", en ayant recours à une centrale d'achats, ou en se regroupant avec d'autres entités. Dans ces deux dernières hypothèses,

---

[617] Article 33 du CMP.

[618] *Guide d'application du décret n° 2014-1212 du 22 septembre 2014 portant Code des marchés publics*, *op. cit.*, p. 32.

[619] Article 32 du CMP.

[620] *Ibid.*

[621] *Guide d'application du décret n° 2014-1212 du 22 septembre 2014 portant Code des marchés publics*, *op. cit.*, p. 32.

on parle alors de *mutualisation des achats*. (…). Cette mutualisation est source de nombreux avantages pour les personnes publiques, parmi lesquels on doit d'abord relever les économies d'échelle qui sont réalisées et donc les prix plus compétitifs qui sont obtenus. En effet, l'agrégation des besoins des différentes structures impliquées engendre un volume d'achat supérieur à celui d'un acheteur isolé. La mutualisation des besoins permet également de réduire les coûts relatifs à la procédure de passation des marchés publics, dès lors qu'une seule équipe d'acheteurs est mobilisée pour la prise en charge des commandes de plusieurs structures. C'est aussi en termes de gain de temps et d'apport qualitatif que l'on peut apprécier l'*achat groupé*, puisque celui-ci "permet de se décharger des missions d'achat public sur des services aux compétences pointues", soit des services qui sont à même de sécuriser des produits et des prestations de qualité. De tels avantages sont d'autant plus probants que les collectivités sont de petite taille, et dépourvues de services achats structurés et du personnel nécessaire. Les acheteurs ne sont pas les seuls à bénéficier des avantages de l'achat groupé. Les prestataires aussi sont gagnants dans la mesure où les centrales d'achats leur permettent d'intervenir auprès de multiples acheteurs. »[622] De manière générale, la mutualisation des achats publics par des *groupements de commandes* ou des *centrales d'achat* s'inscrit dans une démarche globale de rationalisation des achats répétitifs et présentant une problématique commune à la plupart des administrations publiques[623]. En plus de présenter « l'avantage de réaliser des économies d'échelle non négligeables, en assurant une mutualisation des procédures de passation »[624], ces deux formules apportent véritablement, pour des pays comme le Sénégal, « des solutions opérationnelles aux difficultés et charges rencontrées dans l'acquisition des biens et services courants de l'État »[625].

Pour toutes ces raisons, le Code des marchés publics offre la possibilité à une autorité contractante de mutualiser ses besoins avec ceux d'autres autorités contractantes par le truchement de la

---

[622] *Dossier Comment mutualiser les achats publics ?*, « Les centrales d'achats : avantages et inconvénients », *Contrats publics* n° 208, avril 2020, pp. 23-24. Dossier à retrouver sur : moniteurjuris.fr/cp/accueil.

[623] *Guide d'application du décret n° 2014-1212 du 22 septembre 2014 portant Code des marchés publics*, *op. cit.*, p. 32.

[624] BRACONNIER, S., *op. cit.*, pp. 208.

[625] DIOP, A. H., « De la pertinence de créer des centrales d'achat », *Revue de la commande publique* n° 40, novembre – octobre 2024, p. 3.

centralisation ou du *groupement des commandes*. C'est ainsi que, sur la proposition du ministre des Finances, en relation avec les ministères intéressés et après avis de l'ARCOP, « il peut être créé, par arrêté du Premier ministre ou de toute autre autorité remplissant les fonctions similaires et désignée par le Président de la République, une *commission interministérielle* chargée de coordonner certaines commandes de l'État et des établissements publics, des agences et autres autorités contractantes placées sous la tutelle des ministères en vue de favoriser le développement de procédures d'achats groupés »[626]. Cette commission interministérielle a pour mission, d'une part, de proposer toute mesure susceptible d'améliorer certaines commandes de fournitures et de travaux, notamment par l'établissement de programmes d'achats et de travaux en favorisant le libre jeu de la concurrence, et d'autre part, d'examiner les opportunités et possibilités de centraliser certaines commandes au stade de l'appel à la concurrence[627]. Ainsi, contrairement à la France où les acheteurs publics jouissent d'une grande liberté dans la constitution des groupements de commandes et dans la détermination des règles de fonctionnement de ces groupements de commandes, qui sont distincts des *centrales d'achat*[628] auxquels ils peuvent aussi faire appel, au Sénégal, les autorités contractantes exercent cette liberté de groupement de commandes dans le cadre d'une *commission interministérielle* mise en place par l'État et chargée de coordonner les commandes de l'État et des autres autorités contractantes sous tutelle ministérielle.

Mais la commission interministérielle ne décide pas seule de tout pour tous. En effet, lorsque la commission interministérielle décide du principe de regrouper une ou plusieurs commandes, les autorités

---

626 Article 41 du CMP. Dans le communiqué du conseil des ministres du mercredi 30 avril 2025, le Premier ministre a annoncé la mise en place de la *Commission de centralisation des Achats de l'État*, les travaux devant débuter au mois de mai 2025 pour un démarrage effectif de ladite commission au mois de juillet 2025.

627 *Ibid.*

628 Une *centrale d'achat* est un acheteur qui exerce des activités d'achat centralisées. « À la différence des centrales d'achat, le *groupement de commande* n'est pas doté de la personnalité juridique. Ainsi, une association dotée de la personnalité juridique ne peut être regardée comme un groupement de commande. Le groupement est formalisé par une convention constitutive déterminant ses modalités de fonctionnement, son objet et les engagements de ses signataires. Cette convention constitue un contrat administratif si une personne publique est partie au groupement. » (BRACONNIER, S., *op. cit.*, p. 208.)

contractantes doivent lui donner leur accord et s'engager à contracter aux mêmes conditions fixées avec le candidat retenu par le ministre des Finances, à hauteur de leurs besoins propres[629]. La préparation et la passation des marchés relatifs à des commandes groupées doivent être précédées de l'organisation d'une *procédure de consultation collective* par le ministre des Finances[630]. Les collectivités territoriales peuvent recourir à cette procédure de centralisation des commandes, sous la coordination des représentants de l'État[631]. Le *groupement de commandes* étant dépourvu de personnalité juridique, il appartiendra à la personne responsable du marché de chaque autorité contractante membre du groupement de signer le marché et de s'assurer de sa bonne exécution pour ce qui concerne le membre du groupement qu'elle représente[632]. Toutefois, les autorités contractantes membres du groupement de commandes peuvent convenir de désigner un *coordonnateur* dont la mission est soit de signer et de notifier le marché en laissant à la personne responsable du marché de chaque autorité contractante membre le contrôle de l'exécution du marché pour ce qui la concerne, soit de signer, de notifier et d'exécuter le marché au nom de l'ensemble du groupement de commandes[633]. En définitive, le régime de responsabilité contractuelle dépend du degré de solidarité au sein du groupement de commandes : « Lorsque la passation et l'exécution du marché sont menées conjointement par l'ensemble des membres du groupement, les membres du groupement sont solidairement responsables des obligations qui leur incombent. Lorsque la passation et l'exécution du marché ne sont pas intégralement conduites de façon conjointe, les membres du groupement ne sont solidairement responsables que pour les opérations de passation et d'exécution du marché menées conjointement »[634]. Une généralisation de ces groupements de commandes pourrait s'appuyer « sur les leçons à tirer des réalisations des structures administratives comme la PNA et la DMTA qui ont permis de centraliser plusieurs segments d'achat rationalisant ainsi les dépenses publiques dans leur domaine de

629 Article 42 du CMP.
630 Article 42 du CMP.
631 Article 41 du CMP.
632 Article 42 du CMP.
633 *Ibid.*
634 BRACONNIER, S., *op. cit.*, p. 209.

compétences. L'objectif final est de doter le Sénégal de centrales d'achat, instrument moderne de toute politique d'achat public »[635].

§2. Le titulaire du marché

Le *titulaire* du marché est la « personne physique ou morale, attributaire d'un marché qui a été approuvé »[636] conformément aux dispositions du Code des marchés publics. Il est différent de l'*attributaire* du marché public qui est le « soumissionnaire dont l'offre a été retenue avant l'approbation du marché »[637]. La notification de l'approbation du marché marque ainsi la frontière entre le titulaire du marché public et l'attributaire du marché public. L'attributaire se distingue à son tour du *soumissionnaire* désignant une « personne physique ou morale qui participe à un appel à la concurrence en soumettant une lettre de soumission et les autres éléments constitutifs de son offre »[638]. Le soumissionnaire s'écarte à son tour légèrement du *candidat* défini comme étant une « personne physique ou morale qui manifeste un intérêt à participer ou qui est retenue par une autorité contractante pour participer à une procédure de passation de marchés »[639]. Le titulaire du marché est en général une *personne privée*, physique (un consultant) ou morale (entreprise), qui est censée collaborer à l'exécution d'une mission de service public. Cependant, il peut aussi être une *personne publique,* sous réserve de jouir d'une autonomie juridique et financière, de ne pas être une agence dépendante de l'autorité contractante et d'être gérée selon les règles de droit commercial[640], c'est-à-dire que la personne publique doit justifier que, dans la détermination de son prix, elle n'a pas bénéficié d'un avantage découlant des ressources et moyens juridiques qui lui sont attribués et que son prix tient compte de l'ensemble des coûts directs et indirects concourant à la formation du prix de la prestation, conformément au principe de la concurrence entre les candidats aux marchés.

---

[635] DIOP, A. H., « De la pertinence de créer des centrales d'achat », *op. cit.*, pp. 3-4.
[636] Article 4.51 du CMP.
[637] Article 4.7 du CMP.
[638] Article 4.50 du CMP.
[639] Article 4.10 du CMP.
[640] Article 43.h) du CMP.

CHAPITRE III

LE CONTRÔLE DES MARCHÉS PUBLICS

Les exigences de bonne gouvernance impliquent l'exercice d'un contrôle des opérations de passation et d'exécution des marchés publics qui, on le sait, mobilisent un volume très important de ressources publiques. En l'absence d'une définition générale considérée comme satisfaisante de la notion de *contrôle*, on peut retenir du mot « contrôle », selon Mamadou Diop, « en plus de l'acception anglo-saxonne, quatre significations : limitation, surveillance, vérification et enregistrement »[641]. Du point de vue pratique, poursuit-il, le contrôle « est toujours comparaison et confrontation. Cette comparaison a pour base l'établissement d'un certain rapport entre l'objet contrôlé et la règle de référence ou norme de contrôle. (…). Examen juridictionnel, contrôle hiérarchique, surveillance, tutelle ne peuvent, donc, être considérés que comme les modalités par lesquelles s'exerce le contrôle de l'Administration »[642]. Du point de vue de sa fonction administrative, le contrôle « apparaît comme le moyen d'assurer le fonctionnement rationnel de l'Administration et d'obtenir que son activité se conforme à ce qui est prévu pour elle »[643].

La fonction de contrôle constitue même un volet central dans l'amélioration du système de passation des marchés publics, notamment en accroissant la transparence et l'efficacité. Or, au sein de l'Union économique et monétaire ouest-africaine (UEMOA), il était ressorti de l'analyse que les systèmes de passation des marchés présentaient, sur le plan institutionnel, tant en matière de contrôle que de régulation des procédures, des faiblesses telles qu'il était nécessaire de les réformer[644]. Il s'y ajoute que l'hétérogénéité des mécanismes de contrôle et de régulation des procédures de passation des marchés était

641 DIOP, M., *L'administration d'État au Sénégal*, Dakar, Éditions Clairafrique, 2011, p. 151.

642 DIOP, M., *op. cit.*, pp. 152-153.

643 DIOP, M., *op. cit.*, p. 155.

644 Directive n° 05/2005 de l'UEMOA.

préjudiciable au processus d'intégration au sein de l'UEMOA[645]. D'où l'intervention de la directive n° 05/2005 de l'UEMOA qui harmonise les législations et règlementations des États membres en fixant un cadre de référence définissant les fonctions principales qui doivent être dévolues aux structures de contrôle et de régulation des procédures de passation des marchés. La directive n° 05/2005 de l'UEMOA pose le *principe de la séparation et de l'indépendance des fonctions de contrôle et de régulation des marchés publics*. Dès lors, les États membres de l'UEMOA sont d'abord tenus de « mettre en œuvre des procédures et mécanismes qui garantissent la séparation et l'indépendance des fonctions de contrôle et de régulation des marchés publics »[646]. Ils sont tenus ensuite de « mettre en place des entités administratives centrales, déconcentrées et décentralisées de contrôle des marchés publics ayant pour fonctions notamment de :

- contrôler l'application de la législation et de la règlementation sur les marchés publics sans préjudice de l'exercice des pouvoirs généraux de contrôle des autres organes de l'État ;

- émettre les avis, accorder les autorisations et dérogations nécessaires à la demande des Autorités contractantes lorsqu'elles sont prévues par la règlementation en vigueur ;

- assurer en relation avec l'organe de régulation, la formation, l'information et le conseil de l'ensemble des acteurs de la commande publique sur la règlementation et les procédures applicables ;

- contribuer en relation avec l'organe de régulation à la collecte d'informations et de documents en vue de la constitution d'une banque de données »[647].

Les États membres de l'UEMOA sont enfin tenus de mettre en place des mécanismes institutionnels et opérationnels de régulation qui ne peuvent pas être dévolus aux entités administratives de contrôle des marchés publics, mais qui « doivent garantir une régulation indépendante des marchés publics et une répartition tripartite et paritaire de l'Administration, du secteur privé et de la société civile »[648].

Le système sénégalais de contrôle et de régulation des marchés publics mis en place à partir de 2007 a à cœur de respecter ces normes

---

[645] *Ibid.*

[646] Article 3 de la directive n° 05/2005 de l'UEMOA.

[647] Article 4 de la directive n° 05/2005 de l'UEMOA.

[648] Article 5 de la directive n° 05/2005 de l'UEMOA.

communautaires. D'une part, la loi n° 2006-16 du 30 juin 2006 modifiant la loi n° 65-51 du 19 juillet 1965 portant Code des obligations de l'Administration (COA) crée une autorité administrative indépendante dénommée *Autorité de régulation des marchés publics* (remplacée par l'*Autorité de régulation de la commande publique* avec la loi n° 2022-07 du 19 avril 2022 modifiant le COA) et prévoit que, « Sans préjudice de l'exercice des pouvoirs généraux des autres organes de contrôle de l'État, une structure administrative spécialement mise en place à cet effet assure le contrôle *a priori* des procédures de passation des marchés publics (...) les missions de collecte et diffusion d'informations sur l'attribution et les conditions d'exécution de ces marchés et contrats ainsi que le conseil aux Autorités contractantes et à leurs agents »[649]. En application de cette disposition du COA et de celles de la directive n° 05/2005 de l'UEMOA, le décret n° 2007-547 du 25 avril 2007 crée la Direction centrale des marchés publics. Ainsi, au Sénégal, « conformément à cette directive, il est consacré une *séparation des pouvoirs de régulation et de contrôle des marchés publics* dès lors que l'Autorité de régulation des marchés publics (ARMP), autorité administrative indépendante ayant une autonomie financière est distincte de la Direction centrale des marchés publics (DCMP), autorité administrative chargée du contrôle *a priori* de la passation, rattachée au ministère de l'Économie et des Finances, sans préjudice au demeurant des dispositions législatives et règlementaires relatives au contrôle des dépenses (article 137 du décret portant code des marchés publics) » (CS 5 mai 2009, *État du Sénégal c/ARMP, CRD de l'ARMP, Agence Autonome des Travaux routiers*).

D'autre part, sur la base des dispositions légales du COA, le Code des marchés publics prévoit que « Sans préjudice des dispositions législatives et règlementaires relatives au contrôle des dépenses publiques respectivement applicables aux autorités contractantes, le *contrôle des marchés publics* est assuré par :

1. l'organe en charge du contrôle des marchés publics qui est chargé du contrôle *a priori* de la passation des marchés publics ;

2. la Cellule de passation des marchés pour les marchés qui n'ont pas atteint le seuil de revue de l'organe en charge du contrôle des marchés publics[650] ;

---

[649] Article 30 de la loi n° 2006-16 du 30 juin 2006.

[650] Cette disposition est ajoutée par le Code des marchés publics de 2022.

3. les organes de contrôle interne existant au sein de l'autorité contractante qui effectuent un contrôle *a posteriori* dans des conditions fixées par chaque autorité contractante ;

4. l'organe en charge de la régulation des marchés publics qui effectue un contrôle *a posteriori* »[651].

Globalement, le Code des marchés publics distingue le contrôle *a priori* de la passation des marchés publics (section I) du contrôle *a posteriori* des marchés publics (section II) confiés à des organes différents, conformément à la directive n° 05/2005 de l'UEMOA.

SECTION I. LE CONTRÔLE *A PRIORI* DES MARCHÉS PUBLICS

La structure administrative en charge du contrôle *a priori* de la passation des marchés publics est la Direction centrale des marchés publics (§2) rattachée au cabinet du ministre des Finances[652]. Pour les marchés qui n'ont pas atteint les seuils de revue de la DCMP, le contrôle *a priori* est exercé par la Cellule de passation des marchés de l'autorité contractante (§1).

§1. Le contrôle de la cellule de passation des marchés

Aux termes de l'article 35 du CMP, au niveau de chaque autorité contractante est mise en place « une *cellule de passation des marchés* chargée de veiller à la qualité des dossiers de passation des marchés ainsi qu'au bon fonctionnement de la commission des marchés, dans les conditions fixées par arrêté du ministre chargé des Finances après avis de l'organe de régulation des marchés publics ». Une autorité contractante ne peut compter qu'*une seule* cellule de passation des marchés, placée, d'après la circulaire du Premier ministre en date du 28 décembre 2007, sous la tutelle directe du secrétaire général ou directement rattachée au cabinet du ministre au sein des départements ministériels, sous la tutelle du secrétaire général/municipal ou de

---

[651] Article 141 du CMP.

[652] Pour coller à l'esprit de la directive n° 05/2005 de l'UEMOA, on pourrait envisager la création d'une Autorité de contrôle des marchés publics pour lui garantir plus d'autonomie ou une indépendance vis-à-vis du ministère des Finances.

l'organe exécutif au sein des collectivités territoriales[653]. « Mais lorsqu'une Autorité contractante regroupe en son sein d'autres Autorités contractantes, une cellule de passation devra être mise en place au niveau de l'Autorité contractante principale et des autorités contractantes secondaires. »[654]

Contrairement aux commissions des marchés dont les règles d'organisation et de fonctionnement sont essentiellement fixées par le Code des marchés publics, ce dernier renvoie à un arrêté du ministre des Finances pour la détermination de la composition des cellules de passation des marchés (A). Néanmoins, le Code des marchés publics a pris le soin de préciser la mission et le rôle de la cellule de passation des marchés (B).

A. La composition de la cellule de passation des marchés

L'arrêté n° 007115 du 23 mars 2023 relatif à l'organisation et au fonctionnement des cellules de passation des marchés laisse aux autorités contractantes une liberté pour constituer une cellule de passation des marchés adaptée à la structure administrative. En effet, « Le nombre et la composition du personnel de la cellule de passation des marchés sont fonction de la spécificité et de la charge de travail de chaque autorité contractante »[655]. Cette règlementation libérale est de nature à entraîner des disparités entre les cellules de passation des marchés avec des risques de gaspillage de ressources, le nombre de membres n'étant pas limité par l'arrêté.

En revanche, le choix des membres de la cellule de passation est orienté avec un brin d'hésitation. En effet, l'article 35 du Code des marchés publics dispose que les membres de la cellule de passation des marchés, comme les membres de la commission des marchés, « doivent être des spécialistes en marchés publics »[656]. Une telle disposition va

[653] *Guide d'application du décret n° 2014-1212 du 22 septembre 2014 portant Code des marchés publics, op. cit.*, p. 47.

[654] *Ibid.*

[655] Article 3 dudit arrêté.

[656] Cette disposition a été ajoutée dans le cadre des travaux de la réforme du Code des marchés publics de 2022, au motif que les membres des commissions des marchés et des cellules de passation des marchés devraient avoir l'agrément de l'ARMP à la suite d'une formation. La partie relative à l'agrément a été supprimée. Par contre, le comité de rédaction a omis de supprimer la disposition relative à la

dans le sens d'une professionnalisation des cellules de passation des marchés et des commissions des marchés. L'arrêté n° 007115 du 23 mars 2023 précise que « Dans tous les cas, ce personnel devra comprendre au moins une personne spécialiste en marchés publics »[657], ce qui s'apparente à un recul par rapport au Code des marchés publics. En outre, les responsables de cellule de passation des marchés des ministères et des collectivités territoriales sont nommés par arrêté ou tout autre acte approprié de préférence parmi les agents appartenant à la hiérarchie B au moins ou assimilée. Les responsables de cellule de passation des marchés des autres autorités contractantes doivent être de niveau de cadre ou assimilé. Enfin, tous les membres de la cellule de passation des marchés, avant leur prise de service, sont tenus de signer une *déclaration de prise de connaissance* des dispositions de la Charte de l'éthique et de la commande publique responsable. Les copies des déclarations de prise de connaissance des dispositions de la Charte de l'éthique et de la commande publique responsable et des actes de nomination des membres de la cellule de passation des marchés doivent être transmises à l'ARCOP et à la DCMP par les soins des responsables des autorités contractantes[658].

B. La mission et le rôle de la cellule de passation des marchés

La cellule de passation des marchés est chargée de veiller, d'une part, à la qualité des dossiers de passation des marchés (1), et d'autre part, au bon fonctionnement de la commission des marchés (2). De manière générale, elle joue le rôle de mémoire institutionnelle du système de passation et de contrôle des marchés au sein de l'autorité

---

spécialisation des membres des commissions des marchés et des cellules de passation des marchés !

[657] Article 3 dudit arrêté.

[658] Contrairement aux commissions des marchés, l'arrêté n° 007115 du 23 mars 2023 relatif à l'organisation et au fonctionnement des cellules de passation des marchés des autorités contractantes ne prévoit pas de date limite pour la communication des copies des déclarations et des actes de nomination des membres des cellules de passation des marchés. Dans la pratique, les copies des déclarations et actes de nomination des membres de la commission des marchés et les copies des déclarations et actes de nomination des membres de la cellule de passation des marchés sont communiquées en même temps à la DCMP et à l'ARCOP.

contractante (3). Cette mission de « veille » et ce rôle de mémoire institutionnelle placent les cellules de passation des marchés à un niveau stratégique dans le système de passation et de contrôle des marchés publics. En effet, les cellules de passation des marchés « assurent de fait au sein des Autorités contractantes un contrôle qualité des procédures de passation des marchés. Ce contrôle est impératif avant toute transmission aux autorités signataires, de contrôle ou d'approbation »[659].

1. Le contrôle de la qualité des dossiers de passation des marchés

La cellule de passation des marchés est le bras technique de l'autorité contractante en matière de marchés publics. À ce titre, elle est, aux termes de l'arrêté n° 007115 du 23 mars 2023 du ministre des Finances, responsable de :

✓ l'établissement, en début d'année, du plan consolidé annuel de passation des marchés de l'autorité contractante ;

✓ l'établissement de l'avis général de passation des marchés et de sa publication ;

✓ l'insertion des avis et autres documents relatifs à la passation des marchés dans le système national informatisé de gestion des marchés.

La cellule de passation des marchés assure surtout le contrôle qualité des dossiers de passation des marchés publics au regard du type de marché public, des pièces exigées et de la règlementation applicable. En effet, l'article 142 du Code des marchés publics prévoit que « Les marchés qui n'ont pas atteint les seuils de revue de l'organe en charge du contrôle des marchés publics sont examinés par la cellule de passation des marchés publics de l'autorité contractante, dans les conditions fixées par arrêté du ministre chargé des Finances ». Ainsi, selon l'arrêté n° 007115 du 23 mars 2023 du ministre des Finances, la cellule de passation des marchés est responsable de :

✓ l'examen préalable des dossiers d'appel à la concurrence, des rapports d'analyse comparative des offres, des procès-verbaux

---

[659] *Guide d'application du décret n° 2014-1212 du 22 septembre 2014 portant Code des marchés publics*, *op. cit.*, p. 24.

d'attribution provisoire et des projets de contrat, pour les marchés dont les montants n'ont pas atteint les seuils de revue de la DCMP ;

✓ l'examen préalable de tout document à soumettre à l'autorité contractante en matière de marchés publics ;

✓ l'examen préalable de tout document à transmettre à des tiers en matière de marchés publics ;

✓ l'examen préalable de tout document à signer avec des tiers en matière de marchés publics.

La mission d'examen préalable des dossiers de passation des marchés dont les montants n'ont pas atteint les seuils de revue de la DCMP est d'autant plus importante qu'elle permet de décharger cette dernière de la lourdeur de la tâche de contrôle des marchés publics pour tout le pays. La cellule de passation des marchés apparaît ainsi comme le relai et le partenaire naturels de la DCMP au niveau de l'autorité contractante. Une collaboration étroite entre la DCMP et toutes les cellules de passation des marchés s'avère donc nécessaire pour le partage d'expériences et de bonnes pratiques, et pour une harmonisation efficiente des méthodes de revue et des grilles d'analyse. D'ailleurs, dans le cadre de *l'appui-conseil*, la DCMP peut accompagner la cellule de passation des marchés sur les dossiers qu'elle lui soumet spontanément. Toutefois, « même si les prestations envisagées n'atteignent pas les seuils de revue par la DCMP, celle-ci demeure compétente pour donner un avis préalable à l'utilisation des procédures dérogatoires à l'appel d'offres ouvert. Cette intervention préalable et systématique de l'organe de contrôle est aussi applicable aux marchés dits à "exécution fractionnée" : les marchés à commande, de clientèle, à tranches »[660]. De même, pour ces marchés n'atteignant pas les seuils de revue de la DCMP, « il est précisé que c'est la DCMP qui se chargera d'émettre des avis sur les décisions de déclarer sans suite ou infructueux les procédures d'appels d'offres ouverts (article 65 du CMP) »[661].

D'après l'arrêté n° 007115 du 23 mars 2023, dans l'examen préalable des dossiers d'appel à la concurrence, des rapports d'analyse comparative des offres, des procès-verbaux d'attribution provisoire et des projets de contrat pour les marchés dont les montants n'ont pas atteint les seuils de revue de la DCMP, la cellule de passation des

---

[660] *Guide d'application du décret n° 2014-1212 du 22 septembre 2014 portant Code des marchés publics*, *op. cit.*, p. 30.

[661] *Ibid.*

marchés émet des *avis* matérialisés par tout moyen laissant trace écrite. Lorsque la cellule de passation des marchés émet un *avis favorable* sur des dossiers d'appel à la concurrence, des rapports d'analyse comparative des offres, des procès-verbaux d'attribution provisoire et des projets de contrats, la personne responsable du marché pourra poursuivre la procédure de passation du marché. En revanche, lorsque la cellule de passation des marchés émet un *avis défavorable* sur des dossiers d'appel à la concurrence, des rapports d'analyse comparative des offres, des procès-verbaux d'attribution provisoire et des projets de contrats, la personne responsable du marché ne pourra poursuivre la procédure de passation du marché qu'après avis favorable de la DCMP.

2. Le contrôle du bon fonctionnement de la commission des marchés

La commission des marchés et la cellule de passation des marchés sont deux organes de l'autorité contractante distincts et autonomes l'un vis-à-vis de l'autre. Mais la cellule de passation des marchés jouit d'une certaine ascendance sur la commission des marchés en ce que c'est elle qui veille « au bon fonctionnement de la commission des marchés »[662] au nom de l'autorité contractante. Cette fonction implique pour la cellule de passation des marchés un pouvoir de surveillance du fonctionnement de la commission des marchés et un pouvoir d'anticiper et d'alerter l'autorité contractante de tout risque de dysfonctionnement de la commission des marchés afin qu'elle puisse prendre des mesures pour remédier à la situation.

La cellule de passation des marchés est même responsable de « la tenue du secrétariat de la commission des marchés »[663]. En tenant son secrétariat, la cellule de passation des marchés assure la continuité de la commission des marchés. En effet, contrairement à la cellule de passation des marchés qui fonctionne de manière permanente, la commission des marchés ne se réunit que quand elle a des dossiers de passation de marchés à examiner : séances d'ouverture des plis, d'adoption des rapports d'évaluation des offres. Il revient donc à la cellule de passation des marchés de contrôler le travail de la commission des marchés avec la revue du rapport d'évaluation des offres. Mieux, la cellule de passation des marchés a un pied dans la

---

[662] Article 35 du CMP.

[663] Article 1er de l'arrêté n° 007115 du 23 mars 2023 du ministre des Finances.

commission des marchés. En effet, le *rapporteur* de la commission des marchés est désigné par le coordonnateur de la cellule de passation des marchés parmi les membres de celle-ci, à chaque réunion de la commission des marchés. Il est tenu aux mêmes obligations de secret que les membres de la commission des marchés. Ainsi, sans exercer une tutelle encore moins un pouvoir hiérarchique sur la commission des marchés, la cellule de passation des marchés est garante de la qualité du travail de la commission des marchés, mais elle doit éviter d'être juge et partie dans la mesure où elle contrôle le travail de celle-ci.

3. Le rôle de mémoire institutionnelle du système de passation et de contrôle des marchés

Au sein de l'autorité contractante, la cellule de passation des marchés est la plaque tournante du processus de préparation, de passation, de contrôle et d'exécution des marchés publics dont elle assure la qualité, la coordination et surtout la continuité. En effet, la cellule de passation des marchés est, aux termes de l'arrêté n° 007115 du 23 mars 2023, responsable :

✓ du classement et l'archivage de tous les documents relatifs aux marchés publics passés par les différents services. En application de cette disposition, « il appartient aux Autorités contractantes de veiller à l'accomplissement de cette formalité qui est une phase du processus de passation du marché public. Au-delà de l'importance que cette formalité revêt dans la mise en œuvre du principe de la transparence dans les procédures de marchés publics, elle facilite l'accomplissement du contrôle *a posteriori* de l'ARMP, que ce soit par le biais des enquêtes ou des audits. En outre, cette formalité est très importante pour la Direction des Statistiques et de la Documentation qui est chargée de la mise en œuvre de la politique de l'ARMP en matière de statistiques, de documentation et d'archivage »[664] ;

✓ de l'appui aux différents services pour les opérations de passation des marchés ;

✓ de la réalisation et la tenue de tableaux de bord sur les délais de mise en œuvre des différentes étapes des procédures de passation des marchés et de réalisation des calendriers d'exécution des marchés.

[664] *Guide d'application du décret n° 2014-1212 du 22 septembre 2014 portant Code des marchés publics*, *op. cit.*, p. 131.

Ce rôle de mémoire institutionnelle du système de passation et de contrôle des marchés au sein de l'autorité contractante fait de la cellule de passation des marchés l'interlocuteur ou le répondant idéal des organes de contrôle et de régulation des marchés publics (DCMP, ARCOP), ainsi que des grands corps de contrôle de l'État (Inspection générale d'État, Contrôle financier, Inspection générale des Finances, Cour des comptes, etc.), de manière générale.

§2. Le contrôle de la Direction centrale des marchés publics

La Direction centrale des marchés publics (DCMP) est une structure administrative créée, au sein du ministère des Finances, par le décret n° 2007-547 du 25 avril 2007, en application de la *directive n° 05/2005/CM/UEMOA*, et rattachée au cabinet du ministre des Finances[665]. Elle est dirigée par un directeur nommé par décret sur proposition du ministre des Finances parmi les fonctionnaires de la hiérarchie A ou assimilés[666]. Les agents de la DCMP placés sous l'autorité du directeur perçoivent une indemnité spéciale dont le taux et les conditions sont fixés par arrêté du ministre des Finances et conservent tous avantages, indemnités et primes que leur confèrent leurs statut et service d'origine[667]. La DCMP comporte un niveau central et des services déconcentrés[668] appelés *pôles régionaux* de la DCMP, au nombre de cinq (5) : pôle régional de Thiès (régions de Thiès et de Diourbel), pôle régional de Saint-Louis (régions de Saint-Louis, de Louga et de Matam), pôle régional de Kaolack (régions de Kaolack, de Fatick et de Kaffrine), pôle régional de Ziguinchor (régions de Ziguinchor, de Kolda et de Sédhiou) et pôle régional de Tambacounda (régions de Tambacounda et de Kédougou). La centralité de la fonction de contrôle dans la poursuite de l'objectif d'amélioration du système de passation de marchés a amené le décret n° 2007-547 du 25 avril 2007 portant création de la DCMP à adjoindre au contrôle *a priori* exercé par la DCMP d'autres fonctions telles que le conseil aux acheteurs publics sur la règlementation et les procédures applicables, la formation et l'information de tous les acteurs y compris ceux du secteur

---

665 Article 1er du décret n° 2007-547 du 25 avril 2007 portant création de la DCMP.
666 Article 3 du décret n° 2007-547 du 25 avril 2007 portant création de la DCMP.
667 Article 4 du décret n° 2007-547 du 25 avril 2007 portant création de la DCMP.
668 *Ibid.*

privé, et le suivi des statistiques sur les marchés publics. En effet, aux termes de l'article 2 du décret n° 2007-547 du 25 avril 2007, la DCMP a pour missions suivantes :

- assurer le contrôle *a priori* des procédures de passation de marchés publics ;

- émettre des *avis* sur les décisions concernant l'attribution des marchés et accorder, à la demande des autorités contractantes, les *autorisations* et *dérogations* nécessaires lorsqu'elles sont prévues par la règlementation en vigueur ;

- assurer en relation avec l'organe de régulation, la formation, l'information et le conseil de l'ensemble des acteurs de la commande publique sur la règlementation et les procédures applicables ;

- contribuer, en relation avec l'organe de régulation, à la collecte et à l'analyse des données ainsi qu'à l'établissement des statistiques sur les marchés publics.

D'autre part, aux termes l'article 142 du CMP, « L'organe en charge du contrôle des marchés publics assure le contrôle *a priori* des procédures de passation des marchés ». À ce titre, la DCMP examine les dossiers d'appel à la concurrence (A), les propositions de la commission des marchés (B), les projets de contrat de marchés et avenants aux marchés (C) et les dossiers spontanément soumis à elle (D). Mieux, dans l'accomplissement de ces tâches, la DCMP est enfermée dans des délais (E) pour rendre un avis (F).

A. L'examen des dossiers d'appel à la concurrence

La DCMP émet un avis sur les *dossiers d'appel à la concurrence,* avant le lancement de la procédure de passation, concernant :

- les marchés à exécution fractionnée (les marchés à commande, les marchés de clientèle et les marchés à tranche ferme et tranche(s) conditionnelle(s), ainsi que les accords-cadres), quel que soit le montant ;

- les marchés que l'autorité contractante souhaite passer par appel d'offres restreint ;

- les marchés dont la valeur estimée est égale ou supérieure aux seuils fixés par arrêté du ministre chargé des Finances[669].

[669] Article 142 du CMP.

Aux termes de l'arrêté n° 007122 du 23 mars 2023 du ministre des Finances fixant les seuils de contrôle *a priori* des dossiers de marchés, les *seuils d'examen préalable* des dossiers d'appel à la concurrence par la DCMP concernent :

➢ pour l'État, les institutions constitutionnelles, les collectivités territoriales et les établissements publics, les marchés dont le montant atteint :

✓ 300 000 000 francs CFA pour les travaux,

✓ 200 000 000 francs CFA pour les fournitures,

✓ 150 000 000 francs CFA pour les services courants et prestations intellectuelles ;

➢ pour les sociétés publiques, les marchés dont le montant atteint :

✓ 600 000 0000 francs CFA pour les travaux,

✓ 400 000 0000 francs CFA pour les fournitures,

✓ 250 000 000 francs CFA pour les services courants et prestations intellectuelles ;

➢ pour les agences ou organismes autres que les établissements publics et sociétés publiques, dont l'activité est financée majoritairement par l'État ou une collectivité territoriale et s'exerce essentiellement dans le cadre d'activité d'intérêt général, les institutions de protection sociale, les marchés dont le montant atteint :

✓ 400 000 0000 francs CFA pour les travaux,

✓ 250 000 0000 francs CFA pour les fournitures,

✓ 200 000 000 francs CFA pour les services courants et prestations intellectuelles ;

➢ pour les marchés passés par les associations formées par les personnes précédemment citées, les marchés dont le montant atteint :

✓ le seuil relatif à la nature du marché à passer applicable à l'autorité contractante désignée comme coordonnateur,

✓ si un coordonnateur est désigné en dehors des autorités contractantes composant l'association ou si un coordonnateur n'est pas formellement désigné, le seuil le plus élevé parmi ceux applicables aux autorités contractantes composant l'association pour la nature du marché à passer.

« En fonction des Autorités contractantes, si le marché se trouve en dessous de ces seuils, le dossier d'appel à la concurrence est dispensé d'un examen préalable par la DCMP. En application du parallélisme des formes, à chaque fois que le dossier d'appel à la concurrence sera dispensé de ce contrôle préalable, il en sera de même du rapport d'analyse comparative d'offres ou de propositions, du procès-verbal d'attribution provisoire et du projet de marché. Mais également, dès lors que le dossier d'appel à la concurrence aura fait l'objet de revue *a priori*, il en sera de même de tous les autres éléments ci-avant listés, quel que soit leur montant. Toutefois, les dispenses de contrôle préalable ne doivent pas empêcher les Autorités contractantes concernées d'êtres rigoureuses sur ces procédures, d'ailleurs objet de contrôle qualité au niveau interne par la Cellule de passation des marchés. Ainsi, en cas d'avis défavorable sur des dossiers d'appel à la concurrence, rapports d'analyse comparative des offres, procès-verbaux d'attribution provisoire ou projets de contrats, la personne responsable des marchés ne pourra poursuivre la procédure qu'après avis favorable de la DCMP. »[670]

Le défaut de transmission par l'autorité contractante du dossier d'appel à la concurrence à la DCMP pour revue préalable peut entraîner l'*avis défavorable* de la DCMP ultérieurement saisie des propositions de la commission des marchés (rapport d'analyse comparative des offres ou propositions et sur le procès-verbal d'attribution provisoire du marché).

Par ailleurs, il est ajouté au Code des marchés publics, depuis 2022, des dispositions selon lesquelles « un marché public, dont l'estimation de coûts indiquée dans le plan de passation des marchés publié est inférieur au seuil de l'examen préalable de l'organe en charge du contrôle des marchés, doit faire l'objet d'un examen préalable plutôt qu'un examen *a posteriori* si l'offre ou la proposition financière du soumissionnaire retenu dépasse ce seuil. Tous les documents relatifs aux étapes déjà réalisées de la procédure de passation, y compris le rapport d'évaluation et la recommandation d'attribution du marché, seront soumis à l'organe en charge du contrôle des marchés publics aux fins d'un examen préalable et d'un avis avant l'attribution du marché. Également, lorsque l'offre ou la proposition financière du soumissionnaire retenu est inférieure au seuil de revue préalable de cet organe, la procédure d'examen préalable se poursuit. Dans des circonstances particulières, l'organe en charge du contrôle des marchés

---

670 *Guide d'application du décret n° 2014-1212 du 22 septembre 2014 portant Code des marchés publics*, *op. cit.*, p. 30.

publics peut demander à l'autorité contractante de suivre une procédure d'examen préalable pour un marché en dessous du seuil de l'examen préalable. Lorsque la méthode de passation doit être modifiée en raison des estimations de coûts supérieures ou inférieures à celles précédemment évaluées, le Plan de passation des marchés sera modifié par l'autorité contractante et soumis à l'organe en charge du contrôle des marchés publics pour examen et publication »[671].

B. L'examen des propositions de la commission des marchés

La DCMP émet également un avis sur le *rapport d'analyse comparative des offres ou propositions* et sur le *procès-verbal d'attribution provisoire du marché* établis par la commission des marchés et relatifs aux marchés dont la valeur estimée est égale ou supérieure aux seuils de revue préalable fixés par l'arrêté n° 007122 du 23 mars 2023 du ministre des Finances (précédemment indiqués), aux marchés à exécution fractionnée (marchés à commande, marchés de clientèle, marchés à tranches fermes et tranche(s) conditionnelle(s), accords-cadres) et aux marchés passés par appel d'offres restreint[672].

Les seuils de revue préalable du rapport d'analyse et du procès-verbal d'attribution provisoire du marché sont fixés à des niveaux relativement élevés dans le but de diminuer le volume des marchés à examiner et de responsabiliser davantage les commissions des marchés des autorités contractantes. L'inobservation par la commission des marchés de cette formalité de revue préalable pour les marchés y soumis est de nature à justifier le refus de la DCMP d'émettre un avis sur le dossier (CS 10 mai 2012, *Cellule nationale de traitement des informations financières [CENTIF] c/CRD de l'ARMP*). Mieux, il a été jugé que « le fait pour la commission des marchés du ministère des Formes armées de s'abstenir de saisir la DCMP constitue un vice de procédure en ce sens qu'il empêche cette direction d'exercer le contrôle *a priori* qu'elle est chargée d'assurer ; que dès lors, en ordonnant la continuation de la procédure après avoir constaté la violation de l'article 140 du Code des marchés publics, le CRD a méconnu les dispositions du texte susvisé » (CS 27 octobre 2016, *Société SONERCO c/ARMP & ministère des Forces armées*).

---

671 Article 145 du CMP.
672 Article 142 du CMP.

C. L'examen des projets de contrat des marchés et avenants

Aux termes de l'article 142 du CMP, la DCMP effectue l'examen juridique et technique, avant leur approbation :

✓ des *projets de marchés passés par entente directe* ou *pour lesquels elle a indiqué souhaiter faire un tel contrôle* lors de l'examen du dossier d'appel à la concurrence ou *qui répondent aux conditions de nature et de montants* fixées par arrêté du ministre chargé des Finances ;

✓ des *avenants* aux marchés à exécution fractionnée (marchés à commande, marchés de clientèle, marchés à tranches fermes et tranche(s) conditionnelle(s), accords-cadres), aux marchés que l'autorité contractante souhaite passer par appel d'offres restreint et aux marchés dont la valeur estimée est égale ou supérieure aux seuils de revue préalable ou qui ont pour effet de porter le montant au seuil de revue préalable.

L'examen juridique et technique de ces dossiers consiste à vérifier, par exemple, la conformité du contrat avec celui prévu par le dossier d'appel à la concurrence, l'attestation d'existence des crédits, la signature du contrat par la personne habilitée, etc.

D. D'autres contrôles des préalables

La DCMP exerce également d'autres contrôles préalables à la passation de marchés publics, notamment sur :

✓ la publication du plan de passation des marchés ;

✓ la publication de l'avis général de passation des marchés publics ;

✓ la mise en place et la composition de la cellule de passation des marchés ;

✓ la mise en place et la composition de la commission des marchés, etc.

E. L'examen des dossiers soumis dans le cadre de l'appui-conseil

Dans le cadre de *l'appui-conseil*, la DCMP peut accompagner la cellule de passation des marchés de l'autorité contractante sur les dossiers qu'elle lui soumet *spontanément*. Elle conseille également, avec l'aide du ministère de l'Environnement, sur les mesures relatives aux achats publics durables que l'autorité contractante souhaite introduire dans ses marchés[673]. Les *achats publics durables*, faut-il le rappeler, sont des marchés qui intègrent la mise en œuvre d'un objectif de développement durable (ODD) dans l'une ou plusieurs de ses dimensions, à savoir :

✓ le pilier économique : accès privilégié des PME et des acteurs de l'économie sociale et solidaire aux marchés publics ;

✓ le pilier social : protection et accès à l'emploi des groupes vulnérables (femmes, jeunes, personnes vivant avec un handicap) ;

✓ le pilier environnemental, à travers des achats écologiques et techniques réduisant l'impact nocif sur l'environnement[674].

Toutefois, dans le cadre de l'appui-conseil, la DCMP n'émet pas formellement d'avis. Une formule administrative est empruntée dans la pratique pour faire parvenir les conseils, recommandations ou observations avisés de la DCMP à l'autorité contractante.

F. Les délais d'examen des dossiers

Les délais impartis à la DCMP pour examiner les dossiers qui lui sont soumis et rendre ses avis sont fixés par décision de l'ARCOP. Ils sont ainsi fixés :

✓ pour les plans de passation des marchés (PPM) : vérification de la conformité et publication du PPM dans les 3 jours francs suivant la réception ; en cas d'observations de la DCMP sur la conformité du PPM, l'autorité contractante a 7 jours pour en tenir compte ; passé ce délai, la dernière version du PPM est publiée ;

✓ pour les dossiers d'appel à la concurrence : 10 jours francs ;

✓ pour le rapport d'évaluation des offres : 5 jours francs ;

✓ pour l'examen juridique et technique des projets de contrat de marchés et des avenants aux marchés : 5 jours francs ;

---

673 Article 142 du CMP.

674 Article 4.3 du CMP.

✓ pour l'immatriculation : 3 jours francs dans la pratique[675] ;

✓ pour les demandes de passer un marché par entente directe pour urgence impérieuse ou dans le cadre des mobilisations générales et des mises en garde : 24 heures.

Dans la pratique, ces délais qui semblent courts sont en général respectés par la DCMP. Il n'empêche que le problème du respect des délais de passation a toujours été au centre du débat autour de l'exigence de *célérité des procédures de passation* des marchés publics. Certaines autorités contractantes estiment que ces procédures empêchent la consommation des crédits à un rythme satisfaisant, compromettant ainsi la réalisation des objectifs de développement assignés aux administrations publiques. Mais, « en amont, la réflexion fait ressortir l'insuffisance d'appréciation des nouvelles dispositions par certaines Autorités contractantes, mais également une non-intégration des nouveaux impératifs induits par la réforme des marchés publics, dont la mise en place d'une organisation basée sur la professionnalisation des acteurs. En effet, on relève que les Autorités contractantes, dans leur majorité, n'ont pas encore compris que la gestion des marchés publics nécessite, de plus en plus, que des agents soient exclusivement affectés à cette tâche. Or, on continue, au contraire, à confier la mise en œuvre des marchés à des agents qui ont d'autres fonctions et donc n'exécutent les procédures de passation que de façon subsidiaire. Ceci a pour conséquence d'impacter de façon négative les délais de passation. Cet impact négatif résulte, non seulement du délai mis pour traiter les dossiers, mais aussi de leur mauvaise qualité. Ces deux constats s'expliquant respectivement par le cumul de fonctions et le manque de spécialisation des agents »[676]. À cela s'ajoute le fait que, excepté pour les plans de passation des marchés, les délais de réponse des autorités contractantes aux observations de la DCMP ne sont pas encadrés. Les autorités contractantes prennent alors généralement leur temps pour réagir, cela impacte négativement sur le délai de traitement du dossier imparti à la

---

[675] Le délai d'immatriculation des marchés a été fixé à 3 jours par l'article 86 du CMP de 2014, puis est supprimé par l'article 86 du CMP de 2022. Mais la DCMP reste sur les 3 jours dans la pratique.

[676] MBAYE, M., FALL, E. M., FALL, M., « Passation de marchés. Face aux exigences de célérité dans l'exécution », *Revue des marchés publics* n° 10, 2012, p. 21.

DCMP et sur la durée de la procédure de passation des marchés publics de manière générale.

G. Les avis rendus par la DCMP

Les actes pris par la DCMP dans le cadre de l'exercice du contrôle *a priori* des marchés sont des *avis*. Il ne s'agit pas d'*avis simples* pour lesquels l'autorité administrative est libre de demander ou non de suivre ou de ne pas suivre, ni d'*avis conformes* pour lesquels l'autorité administrative est tenue de demander *et* de suivre, en gardant tout de même la possibilité de renoncer à prendre une décision, mais d'*avis obligatoires* pour lesquels l'autorité administrative est tenue de demander. L'autorité administrative « n'est pas tenue de suivre l'avis rendu mais sa liberté d'action est limitée. Si elle ne renonce pas à prendre une décision, elle ne peut qu'adopter un texte correspondant soit au projet soumis à l'organe consulté, soit à la proposition de ce dernier. Elle ne peut adopter un texte qui contiendrait des dispositions nouvelles non soumises à consultation ou alors, si elle veut apporter des modifications à son projet, elle doit demander un nouvel avis »[677]. Or, un *avis*, quel qu'il soit, n'a pas « le caractère de décision », par conséquent, il « ne peut donner lieu à un recours pour excès de pouvoir » (CS 14 janvier 2010, *Ibra Sall, Abdou Latif Sall c/Conseil rural de Thiom Fall*).

Ainsi, la DCMP émet un *avis obligatoire* sur :

✓ la déclaration d'un appel d'offres infructueux ;

✓ la décision de ne pas donner suite à un appel d'offres pour des motifs d'intérêt général ;

✓ le recours à l'appel d'offres ouvert en deux étapes ;

✓ le recours à l'appel d'offres avec concours ;

✓ le recours à l'entente directe pour les marchés secrets ou les marchés dont l'exécution s'accompagne de mesures particulières de sécurité ou marchés pour lesquels la protection des intérêts essentiels de l'État l'exige, les marchés d'une urgence impérieuse et les marchés passés dans le cadre des mesures de mobilisation générale et de mise en garde ;

---

[677] VAN LANG, A., GONDOUIN, G., INSERGET-BRISSET, V., *Le Dictionnaire de droit administratif*, 8e éd., Paris, Sirey, 2021, p. 66.

✓ le recours à la négociation directe avec une entreprise présentant une offre spontanée ;

✓ les dossiers d'appel à la concurrence, avant le lancement de la procédure de passation, concernant les marchés à exécution fractionnée (marchés à commande, marchés de clientèle et marchés à tranches fermes et tranche(s) conditionnelle(s), accords-cadres), les marchés dont la valeur estimée est égale ou supérieure aux seuils de revue préalable ;

✓ les projets de marchés passés par entente directe ;

✓ les avenants aux marchés à exécution fractionnée, aux marchés que l'autorité contractante souhaite passer par appel d'offres restreint et aux marchés dont le montant est égal ou supérieur aux seuils de revue préalable, etc.

L'avis de la DCMP intervenu dans les délais règlementaires peut être favorable ou défavorable. Dans le premier cas, il s'agit d'un « *avis de non-objection* », qui signifie que le document examiné est conforme aux règles de passation des marchés publics et que la DCMP n'ayant pas d'objection, l'autorité contractante peut poursuivre la procédure de passation du marché. Dans le second cas, la DCMP *réserve son avis*, c'est-à-dire qu'elle déclare ne pouvoir émettre un avis favorable et recommande de reprendre la procédure de passation du marché. En l'absence d'une réponse de la DCMP dans le délai imparti, l'avis de la DCMP est *réputé favorable* et l'autorité contractante peut poursuivre la procédure de passation du marché. Si l'autorité contractante n'accepte pas les avis et recommandations de la DCMP concernant la possibilité d'utiliser une procédure de passation du marché autre que l'appel d'offres ouvert ou relative à la proposition d'attribution du marché, elle ne peut poursuivre la procédure de passation du marché qu'en saisissant le CRD de l'ARCOP[678]. Dans ce cas, l'autorisation à poursuivre la procédure de passation du marché ne viendra que du CRD de l'ARCOP.

Toutefois, aux termes de l'article 2 du décret n° 2007-547 du 25 avril 2007 la créant, la DCMP a aussi pour mission « d'accorder, à la demande des Autorités contractantes, les autorisations et dérogations nécessaires lorsqu'elles sont prévues par la règlementation en vigueur ». De telles *autorisations* et *dérogations* accordées par la DCMP ont une dose juridique plus importante que ses avis ; elles revêtent bien « le caractère de décisions », obligatoires pour l'autorité

[678] Article 143 du CMP.

contractante avec toutes les conséquences juridiques s'y attachant. À titre d'exemples, les *autorisations* préalables de la DCMP sont prévues pour :

✓ le recours à l'entente directe en ce qui concerne les marchés pour lesquels une entreprise détient un monopole et les marchés complémentaires au marché initial ;

✓ la prorogation du délai maximum de 15 jours pour la proposition d'attribution provisoire du marché par la commission des marchés, etc.

L'exercice du contrôle *a priori* des marchés par la DCMP contribue ainsi amplement, à travers les multiples avis, recommandations et conseils adressés aux autorités contractantes, au renforcement de la transparence des procédures de passation des marchés publics.

SECTION II. LE CONTRÔLE A *POSTERIORI* DES MARCHÉS PUBLICS

En plus du contrôle administratif exercé par les grands corps de contrôle de l'État (Inspection générale d'État, Contrôle financier, Inspection générale des Finances), il existe trois autres types de contrôle *a posteriori* ou curatifs des marchés publics : un contrôle juridictionnel par le juge administratif ou le juge pénal, un contrôle administratif de légalité par le représentant de l'État (pour les marchés des collectivités territoriales), un contrôle juridictionnel par la Cour des comptes[679]. En dehors de ces contrôles exercés par des organes généraux, le contrôle *a posteriori* des marchés publics est assuré par deux organes administratifs spécialisés : les organes de contrôle interne de l'autorité contractante (§1) et l'Autorité de régulation de la commande publique (§2), organe externe. « En l'état des textes règlementaires applicables, la DCMP n'a donc pas de pouvoir de contrôle *a posteriori.* »[680]

§1. Les organes de contrôle interne

Aux termes de l'article 141 du CMP, le contrôle des marchés publics est assuré, entre autres, par « 3. les organes de contrôle interne existant au sein de l'autorité contractante qui effectuent un contrôle *a*

---

[679] LALLEMANT-BIF, L., *op. cit.*, p. 275.

[680] *Guide d'application du décret n° 2014-1212 du 22 septembre 2014 portant Code des marchés publics, op. cit.*, p. 57.

posteriori dans des conditions fixées par chaque autorité contractante ». L'article 144 du CMP ajoute que : « Au sein de chaque autorité contractante, l'organe de contrôle interne doit s'assurer de façon permanente du respect rigoureux des dispositions légales et règlementaires applicables aux marchés publics. » Ainsi, selon l'article 57 de la loi d'orientation n° 2022-08 du 19 avril 2022 relative au secteur parapublic, au suivi du portefeuille de l'État et au contrôle des personnes morales de droit privé bénéficiant du concours financier de la puissance publique, les entités du secteur parapublic (établissements publics, à l'exception des ordres professionnels et des chambres consulaires, agences et autres structures administratives similaires ou assimilées, sociétés nationales, sociétés à participation publique majoritaire) « instituent en leur sein un dispositif de *contrôle interne* et disposent d'un manuel de procédures dont l'application fait l'objet d'un suivi permanent par un *auditeur interne* et d'une évaluation permanente par l'*organe délibérant*. L'organe délibérant de chaque entité du secteur parapublic adopte et met en place un dispositif de contrôle interne destiné à fournir une assurance raisonnable quant à la réalisation, entre autres, des objectifs suivants :

- la conformité des procédures internes aux lois et règlements en vigueur ;
- le respect de la règlementation en vigueur ;
- l'exécution et l'optimisation des opérations ;
- la fiabilité des informations financières et comptables ;

Chaque entité du secteur parapublic :

- procède à la cartographie des risques ;
- adopte un référentiel de contrôle interne (RCI) en vue du management des risques identifiés ».

En ce qui concerne l'État, « L'institution de l'Inspection générale d'État avait fait disparaître les rares corps de contrôle qui existaient au niveau des départements ministériels. Il reste, cependant, aux ministres, la possibilité de désigner des fonctionnaires dépendant d'eux pour procéder à des enquêtes et vérifications administratives, auprès des services placés sous leur autorité ou soumis à leur tutelle. Mais dans la pratique, cette possibilité est peu utilisée. Les départements ministériels se contentent, généralement, de faire appel à l'Inspection générale d'État ou d'exploiter les rapports établis par les autorités déconcentrées. Pour remédier à cet état de fait, il a été décidé, dans le cadre des mesures arrêtées pour redynamiser l'Administration, l'institution de postes d'inspecteurs, au niveau des principaux départements ministériels. Ces inspecteurs se répartissent en deux catégories : les inspecteurs chargés de la vérification administrative ou financière et les inspecteurs à vocation technique »[681]. Ainsi, selon le décret n° 74-1262 du 17 décembre 1974 créant les fonctions d'*inspecteurs des opérations financières* au sein des départements ministériels, ces inspecteurs exercent sur place le pouvoir de contrôle dévolu au ministre des Finances : ils vérifient la légalité, la régularité, la conformité et l'exactitude des actes portant engagement ou liquidation de dépenses publiques, ou certification de service fait, ainsi que des actes à incidences ou implications financières ; ils assurent également la vérification périodique des régies d'avances et de recettes, la surveillance des opérations de réceptions de matériels et de fournitures ou de réformes de matériels, et le contrôle des effectifs. À cet effet, les inspecteurs des opérations financières délivrent un *visa de conformité* s'il n'y a aucune irrégularité décelée ou aucune observation à faire ; dans le cas contraire, une *note de rejet* est adressée au Service intéressé. En cas de désaccord persistant entre l'inspecteur des opérations financières et le Service concerné, est requis d'abord l'avis du ministre concerné, ensuite, si nécessaire, l'arbitrage du ministre des Finances[682].

Par ailleurs, la cellule de passation des marchés doit établir, au plus tard le 15 du mois suivant la fin du trimestre, un *rapport trimestriel* et, avant le 31 mars de chaque année, un *rapport annuel* sur l'ensemble des marchés publics passés l'année précédente, à l'attention de l'autorité contractante dont elle relève, de l'ARCOP et de la DCMP. Le rapport annuel, entre autres, fournit la liste des entreprises défaillantes, précise la nature des manquements constatés, vérifie le respect des obligations sociales et environnementales par les titulaires de marchés publics et donne un compte rendu détaillé des marchés passés par entente directe. Il doit aussi relater les résultats obtenus dans la mise en œuvre des achats publics durables et contenir une liste de toutes les DRP simples et DRP à compétition restreinte passées au cours de l'année en précisant les entreprises consultées, le nom de l'attributaire ainsi que la nature et le montant du marché public, dont le format électronique doit être transmis[683].

---

[681] DIOP, M., *op. cit.*, p. 204.
[682] Voir DIOP, M., *op. cit.*, pp. 212-213.
[683] Article 145 du CMP.

La cellule de passation des marchés est, enfin, chargée de l'identification des besoins de formation des différents services de l'autorité contractante en matière de marchés publics, ainsi que de la liaison avec les missions extérieures, notamment celles d'audit ou d'inspection des marchés publics, initiées par l'ARCOP[684].

§2. Le contrôle de l'Autorité de régulation de la commande publique

L'*Autorité de régulation de la commande publique* (ARCOP) « est une autorité administrative indépendante, personne morale de droit public bénéficiant d'une autonomie administrative et financière »[685]. Elle est créée par la loi n° 2022-07 du 19 avril 2022 modifiant la loi n° 65-51 du 19 juillet 1965 portant Code des obligations de l'Administration (COA)[686], en remplacement de l'*Autorité de régulation des marchés publics* (ARMP) créée par la loi n° 06-16 du 30 juin 2006 modifiant la loi n° 65-51 du 19 juillet 1965 portant Code des obligations de l'Administration. Cette « mutation institutionnelle » fait suite à la dévolution par la loi n° 2021-23 du 02 mars 2021 relative aux contrats de partenariat public-privé de la mission de régulation des contrats de partenariat public-privé à l'ARMP.

Comme son prédécesseur, l'ARCOP est rattachée à la Présidence de la République[687], mais a plus d'attributions que l'ARMP. Aux termes de l'article 2 du décret n° 2023-832 du 05 avril 2023 fixant les règles d'organisation et de fonctionnement de l'ARCOP, celle-ci « a pour mission d'assurer la régulation du système de passation et d'exécution des contrats de la commande publique ». En d'autres termes, elle assure la régulation des marchés publics et la régulation des contrats de partenariat public-privé. La *mission de régulation* est définie, de

---

684 Article 1er de l'arrêté n° 007115 du 23 mars 2023 du ministre des Finances.

685 Article 1er du décret n° 2023-832 du 5 avril 2023 fixant les règles d'organisation et de fonctionnement de l'Autorité de régulation de la commande publique (ARCOP).

686 Article 30 modifié du COA.

687 Auparavant, l'ARMP était rattachée à la Primature. C'est à la faveur de la suppression du poste de Premier ministre par la loi constitutionnelle n° 2019-10 du 14 mai 2019 que l'Organe responsable de la régulation des marchés publics a été rattaché à la Présidence de la République. Depuis, ce rattachement n'a pas changé, nonobstant la réintégration du poste de Premier ministre par la loi constitutionnelle n° 2021-41 du 20 décembre 2021.

manière très large, par le même article 2 du décret n° 2023-832 comme ayant « pour objet d'émettre des avis, propositions ou recommandations dans le cadre de la définition des politiques et de l'assistance à l'élaboration de la règlementation en matière de commande publique, notamment en veillant à la mise en œuvre d'une commande publique responsable et durable, de contribuer à l'information et à la formation de l'ensemble des acteurs de la commande publique, au développement du cadre professionnel et à l'évaluation des performances des acteurs du système de passation, d'exécution et de contrôle de la commande publique, d'exécuter des enquêtes, de mettre en œuvre des procédures d'audit indépendant, de sanctionner les irrégularités constatées, de procéder au règlement non juridictionnel des litiges nés à l'occasion de la passation des marchés publics et des contrats de partenariat public-privé (PPP), de rendre des avis ou de proposer des solutions dans le cadre du règlement amiable des litiges nés à l'occasion de leur exécution ».

Pour lui permettre d'exercer cette mission de régulation de la commande publique, le décret n° 2023-832 du 05 avril 2023 a doté l'ARCOP de ressources financières suffisantes et autonomes à même de la mettre à l'abri des pressions extérieures[688]. En outre, la transparence des procédures nécessite de la part des Autorités contractantes une communication de l'ensemble des documents relatifs aux procédures de passation des marchés aux autorités de contrôle et de régulation pour la mise en œuvre des fonctions de passation, de contrôle ou de régulation et l'alimentation des outils de gestion et de statistique du système. C'est ainsi que l'article 2.16 du décret n° 2023-832 du 05 avril 2023 fixant les règles d'organisation et de fonctionnement de l'ARCOP charge cette dernière de la mission « de collecter toute documentation et statistique relatives aux procédures de passation, d'exécution ou de contrôle de la commande publique ; à cet effet, l'ARCOP reçoit, des Autorités contractantes, copies des avis, autorisations, procès-verbaux, rapports d'évaluation, contrat et tout rapport d'activité dont il assure la bonne tenue et la conservation dans les archives relatives aux marchés et aux contrats de partenariat public-privé ». Le défaut de communication de ces documents est sanctionné par le rejet, par la DCMP, des dossiers à elle soumis[689].

---

[688] Article 32 dudit décret.

[689] *Guide d'application du décret n° 2014-1212 du 22 septembre 2014 portant Code des marchés publics*, *op. cit.*, p. 57.

Avant de préciser l'objet du contrôle *a posteriori* des marchés publics exercé par l'ARCOP (B) et les pouvoirs notamment de sanction (C) dont elle dispose dans l'exercice de cette fonction, il convient d'abord de jeter un regard sur l'organisation de cette structure administrative indépendante (A).

A. L'organisation de l'ARCOP

Les règles d'organisation de l'ARCOP sont déterminées par le décret n° 2023-832 du 05 avril 2023 fixant ses règles d'organisation et de fonctionnement. D'après ce décret, l'ARCOP est composée de trois (3) organes : le Conseil de Régulation (1), le Comité de Règlement des Différends (2) et la Direction générale (3).

1. Le Conseil de Régulation

Le Conseil de Régulation dispose des pouvoirs les plus étendus pour administrer l'ARCOP, définir et orienter sa politique générale, et évaluer sa gestion dans les limites fixées par ses missions organiques ou statutaires. Le Conseil de Régulation « est notamment chargé de :

✓ déterminer les perspectives de développement de l'ARCOP ;

✓ d'examiner et d'approuver, chaque année, le programme d'activités de l'ARCOP, pour l'exercice à venir, sur proposition du Directeur général ;

✓ de recevoir du Directeur général, communication des rapports périodiques, annuels et de tous les autres rapports et de délibérer à leur sujet ;

✓ d'évaluer, selon une périodicité qu'il détermine, le respect des orientations, le niveau de réalisation des objectifs et l'accomplissement des performances ;

✓ d'adopter, sur proposition du Directeur général, toute recommandation, projet de règlementation, document standard, manuel de procédures dans le domaine de la commande publique en vue de sa transmission aux autorités compétentes ;

✓ d'ordonner, sur proposition du Directeur général, des enquêtes, contrôles et audits ;

✓ d'adopter le budget et d'arrêter, de manière définitive, les comptes et états financiers annuels et les rapports d'activités et de transmettre copies à la Cour des comptes ;

✓ d'adopter, sur proposition du Directeur général, le Règlement intérieur de l'ARCOP, les manuels de procédures internes, administratives, financières, comptables, de recrutement et de gestion des ressources humaines, la grille des rémunérations et des avantages des personnels de la Direction générale et des directions techniques ;

✓ d'approuver les nominations du personnel d'encadrement ;

✓ d'accepter tous les dons, legs et subventions dans le respect des principes d'éthique et en toute transparence ;

✓ d'approuver, conformément à la règlementation en vigueur, les contrats dont les montants sont supérieurs ou égaux à ceux fixés par ladite règlementation ou toutes autres conventions, y compris les emprunts, proposés par le Directeur général et ayant une incidence sur le budget ;

✓ d'autoriser l'aliénation des biens meubles ou immeubles, corporels ou incorporels, conformément à la loi ;

✓ d'autoriser la participation de l'ARCOP dans les associations, groupements ou autres organismes professionnels, dont l'activité est nécessairement liée à ses missions et de mettre fin à de telles participations.

Le Conseil de Régulation peut déléguer certains de ses pouvoirs au Directeur général qui rend compte des actes pris dans ce cadre »[690].

Il est composé de : 1 représentant de la Présidence de la République, 1 représentant du ministère des Finances, 1 magistrat représentant le ministère de la Justice, 3 représentants désignés par les organisations patronales les plus significatives, 3 représentants d'organisations de la société civile, tous nommés par décret sur proposition des structures et organisations qu'ils représentent, pour un mandat de 3 ans renouvelable une fois. Les membres du Conseil de Régulation sont choisis parmi les personnalités ou cadres dont la réputation morale ou professionnelle est établie dans les domaines juridique, technique, économique et financier, et nommés par décret, sur proposition des administrations, organismes professionnels et organisations de la société civile auxquels

---

[690] Article 5 du décret n° 2023-832 du 5 avril 2023 fixant les règles d'organisation et de fonctionnement de l'Autorité de régulation de la commande publique (ARCOP).

ils appartiennent. Ils reçoivent une indemnité forfaitaire mensuelle dont le montant est fixé par décret. Les membres du Conseil de Régulation bénéficient, pour les actes qu'ils prennent dans l'exercice de leurs fonctions, d'une protection spéciale de l'État. Ils ne peuvent être poursuivis, recherchés et arrêtés ou jugés à l'occasion des actes accomplis, des décisions et mesures prises, des opinions et des votes émis dans l'exercice de leurs fonctions en toute indépendance et en toute impartialité[691].

2. Le Comité de Règlement des Différends (CRD)

Le *Comité de Règlement des Différends* (CRD) est défini par le Code des marchés publics comme étant « l'entité de l'organe en charge de la régulation des marchés publics compétente pour statuer sur toute demande relative à la passation et à l'exécution des marchés publics »[692]. À cet effet, le CRD est chargé de :

- recevoir les dénonciations des irrégularités de toutes procédures constatées par les parties intéressées ou celles connues de toute autre personne avant, pendant et après la passation ou l'exécution des marchés publics ou des contrats de partenariat public-privé ; si ces faits caractérisent des violations de la règlementation relative à la passation des marchés publics ou des contrats de partenariat public-privé, le président du Conseil de Régulation saisit, soit la Commission Litiges, soit le Comité en formation disciplinaire, selon le cas ; si ces faits caractérisent des violations de la règlementation relative à l'exécution des marchés publics ou des contrats de partenariat public-privé, il saisit le CRD en formation disciplinaire ; s'ils constituent une infraction pénale, il saisit les juridictions compétentes ;

- recevoir, enregistrer et traiter les recours des candidats et soumissionnaires aux marchés relatifs à la procédure de passation des marchés publics, ainsi qu'à leur exécution ;

[691] Articles 6, 7, 8 et 9 du décret n° 2023-832 du 5 avril 2023 fixant les règles d'organisation et de fonctionnement de l'Autorité de régulation de la commande publique (ARCOP).

[692] Article 4.12 du CMP.

- recevoir, enregistrer et traiter les litiges soumis au règlement à l'amiable lors de l'exécution des marchés publics[693].

Les recours portés devant le CRD, organe de l'ARCOP, « s'inspirent largement des procédures contentieuses avec un délai de saisine, des moyens et des prétentions à exposer devant le CRD qui peut prendre, selon la nature des faits qui lui sont exposés, des décisions correctives ou disciplinaires, ainsi que des avis en matière d'exécution »[694]. Notamment, « la procédure suivie devant le CRD obéit au *principe du contradictoire* qui suppose que les parties soient en mesure de prendre connaissance et de discuter de toutes les pièces et arguments présentés dans le cadre de l'instruction de l'affaire » (CS 23 janvier 2020, *SDE c/ARMP & État du Sénégal*). De plus, la procédure devant le CRD « est essentiellement écrite, l'audition des parties devant cette instance étant une simple faculté laissée à son appréciation ainsi qu'il résulte de l'article 12 de la directive n° 05/2005 de l'UEMOA » (CS 23 janvier 2020, *SDE c/ARMP & État du Sénégal*). Le CRD siège en fonction des faits dont il est saisi, soit sous la forme d'une *Commission Litiges*, soit sous la forme de *Comité en Formation disciplinaire*[695].

D'abord, la *Commission Litiges* du CRD statue sur tout *litige opposant une autorité contractante à un candidat ou un titulaire du marché* respectivement dans la phase de passation du marché et dans la phase d'exécution du marché[696]. Les recours relatifs à la procédure de passation des marchés dont la Commission Litiges est saisie ont pour objet de contester :

- ✓ les décisions d'attribuer ou de ne pas attribuer le marché public ;
- ✓ les conditions de publication des avis ;
- ✓ les règles relatives aux conditions de participation des candidats et aux capacités et garanties exigées ;
- ✓ le mode de passation et la procédure de sélection retenus ;

---

693 Article 19 du décret n° 2023-832 du 5 avril 2023 fixant les règles d'organisation et de fonctionnement de l'Autorité de régulation de la commande publique (ARCOP).

694 *Guide d'application du décret n° 2014-1212 du 22 septembre 2014 portant Code des marchés publics*, *op. cit.*, p. 31.

695 Article 17 du décret n° 2023-832 du 5 avril 2023 fixant les règles d'organisation et de fonctionnement de l'Autorité de régulation de la commande publique (ARCOP).

696 *Ibid.*

- ✓ la conformité des documents d'appel à la concurrence à la règlementation ;
- ✓ les spécifications techniques retenues ;
- ✓ les critères d'évaluation des offres[697].

Ainsi, dans son arrêt du 09 février 2017, *Groupement Mohan Exports PVLT/Neptune Company/Modem Préfab System c/ARMP & État du Sénégal*, la Cour suprême devait déclarer « que le CRD, saisi d'un recours, est tenu de vérifier la conformité du dossier d'appel à la concurrence suivant les dispositions légales et règlementaires ; Que tant que la procédure est en cours, les organes de contrôle gardent leurs prérogatives, puisque l'épuisement d'une phase n'emporte pas régularité de la procédure et ne lie pas ceux-ci lorsqu'ils sont confrontés à des irrégularités ou manquements ». En l'espèce, la Haute juridiction a donné raison au CRD qui « a annulé la procédure d'attribution du marché et ordonné la reprise de l'évaluation, après avoir relevé que le mode d'évaluation établi dans le dossier d'appel d'offres n'est ni prévu par la règlementation ni consacré par la pratique des marchés publics pour ce qui concerne les marchés de travaux, de fournitures et services ». D'autre part, d'après la jurisprudence, « les observations et demandes formulées par le CRD dans le cadre de l'exercice de son contrôle de régularité d'une procédure de passation, s'imposent à la commission des marchés qui doit s'y conformer ; Qu'ainsi, en s'abstenant de sanctionner ses manquements en annulant la procédure d'attribution du marché alors qu'il a établi dans ses propres constatations que la commission des marchés n'avait pas tenu compte des observations et indications données sur les justificatifs exigés des candidats en vue de l'évaluation des offres, le CRD a privé sa décision de base légale » (CS 12 mars 2020, *Société DELGAS Assainissement c/ARMP*). La Commission Litiges peut également traiter les litiges soumis au règlement à l'amiable lors de l'exécution des marchés publics. Les recours relatifs à l'exécution des marchés publics examinés par la Commission Litiges ont pour objet la constatation de violations des obligations d'exécution du marché public par une partie, la contestation d'une résiliation ou de toutes autres mesures unilatérales, la réclamation d'un droit à une indemnisation pour préjudice subi, etc.

[697] Article 20 du décret n° 2023-832 du 5 avril 2023 fixant les règles d'organisation et de fonctionnement de l'Autorité de régulation de la commande publique (ARCOP).

Ensuite, la Commission Litiges statue sur les *litiges entre les organes de l'Administration* intervenant dans le cadre de la procédure de passation ou d'exécution des marchés publics dont le CRD est saisi[698]. Ainsi, dans son arrêt du 29 novembre 2012, *Société Angélique International Limited c/ARMP, Agence sénégalaise d'électrification rurale (ASER), Energy Service Company (ENCO) et DCMP*, la Cour suprême a estimé que dans le cadre de sa mission de veiller, par ses avis et recommandations, à l'application de la règlementation et des procédures relatives à la passation des marchés publics et sur le fondement de l'article 22 du décret fixant son organisation et son fonctionnement, l'ARMP, saisie par l'ASER d'une demande d'avis sur la suite à donner à la procédure face au refus de la DCMP de lui délivrer un avis de non-objection, est bien compétente pour connaître « du litige né entre l'autorité contractante et l'organe chargé du contrôle *a priori* qui divergent sur l'évaluation des offres ». En l'espèce, la requérante avait contesté la compétence du CRD en estimant que ni les dispositions du CMP ni celles du COA ne peuvent justifier la compétence du CRD à se prononcer sur la demande d'avis de l'ASER sur la suite à donner à la procédure face au refus de la DCMP de lui délivrer un *avis de non-objection.* Pour la Cour suprême, « aussi bien l'autorité contractante qu'est l'ASER qui est une agence de l'État que la DCMP qui est une direction au sein du ministère de l'Économie et des Finances, sont des organes de l'administration ». La divergence d'interprétation sur la conformité des offres entre la DCMP et l'ASER constituant un litige au sens de l'article 22 du décret fixant l'organisation et le fonctionnement de l'ARMP[699], la Cour conclut que le CRD est compétent pour se prononcer sur la demande d'avis dont il est saisi par l'ASER sur la suite à donner à la procédure face au refus de la DCMP de lui délivrer un avis de non-objection. La Haute juridiction ajoute que « ledit recours, légalement fondé et non soumis à un quelconque délai pour son exercice, est recevable ». En d'autres termes, contrairement au recours d'un candidat évincé d'une procédure de passation d'un marché public,

---

698 Article 21 du décret n° 2023-832 du 5 avril 2023 fixant les règles d'organisation et de fonctionnement de l'Autorité de régulation de la commande publique (ARCOP).

699 Aux termes de l'article 22 du décret fixant l'organisation et le fonctionnement de l'ARMP, « la Commission litiges statue sur les *litiges entre les organes de l'administration* intervenant dans le cadre de la procédure de passation ou d'exécution des marchés publics et délégations de service public dont le comité a été saisi ».

le recours d'un organe de l'Administration devant le CRD contre un autre organe de l'Administration dans le cadre de la procédure de passation ou d'exécution des marchés publics n'est pas enfermé dans un délai.

Les décisions de la Commission Litiges « sont immédiatement exécutoires et ont force contraignante sur les parties. Elles sont définitives sauf en cas de recours devant les juridictions compétentes ; ce recours n'ayant pas d'effet suspensif »[700].

Quant au *Comité en Formation disciplinaire* du CRD, il est saisi des faits qui caractérisent des violations de la règlementation relative à l'exécution des marchés publics ou des contrats de partenariat public-privé. Il peut ainsi prononcer des sanctions sous la forme d'exclusions temporaires ou de pénalités pécuniaires à l'encontre des candidats, soumissionnaires ou titulaires de marchés publics pour violation de la règlementation des marchés publics[701].

Enfin, du point de vue de son organisation interne, le CRD comporte deux chambres : une *chambre des marchés publics* dont les membres (1 représentant du ministère de la Justice, 1 représentant du secteur privé, 1 représentant de la société civile) sont tous issus du Conseil de Régulation[702], et une *chambre des contrats de partenariat public-privé.*

3. La Direction générale

Le directeur général de l'ARCOP est nommé par décret, sur proposition du Conseil de Régulation faite suite à un appel à candidatures, pour un mandat de trois (3) ans renouvelable une fois. Son recrutement sur appel à candidats par le Conseil de Régulation doit se faire « sur la base de critère d'intégrité morale, de qualification et d'expérience dans les domaines juridique, technique et économique des marchés publics et des contrats de partenariat public-privé »[703]. Le directeur général est chargé de la gestion et de l'application de la

---

[700] Article 20 du décret n° 2023-832 du 05 avril 2023 fixant les règles d'organisation et de fonctionnement de l'ARCOP.

[701] Article 22 du décret n° 2023-832 du 05 avril 2023 fixant les règles d'organisation et de fonctionnement de l'ARCOP.

[702] Article 17 du décret n° 2023-832 du 05 avril 2023 fixant les règles d'organisation et de fonctionnement de l'ARCOP.

[703] Article 23 du décret n° 2023-832 du 05 avril 2023 fixant les règles d'organisation et de fonctionnement de l'ARCOP.

politique générale de l'ARCOP sous le contrôle du Conseil de Régulation à qui il rend compte de sa gestion. Il est responsable devant le Conseil de Régulation qui peut le sanctionner en cas de faute grave ou comportement susceptible de nuire à la bonne marche ou à l'image de l'ARCOP.

B. L'objet du contrôle de l'ARCOP

L'objet du contrôle *a posteriori* de l'ARCOP est d'abord précisé par la loi qui l'a créée. Aux termes de la loi n° 2022-07 du 19 avril 2022 modifiant la loi n° 65-51 du 19 juillet 1965 portant Code des obligations de l'Administration (COA), en effet, l'ARCOP est chargée :

- de conseiller et d'assister les autorités compétentes de l'État dans l'élaboration des textes législatifs et règlementaires concernant la passation et l'exécution des marchés publics, des contrats de partenariat public-privé, lors de l'analyse des résultats de l'application de ces, textes, et pour leur adaptation ou modification ;
- d'assurer des missions d'enquête et de contrôle *a posteriori* du respect de la règlementation régissant la passation ainsi que l'exécution des marchés publics, de saisir et d'assister toutes autorités compétentes en cas de violation de cette règlementation ou des règles de concurrence ;
- de sanctionner les personnes physiques ou morales contrevenantes qui auront enfreint la règlementation applicable en matière de passation, d'attribution ou d'exécution de marchés publics, par des exclusions temporaires et pénalités pécuniaires[704].

L'objet du contrôle *a posteriori* des marchés publics par l'ARCOP est ensuite détaillé par le décret n° 2022-2295 du 28 décembre 2022 portant Code des marchés publics. Aux termes de ce décret, en effet, l'ARCOP « assure, outre son rôle de conseil, un contrôle *a posteriori* du respect des règles nationales et communautaires relatives à la passation et à l'exécution des marchés publics »[705]. Au titre de ce *contrôle a posteriori*, l'ARCOP :

✓ commande, à la fin de chaque exercice budgétaire, un audit indépendant sur un échantillon aléatoire de marchés ;

[704] Article 30 modifié du COA.
[705] Article 146 du CMP.

✓ peut initier et procéder à tout moment, avec ses moyens propres ou d'autres moyens, à des contrôles externes ou enquêtes portant sur la transparence et les conditions de régularité des procédures d'élaboration et de passation ainsi que des conditions d'exécution des marchés publics ;

✓ rend compte à l'autorité contractante concernée, au ministre du secteur concerné et au ministre chargé des Finances, de la procédure suivie lors des contrôles et enquêtes, des anomalies relevées et propose le cas échéant des améliorations ;

✓ saisit les autorités compétentes au niveau national ou de l'UEMOA de toutes infractions ou irrégularités constatées au cours des enquêtes et contrôles effectués ;

✓ tient la liste des personnes physiques et morales exclues des procédures de passation ;

✓ rend compte des contrôles effectués dans un rapport annuel transmis au président de la République, au président de l'Assemblée nationale, au Premier ministre, au ministre chargé des Finances et au président de la Cour des comptes. Le rapport donne ensuite lieu à publication[706].

C. Le pouvoir de sanction de l'ARCOP

Aux termes de la directive n° 05/2005 de l'UEMOA, les États membres de cette organisation internationale s'engagent, en premier lieu, « à adopter les mesures en vertu desquelles, les agents de l'Administration, et plus généralement, l'ensemble des personnes morales de droit public et de droit privé visés aux articles 4 et 5 de la Directive (…) ainsi que toute personne intervenant, à quelque titre que ce soit, dans la chaîne de passation des marchés publics (…) soit pour le compte d'une Autorité contractante, soit pour le compte d'une autorité d'approbation, de contrôle ou de régulation soient soumis aux dispositions des règlementations communautaires et nationales interdisant les pratiques frauduleuses et les actes de corruption »[707]. Les États membres de l'UEMOA s'engagent, en second lieu, « à adopter des mesures en vertu desquelles les soumissionnaires à la procédure de passation des marchés publics et des délégations de service public

706 *Ibid.*

707 Article 6 de la Directive n° 05/2005 de l'UEMOA.

prendront par écrit dans leur offre l'engagement d'informer l'Autorité contractante de tout paiement, avantage ou privilège accordé au profit de toute personne, agissant comme intermédiaire ou agent, en rémunération de toute prestation effectuée envers eux »[708].

Les États membres de l'UEMOA s'engagent, en troisième lieu, à adopter les mesures en vertu desquelles, sans préjudice des sanctions pénales prévues par les règlementations nationales, les candidats et soumissionnaires encourent des sanctions prononcées par l'autorité compétente chargée des recours non juridictionnels[709].

Les États membres de l'UEMOA s'engagent, en quatrième lieu, « à adopter les mesures en vertu desquelles, sans préjudice des sanctions pénales prévues par les règlementations nationales, les agents de l'Administration, et plus généralement, de l'ensemble des personnes morales de droit public (…) ainsi que toute personne intervenant, à quelque titre que ce soit, dans la chaîne de passation des marchés publics (…), soit pour le compte d'une Autorité contractante, soit pour le compte d'une autorité d'approbation, de contrôle ou de régulation et ayant directement ou indirectement participé aux actes prohibés et infractions visées par les règlementations communautaires ou nationales, encourent les sanctions disciplinaires déterminées par les règlementations nationales »[710].

Enfin, les États membres de l'UEMOA s'engagent à prévoir « des dispositions pénales spécifiques visant à sanctionner au-delà des actes de corruption, les prises illégales d'intérêts ou l'octroi d'avantages injustifiés par un acte contraire aux dispositions législatives ou règlementaires ayant pour objet de garantir la liberté d'accès et l'égalité des candidats dans les marchés publics », à prévoir des « dispositions permettant aux personnes qui ont subi un dommage résultant d'un acte de corruption d'intenter une action en indemnisation contre l'État et toute autre personne physique ou morale impliquée, en vue d'obtenir la réparation intégrale de ce préjudice, cette réparation pouvant porter sur les dommages patrimoniaux déjà subis, le manque à gagner et les préjudices extrapatrimoniaux » et à aménager « un dispositif en vertu duquel tout contrat obtenu, ou renouvelé au moyen de pratiques frauduleuses ou d'actes de corruption, ou à l'occasion de l'exécution duquel des pratiques frauduleuses et des actes de corruption ont été

[708] Article 7 de la Directive n° 05/2005 de l'UEMOA.
[709] Article 8 de la Directive n° 05/2005 de l'UEMOA.
[710] Article 9 de la Directive n° 05/2005 de l'UEMOA.

perpétrés est considéré comme entaché de nullité, sauf si l'intérêt public s'y oppose. Tout contractant dont le consentement aura été vicié par un acte de corruption peut demander au tribunal l'annulation de ce contrat, sans préjudice de son droit de demander des dommages et intérêts »[711].

En application de cette directive n° 05/2005 de l'UEMOA, le Code des marchés publics dote l'ARCOP d'un pouvoir de sanction contre les candidats et titulaires de marchés publics pour violation des règles de passation des marchés publics (1). Quant aux agents des autorités contractantes, ils peuvent être déférés devant la Chambre de discipline financière de la Cour des comptes pour violation des dispositions législatives ou règlementaires relatives aux marchés publics (2).

1. Les sanctions contre les candidats et titulaires de marchés

Les sanctions contre les candidats et titulaires de marchés publics peuvent consister en des sanctions administratives (a) et/ou des sanctions pénales (b).

a. Les sanctions administratives

Le Comité de Règlement des Différends (CRD) de l'ARCOP, siégeant en Formation disciplinaire, peut, par une *décision administrative individuelle*, prononcer des sanctions à l'encontre des *candidats et titulaires de marchés publics* auteurs de violations des règles de passation ou d'exécution des marchés publics constatées sans préjudice des sanctions pénales éventuellement encourues et des réparations éventuellement dues, lorsqu'ils :

✓ ont octroyé ou promis d'octroyer à toute personne intervenant à quelque titre que ce soit dans la procédure de passation du marché un avantage indu, pécuniaire ou autre, directement ou par des intermédiaires, en vue d'obtenir le marché – c'est le délit de *favoritisme* – ;

✓ s'adonnent à des pratiques de collusion entre candidats afin d'établir les prix des offres à des niveaux artificiels et non concurrentiels ;

✓ ont influé sur le mode de passation du marché ou sur la définition des prestations de façon à bénéficier d'un avantage indu ;

---

[711] Article 10 de la Directive n° 05/2005 de l'UEMOA.

✓ ont fourni délibérément dans leurs offres des informations ou des déclarations fausses ou mensongères, susceptibles d'influer sur la procédure de passation du marché ;

✓ ont établi des demandes de paiement ne correspondant pas aux prestations effectivement fournies ;

✓ ont entrepris de manière générale des activités corruptrices à l'égard des agents publics en charge de la passation du marché, des manœuvres frauduleuses en vue de l'obtention du marché, d'ententes illégales, des menaces, du harcèlement ou des violences envers les agents publics[712].

Ces violations des règles de passation ou d'exécution des marchés publics sont constatées par le CRD qui diligente toute enquête nécessaire et saisit toute autorité compétente à toutes fins utiles[713]. Le CRD peut prononcer, à l'encontre des candidats et titulaires de marchés publics auteurs de violations des règles de passation ou d'exécution des marchés publics constatées, les *sanctions administratives* suivantes, le cas échéant, de façon cumulative :

✓ confiscation des garanties constituées par le contrevenant dans le cadre des procédures de passation des marchés ;

✓ exclusion temporaire ou définitive du droit à concourir pour l'obtention de marchés publics pour une durée déterminée en fonction de la gravité de la faute commise ; l'exclusion et la confiscation des garanties peuvent être étendues à toute entreprise possédant la majorité du capital de l'entreprise contrevenante ou dont l'entreprise contrevenante possède la majorité du capital, en cas de collusion établie par le CRD ;

✓ la sanction prononcée peut être assortie de la résiliation du marché public en cours ou de la substitution par une autre entreprise, aux risques et périls du contrevenant sanctionné lorsque les violations commises sont établies après l'attribution d'un marché public ;

✓ des sanctions sont prévues lorsque les violations commises sont établies après l'exécution du marché public pour ce qui concerne les marchés publics à venir.[714]

Ainsi, dans sa décision n° 033/2023 du 22 mars 2023, *SONES c/GETRACONS*, le CRD, en application de l'article 150 du CMP et en

---

[712] Article 149 du CMP.

[713] *Ibid.*

[714] Article 150 du CMP.

vue de préserver l'intégrité de la commande publique, avait ordonné « l'exclusion de la société GETRACONS pour les marchés à venir pour une période d'un (01) an à compter de la publication sur le site des marchés publics de la présente décision » pour avoir « fourni délibérément dans son offre des informations fausses susceptibles d'influer sur le résultat de la procédure de passation dudit marché et commis une faute passible de sanction ». On peut aussi citer comme exemples lointains l'inscription sur la liste rouge, par le CRD, du groupe DISSO, qui a écopé d'une exclusion de toute soumission à un marché public pour une période de deux (2) ans (du 27 juin 2008 au 27 juin 2010) pour avoir violé les règles de passation des marchés publics en fournissant délibérément de fausses informations, du groupe ESA, frappé d'interdiction de soumission pendant dix (10) ans (du 11 février 2009 au 11 février 2019) pour avoir fourni une caution irrégulière en garantie du paiement d'une avance de démarrage d'un montant de 33 257 704 FCFA, de Arts & Vision et OADEN, exclues de soumission pour une période de deux (2) ans (du 15 juillet 2009 au 15 juillet 2011) pour avoir produit des informations inexactes et de faux documents susceptibles d'influer sur le résultat de la procédure de passation d'un marché public[715].

Dans la première affaire, l'Agence Autonome des Travaux routiers (AATR) avait lancé un appel d'offres pour les travaux d'entretien des routes non revêtues du réseau classé de la région de Louga. Après avoir constaté, à la suite de l'évaluation technique des offres reçues, que l'une des personnes proposées par le groupe DISSO comme géotechnicien travaillait à plein temps à l'APIX et qu'elle n'avait pas autorisé DISSO à utiliser son curriculum vitae, elle a saisi le CRD en lui faisant parvenir des documents qu'elle considérait comme contenant de fausses informations fournies par DISSO. Dans la deuxième affaire, le groupe ESA, attributaire du marché de la construction de la pharmacie régionale d'approvisionnement de Tambacounda, dont la résiliation est sollicitée, a fourni, en garantie du paiement d'une avance de démarrage, une caution irrégulière qui n'a pas été reconnue par la SONAC, supposée avoir émis cette caution. La SONAC a estimé qu'il y a eu imitation de la signature de son directeur général, fausseté des informations y figurant, notamment le numéro d'ordre, et l'absence de date d'émission. Dans la troisième affaire, à la suite d'un appel d'offres

---

[715] « Liste rouge. Interdits de soumissionner ! », *Revue des marchés publics* n° 1-1, 2010, p. 26.

relatif à l'équipement du lycée technique Ahmadou Bamba de Diourbel, lancé le 21 février 2008 par le ministère de l'Enseignement technique, 12 entreprises avaient soumissionné, parmi lesquelles les sociétés Arts & Vision et OADEN (Ouest-Africaine d'Entreprises). L'Agence française de développement (AFD), bailleur de fonds, a introduit un recours contre ces sociétés devant le CRD en contestation des attestations fournies : l'attestation au nom de la société française DIDAC BDH au profit d'Arts & Vision et celle au nom de la société italienne SGM (Société Générale Machines) au profit d'OADEN. Elle a soutenu avoir reçu, du coordonnateur de l'Unité de suivi et de coordination de projets (USCP), des informations et documents montrant que les sociétés Arts & Vision et OADEN ont chacune présenté ces faux documents pour appuyer leurs propositions techniques respectives[716].

Les décisions de sanctions administratives prononcées contre les candidats et titulaires de marchés pour fautes commises sont obligatoires. Toutefois, elles peuvent faire l'objet de « recours devant les tribunaux à compétence administrative », introduit par le contrevenant. Un tel recours n'est pas suspensif[717].

b. Les sanctions pénales

Quant aux *sanctions pénales* encourues par les candidats et titulaires de marchés publics auteurs de violations des règles de passation ou d'exécution des marchés publics constatées, le *droit pénal des marchés publics* réprime les infractions de corruption active et d'escroquerie commises en matière de marchés publics par ces personnes physiques ou morales[718].

Le délit de *corruption active* est prévu par l'article 161 du Code pénal qui dispose : « Quiconque pour obtenir, soit l'accomplissement ou l'obtention d'un acte, soit une des faveurs ou avantages prévus aux articles 159 et 160, aura usé des voies de fait ou menaces, des promesses, offres, dons ou présents, ou cédé à des sollicitations tendant à la corruption, même s'il n'en a pas pris l'initiative, sera, que la contrainte ou la corruption ait ou non produit son effet, puni des mêmes

---

716 « Liste rouge. Interdits de soumissionner ! », *op. cit.*, p. 26.

717 Article 150 du CMP.

718 LAMOTTE, M., « L'étude des infractions des marchés publics », *Revue des marchés publics* n° 15, 2013, pp. 15-17.

peines que celles prévues auxdits articles contre la personne corrompue. » Les pratiques ou manœuvres corruptives dans le domaine des marchés publics révèlent « un large système d'échanges de faveurs allant du pantouflage ou de l'embauche de l'un de ses proches aux avantages en nature (invitations luxueuses, véhicules mis à disposition, cadeaux) en passant par les pots-de-vin en argent liquide »[719].

Quant au délit d'*escroquerie sur les deniers publics*, il est prévu par l'article 153 du Code pénal qui dispose que « toute personne désignée au premier alinéa de l'article précédent qui aura obtenu ou tenté d'obtenir frauduleusement de l'État, d'une collectivité publique, d'une société nationale ou d'une société d'économie mixte soumise de plein droit au contrôle de l'État, au moyen de pièces fausses ou de manœuvres quelconques, des sommes d'argent ou des avantages matériels indus, sera punie des mêmes peines suivant les mêmes distinctions qu'à l'article précédent ». Ainsi, l'infraction d'escroquerie sur les deniers publics « suppose, pour être établie, un acte matériel de tromperie accompli par l'agent poursuivi, le résultat de la tromperie nécessaire à l'escroquerie et enfin la perception par l'agent de son acte »[720].

2. Les sanctions contre les agents publics

Les sanctions contre les agents publics pour violation des règles relatives aux marchés publics peuvent consister en une condamnation à réparer les dommages causés (a), une condamnation par la Chambre de discipline financière de la Cour des comptes pour faute de gestion (b), des sanctions disciplinaires (c) et des sanctions pénales (d).

a. La condamnation à réparer les dommages causés

Les a*gents publics* (de l'État, des collectivités territoriales, des établissements publics, des sociétés publiques, agences et autres organismes publics) auteurs de fautes commises dans le cadre de la procédure de passation des marchés publics peuvent être tenus, le cas échéant, à la *réparation des dommages résultant de leurs actes*, sans préjudice des sanctions pénales et disciplinaires prévues par les lois et

[719] CARTIER-BRESSON, J., « Corruption et pratiques anticoncurrentielles », *Petites Affiches*, 1999, cité par LINDITCH, F., *op. cit.*, p. 77.
[720] LAMOTTE, M., *op. cit.*, p. 16.

règlements en vigueur[721]. Il s'agit là d'une *responsabilité pécuniaire* des agents fonctionnaires ou non fonctionnaires, pour *faute personnelle*, détachable du service public, commise dans le cadre de la procédure de passation des marchés publics, qui trouve son fondement dans les dispositions de l'article 145 du COA. Aux termes de cet article : « La faute commise par un agent public à l'occasion de l'exercice de ses fonctions engage la *responsabilité personnelle* de son auteur, si elle est détachable du service public. Lorsqu'une action en indemnité est intentée dans les conditions prévues à l'alinéa précédent, l'Administration doit être mise en cause. Elle répond de la faute de son agent, sauf à exercer contre celui-ci une action récursoire. » Certes, l'article 145 du COA exclut la faute commise par l'agent public en dehors du service et qui n'a aucun rapport avec ce dernier ; et dans ce cas, le juge ne met pas en cause l'Administration dont dépend l'agent puisque la faute commise est matériellement détachable du service ou est une faute intentionnelle. Mais le juge peut mettre en cause l'Administration dont dépend l'agent lorsque la faute de ce dernier, bien que commise en dehors du service, n'est pas dépourvue de tout lien avec le service[722].

b. La condamnation par la Chambre de discipline financière

Les agents publics peuvent également être déférés devant la *Chambre de discipline financière de la Cour des comptes*[723], sans préjudice de poursuites pénales, pour avoir enfreint les dispositions législatives ou règlementaires relatives aux marchés publics[724], c'est-à-dire pour *fautes de gestion*, notamment lorsque :

[721] Article 147 du CMP.

[722] SY, D., *Droit administratif*, 3e éd., Dakar, L'Harmattan-Sénégal, 2021, p. 461.

[723] « Au Sénégal, la sanction des fautes de gestion a été successivement confiée à la *Cour de discipline budgétaire* (CDB), régie par la loi n° 63-20 du 5 février 1963 et la loi n° 76-91 du 2 juillet 1976, puis à la *Cour de Discipline financière*, créée par la loi n° 98-20 du 26 mars 1998 et enfin, à la *Chambre de discipline financière* (CDF) de la Cour des comptes, créée par la loi organique n° 99-70 du 7 février 1999. Mais à la différence de ses prédécesseurs, la CDF n'est pas une chambre permanente de la Cour mais une chambre *ad hoc* dont les membres sont désignés par ordonnance du président de la Cour des comptes pour une durée de deux ans renouvelables. » (DIOUF, R. P., « Marchés publics. Comment sanctionner les fautes de gestion ? », *Revue des marchés publics* n° 03, 2011, p. 28).

[724] Article 148 du CMP.

- ils ont procuré ou tenté de procurer un avantage anormal à un candidat : « C'est le cas quand l'instruction a révélé, après circularisation aux fournisseurs concurrents, que le prix d'achat d'une fourniture est 40 fois supérieur au prix moyen en cours sur le marché (CDF, arrêt n° 2 du 30 mars 2006) »[725] ;

- ils sont intervenus à un stade quelconque de l'attribution d'un marché à une entreprise dans laquelle ils ont pris ou conservé un intérêt ;

- ils ont fractionné des dépenses en vue d'échapper au mode de passation normalement applicable ou ont appliqué une procédure de passation sans l'accord requis ;

- ils ont passé un marché avec un candidat exclu des commandes publiques ou ont exécuté un marché ou un contrat non approuvé par l'autorité compétente ;

- ils ont manqué de manière répétée à l'obligation de planification et de publicité annuelles des marchés ;

- ils ont autorisé et ordonné des paiements après délivrance d'un titre de paiement ne correspondant pas aux prestations effectivement fournies ou à des prestations incomplètes ou non conformes.

Il convient d'ajouter à cette liste de faits constitutifs de fautes de gestion, en dehors du Code des marchés publics, « le fait de s'être livré, dans l'exercice de ses fonctions, à des faits caractérisés créant un état de gaspillage caractérisé par des transactions trop onéreuses pour la collectivité intéressée, en matière de commande directe, de marché (…), les stipulations de qualité ou de fabrication qui, sans être requises par les conditions d'utilisation des travaux ou de fournitures, seraient de nature à accroître le montant de la dépense et les dépenses en épuisement de crédit »[726].

La liste des personnes justiciables devant la Chambre de discipline financière de la Cour des comptes « est large et seuls échappent à la juridiction de la CDF, le Président de la République, les ministres et les Présidents des chambres du Parlement. Hormis ces personnalités, tous les fonctionnaires civils, militaires, les magistrats, les membres des cabinets des personnalités ci-dessus citées, les agents des organismes publics, toute personne investie d'un mandat public (spécialement les

---

[725] DIOUF, R. P., *op. cit.*, p. 30.

[726] Articles 5, A, 6e et 7e de la loi n° 76-91 du 2 juillet 1976, 6, A, 6e et 7e de la loi n° 98-20 du 26 mars 1998 et 49 A, 6e et 7e de la loi organique n° 99-70 du 17 février 1999 sur la Cour des comptes.

ordonnateurs des collectivités locales), peuvent voir leur responsabilité poursuivie devant la CDF »[727].

De manière générale, aux termes de l'article 57 de la loi organique n° 2012-23 du 27-12-2012 sur la Cour des comptes, est punissable en matière de dépenses :

- le fait de n'avoir pas soumis à l'examen préalable des autorités habilitées à cet effet, dans les conditions prévues par les textes en vigueur, un acte ayant pour effet d'engager une dépense ;
- le fait d'avoir imputé ou fait imputer irrégulièrement une dépense ;
- le fait d'avoir enfreint la règlementation en vigueur concernant la comptabilité de matières ;
- le fait d'avoir passé outre au refus de visa d'une proposition d'engagement de dépenses, excepté dans le cas où l'avis conforme du ministre chargé des Finances a été obtenu préalablement par écrit ;
- le fait d'avoir engagé des dépenses sans avoir reçu à cet effet délégation de signature ;
- le fait d'avoir produit, à l'appui ou à l'occasion de ses liquidations, de fausses certifications ;
- le fait d'avoir enfreint la règlementation en vigueur concernant les marchés ou conventions d'un organisme soumis au contrôle de la Cour.

En matière de marchés publics, à titre d'exemples[728] de faits condamnés comme *fautes de gestion* par la Cour de discipline budgétaire (CDB), la Cour de discipline financière (CDF) ou la Chambre de discipline financière (CDF) de la Cour des comptes, on peut citer :

✓ le fait d'avoir laissé une entreprise réaliser des travaux pour un montant supérieur à celui figurant dans la convention liant les parties (CDB, arrêt n° 7 du 12 avril 1978) ;

✓ le fait de s'être fait livrer des fournitures alors que le contrat n'était pas exécutoire pour défaut d'approbation par l'autorité compétente (CDB, arrêt n° 12 du 26 juillet 1977) ;

[727] DIOUF, R. P., *op. cit.*, p. 28.
[728] Exemples relevés par DIOUF, R. P., *op. cit.*, p. 29.

✓ le fait d'avoir acheté des outils d'une valeur de 11 millions de francs au cours de la même gestion sans passer de marché (CDB, arrêt n° 16 du 27 juillet 1978) ;

✓ le fait d'avoir passé, auprès de plusieurs fournisseurs, commande d'imprimés et de fournitures de bureau pour un montant de 4 450 265 francs alors que les commandes des trois dernières gestions étaient arrêtées à 9 479 000, 8 473 000 et 11 503 000 francs (CDB, arrêt n° 4 du 16 avril 1980) ;

✓ le fait d'avoir exécuté, liquidé et payé des marchés avant leur approbation par la Commission des contrats (CDB, arrêt n° 1 du 18 avril 1979) ;

✓ le fait d'avoir passé un marché pour un montant supérieur à celui inscrit au budget, d'avoir prévu dans le cahier des charges un délai de livraison manifestement irréalisable au vu des délais d'approbation qui ne laissaient que peu de manœuvres aux entreprises cocontractantes ; ces entreprises, qui auraient dû refuser de souscrire à ces conditions inacceptables, y ont acquiescé avec la certitude qu'il ne leur serait pas appliqué de pénalités de retard, mais surtout qu'elles seraient réglées par anticipation au vu de procès-verbaux de réception fictifs (CDB, arrêt n° 6 du 18 avril 1979) ;

✓ la publicité insuffisante ayant consisté, pour un gouverneur, à organiser une consultation « restreinte » de deux entreprises, sans une autorisation préalable du Premier ministre (il aurait dû organiser un appel d'offres ouvert) ; en sus de ce manquement, le gouverneur avait présidé une commission de dépouillement des offres non règlementaire et s'était même substitué à l'administrateur de la commune pour l'attribution de marchés financés par la collectivité locale ; plus grave, il avait attribué un marché concernant l'aménagement d'une gare routière à une entreprise dont l'offre était classée en 4e position par la commission technique d'évaluation des offres (CDB, arrêt n° 15 du 19 décembre 1979) ;

✓ le fractionnement de dépenses de même nature dans le but d'échapper aux règles de passation des marchés et la substitution, par un directeur général, de deux entreprises à une entreprise moins-disante choisie par la commission de dépouillement (CDF, arrêt n° 03 du 24 septembre 2003).

La Chambre de discipline financière « applique à titre de sanction une amende dont le minimum ne peut être inférieur à 100 000 francs CFA et dont le maximum pourra atteindre le double du traitement ou salaire brut annuel alloué à l'auteur des faits à la date à laquelle ceux-ci ont été commis »[729]. S'agissant de l'engagement des poursuites, la « Chambre ne peut être saisie quatre années révolues après le jour de la découverte des faits de nature à donner lieu à l'application des sanctions prévues en matière de discipline financière »[730].

Il faut enfin souligner que les arrêts de la Chambre de discipline financière de la Cour des comptes peuvent faire l'objet d'un *recours en cassation* devant la Chambre administrative de la Cour suprême et, en cas de cassation de l'arrêt par la Chambre administrative, l'affaire est renvoyée devant les chambres réunies de la Cour suprême.

c. Les sanctions disciplinaires

Pour les *fonctionnaires*, les sanctions disciplinaires applicables en cas de fautes commises dans le cadre de la procédure de passation des marchés publics[731] varient selon la gravité de la faute. Il s'agit :

✓ des *sanctions du premier degré* : l'avertissement, le blâme, prononcés par le ministre utilisateur ou des autorités délégataires et subdélégataires, après une demande d'explications écrites adressée au fonctionnaire coupable et précisant le délai de réponse ; la sanction ne peut intervenir sans que le fonctionnaire soit appelé à porter, par écrit, ses explications sur les faits reprochés, sauf si le délai de réponse imparti a été dépassé ;

✓ des *sanctions du second degré* : le déplacement d'office, la réduction d'ancienneté ne pouvant excéder deux (2) ans, qui retarde le fonctionnaire dans son avancement, prononcés par le ministre utilisateur et des autorités subdélégataires, dans les mêmes formes et procédures prévues pour les sanctions du premier degré ;

✓ des *sanctions du troisième degré* : la radiation du tableau d'avancement pour deux (2) ans, la rétrogradation, l'exclusion temporaire des fonctions pour une durée maximale de six (6) mois, la révocation sans suspension des droits à pension, la révocation avec suspension des droits à pension, prononcés par décret pris par le Président de la République pour les fonctionnaires de la hiérarchie A,

---

729 Article 59 de la loi organique n° 2012-23 du 27 décembre 2012 sur la Cour des comptes.

730 Article 67 de la loi organique n° 2012-23 du 27 décembre 2012 sur la Cour des comptes.

731 Article 147 du CMP.

par arrêté du ministre de la Fonction publique pour les autres fonctionnaires ; le Conseil de discipline doit être saisi avant l'intervention de toute sanction du troisième degré, son avis devant intervenir dans le délai d'un (1) mois à compter du jour où il a été saisi (date de la lettre de saisine)[732].

Pour les *agents non fonctionnaires*, les sanctions disciplinaires applicables consistent en l'avertissement, le blâme, prononcés par l'autorité administrative compétente, la mise à pied allant de 1 à 8 jours, prononcée par le ministre utilisateur ou les autorité administratives subdélégataires et le licenciement prononcé par le ministre de la Fonction publique. Les sanctions sont prises après une demande d'explications adressée à l'agent non fonctionnaire et précisant la date limite de réponse et après que l'agent concerné est mis à même de présenter, par écrit, ses explications sur les faits qui lui sont reprochés[733].

Les décisions de sanctions disciplinaires prononcées contre les fonctionnaires coupables de fautes commises dans le cadre de la procédure de passation des marchés publics peuvent faire l'objet de recours pour excès de pouvoir devant la Cour suprême, tandis que les litiges relatifs aux sanctions disciplinaires prononcées pour fautes commises dans le cadre de la procédure de passation des marchés publics à l'encontre des agents non fonctionnaires, relevant du Code du travail, sont soumis à la compétence des tribunaux du travail.

d. Les sanctions pénales

Concernant les sanctions pénales contre les agents publics, « sans prévoir des incriminations pénales relatives aux marchés publics, le code [des marchés publics] indique (…) les personnes susceptibles d'être poursuivies pénalement ainsi que les faits susceptibles de revêtir, au regard des lois et règlements en vigueur auxquels il renvoie, des infractions pénales »[734]. À ce propos, sans prétendre développer toutes les infractions qui peuvent être commises dans le cadre des marchés publics, le *droit pénal des marchés publics* prévoit des infractions de corruption passive, de concussion, de prise illégale d'intérêts, de trafic

[732] Voir DIARRA, M., *Mémento de la Fonction publique*, Dakar, Les Nouvelles Éditions Africaines du Sénégal, 2005, pp. 23-25 et pp. 71-73.
[733] DIARRA, M., *op. cit.*, p. 140.
[734] LAMOTTE, M., *op. cit.*, p. 11.

d'influence et de favoritisme, d'enrichissement illicite, de blanchiment de capitaux, etc., commises par les agents publics, fonctionnaires et agents non fonctionnaires et des infractions de corruption active et d'escroquerie commises par les candidats et titulaires des marchés publics[735].

Pour les agents publics, le *délit de corruption passive*[736] est prévu et puni par l'article 159 du Code pénal qui dispose : « Sera puni d'un emprisonnement de deux à dix ans et d'une amende double de la valeur des promesses agréées ou des choses reçues ou demandées, sans que ladite amende puisse être inférieure à 150 000 francs, quiconque aura sollicité ou agrée des offres ou promesses, sollicité ou reçu des dons ou présents pour : 1) Étant investi d'un mandat électif, fonctionnaire public de l'ordre administratif ou judiciaire, militaire ou assimilé, agent ou préposé d'une administration publique, citoyen chargé d'un ministère de service public, dirigeant ou agent de toute nature d'un établissement public, d'un ordre professionnel, d'une coopérative bénéficiant du soutien de l'État ou d'une collectivité publique, d'un organisme privé chargé d'une mission de service public, d'une association ou fondation reconnue d'utilité publique ou d'une société dont une collectivité publique détient la moitié au moins du capital, faire ou s'abstenir de faire un acte de ses fonctions ou de son emploi, juste ou non, mais non sujet à salaire ; 2) Étant arbitre, ou expert nommé soit par le Tribunal, soit par les parties, rendre une décision ou donner une opinion favorable ou défavorable à une partie (…) Sera puni d'un emprisonnement d'une à trois années et d'une amende de 25 000 à 100 000 francs ou de l'une de ces deux peines seulement tout commis, employé ou préposé, salarié ou rémunéré sous une forme quelconque, qui, soit directement, soit par personne interposée, aura, à l'insu et sans le consentement de son patron, soit sollicité ou agréé des offres ou promesses, soit sollicité ou reçu des dons, présents, commissions, escomptes ou prises pour faire ou s'abstenir de faire un acte de son emploi. Si les offres, promesses, dons ou sollicitations tendaient à l'accomplissement ou à l'abstention d'un acte qui, bien qu'en dehors des attributions personnelles de la personne corrompue était ou aurait été facilité par sa fonction ou par le

[735] LAMOTTE, M., *op. cit.*, pp. 11-15.

[736] « La *corruption passive* est donc l'agissement par lequel un agent public ou privé propose ou accepte un avantage en vue d'accomplir ou de ne pas accomplir un acte relevant de ses attributions. Dans la corruption passive, le corrompu sollicite ou accepte (agrée) un avantage pour lui-même ou un proche que son interlocuteur reste libre de ne pas verser. » (LAMOTTE, M., *op. cit.*, pp. 12.)

service qu'elle assurait, la peine sera, dans le cas du paragraphe 1er du premier alinéa, d'un emprisonnement d'un à trois ans et d'une amende de 50 000 à 500 000 francs et, dans le cas du second alinéa, d'un emprisonnement de six mois à deux ans et d'une amende de 25 000 à 75 000 francs ou de l'une de ces deux peines seulement. » Dans le même sens, l'article 160 du Code pénal dispose : « Sera punie d'un emprisonnement d'un an au moins et de cinq ans au plus et de l'amende prévue par le premier alinéa de l'article 159, toute personne qui aura sollicité ou agréé des offres ou promesses, sollicité ou reçu des dons ou présents pour faire obtenir ou tenter de faire obtenir des décorations, médailles, distinctions ou récompenses, des places, fonctions ou emplois ou des faveurs quelconques accordées par l'autorité publique, des marchés, entreprises ou autres bénéfices résultant de traites conclus avec l'autorité publique ou avec une administration placée sous le contrôle de la puissance publique, ou, de façon générale, une décision favorable d'une telle autorité ou administration et aura ainsi abusé d'une influence réelle ou supposée. Toutefois, lorsque le coupable est une des personnes visées au paragraphe 1er du premier alinéa de l'article 159 et qu'il a abusé de l'influence réelle ou supposée que lui donne son mandat ou sa qualité, la peine d'emprisonnement sera de deux années au moins et de dix ans au plus. »

Pour la *corruption active*, qui peut être commise par les candidats et titulaires de marché, l'article 161 du Code pénal dispose : « Quiconque, pour obtenir, soit l'accomplissement ou l'abstention d'un acte, soit une des faveurs ou avantages prévus aux articles 159 et 160, aura usé des voies de fait ou menaces, des promesses, offres, dons ou présents, ou cédé à des sollicitations tendant à la corruption, même s'il n'en a pas pris l'initiative, sera, que la contrainte ou la corruption ait ou non produit son effet, puni des mêmes peines que celles prévues aux dits articles contre la personne corrompue. Toutefois ne seront pas poursuivies, les personnes qui auront avant toute poursuite judiciaire en vertu des articles 159 et 160 révélé aux autorités compétentes les faits commis par la personne corrompue. » Le préjudice et l'auteur des faits de corruption sont pris en compte par l'article 162 du Code pénal qui indique : « Dans le cas où la corruption ou le trafic d'influence aurait pour objet un fait comportant une peine plus forte, cette peine plus forte sera appliquée aux coupables. Dans les cas prévus aux alinéas 1er et 3 de l'article 159 et à l'alinéa 2 de l'article 160, le coupable, s'il est officier, sera, en outre, puni de la destitution. Si le coupable est un militaire ou assimilé, il sera fait application, en ce qui concerne la peine d'amende, des dispositions du Code de justice militaire. Dans les cas prévus aux trois articles qui précèdent, les coupables pourront, en outre, être interdits des droits mentionnés dans l'article 34 pendant cinq ans au moins et dix ans au plus, à compter du jour où ils auront subi leur peine. Le tribunal pourra ordonner la restitution à la personne exemptée de poursuites, des choses par elle livrée ou de leur valeur. Dans le cas contraire, elles seront confisquées au profit du Trésor. » Si à travers ces dispositions, la corruption et infractions assimilées sont ainsi prévues et punies par le législateur sénégalais, il convient de noter qu'il y a un besoin de mettre ces textes en conformité avec les instruments internationaux comme la convention des Nations-Unies contre la corruption du 14 décembre 2005 et la Convention de l'Union africaine sur la prévention et la lutte contre la corruption du 5 août 2006.

Le *délit de prise illégale d'intérêt*[737] consistera, pour l'agent public, à intervenir à un stade quelconque de l'attribution d'un marché à une entreprise dans laquelle il a pris ou conservé un intérêt. C'est pourquoi il est prévu, à titre de prévention, que « Tout membre de commission des marchés ayant, personnellement ou par l'intermédiaire de son conjoint, ses ascendants ou de ses descendants, un intérêt direct ou indirect, notamment en tant que dirigeant, associé ou employé, dans une entreprise candidate à un marché examiné par la commission à laquelle il appartient, doit en faire la déclaration, se retirer de la commission et s'abstenir de participer aux opérations d'attribution du marché concerné. Tous les membres de commissions doivent signer la déclaration de non-conflit d'intérêt »[738]. À propos des peines encourues, l'article 157 du Code pénal punit tout agent public qui, soit ouvertement, soit par des actes simulés, soit par l'interposition de personnes, aura pris ou reçu quelque intérêt que ce soit dans les actes, adjudication, entreprise ou régie dont il a ou avait, au temps de l'acte, en tout ou en partie, l'administration ou la surveillance, d'un emprisonnement d'1 an à 5 ans et d'une amende qui ne pourra excéder le quart des restitutions et des indemnités, ni être au-dessous du douzième.

---

[737] « Il y a infraction lorsqu'il s'avère qu'un agent public a un intérêt dans une entreprise avec laquelle il peut être en contact à l'occasion de ses fonctions. Cet agent public risque en effet d'hésiter entre son intérêt personnel et l'intérêt général défendu par son administration. » (LAMOTTE, M., *op. cit.*, p. 14.)

[738] Article 40 du CMP.

Le *délit de trafic d'influence passif*, très proche du délit de corruption passive, vise l'agent public « qui se contente de suggérer ou d'accomplir, moyennant une récompense, d'exercer son influence auprès de la personne qui, de par son fonctionnement peut prendre ou s'abstenir d'accomplir l'acte en question »[739]. L'agent coupable est puni d'une peine d'emprisonnement de 2 à 10 ans. Le *délit de favoritisme* est un abus de fonction dans le cadre de la commande publique, qui ne nécessite pas d'établir que l'agent public recherchait un quelconque avantage ; il « pourrait tomber sous la qualification de corruption passive ou de trafic d'influence passif, s'il est prouvé que son auteur s'est comporté de la sorte pour obtenir un avantage quelconque »[740]. Ce délit n'est pas expressément prévu par le Code pénal, même si les faits constitutifs apparaissent dans les dispositions du Code des marchés publics[741], par exemple, le fait de fractionner des dépenses en vue d'échapper au mode de passation normalement applicable ou d'appliquer une procédure de passation sans l'accord requis.

L'*enrichissement illicite*, dont le procédé probatoire est souvent source de polémiques (mise en demeure de prouver l'origine licite de son patrimoine, interprétée comme un renversement de la charge de la preuve dans la matière pénale), est prévu et puni par l'article 163 bis du Code pénal qui dispose : « L'enrichissement illicite de tout titulaire d'un mandant public électif ou d'une fonction gouvernementale, de tout magistrat, agent civil ou militaire de l'État, ou d'une collectivité publique, d'une personne revêtue d'un mandat public, d'un dépositaire public ou d'un officier public ou ministériel, d'un dirigeant ou d'un agent de toute nature des établissements publics, des sociétés nationales, des sociétés d'économie mixte soumises de plein droit au contrôle de l'État, des personnes morales de droit privé bénéficiant du concours financier de la puissance publique, des ordres professionnels, des organismes privés chargés de l'exécution d'un service public, des associations ou fondations reconnues d'utilité publique, est puni d'un emprisonnement de cinq à dix ans et d'une amende au moins égale au montant de l'enrichissement et pouvant être portée au double de ce montant. Le délit d'enrichissement illicite est constitué lorsque, sur simple mise en demeure, une des personnes désignées ci-dessus, se

---

[739] LAMOTTE, M., *op. cit.*, p. 14.
[740] LAMOTTE, M., *op. cit.*, p. 15.
[741] LAMOTTE, M., *op. cit.*, p. 14.

trouve dans l'impossibilité de justifier de l'origine licite des ressources qui lui permettent d'être en possession d'un patrimoine ou de mener un train de vie sans rapport avec ses revenus légaux. L'origine licite des éléments du patrimoine peut être prouvée par tout moyen. Toutefois la seule preuve d'une libéralité ne suffit pas à justifier de cette origine licite. Dans le cas où l'enrichissement illicite est réalisé par l'intermédiaire d'un tiers ou d'une personne morale, ce tiers ou les personnes physiques dirigeant la personne morale seront poursuivis comme complices de l'auteur principal. »

Pour ce qui concerne l'infraction de *blanchiment de capitaux* qui est une criminalité de conséquence, elle est prévue à travers une démarche communautaire par la loi n° 2018-03 du 23 février 2018 relative à la lutte contre le blanchiment de capitaux et le financement du terrorisme, abrogée et remplacée par la loi n° 2024-08 du 14 février 2024 relative à la lutte contre le blanchiment de capitaux, le financement du terrorisme et de la prolifération des armes de destruction massive. Dans tous les cas, la grande bataille pour prévenir et lutter contre cette délinquance souvent dissimulée dans le cadre des marchés publics est de mettre en place un dispositif adéquat à travers des organes dédiés et des techniques d'enquête appropriées. Au Sénégal, des efforts sont faits dans ce domaine par la création de la Cellule nationale de traitement des informations financières (CENTIF)[742], l'Office national de lutte contre la fraude et la corruption (OFNAC)[743] et du Pool judiciaire financier (PJF)[744].

Sans prétendre lister toutes les infractions en matière de marchés publics, on peut aussi citer l'infraction de *faux et usage de faux en écriture publique*. Le faux est constitué par les diverses pratiques de falsification des documents contractuels et des pièces constitutives de la procédure de choix des entreprises (procès-verbaux fictifs produits et signés pour des séances de dépouillement d'offres n'ayant jamais eu lieu)[745] ou de réception des prestations (procès-verbaux produits et signés pour des prestations de travaux, fournitures ou services n'ayant jamais été réalisées). « L'usage de faux est le fait de se servir de ces

---

[742] Aujourd'hui régie par la loi n° 2024-08 du 14 février 2024 relative à la lutte contre le blanchiment de capitaux, le financement du terrorisme et de la prolifération des armes de destruction massive.

[743] Loi n° 2012-30 du 28 décembre 2012 portant création de l'Office national de Lutte contre la Fraude et la Corruption (OFNAC), modifiée.

[744] Loi n° 2023-14 du 2 août 2023 modifiant le Code de procédure pénale.

[745] LINDITCH, F., *op. cit.*, p. 85.

documents fallacieux. C'est l'exemple de l'établissement de fausses attestations ou de qualifications pour les entreprises de BTP en vue de leurs candidatures aux marchés publics de travaux. Il en est de même pour l'établissement de fausses factures sans aucune conformité avec la nature et l'ampleur des prestations réalisées par le titulaire du marché. »[746] Ces pratiques tombent sous le coup de l'article 130 du Code pénal : « Tout fonctionnaire ou officier public qui, dans l'exercice de ses fonctions, aura commis ou tenté de commettre un faux : soit par fausses signatures ; soit par altération des actes, écritures ou signatures ; soit par supposition de personnes ; soit par les écritures faites ou intercalées sur des registres ou d'autres actes publics, depuis leur confection ou clôture, sera puni du maximum de l'emprisonnement. » Elles sont aussi visées par l'article 131 du Code pénal : « Sera puni de la même peine, tout fonctionnaire ou officier qui, en rédigeant des actes de son ministère, en aura frauduleusement dénaturé la substance ou les circonstances, soit en écrivant des conventions autres que celles qui auraient été tracées ou dictées par les parties, soit en constatant comme vrais des faits faux, ou comme avoués des faits qui ne l'étaient pas. » Quant à l'article 132 du Code pénal, il prévoit : « Seront punis de la peine d'emprisonnement de cinq à dix ans toutes autres personnes qui auront commis ou tenté de commettre un faux en écriture authentique et publique : soit par contrefaçon ou altération d'écritures ou de signatures ; soit par fabrication de conventions, dispositions, obligations ou décharges ou par leur insertion après coup dans ces actes ; soit par addition ou altération de clauses, de déclarations ou de faits que ces actes avaient pour objet de recevoir et de constater. Seront punis de la même peine tous administrateurs ou comptables militaires qui portent sciemment sur les rôles, les états de situation ou de revue, un nombre d'hommes, de matériels, de chevaux ou de journées de présence au-delà de l'effectif réel, qui exagèrent le montant des consommations ou commettent tous autres faux dans leurs comptes. »

[746] *Guide d'application du décret n° 2014-1212 du 22 septembre 2014 portant Code des marchés publics*, *op. cit.*, p. 142.

CHAPITRE IV

L'EXÉCUTION DES MARCHÉS PUBLICS

Autant la passation des marchés publics est marquée par son formalisme juridique et l'exigence du respect strict des principes fondamentaux de l'égal accès au marché, du traitement égal des candidats et de la transparence des procédures, autant l'exécution des marchés publics apparaît parfois comme un véritable parcours du combattant, un casse-tête pour les parties contractantes. À en croire l'ancien directeur général de l'ARMP/ARCOP, Saër Niang, en matière de marchés publics au Sénégal, « les vulnérabilités se sont déplacées de la phase de passation vers la phase d'exécution »[747]. En effet, souligne-t-il, « L'État perd énormément d'argent parce que beaucoup d'entreprises acceptent des conditions pas toujours des meilleures et vont essayer dans l'exécution de gagner de l'argent, notamment en modifiant les spécifications ou en utilisant des matériaux inadéquats. Généralement, le contrôle est plus compliqué à ce niveau que par rapport à la conformité formelle »[748].

Les règles d'exécution du marché public « figurent dans les pièces constitutives du marché qui sont l'acte d'engagement, les cahiers des charges qui fixent notamment les dispositions techniques nécessaires à l'exécution des prestations du marché, complétés, le cas échéant, par d'autres pièces contractuelles auxquelles le marché confère valeur contractuelle (comme les documents se rapportant à l'exécution financière du marché) »[749]. Le marché public s'exécute conformément à ces dispositions qui définissent les engagements réciproques des parties contractantes, dans le respect des règles générales applicables aux contrats administratifs et des règles particulières applicables aux marchés publics. Il doit être exécuté à la fois par le titulaire du marché (section I) et par l'autorité contractante (section II), avec l'intervention

[747] « Surveillance des marchés publics. Les nouveaux défis », *Revue de la commande publique* n° 39, juillet-août 2024, p. 14.

[748] *Ibid.*

[749] CASTAING, B., NOGUELLOU, R., PREBISSY-SCHNALL, C., *op. cit.*, p. 117.

d'acteurs multiples dans la chaîne d'exécution (section III). La réception des prestations de travaux, fournitures ou services (section IV) intervient à l'issue de l'exécution du marché public.

SECTION I. L'EXÉCUTION DU MARCHÉ PAR LE TITULAIRE

En contrepartie de son obligation d'exécuter le marché (§1), le titulaire du marché a des droits (§2) qui correspondent aux obligations de l'autorité contractante à son égard.

§1. Les obligations du titulaire du marché

Aux termes de l'article 62 du COA, l'exécution par le cocontractant des obligations qui lui incombent « doit être conforme aux modalités prévues par le cahier des charges, correcte, de bonne foi, personnelle et intervenir dans les délais prévus ». Cinq (5) obligations s'imposent alors au titulaire du marché public : l'obligation d'exécution conforme (A), l'obligation d'exécution correcte (B), l'obligation d'exécution de bonne foi (C), l'obligation d'exécution personnelle (D) et l'obligation d'exécution dans les délais prescrits (E).

A. L'obligation d'exécution conforme

L'exécution du marché public par le titulaire doit être conforme aux *modalités* définies par le cahier des charges. S'imposant aux parties qui sont obligées de l'insérer dans le contrat, le *cahier des charges* est un « document définissant les conditions d'exécution d'un contrat, notamment un marché public ou une concession »[750]. Il acquiert une *nature contractuelle* à l'issue de son insertion dans le marché public[751]. Il ne s'impose donc à l'acheteur public que dans la mesure où il décide d'y faire référence[752].

L'histoire des cahiers des charges est liée à celle du contrat administratif. « La doctrine retient que ce sont dans les cahiers des charges élaborés dès le début du XIXe siècle que sont apparues les idées

[750] VAN LANG, A., GONDOUIN, G., INSERGUET-BRISSET, V., *op. cit.*, p. 78.
[751] *Ibid.*
[752] CE 26 juin 1985, *Hôpital psychothérapeutique de Rozès-Saint-Lizier*.

de base du régime des contrats administratifs. Les cahiers des charges ont en effet permis la mise en forme des idées développées par les administrations et le Conseil d'État, et d'abord dans les domaines des travaux publics et des concessions de service public. La doctrine retient aussi que les cahiers des charges expriment la spécificité du régime du contrat administratif, et précisément l'inégalité de la situation des parties. »[753] Aux termes de l'article 12 du CMP, les cahiers des charges, qui déterminent les conditions dans lesquelles les marchés sont exécutés, comprennent les documents généraux et les documents particuliers.

Les documents généraux sont :

✓ les *cahiers des clauses administratives générales* (CCAG) qui fixent les dispositions administratives applicables à tous les marchés publics portant sur une même nature : fournitures, travaux ou services. Par exemple, pour un marché de travaux publics, ils contiennent des indications générales et descriptions de l'ouvrage, des clauses financières et administratives. Ces cahiers sont établis par l'ARCOP en relation avec les ministères intéressés et sont approuvés par décret. Les « CCAG sont rédigés de la même façon puisque leur objectif est de préciser les règles administratives de l'exécution »[754] ;

✓ les *cahiers des clauses techniques générales* (CCTG) qui fixent essentiellement les conditions et spécifications techniques applicables à tous les marchés de même nature. Ces cahiers sont élaborés par l'ARCOP en relation avec les départements techniques concernés et sont approuvés par arrêté du ou des ministres concernés. Ils peuvent également prévoir des spécifications fonctionnelles et des spécifications environnementales, sociales, de santé et de sécurité (SESSS) qui définissent les obligations contractuelles du futur titulaire du marché en matière environnementale, sociale, d'égalité de genre, de santé, d'hygiène et de sécurité.

Les documents particuliers sont :

✓ les *cahiers des clauses administratives particulières* (CCAP) qui précisent le cahier des clauses administratives générales (CCAG) et fixent les dispositions administratives propres à chaque marché. Ils sont établis par l'autorité contractante en vue de compléter, de préciser ou de modifier le CCAG ;

---

[753] SCHULTZ, P., *op. cit.*, pp. 76-77.
[754] SCHULTZ, P., *op. cit.*, p. 77.

✓ les *cahiers des clauses techniques particulières* (CCTP) qui fixent les dispositions techniques nécessaires à l'exécution des prescriptions prévues au marché. Ils sont établis par l'autorité contractante et rassemblent les clauses techniques ou stipulations qui donnent une description précise des prestations à réaliser ; par exemple, pour un marché de travaux publics, la définition des travaux nécessaires à la construction de prototypes de bâtiments publics et d'équipements communautaires. Ils permettent à la personne responsable de suivre le déroulement et la bonne exécution du marché ;

✓ les *cahiers de prescriptions spéciales* (CPS) fixant les clauses propres à chaque marché, qui sont établis par l'autorité contractante. Ces cahiers comprennent les clauses administratives particulières et les clauses techniques particulières ; ils doivent contenir notamment la définition précise de l'objet du marché et le mode de passation, et comportent obligatoirement l'indication des articles des cahiers des CCAG et des CCTG auxquels ils dérogent éventuellement ; ils précisent les obligations des parties au marché.

B. L'obligation d'exécution correcte

L'obligation d'exécution correcte, en bon père de famille, selon les règles de l'art, signifie d'abord que le titulaire a l'obligation d'exécuter les prestations prévues par le marché public, c'est-à-dire les travaux, fournitures ou prestations de service commandés par l'autorité contractante. Ainsi, en matière de travaux publics, le titulaire ne doit ménager aucun effort pour réaliser un ouvrage exempt de vices et conforme aux prescriptions du marché (CE 26 avril 1972, *Raboni*). À cet effet, il doit se conformer aux prescriptions techniques contractuelles, générales et particulières des cahiers des charges du marché public.

L'obligation d'exécution correcte implique ensuite que le titulaire du marché ne peut interrompre son exécution. Ainsi, le cocontractant ne peut suspendre ses propres prestations en prétextant une faute ou une inexécution des prestations de l'acheteur public (CE 5 novembre 1982, *Société Propétrol*), sauf en ce qui concerne les marchés de travaux dans le cas où la poursuite de l'exécution du marché bouleverserait la situation de l'entrepreneur (CE 30 mars 1906, *Swnaran*) ou compromettrait l'ouvrage (CE 8 novembre 1940, *Commune de Maussane*). Bien entendu, la force majeure autorise l'interruption définitive de l'exécution du marché par le titulaire. Toutefois, si la force majeure prend fin, l'obligation d'exécuter le marché s'impose à nouveau à l'entrepreneur (CE 5 janvier 1924, *Compagnie Gar*).

C. L'obligation d'exécution de bonne foi

L'obligation d'exécution de bonne foi implique, par exemple, que le titulaire du marché ne doit pas chercher à diminuer ses prestations ou à faire des économies au détriment de la qualité des prestations prescrites. De même, il ne peut se prévaloir de ses propres insuffisances ou invoquer l'absence de ressources pour s'exonérer (CE 14 mars 1928, *Gagnieux*).

D. L'obligation d'exécution personnelle

L'obligation pour le titulaire d'exécuter personnellement le marché s'explique par le caractère *intuitu personae* du contrat administratif. En règle générale, en effet, le titulaire ne peut pas faire exécuter le marché par un tiers. Exceptionnellement, la *sous-traitance* de l'exécution d'un marché public est admise à condition d'avoir obtenu l'accord préalable de l'autorité contractante, l'agrément de chaque sous-traitant devant être demandé, et de ne porter que sur certaines parties du marché jusqu'à concurrence de 40 % de son montant.

Une autre exception au principe de l'exécution personnelle du marché public réside dans la *cession de contrat*, à condition qu'elle soit préalablement autorisée par l'autorité contractante, sur demande du titulaire. En effet, « Sauf autorisation préalable de l'Administration contractante les cessions et sous-traités sont prohibés. L'Administration est tenue de statuer sur la demande de cession ou de sous-traité, faite par son cocontractant, dans un délai raisonnable à peine d'engager sa responsabilité »[755].

Si la sous-traitance du marché public ne modifie pas le lien contractuel entre l'autorité contractante et le titulaire[756], dans le cadre de la cession du marché public, par contre, le cessionnaire autorisé est

---

[755] Article 65 du COA.

[756] Article 67 du COA : « Le lien contractuel entre l'Administration et le co-contractant n'est en rien modifié par le sous-traitant autorisé. Le sous-traité ne crée pas de lien contractuel entre l'Administration et le sous-traitant ».

entièrement substitué au titulaire initial dans ses droits et obligations[757]. Sauf clause contraire du contrat, le cédant cesse ainsi d'être responsable de l'exécution du marché[758].

E. L'obligation d'exécution dans les délais

Aux termes de l'article 70 du COA, « le cocontractant de l'administration est tenu de respecter les délais d'exécution prévus pour la réalisation d'une opération déterminée ou de l'ensemble du marché. Dans les autres cas, l'exécution doit intervenir dans un délai raisonnable ». L'article 14 du CMP précise que la durée du marché public est fixée en tenant compte de la nature des prestations et de la nécessité d'une remise en concurrence périodique. Elle ne peut être en principe supérieure à 1 an, sauf dans les cas :

✓ des marchés de travaux, de suivi et de contrôle y afférents, qui peuvent dépasser une année compte tenu de la complexité et de la consistance des prestations ;

✓ des marchés intégrant l'investissement, l'entretien, la maintenance et l'élimination d'équipements et ouvrages, qui peuvent être contractés pour plusieurs années à la condition que les engagements qui en découlent demeurent respectivement dans les limites des autorisations d'engagements et des crédits de paiement contenus dans les lois de finances ou dans les budgets des autorités contractantes autres que l'État et ses services déconcentrés ;

✓ des marchés relatifs au recrutement de commissaire(s) aux comptes, qui peuvent avoir une durée de 2 à 6 ans dans les conditions prévues par l'Acte uniforme de l'OHADA relatif au droit des sociétés commerciales ;

✓ des marchés de Gestion et d'entretien par niveau de services (GENIS)[759] qui se fondent sur une obligation de résultat en lieu et place

---

757 Article 66 du COA : « Le cessionnaire autorisé est entièrement substitué au cocontractant initial dans ses droits et obligations. Le co-contractant cesse, sauf clause contraire, d'être responsable de l'exécution du contrat ».

758 *Ibid.*

759 Le *Dossier type d'appel d'offres (DTAO) pour les Marchés de gestion et d'entretien des routes par niveaux de service (GENIS)* indique que « ce type de marché recouvre toute la gamme des activités nécessaires pour garantir en permanence aux usagers de la route le niveau de service prescrit, ce qui inclut bon nombre d'activités de gestion et de suivi systématique du réseau routier concerné. Il couvre en outre l'exécution de Travaux initiaux de mise à niveau nécessaires

de l'obligation de moyens des marchés classiques de travaux d'entretien, qui peuvent être contractés pour une durée allant jusqu'à 7 ans ;

✓ des marchés relatifs à l'acquisition de manuels scolaires, qui peuvent être conclus pour une durée de 1 an, renouvelable annuellement par avenant, sur une période pouvant aller jusqu'à 5 ans ;

✓ et dans le cadre de marchés à commande, de clientèle et des accords-cadres.

Les délais d'exécution du marché public fixés par les parties commencent à courir à compter de la notification du marché au titulaire, sauf disposition contraire du marché public.

---

pour remettre ces Routes à niveau en fonction des normes prescrites, de Travaux d'amélioration spécifiés par le Maître de l'Ouvrage en vue de conférer à ces Routes des caractéristiques nouvelles pour répondre à l'évolution des trafics, à des impératifs de sécurité ou autres, ainsi que de Travaux d'urgence destinés à remettre les Routes en état à la suite de dégâts occasionnés par des phénomènes naturels imprévisibles, aux conséquences exceptionnelles (tempêtes, inondations, séismes, etc.), ceci dans les conditions définies au marché ». Le DTAO explique que « le recours aux marchés de services à obligation de résultats pour la gestion et l'entretien des réseaux routiers est une approche destinée à améliorer l'efficacité et la qualité des opérations d'entretien routier. Il s'agit de garantir que l'état physique des routes traitées satisfera aux besoins des usagers tout au long de la durée de ces marchés (qui sont en principe pluriannuels). Avec ce type de marché, le rôle dévolu au secteur privé s'amplifie nettement, passant de la simple exécution de travaux à la gestion et la préservation des investissements routiers ». En effet, mentionne le DTAO, aux termes d'un marché de gestion et d'entretien des routes par niveaux de service, « l'Entreprise est elle-même en charge d'assurer le suivi et le contrôle systématique de l'état des infrastructures et des niveaux de service effectifs, pour l'ensemble des routes ou des sections de routes objet du marché. Il s'agit là, bien sûr, d'une obligation contractuelle, mais ces actions lui permettront également de réunir l'information indispensable pour i) connaître précisément son propre degré de conformité avec les niveaux de service requis et ii) définir et programmer, en temps voulu, l'ensemble des interventions physiques nécessaires pour éviter de tomber en dessous des seuils applicables aux critères de niveaux de service. Dans le cadre d'un marché par niveaux de service, l'Entreprise ne reçoit du Maître de l'Ouvrage aucune instruction quant au type de travaux à entreprendre ou à leur volume. Au contraire, elle a toute latitude quant aux actions à conduire dans le but d'assurer les niveaux de service requis ».

§2. Les droits du titulaire du marché

Le titulaire du marché public a droit à une rémunération (A) pour les prestations exécutées au profit de l'autorité contractante, et éventuellement à une indemnisation (B) permettant de maintenir l'équilibre financier du marché.

A. La rémunération du titulaire du marché

Le marché public est un contrat conclu « à titre onéreux », c'est-à-dire que l'autorité contractante paie un prix au titulaire du marché en contrepartie des prestations reçues du titulaire. La rémunération du titulaire au moyen du versement d'un prix présente un caractère essentiel dans l'équilibre du contrat[760]. Elle conditionne même la qualification de ce contrat administratif de marché public. Le Code des marchés publics prévoit des règles relatives à la consistance (1), à la forme (2) et aux caractères des prix (3) des marchés publics[761].

1. La consistance des prix des marchés

Le titulaire du marché public a droit au *paiement intégral du prix* convenu au marché. D'abord, les prix des marchés publics sont réputés couvrir toutes les dépenses qui sont la conséquence nécessaire et directe des travaux, de la fourniture ou du service. Les prix sont également réputés assurer un bénéfice au titulaire du marché. Dans le cadre des *achats publics durables*, qui visent à répondre à un besoin tout en ajoutant, dans le dossier d'appel à la candidature ou dans le cahier des charges, la mise en œuvre d'un objectif de développement durable (ODD) des Nations Unies, l'autorité contractante pourra préciser, dans l'avis d'appel à concurrence, que les prix devront être calculés en appliquant la méthode de calcul du coût pendant le cycle de vie[762].

Ensuite, les prix des marchés publics englobent l'impôt et/ou la taxe dus, sauf lorsqu'ils sont expressément exclus du prix du marché ou font l'objet d'une exonération. Les marchés publics qui comportent une telle

---

[760] RICHER, L., *op. cit.*, p. 511.

[761] De manière générale, le Code des marchés publics contient des règles financières relatives au prix, au paiement, au financement du marché, aux garanties exigées du titulaire, qui forment le *droit financier des marchés publics*.

[762] Article 15 du CMP.

clause d'exonération d'impôt et/ou de taxe doivent, dans ce cas, viser les textes législatifs ou règlementaires et les conventions prévoyant ces exonérations[763].

2. La forme des prix des marchés

Du point de vue de la forme, il peut s'agir de prix global forfaitaire, de prix unitaire, de combinaison des deux ou, exceptionnellement, sur la base de dépenses contrôlées[764]. Le *prix global forfaitaire* est le prix fixé en bloc et à l'avance pour les fournitures, prestations ou travaux complètement déterminés dans le marché[765]. Les *prix unitaires* sont les prix fixés pour un élément déterminé des fournitures, services ou travaux à réaliser et sont appliqués aux quantités effectivement livrées ou exécutées desdits éléments, pour déterminer le montant à régler[766].

La grande différence entre prix unitaire et prix forfaitaire du marché est que, dans le cadre d'un *prix unitaire*, lorsque les termes du marché connaissent une évolution, on module les prix unitaires : par exemple, en cas d'augmentation du volume des travaux à réaliser, on multiplie les quantités effectivement exécutées par les prix unitaires concernés et si jamais les quantités avaient été manifestement sous-estimées, le maître d'ouvrage peut être contraint à écarter les prix contractuels et à indemniser l'entreprise qui aurait acheté des matériaux à des prix plus élevés que les prix contractuels. Alors que dans le cadre d'un *prix forfaitaire*, « l'entreprise ne disposera pas d'un droit à indemnisation en cas de supplément de prix. Motif : le prix forfaitaire ne varie pas en fonction des quantités effectivement réalisées. Les données économiques du contrat sont quasiment cristallisées »[767]. Le point commun entre prix global forfaitaire et prix unitaires est qu'ils « doivent être calculés par le candidat compte tenu des conditions économiques connues à la date fixée pour le dépôt des offres ou éventuellement à une date déterminée par le dossier d'appel à la concurrence, laquelle ne peut être postérieure au mois calendaire précédant celui du dépôt des offres »[768].

---

[763] *Ibid.*
[764] Article 16 du CMP.
[765] Article 17 du CMP.
[766] *Ibid.*
[767] MICHON, J., *op. cit.*, pp. 258-259.
[768] Article 16 du CMP.

Le *prix sur dépenses contrôlées* est le prix dans lequel les dépenses réelles et contrôlées engagées par l'entrepreneur, le fournisseur ou le prestataire de services pour réaliser l'objet du marché lui sont intégralement remboursées, sur la base de justificatifs appropriés, par l'autorité contractante qui y ajoute un coefficient de majoration destiné à couvrir les frais généraux, les impôts et taxes ainsi qu'une marge bénéficiaire[769].

3. Les caractères des prix des marchés

Du point de vue de leurs caractères, les prix des marchés publics sont fermes (a) pour la durée du marché ou révisables (b).

a. Le caractère ferme des prix

Les prix sont *fermes*, lorsqu'ils ne peuvent pas être modifiés en cours d'exécution du marché à raison des variations des conditions économiques[770]. En règle générale, un marché public est conclu à prix ferme dans le cas où cette forme de prix n'est pas de nature à exposer à des aléas majeurs le titulaire du marché ou l'autorité contractante du fait de l'évolution raisonnablement prévisible des conditions économiques pendant la période d'exécution du marché public[771].

Le caractère irrévocable ou définitif du prix ferme ne s'attache qu'au prix initial, et veut dire que le prix ou les modalités de sa détermination sont fixés initialement dans les documents contractuels du marché. En outre, le montant d'un marché à prix ferme est *actualisable*[772], si la durée de réalisation du marché ne dépasse pas un (1) an, pour tenir compte des variations de coûts entre la date limite de validité des offres et la date du début de l'exécution du marché en appliquant au montant d'origine de l'offre la *formule d'actualisation* stipulée par les cahiers des charges[773]. « L'actualisation ne s'applique qu'à un marché à prix ferme ; elle est sans objet dans le cas d'un marché

---

[769] Article 18 du CMP.

[770] Article 19 du CMP.

[771] Article 20 du CMP.

[772] « Mais il ne faut pas confondre "la révision" du prix et son "actualisation". La révision du prix s'effectue en cours d'exécution du marché alors que l'actualisation est réalisée avant le début des prestations. » (NDIAYE, I., *op. cit.*, p. 37.)

[773] Article 22 du CMP.

à prix révisable. Contrairement à la révision des prix qui ne peut être introduite par avenant à un marché à prix ferme, l'actualisation des prix d'un marché conclu à prix ferme sans clause d'actualisation, peut être autorisée par avenant. D'une manière générale, lorsqu'un marché est conclu à prix ferme, les modalités de l'actualisation doivent normalement être prévues dans les cahiers des charges. »[774]

La DCMP nous donne un exemple d'actualisation des prix dans le cadre d'un marché de travaux : « Nous sommes dans le cadre d'un marché de BTP. Après attribution, les travaux n'ont pas pu démarrer dans la période de validité des offres par la faute de l'autorité contractante. Ainsi, le marché a fait l'objet d'une actualisation, conformément à la formule ci-après insérée dans le DAO.

Act = $a\frac{C}{C_0} + b\frac{F}{F_0} + c\frac{G}{G_0}$

À défaut d'avoir les indices des intrants du marché, il peut être fait référence aux prix de vente. Les paramètres C, F et G sont les suivants :

a : représente le ciment qui correspond à 30 % du coût de l'ouvrage (a = 0,3) ;

b : représente le fer à béton qui correspond à 40 % du coût de l'ouvrage (b = 0,4) ;

c : représente le gravier dont le coût est estimé à 30 % du prix de l'ouvrage (c = 0,3) ;

C_0 = prix de la tonne de ciment à la date de fin de validité des offres ;

F_0 = prix de la tonne de fer à béton à la date de fin de validité des offres ;

G_0 = prix du m³ de graviers à la date de fin de validité des offres ;

C = prix de la tonne de ciment à la date où s'effectue l'actualisation ;

F = prix de la tonne de fer à béton à la date où s'effectue l'actualisation ;

G = prix du m³ de gravier à la date où s'effectue l'actualisation.

Remarques :

✓ a + b + c = 1 ;

✓ un marché est actualisable si sa durée de réalisation n'atteint pas un an ;

---

774 *Guide d'application du décret n° 2014-1212 du 22 septembre 2014 portant Code des marchés publics*, *op. cit.*, p. 123.

✓ l'impact des coûts des autres matériaux est négligé dans cette formule. »[775]

b. Le caractère révisable des prix

Les prix sont *révisables* lorsqu'ils peuvent varier en fonction des paramètres expressément prévus par la *clause de révision du prix* stipulée dans le marché[776], laquelle permet de tenir compte de l'évolution du prix entre sa date d'établissement et le commencement d'exécution du marché. En effet, « L'objet de la révision des prix d'un marché est de tenir compte de la variation des conditions économiques constatées entre la date d'établissement des prix initiaux définis par les cahiers des charges et les dates d'expiration des délais fixés contractuellement pour l'achèvement de la réalisation des prestations objet du marché »[777].

La stipulation d'une clause de révision du prix est *obligatoire* pour les parties lorsque la durée du marché public dépasse douze (12) mois, afin de prendre en compte la variation du coût des éléments de la prestation concernée[778]. À cet égard, les cahiers des charges doivent préciser la *formule de révision du prix* ainsi que la périodicité et les modalités de son application. Cette formule de révision du prix doit comporter une partie fixe et une partie qui varie en fonction de paramètres correspondant aux éléments les plus représentatifs des prix de revient sans qu'il puisse être fait état de paramètres n'ayant pas de rapport direct et immédiat avec l'objet du marché public[779]. La clause de révision du prix du marché fonctionne ainsi comme une soupape de sûreté contre les aléas économiques majeurs qui exposent le titulaire du marché ou l'autorité contractante. Toutefois, le titulaire du marché ne peut pas se prévaloir de cette clause pour la part des délais contractuels découlant d'un retard dans l'exécution du marché qui lui est imputable[780]. En outre, il « est important de noter que l'introduction même par avenant d'une clause de révision de prix dans un marché qui

---

775 *Tableau des manquements relevés dans l'examen des procédures de passation des marchés*, DCMP, 2013, p. 88.
776 Article 19 du CMP.
777 *Guide d'application du décret n° 2014-1212 du 22 septembre 2014 portant Code des marchés publics*, *op. cit.*, p. 120.
778 Article 21 du CMP.
779 *Ibid.*
780 Article 21 du CMP.

n'en prévoyait pas est impossible, car un tel acte fausserait le libre jeu de la concurrence »[781]. Ainsi, saisi par AGEROUTE Sénégal, par lettre mémoire en date du 17 octobre 2011, aux fins de solliciter son avis relativement à la requête introduite par le groupement AREZKI/*Green Line* pour la prise en compte du préjudice financier subi du fait de l'augmentation des prix du gasoil, du bitume et du ciment lors de l'exécution des travaux d'aménagement de la route Labé—Sériba—Médina Gounass—Tambacounda et de facilitation du transport sur le corridor Conakry—Dakar (tronçon Médina Gounass—frontière Guinée), le CRD avait déclaré : « *Considérant que selon les dispositions de l'article 10.4 du cahier des Clauses administratives générales du dossier d'appel d'offres (DAO), les prix sont réputés fermes sauf si le marché prévoit qu'ils sont révisables ; Que cette révision des prix ne peut intervenir que si elle est expressément prévue dans le Cahier des Clauses administratives particulières par le biais d'une formule de révision* ; Considérant qu'en application de cette disposition, l'Autorité contractante a pris l'option, au niveau de la clause 4 de la Lettre de marché souscrite par les parties le 24 septembre 2009, de mentionner que les prix sont fermes et non révisables, malgré la durée de dix-huit (18) mois prévue pour l'exécution des prestations ; Considérant également que le groupement d'entreprises AREZKI/*Green Line* fait droit à une révision des prix des intrants, sur la base des quantités de gasoil, de bitume et de ciment consommés depuis le démarrage des travaux jusqu'en avril 2011, alors qu'il avait toute latitude d'introduire une requête pour la prise en charge desdites variations lors de la signature des avenants n° 1 et 2 respectivement souscrits le 10 juin 2010 et le 18 octobre 2010 ; Que ne l'ayant pas fait, il ne peut attendre la fin du marché litigieux dont les travaux ont fait l'objet d'une réception provisoire le 09 juillet 2011, pour introduire auprès de l'organe chargé du contrôle a priori, la demande de prise en charge du préjudice financier subi, *si l'on se réfère aux dispositions de l'article 23.3 du Code des marchés publics modifié qui prévoit qu'aucun avenant relatif à un marché ne peut être conclu après la réception des fournitures, services ou travaux qui constituent son objet.* »[782]

---

[781] *Guide d'application du décret n° 2014-1212 du 22 septembre 2014 portant Code des marchés publics*, *op. cit.*, p. 121.

[782] Avis n° 015/11/ARMP/CRD du 26 octobre 2011 du CRD en Commission Litiges sur la demande d'autorisation introduite par AGEROUTE SÉNÉGAL pour prendre en charge sous forme d'avenant, le préjudice financier subi par le

La DCMP nous fournit également un exemple de révision des prix dans le cadre d'un marché des travaux : « Nous sommes dans le cadre d'un marché de BTP qui doit durer deux (2) ans et il est prévu de réviser à la deuxième année. À la fin de la première année, il est prévu une révision des prix, conformément à la formule ci-dessus :

REV = $X + a\frac{C}{C_0} + b\frac{F}{F_0} + c\frac{G}{G_0}$

X = 0,3 (la partie fixe des paiements que l'Autorité contractante a jugée révisable. Elle englobe les autres matériaux de construction, les frais généraux et la main-d'œuvre au cas où elle ne connaît pas beaucoup de fluctuations). Les paramètres C, F et G sont les suivants :

C_0 = prix de la tonne de ciment à la date limite de dépôt des offres ;

F_0 = prix de la tonne de fer à béton à la date limite de dépôt des offres ;

G_0 = prix du m³ de gravier à la date limite de dépôt des offres ;

C = prix de la tonne de ciment au début de la deuxième année ;

F = prix de la tonne de fer au début de la deuxième année ;

G = prix du m³ de gravier au début de la deuxième année.

Les valeurs et les significations des paramètres a, b et c sont les suivantes :

a = 0,2 (le ciment représente à lui seul 20 % du coût de la construction de l'ouvrage) ;

b = 0,3 (les aciers représentent 30 % du coût de la construction de l'ouvrage) ;

c = 0,2 (les graviers représentent 20 % du coût de la construction de l'ouvrage).

Remarques :

✓ X + a + b + c = 1 ;

---

groupement AREZKI/Green Line suite à l'augmentation des prix du gasoil, du bitume et du ciment dans le cadre de l'exécution des travaux d'aménagement de la route LABÉ-SERIBA-MÉDINA GOUNASS-TAMBACOUNDA et de facilitation du transport sur le corridor CONAKRY/DAKAR (tronçon Médina Gounass-frontière Guinée), subséquemment à l'avis défavorable de la Direction centrale des Marchés publics (DCMP).

un marché n'est révisable que si sa durée de réalisation dépasse un an. »[783]

B. L'indemnisation du titulaire du marché

La survenance d'aléas perturbant l'exécution du marché public donne lieu à l'application de grandes théories du droit des contrats administratifs d'origine jurisprudentielle[784], lesquelles aménagent la poursuite de l'exécution du marché par le titulaire en contrepartie d'une indemnité ou aide versée par la collectivité publique contractante sous certaines conditions.

Le fondement du droit du titulaire du marché public à l'indemnisation réside dans le *principe de l'équilibre financier* du contrat administratif. Ce principe désigne, dans son sens strict, l'équivalence des prestations (*théorie de l'équation financière*), dans son large, l'équilibre de l'exploitation[785]. « L'idée d'équivalence des prestations a été introduite en droit public par le biais de la théorie de l'équation financière. Elle constitue l'une des premières tentatives d'appréhender l'équilibre financier du contrat. »[786] Elle reçut application en matière de concession de service public à travers les célèbres conclusions du commissaire du gouvernement Léon Blum sur l'arrêt du Conseil d'État du 11 mars 1910, *Compagnie générale française des tramways* : « il est assurément dans la nature d'une concession de tramways et il est dans l'essence même de tout contrat de concession de rechercher et de réaliser dans la mesure du possible *un équilibre entre les avantages qui sont accordés au concessionnaire et les charges qui sont imposées*. L'exploitation d'un service public peut être conçue *a priori* comme onéreuse ou comme rémunératrice. Les avantages consentis au concessionnaire et les charges qui lui sont imposées doivent se balancer de façon à former la contrepartie des bénéfices probables et des pertes subies. Dans tout contrat de concession est ainsi impliqué *comme un calcul de l'équivalence honnête entre ce qui est concédé au concessionnaire et ce qui est exigé de lui.* » Le commissaire du gouvernement en tira comme conséquence

---

[783] *Tableau des manquements relevés dans l'examen des procédures de passation des marchés*, DCMP, 2013, p. 90.

[784] LAJOYE, C., *op. cit.*, p. 179.

[785] OUM OUM, J. F., *La responsabilité contractuelle en droit administratif*, Paris, LGDJ Lextenso éditions, 2014, p. 121.

[786] OUM OUM, J. F., *op. cit.*, pp. 117-118.

un principe selon lequel si le concédant peut éventuellement imposer au concessionnaire, dans l'intérêt général ou du service public, un développement accru des moyens d'assurer le service public concédé, en contrepartie, le concessionnaire a droit au rétablissement de l'équation financière du contrat de concession. Quant à l'idée d'équilibre de l'exploitation, elle exprime un équilibre économique de nature comptable : « le contrat sera considéré comme équilibré aussi longtemps que la situation de l'exploitation ne sera pas dégradée. Et lorsque, par suite d'imprévus, la situation de l'exploitation se dégrade, il appartient au juge "de ramener l'équilibre dans l'exploitation", concourant ainsi, par la même occasion à rééquilibrer la convention »[787]. Or, estime Joseph Frank Oum Oum, « dans l'une et l'autre acception, le critère de l'équilibre financier est insuffisant, soit qu'il se révèle trop étroit pour rendre compte des différentes manifestations de l'équilibre contractuel, soit qu'il se révèle trop large et risque de donner une portée imprécise à la notion d'équilibre contractuel »[788]. Cette notion de l'*équilibre contractuel*, qu'il préfère à celle de l'équilibre financier comme explication à l'indemnité accordée au contractant lésé par le comportement de l'autre partie qui lui cause un préjudice, « désigne, soit une relation logique entre les normes contractuelles (équilibre formel), soit une certaine qualité du contenu du contrat en vue de réaliser un échange économique (équilibre matériel). Aussi, l'institution est-elle fondée sur la nécessité de restaurer la cohésion et la stabilité de l'ordonnancement interne au contrat. Elle résulte du rétablissement de l'équilibre de l'échange, c'est-à-dire de la compensation des charges injustement assumées par une partie à l'opération économique »[789].

C'est en vertu du *principe de l'équilibre financier* du contrat ou, si on préfère, du *principe de l'équilibre contractuel*, que, en plus du prix qui lui est versé, le titulaire du marché public a, d'abord, droit au paiement des *prestations supplémentaires* qu'il a été obligé d'exécuter du fait des modifications unilatérales du marché, des fautes contractuelles de l'Administration, des fautes extracontractuelles ou de la volonté de l'autorité administrative par application de la *théorie du fait du prince*. Il y a fait du prince, d'après la jurisprudence, lorsqu'une aggravation imprévisible des conditions d'exécution du marché public

[787] OUM OUM, J. F., *op. cit.*, p. 119.
[788] OUM OUM, J. F., *op. cit.*, p. 121.
[789] OUM OUM, J. F., *op. cit.*, p. 169.

résulte d'une mesure licite prise par l'autorité contractante (CE, 4 mars 1949, *Ville de Toulon* ; CE, 20 octobre 1971, *Compagnie du chemin de fer de Bayonne*), celle-ci agissant dans le cadre de son pouvoir de modification unilatérale. Il s'agit là d'une intervention de la puissance publique qui ne constitue pas une cause d'exonération, mais une source de responsabilité sans faute de l'autorité contractante. En prenant une telle mesure, l'autorité contractante ne commet aucune faute. Mais puisque les prévisions initiales sont bouleversées, le titulaire du marché doit être indemnisé intégralement[790].

Ensuite, le titulaire du marché qui rencontre des *difficultés matérielles d'exécution* extérieures à la volonté des parties contractantes doit en être indemnisé sur décision du juge administratif, en application des théories des sujétions imprévues et de l'imprévision (CE 5 décembre 1990, *Société Rapetto*). « Constitue une *sujétion imprévue*, le fait matériel extérieur aux contractants qui ne pouvait raisonnablement être envisagé au moment de la conclusion du contrat et qui entraîne une difficulté anormale d'exécution. »[791] Les difficultés matérielles « susceptibles de provoquer l'application de la théorie des sujétions imprévues tiennent le plus souvent à des sujétions liées à la composition du sous-sol : roches dures, poches de sable, nappes d'eau dont les sondages n'avaient pu déceler la présence »[792]. On estime que : « Au moment de la conclusion du marché, l'entrepreneur, professionnel dans sa spécialité, est présumé capable d'évaluer les difficultés d'exécution des travaux qui lui sont demandés, tandis que la personne publique doit lui communiquer toutes les informations dont elle dispose. Malgré cela, des difficultés imprévues, car dépassant les aléas normaux d'exécution, peuvent surgir lors de cette exécution. Dans ce

790 Le Code des obligations de l'administration (COA) distingue les *mesures générales* des *mesures particulières* constitutives du fait du prince. Au titre des premières, l'article 115 du COA dispose : « Les mesures législatives ou règlementaires qui portent directement atteinte aux stipulations contractuelles peuvent donner lieu à réparation intégrale du préjudice subi. » Ici, non seulement la mesure doit directement affecter les stipulations des parties, mais en plus la réparation intégrale du préjudice subi par le cocontractant est laissée à la libre appréciation du juge. Au titre des secondes, l'article 116 du COA prévoit : « L'intervention de l'Administration contractante, sous forme de mesures particulières affectant l'exécution du contrat, donne au cocontractant le droit d'obtenir la réparation intégrale du préjudice subi. » Là, le cocontractant a un *droit* à une réparation intégrale du préjudice subi.

791 Article 118 du COA.

792 CASTAING, B., NOGUELLOU, R., PREBISSY-SCHNALL, C., *op. cit.*, p. 192.

cas, sauf si la situation juridique née du marché est complètement modifiée, l'entrepreneur doit poursuivre l'exécution du marché mais il a droit à être indemnisé par une augmentation du prix. »[793] Ainsi, le titulaire du marché public a droit à la *réparation intégrale du préjudice* subi ; « l'indemnisation consiste soit dans un supplément de prix, soit dans un prix nouveau tenant compte des nouvelles conditions d'exécution du contrat »[794]. Quant à la théorie de l'imprévision[795] née du fameux arrêt du Conseil d'État du 30 mars 1916, *Compagnie générale du gaz de Bordeaux*, elle « impose à la personne publique contractante, l'obligation d'aider financièrement le cocontractant à exécuter son obligation contractuelle quand un événement imprévisible et ne résultant pas de la volonté des parties a entraîné le bouleversement de l'économie du contrat, ce qui menace son exécution. Cet événement anormal vient sinon rendre impossible, du moins accroître dans des proportions massives les charges du cocontractant ce qui crée, concernant l'exécution du contrat, une situation "extracontractuelle", c'est-à-dire sortant des prévisions des parties et ne pouvant être résolue sur la base de leurs conventions »[796]. Il y a *imprévision* « lorsque des circonstances extérieures à la volonté du cocontractant et imprévisibles au moment de la conclusion de la convention bouleversent l'économie du contrat en entraînant un déficit pour le cocontractant »[797]. D'après la jurisprudence, pour provoquer un bouleversement de l'économie du contrat, il ne suffit pas d'une simple rupture de l'équilibre financier du contrat, comme les hausses de prix des matières premières qui ne bouleversent pas l'économie du contrat (CE 29 avril 1981, *Sieur Bernard*), mais les charges du titulaire du marché doivent se trouver tellement alourdies qu'une situation extracontractuelle en est créée (CE

---

793 LAJOYE, C., *op. cit.*, p. 179.

794 Article 120 du COA.

795 « Corollaire du principe de continuité du service public, cette théorie s'applique surtout aux concessions de service public et autres conventions de délégation de service public mais aussi aux marchés publics à longue période d'exécution, comme les grands marchés publics de travaux ou de fournitures dont la bonne exécution est nécessaire au fonctionnement continu du service public. En effet, l'intérêt du service public exige que cette situation extracontractuelle ne libère pas l'entreprise attributaire de son obligation, elle reste tenue de l'exécuter. En compensation, l'acheteur public doit venir en aide à son cocontractant en prenant sa part des charges supplémentaires dues à l'imprévision » (LAJOYE, C., *op. cit.*, p. 181).

796 *Ibid.*

797 Article 121 du COA.

19 février 1992, *SA Dragages et travaux publics*)[798]. Ici, le « seuil du bouleversement est apprécié au regard du montant initial du marché. À défaut, il est apprécié au regard des sommes réglées en application des clauses contractuelles »[799]. Dans ce cas, le titulaire du marché public « peut obtenir que l'Administration contractante supporte une partie de la perte qu'il a subie pour assurer la continuité du service public »[800].

L'*indemnité d'imprévision* permettant au titulaire de poursuivre l'exécution du marché public et étant calculée en fonction des pertes subies, elle ne couvre donc qu'une partie des pertes subies, l'autre partie devant être supportée par le titulaire du marché public. « Cette répartition tient cependant compte du fait que le cocontractant a poursuivi l'exécution déficitaire du contrat au nom de l'intérêt public : l'indemnité d'imprévision couvre plus de 90 % du préjudice puisqu'on estime, en principe, que l'attributaire du marché doit supporter une part du surcoût subi d'au moins 10 %. »[801]

SECTION II. L'EXÉCUTION DU MARCHÉ PAR L'AUTORITÉ CONTRACTANTE

L'autorité contractante qui a commandé les prestations de travaux, fournitures ou services doit aussi remplir sa part du marché public conclu. Elle a des obligations (§1) et des prérogatives (§2) dans le cadre de l'exécution du marché public.

§1. Les obligations de l'autorité contractante

« La collectivité publique partie au contrat est principalement soumise à des obligations financières. Non seulement elle doit payer à son cocontractant le prix convenu dans le marché, mais elle doit également l'indemniser en cas d'aggravation légitime de ses

[798] LAJOYE, C., *op. cit.*, p. 182.

[799] CASTAING, B., NOGUELLOU, R., PREBISSY-SCHNALL, C., *op. cit.*, p. 196. « La jurisprudence a ainsi considéré que la situation d'imprévision ne pouvait pas être établie lorsque le surcoût n'excède pas 3 % du montant définitif du marché (CE, 30 nov. 1990, *Sté Coignet entreprise* : *Rec. CE*, tables p. 875). Dans le même sens, il a été jugé qu'il n'y a pas d'imprévision lorsque la hausse des charges sociales représente 1 à 2 % du montant final du marché »(CE, 2 juill. 1982, Sté routière Colas : Rec. CE, p. 261).

[800] Article 121 du COA.

[801] CASTAING, B., NOGUELLOU, R., PREBISSY-SCHNALL, C., *op. cit.*, p. 197.

charges. »[802] À côté de cette obligation principale de régler le marché public au prix convenu (A), le Code des marchés publics prévoit aussi l'obligation pour l'autorité contractante de restituer au titulaire du marché public les garanties financières qu'il était obligé de constituer au titre du marché public (B).

A. Le règlement du marché public

Le Code des marchés publics prévoit que le règlement des marchés publics par les autorités contractantes peut se faire soit de manière non définitive, à titre d'avances ou d'acomptes, soit à titre de règlement partiel, définitif ou de solde[803]. Les opérations effectuées par le titulaire du marché ou par un sous-traitant ayant droit au paiement direct qui donnent lieu à un versement d'avances ou d'acomptes ou à règlement pour solde doivent être constatées par un *écrit* dressé par l'autorité contractante ou vérifié et accepté par elle[804]. Le Code des marchés publics prévoit également un délai de règlement des marchés[805]. Le défaut de règlement dans ce délai fait courir des intérêts moratoires à verser au titulaire du marché[806]. Mais avant d'examiner tour à tour le règlement non définitif du marché (2), le règlement pour solde du marché (3), le délai de règlement du marché (4) et les intérêts moratoires (4), il est nécessaire de définir d'abord la notion de règlement du marché (1) utilisée par le Code des marchés publics.

1. La notion de règlement du marché

Le régime financier et comptable des marchés publics est présidé par le souci d'équilibre entre la protection des deniers publics et la sauvegarde des intérêts des cocontractants de l'Administration[807]. « Comme à tout paiement de l'administration, s'appliquent les règles de la comptabilité publique ; cependant, en matière de marchés publics existent quelques règles particulières, dont les plus importantes visent à aménager les intérêts du cocontractant, ce dans l'intérêt bien compris

[802] BRACONNIER, S., *op. cit.*, p. 555.
[803] Article 93 du CMP.
[804] Article 105 du CMP.
[805] Article 107 du CMP.
[806] *Ibid.*
[807] TAILLEFAIT, A., « Le nouveau droit des marchés publics. Les aspects financiers et comptables », *Droit administratif*, juillet 2001, p. 11.

de l'administration, qui risquerait de supporter des coûts supplémentaires de financement. »[808] Le principe de la séparation des ordonnateurs et des comptables a pour conséquence de décomposer le *règlement du marché public* en deux temps successifs : un délai de mandatement et un délai de paiement, les deux formant le *délai de règlement*[809].

Mais la réalité du règlement des marchés publics est beaucoup plus complexe qu'on pourrait l'imaginer. En effet, il arrive que, « au terme de ce délai de règlement, de ce délai global de paiement, le créancier, et notamment le titulaire d'un marché, n'est toujours pas réglé. Le délai de règlement n'est pas forcément un délai de règlement effectif. En aval du règlement de la dépense publique, s'ajoute pour constituer le délai de règlement effectif, le délai bancaire courant entre la date de virement par le comptable et la mise à disposition effective des fonds sur le compte du titulaire du marché par exemple. Chaque délai n'est pas soumis au même régime juridique et l'ordonnateur, le comptable et la banque perçoivent différemment le délai de règlement selon les contraintes juridiques qui pèsent sur chacun d'entre eux. Or aujourd'hui ces contraintes juridiques sont surtout très fortes pour l'ordonnateur »[810].

2. Le règlement non définitif du marché

Le règlement non définitif du prix du marché public s'effectue par avances (a) ou acomptes (b) versés au titulaire du marché. Les règlements d'acomptes et d'avances, dont l'admission en droit des marchés publics procède de la nécessité d'assouplir ou d'adapter la règle du *service fait* (une des caractéristiques principales de la comptabilité publique) à la réalité des marchés publics[811], n'ont pas le caractère définitif, en ce sens que leur bénéficiaire en est débiteur jusqu'au règlement final du marché ou, lorsque le marché le prévoit, jusqu'au règlement partiel définitif[812]. D'autres points communs existent entre les avances et les acomptes.

---

[808] RICHER, L., *op. cit.*, p. 520.

[809] TAILLEFAIT, A., *op. cit.*, p. 13.

[810] *Ibid.*

[811] ENTIOPE, M., *Le contrôle des marchés publics*, Thèse de doctorat présentée et soutenue en 1999, Université Nancy 2, pp. 108-109.

[812] Article 102 du CMP.

D'abord, sauf accord de l'autorité contractante constaté par avenant, le titulaire d'un marché public et les sous-traitants ayant droit au paiement direct ne peuvent disposer des approvisionnements ayant fait l'objet d'avances ou d'acomptes pour d'autres travaux, fournitures ou services que ceux prévus au contrat[813]. Ensuite, lorsque le titulaire du marché ou les sous-traitants sont autorisés à disposer des approvisionnements, l'avenant établi à cet effet doit préciser les conditions dans lesquelles les versements d'avances ou d'acomptes correspondants devront être restitués sur les versements à intervenir[814].

a. Les avances

En matière de marchés publics, l'*avance* est un concours financier remboursable à court terme consenti par l'autorité contractante au titulaire du marché. L'octroi des avances vise à faciliter l'exécution des marchés par les titulaires. C'est une technique de préfinancement dérogatoire à la règle du service fait qui permet de pallier les difficultés de trésorerie des entreprises titulaires de marchés publics. « À la différence des acomptes, qui sont un paiement partiel en cours d'exécution, les avances sont à valoir sur la rémunération d'une prestation à fournir et le bénéficiaire en reste débiteur jusqu'au règlement total du marché. »[815] En outre, le commencement ou non de l'exécution des prestations du marché est sans incidence sur le versement de l'avance[816].

Les *avances* peuvent être accordées au titulaire du marché en raison des dépenses engagées en vue de l'exécution des travaux, fournitures ou services qui font l'objet d'un marché, chaque marché devant déterminer les conditions administratives ou techniques auxquelles sont subordonnés les versements d'avances[817], ou pour accompagner le démarrage par le titulaire de l'exécution du marché public[818]. Il s'agit, dans le premier cas, des avances au titre des dépenses engagées (i), dans le second cas, de l'avance de démarrage (ii).

i) Les avances au titre des dépenses engagées

---

[813] Article 103 du CMP.
[814] *Ibid.*
[815] RICHER, L., *op. cit.*, p. 520.
[816] MICHON, J., *op. cit.*, p. 385.
[817] Article 94 du CMP.
[818] Article 97 du CMP.

Les avances au titre des dépenses engagées sont versées au titulaire du marché public sur production des justifications de débours contrôlées par l'autorité contractante et contre remise d'une garantie de restitution d'égal montant. Leur montant total ne peut, en aucun cas, excéder 60 % du montant initial du marché public[819].

Les *avances au titre des dépenses engagées* peuvent être versées dans les cas suivants :

- si le titulaire du marché justifie que les travaux, fournitures ou services à exécuter nécessitent soit la réalisation d'installations, soit l'achat, la commande ou la fabrication par lui-même de matériels, machines ou outillages importants, le montant des avances ne pouvant excéder la fraction de la valeur des installations ou des matériels, machines et outillages à amortir sur le prix du marché, ni 40 % du montant initial du marché ;
- dans le cas d'un marché de travaux nécessitant l'emploi sur le chantier d'engins lourds de travaux publics, dans les conditions expressément déterminées par le marché, le montant des avances ne pouvant excéder ni 60 % de la valeur vénale des matériels employés sur le chantier, ni 30 % du montant initial du marché ; en outre, les avances ne peuvent être versées que lorsque les matériels ont été amenés sur le chantier ou, s'il s'agit de matériels dont le titulaire du marché ne disposait pas dans l'État du Sénégal au jour de l'approbation du marché, dès que les matériels peuvent être présentés au service chargé du contrôle de l'exécution du marché ;
- si le titulaire du marché justifie de la conclusion d'un contrat d'achat ou d'une commande d'approvisionnement en matériaux, matières premières, ou autres biens destinés à entrer dans la composition des travaux ou des fournitures qui font l'objet du marché, le montant des avances ne pouvant excéder 50 % du montant du contrat d'achat ou de la commande considérée ; en outre, si le marché prévoit une durée d'exécution supérieure à 1 an, le montant de chaque avance ne peut, sauf accord de l'ordonnateur du budget concerné, excéder la valeur des fournitures pendant la période d'un an qui suit l'attribution de l'avance ;
- si le titulaire du marché justifie se trouver dans l'obligation de faire des dépenses préalables, d'une nature différente de celles visées aux deux premiers cas, telles qu'achats de brevets, frais d'études, frais

[819] Article 94 du CMP.

de transport, nécessitées par l'exécution du marché, le montant des avances ne pouvant excéder le montant des dépenses préalables exposées par le titulaire du marché ;

- si le titulaire du marché est chargé d'acquérir pour le compte de l'autorité contractante soit des matériels, machines, outillages et équipements industriels, soit des matériaux, matières premières ou objets fabriqués, le montant des avances ne pouvant excéder 60 % du montant des dépenses se rapportant au contrat d'achat ou de la commande considérée ; les avances peuvent être versées préalablement au paiement effectif de ces dépenses dès la conclusion du contrat d'achat ou de la commande[820].

« Avec ces dispositions, le Code des marchés publics cherche à préserver les finances du titulaire du marché qui ne doit pas être laissé sans contrepartie par rapport aux dépenses souvent lourdes nécessitées par l'exécution des prestations. Un contrôle est néanmoins toujours nécessaire. En effet, au-delà des plafonds à respecter, l'Autorité contractante doit s'assurer que :

- les dépenses effectuées sont réellement liées à l'exécution des prestations objet du marché ;
- que le matériel acheté correspond à celui qu'avait présenté le titulaire dans son offre au stade de la soumission ;
- que ce matériel est réellement nécessaire à l'exécution des prestations objet du marché ;

[820] Article 95 du CMP.

- que les prix d'achat et de revient indiqués dans les factures présentées par le titulaire sont sincères et reflètent la réalité du marché (les *INCOTERMS*[821] sont très utiles à ce niveau) – etc. »[822].

En tant que règlement non définitif du prix du marché public, les avances consenties au titre des dépenses préalables doivent être suivies dans la comptabilité de l'autorité contractante jusqu'à apurement. Elles sont remboursées à un rythme fixé par le marché public, par déduction sur les sommes dues ultérieurement au titulaire du marché à titre d'acompte ou de solde, le rythme de remboursement devant tenir compte de la proportion des éléments ayant donné lieu à avances dans la partie du marché déjà exécutée.[823]

ii) L'avance de démarrage

L'autorité contractante peut accorder au titulaire du marché une *avance forfaitaire de démarrage* versée dans les délais de paiement normalement requis après réception de la demande de paiement[824] accompagnée de la garantie correspondante sous la forme d'une caution bancaire dont la fourniture par le titulaire est obligatoire avant le versement de l'avance[825]. Toutefois, le montant de cette avance de démarrage ne peut excéder 20 %, calculé soit sur le montant initial du marché public, taxes comprises lorsque la durée d'exécution de celui-ci est inférieure ou égale à 1 an, soit lorsque la durée d'exécution est supérieure à 1 an sur le montant des prestations à réaliser au cours d'une

---

[821] Les INCOTERMS sont des règles développées par la Chambre de commerce internationale et qui, dans le cadre de la *vente internationale de marchandises*, systématisent la répartition des coûts, la répartition des droits et le transfert des risques entre les partenaires contractuels (acheteurs et vendeurs). Il s'agit de normes sur le transport international de marchandises qui sont indispensables pour la détermination de la valeur en douane des marchandises. Comme exemples d'INCOTERMS standard, on peut citer : *EXW* (A l'usine), *FCA* (Franco transporteur), *CPT* (Port payé jusqu'à), *CIP* (Port pays, assurance comprise, jusqu'à), *DAP* (Rendu au lieu de destination), *DPU* (Rendu au lieu de destination déchargé), *DDP* (Rendu droits acquittés). Dans le domaine du fret maritime et de la navigation intérieure, on peut citer : *FAS* (Franco le long du navire), *FOB* (Franco à bord), *CFR* (Coût et fret), *CIF* (Coût, assurance et fret).

[822] *Guide d'application du décret n° 2014-1212 du 22 septembre 2014 portant Code des marchés publics*, *op. cit.*, p. 115.

[823] Article 96 du CMP.

[824] Une *avance de démarrage* ne peut être versée à une entreprise qu'à condition qu'elle en fasse expressément la demande. Dans ce cas, le décompte provisoire relatif à l'avance de démarrage portera le numéro 0.

[825] Article 97 du CMP.

première tranche de douze (12) mois[826]. Pour les marchés à commande et les marchés de clientèle, le montant de l'avance de démarrage est calculé sur la base du montant maximum ou du montant estimé pour les douze (12) premiers mois d'exécution du marché[827]. L'avance de démarrage doit être remboursée, par déduction sur les sommes dues au titulaire[828]. Ce remboursement commence lorsque le montant des prestations exécutées au titre du marché public, exprimé en prix de base, atteint ou dépasse 40 % du montant initial du marché, du bon de commande ou de la tranche et s'achève lorsque ce taux atteint 80 %. Lorsque le marché ne donne pas lieu à versement d'acomptes et fait l'objet d'un seul règlement, l'avance forfaitaire de démarrage est déduite en une seule fois de règlement unique[829]. Pour les marchés de travaux, par exemple, les remboursements s'effectueront d'une manière échelonnée et régulière par retenue à partir de 40 % du montant des travaux de l'acompte et devront être complètement effectués dans le décompte au cours duquel le montant cumulé de 80 % du montant des travaux aura été atteint[830].

b. Les acomptes

En marchés publics, les *acomptes* correspondent à des paiements, par l'autorité contractante, d'une partie des prestations qui ont donné lieu à un commencement d'exécution du marché, au titulaire. Le Code des marchés publics fixe les conditions de versement des acomptes. D'une part, l'autorité contractante ne peut verser un acompte au titulaire sans commencement d'exécution du marché, et les « prestations qui ont donné lieu à un commencement d'exécution du marché ouvrent droit à des acomptes à condition que le marché prévoie un délai d'exécution supérieur à trois (3) mois »[831]. Ainsi, contrairement au versement des avances qui n'est qu'*une faculté*, le versement des acomptes est *un droit* mais conditionné. D'autre part, « Le montant d'un acompte ne doit pas excéder la valeur des prestations auxquelles il se rapporte. Il y a lieu, le cas échéant, d'en déduire la part des avances fixée par le contrat. Dans

---

826 *Ibid.*
827 *Ibid.*
828 *Ibid.*
829 Article 97 du CMP.
830 Cahier des clauses administratives générales (CCAG) type pour les marchés de travaux.
831 Article 98 du CMP.

le cas d'acomptes versés en fonction de phases techniques d'exécution, le marché peut fixer, sous réserve du régime de déduction des avances, le montant de chaque acompte, forfaitairement sous forme de pourcentage du montant initial du marché »[832].

Dans le cadre des marchés de travaux, par exemple, les acomptes sont versés mensuellement à l'entreprise sur la base de situations de travaux où apparaîtront le montant des travaux réalisés et pris en attachement dans le mois considéré, ainsi que le montant cumulé des travaux réalisés et pris en attachement au dernier jour de ce mois. Les montants de travaux sont calculés par référence au cadre du devis quantitatif-estimatif et au bordereau des prix unitaires, par application aux prix unitaires respectifs des quantités prises en attachement. Le mandatement des acomptes doit intervenir 30 jours au plus tard après la date de transmission du décompte au maître d'ouvrage. Quant au mandatement du solde, il doit intervenir 45 jours au plus tard après l'arrêt d'un commun accord du montant du décompte définitif par le maître d'œuvre et l'entreprise. En cas de retard dans le versement des acomptes mensuels ou de l'acompte pour solde au-delà du délai de rigueur, l'entreprise titulaire du marché des travaux peut prétendre au paiement d'intérêts de retard sur les sommes non payées[833].

3. Le règlement pour solde du marché

Le *règlement pour solde* consiste à verser au cocontractant des sommes dues au titre de l'exécution normale des prestations, objet du marché, déduction faite des versements effectués à titre d'acomptes et d'avances de toute nature non encore récupérés par l'autorité contractante[834]. Lorsqu'une *retenue de garantie* est opérée, le règlement définitif du prix du marché public donne lieu tout d'abord à un *règlement pour solde provisoire* comprenant les sommes dues au titre de l'exécution normale du marché, déduction faite des versements effectués au titre d'avances et acomptes, puis à un *règlement pour solde définitif* au titre duquel il est donné mainlevée de la retenue de garantie[835].

---

832 Article 99 du CMP.

833 Cahier des clauses administratives générales (CCAG) type pour les marchés de travaux.

834 Article 100 du CMP.

835 Article 101 du CMP.

En cas de *résiliation totale ou partielle du marché public*, l'autorité contractante peut, sans attendre la liquidation définitive et si la demande lui en est faite, mandater au profit du titulaire du marché 80 % au maximum du solde créditeur que fait apparaître une liquidation provisoire. Réciproquement, si la liquidation provisoire fait apparaître un solde créditeur au profit de l'autorité contractante, celle-ci peut exiger du titulaire du marché le reversement immédiat des 80 % du montant de ce solde[836]. Toutefois, un délai peut être accordé au titulaire du marché pour s'acquitter de sa dette ; dans cette hypothèse, le titulaire du marché doit fournir la garantie d'une caution personnelle s'engageant solidairement avec lui à rembourser 100 % du solde[837].

4. Le délai de règlement du marché

Les délais de constatation du *droit à paiement* du titulaire du marché sont fixés par les cahiers des charges[838]. Dans le mois qui suit la constatation du droit à paiement, le titulaire du marché et éventuellement les sous-traitants acceptés et agréés doivent être, le cas échéant, avisés des motifs pour lesquels les prestations constatées ne peuvent faire l'objet d'un acompte au moins partiel ou d'un règlement pour solde[839]. Le règlement doit intervenir dans le délai de 45 jours compté, suivant le cas, à partir du jour où le créancier a régularisé son dossier, suivant la notification qui lui en a été faite des motifs pour lesquels les prestations constatées ne peuvent faire l'objet d'un acompte au moins partiel ou d'un règlement pour solde[840]. Toutefois, dans les cas où les documents contractuels prévoient l'échelonnement dans le temps des phases successives d'exécution et des versements auxquels elles doivent donner lieu, aucune créance ne peut devenir exigible et aucun intérêt moratoire ne peut commencer à courir avant les dates ainsi prévues par le contrat[841]. Il en résulte que le *délai règlementaire* de règlement du marché public s'applique à défaut de *délai contractuel* de règlement du marché public.

Ainsi, le cahier des clauses administratives générales (CCAG) pour des marchés de fournitures indique que le prix du marché sera réglé

[836] Article 104 du CMP.
[837] *Ibid.*
[838] Article 106 du CMP.
[839] *Ibid.*
[840] Article 107 du CMP.
[841] Article 108 du CMP.

conformément aux dispositions du cahier des clauses administratives particulières (CCAP). Le titulaire du marché présentera sa demande de règlement par écrit à l'autorité contractante, accompagnée des factures décrivant, de façon appropriée, les fournitures livrées et les services connexes rendus, ainsi que des documents et pièces présentés, et après avoir satisfait à toutes les obligations spécifiées dans le marché public. Les règlements sont effectués sans délai par l'autorité contractante, et au plus tard dans les 45 jours suivant la présentation de la facture ou la demande de règlement par le titulaire, et après son acceptation par l'autorité contractante. Si l'autorité contractante n'effectue pas un paiement dû à sa date d'exigibilité ou dans le délai indiqué au CCAP, l'autorité contractante sera tenue de payer au titulaire du marché des intérêts moratoires sur le montant du paiement en retard, au(x) taux spécifié(s) dans le CCAP pour toute la période de retard jusqu'au paiement intégral du prix, que ce soit avant ou à la suite d'un jugement ou une sentence arbitrale.

« En matière de travaux, le CCAG intégré dans le dossier d'appel d'offres standard élaboré par l'ARMP, indique que : "le Maître d'Œuvre fixe la date des constatations ; lorsque la demande est présentée par l'Entrepreneur, cette date ne peut être postérieure de plus de huit (8) jours à celle de la demande. Les constatations donnent lieu à la rédaction d'un constat dressé sur-le-champ par le Maître d'Œuvre contradictoirement avec l'Entrepreneur". Ces constats servent de base à l'établissement des décomptes, établis par l'Entrepreneur sur une base mensuelle. Les acomptes mensuels à régler à l'Entrepreneur sont quant à eux établis par le Maître d'Œuvre à partir de ces décomptes. Les contestations portant sur ces constatations sont encadrées quant à elles dans un délai maximum de trente jours. En d'autres termes, le délai de constatation est inséré dans un cadre mensuel lié à l'établissement des décomptes ; dans un cas comme dans l'autre l'Entrepreneur a la responsabilité d'initier la constatation de ces droits. »[842]

En ce qui concerne le délai de paiement des acomptes, « Conformément aux dispositions du CCAG Travaux, "le Maître d'Œuvre notifie à l'Entrepreneur, par ordre de service, l'état d'acompte accompagné du décompte ayant servi de base à ce dernier si le projet établi par l'Entrepreneur a été modifié. Le paiement de l'acompte doit être fait au compte bancaire désigné au CCAP, et intervenir quarante-

---

[842] *Guide d'application du décret n° 2014-1212 du 22 septembre 2014 portant Code des marchés publics*, *op. cit.*, p. 117.

cinq (45) jours au plus tard après la date à laquelle le projet de décompte est remis par l'Entrepreneur au Maître d'Œuvre". Là encore, le point de départ du délai de paiement reste à l'initiative de l'Entrepreneur à travers la remise du projet de décompte. Il revient au Maître d'Œuvre de procéder aux modifications nécessaires dans ce délai »[843].

5. Les intérêts moratoires

L'Administration n'est pas toujours un bon payeur. Elle a en effet « la réputation d'obliger ses créanciers à supporter de longs délais de paiement, ce qui incite les cocontractants à se couvrir du risque de trésorerie en augmentant leurs prix »[844]. Au Sénégal, une étude intitulée « *Commande publique et délais de paiement : enjeux et perspectives* », réalisée par la Direction de l'Appui au Secteur privé (DASP) du ministère de l'Économie et des Finances, a montré que les retards de paiement de la commande publique ont une incidence négative sur la situation des entreprises, obligées de constituer des fonds de roulement importants et de recourir à un endettement auprès des banques. Il résulte de cette étude que les entreprises jugent « très longs » les délais de paiement de la commande publique. En effet, 42,7 % des marchés publics de l'Administration centrale sélectionnés ont été payés au-delà de 90 jours en 2007 contre 27 % et 4,5 % en 2008 et 2009. Ce qui constitue une contrainte majeure d'autant plus que, d'après la même étude, 91,2 % des entreprises enquêtées font recours aux ressources externes pour financer leurs activités, dont 38,2 % aux crédits bancaires et 17,6 % aux dettes fournisseurs[845].

Pour protéger le titulaire du marché public contre les manœuvres dilatoires de son puissant partenaire public, le Code des marchés publics oblige, sous certaines conditions, l'autorité contractante à verser au titulaire des intérêts moratoires en cas de retard dans le règlement du prix du marché[846]. Les *intérêts moratoires* consistent en une somme d'argent due à un créancier par le débiteur pour la réparation du dommage causé par l'inexécution tardive de son obligation et qui est en principe calculée de manière à compenser la perte subie par le créancier

---

[843] *Ibid.*

[844] RICHER, L., *op. cit.*, p. 521.

[845] « Délais de paiement de la commande publique. Une incidence négative sur la situation des entreprises », *Revue des marchés publics* n° 04, 2011, p. 34.

[846] Articles 106, 107 et 108 du CMP.

(*damnum emergens*) et le gain dont il a été privé (*lucrum cessans*)[847]. Ils sont différents des *intérêts compensatoires* qui consistent en des dommages et intérêts destinés à réparer tout dommage autre que celui qui résulte d'un retard dans l'exécution d'une obligation[848].

Le Code des marchés publics précise les conditions et modalités des intérêts moratoires à verser au titulaire du marché public[849]. En effet, dans le mois qui suit la *constatation du droit à paiement* (et non du droit à mandatement)[850] dont les délais sont fixés par les cahiers des charges, le titulaire du marché et éventuellement les sous-traitants doivent être, le cas échéant, avisés des motifs pour lesquels les prestations constatées ne peuvent faire l'objet d'un acompte au moins partiel ou d'un règlement pour solde. À défaut de notification dans ce délai d'un mois, *le retard ouvre droit automatiquement* à des *intérêts moratoires* calculés depuis le jour qui suit l'expiration du délai jusqu'à celui de la notification[851]. Le caractère automatique des intérêts moratoires permet d'éviter aux entreprises le risque d'être pénalisées au motif qu'elles n'en auraient pas fait la demande. Le règlement du marché par l'autorité contractante doit intervenir dans le *délai de 45 jours* compté, suivant le cas, à partir du jour où le créancier a régularisé son dossier, suivant la notification qui lui en a été faite dans les conditions prévues par le Code des marchés publics[852]. Le défaut de règlement du marché par l'autorité contractante dans un délai de 45 jours, délai de rigueur, fait courir « de plein droit et sans autres formalités »[853] des *intérêts moratoires* calculés depuis le jour qui suit l'expiration dudit délai jusqu'au jour du règlement[854]. Les intérêts moratoires prévus sont calculés sur le montant des droits à acompte ou à paiement pour solde à un taux supérieur de 2 % au taux d'escompte de la BCEAO (Banque centrale

847 CORNU, G., *op. cit.*, p. 309.

848 *Ibid.*

849 Articles 106 et 107 du CMP.

850 Ce qui implique un engagement sur un délai de paiement et non un engagement sur un délai de mandatement. « Il s'agit là d'une évolution profonde dans la culture de la gestion comptable publique qui, durant de longues années, a buté contre la difficulté du principe de séparation des pouvoirs entre ordonnateur et comptable. » (OLIVIER, F., *op. cit.*, p. 9.)

851 Article 106 du CMP.

852 Article 107 du CMP.

853 *Guide d'application du décret n° 2014-1212 du 22 septembre 2014 portant Code des marchés publics*, *op. cit.*, p. 118.

854 Article 107 du CMP.

des États de l'Afrique de l'Ouest)[855]. La liquidation des intérêts moratoires pour défaut de règlement du marché est faite par décision du juge saisi.

En cas de *résiliation du marché public*, à défaut d'accord entre les parties intervenu dans les six (6) mois à compter de la date de résiliation, l'autorité contractante dispose d'un délai de trois (3) mois pour fixer le montant de *l'indemnité de résiliation*, qui est obtenu en appliquant un taux prédéterminé dans le DAO à la valeur des travaux restant à exécuter. À défaut de solution des parties dans les six (6) mois, des *intérêts moratoires* sont acquis de plein droit au titulaire du marché à partir de l'expiration de ce délai jusqu'à la notification de la décision ou de la conclusion d'un accord contractuel enfin intervenu. Ils sont calculés à un taux supérieur de 1 % au taux d'escompte de la BCEAO[856] sur le montant, soit du complément de prix, soit de l'indemnité de résiliation[857].

En définitive, on peut se demander si le Code des marchés publics a véritablement réussi à mettre du tempo sur le règlement des marchés publics par les personnes publiques contractantes. Il est vrai que les entreprises titulaires de marchés peuvent non seulement bénéficier des avances (avance forfaitaire de démarrage, avances au titre de dépenses engagées) et des acomptes pour régler les problèmes de trésorerie dans l'exécution des prestations, mais aussi « exiger le respect d'un délai contractuel ou règlementaire de paiement global effectif, désormais institué ; avec bien sûr, le corollaire des intérêts moratoires »[858]. Mais la pratique du règlement des marchés publics au Sénégal souffre parfois d'un décalage entre le délai de règlement effectif et le délai de règlement contractuel ou règlementaire, et pire, d'une confusion,

---

[855] *Ibid.*

[856] L'*escompte* est une « opération de crédit par laquelle un établissement financier met à la disposition du porteur d'un effet de commerce non échu le produit net de cet effet, après déduction des intérêts et des frais, contre le transfert à son profit de la propriété de la créance. L'escompte représente pour les entreprises un mode de crédit très important » (PEYRARD, J., PEYRARD, M., *Dictionnaire de finance*, 2e éd., Paris, Librairie Vuibert, 2001, p. 104). Les banques commerciales prélèvent ainsi un *taux d'escompte* pour escompter les effets de commerce. En tant que prêteur en dernier ressort, la Banque Centrale prélève également un *taux d'escompte* pour ses opérations d'escompte et de réescompte en faveur des banques commerciales, représentant un intérêt demandé par la Banque centrale pour escompter et réescompter les effets de commerce.

[857] Article 108 du CMP.

[858] MICHON, J., *op. cit.*, p. 379.

volontaire ou involontaire, entre le délai de paiement et le délai de mandatement.

B. La restitution des garanties financières

Les *garanties financières* « ont pour objet de couvrir la personne publique contractante des risques de mauvaise exécution par l'entreprise titulaire des prestations du marché, de non-restitution de trop-perçus financiers et plus globalement des risques de non-paiement des sommes dont celle-ci serait débitrice dans le cadre de l'exécution du marché »[859]. Elles constituent, selon Adamou Issoufou, une preuve des « connexions » du droit des marchés publics avec le droit des sûretés et le droit des assurances : « Les soucis de célérité, du respect de la libre concurrence et de l'égalité de traitement des candidats inhérents aux procédures de passation et d'exécution des marchés publics n'excluent pas la recherche d'une certaine garantie contre, d'une part, les risques d'insolvabilité des titulaires du marché et, d'autre part, certains autres concurrents et créanciers du titulaire de ces marchés. »[860]

Certaines garanties financières sont exigées des candidats ou des soumissionnaires au marché public, c'est le cas de la garantie de soumission (1). D'autres garanties financières sont exigées du titulaire du marché public : il s'agit de la garantie de restitution d'avance (2), des garanties de bonne exécution (3) et d'autres garanties demandées au titulaire du marché (4). Ces garanties permettent à l'autorité contractante de s'assurer de la bonne exécution du marché public par le titulaire et de recouvrer, le cas échéant, les sommes qui lui sont dues en application des clauses du marché. Mais toutes ces garanties financières doivent émaner d'organismes financiers ayant reçu *l'agrément* du ministre des Finances ou ayant un correspondant local ayant reçu ledit agrément. En outre, le régime des garanties financières qui seront exigées des candidats et des titulaires de marché doit être précisé dans les cahiers des charges[861].

---

859 LAJOYE, C., *op. cit.*, p. 176.
860 ISSOUFOU, A., *op. cit.*, p. 62.
861 Article 115 du CMP.

1. La garantie de soumission

Pour être admis aux appels d'offres, les candidats sont tenus de fournir une *garantie de soumission* dont le montant doit toujours être indiqué dans l'avis d'appel public à la concurrence et/ou dans le dossier d'appel à la concurrence, et être compris entre 1 % et 3 % de la valeur estimée du marché[862]. Son absence à l'ouverture des plis, en dehors des cas de dispense, entraîne le *rejet de la soumission* ou de l'offre à l'examen préliminaire.

La *garantie de soumission* a pour objet de garantir l'offre du candidat en empêchant la remise d'offres non sérieuses qui seraient retirées avant la fin du processus de sélection. En effet, il y a une tentation chez le candidat d'abandonner facilement la course, au préjudice de l'autorité contractante, notamment lorsqu'il sait que le marché va lui échapper. Elle permet aussi de présélectionner les candidats sérieux. La garantie de soumission doit être produite en bonne et due forme et rester valable vingt-huit (28) jours à compter de l'expiration de la durée de validité des offres. Une garantie de soumission fournie en copie, photocopie ou scan n'est pas valable[863]. « Dans l'hypothèse d'une candidature d'un groupement d'entreprises, la garantie doit désigner comme soumissionnaires tous les membres du groupement qui a soumis l'offre. En application de cette règle, si la garantie est fournie par un membre du groupement, elle ne doit pas être établie au nom exclusif d'une composante dudit groupement, mais doit obligatoirement mentionner toutes les entités du groupement d'entreprises liées solidairement par l'offre soumise, sous peine de voir sa validité entachée d'une irrégularité. »[864]

Toutefois, la garantie de soumission est d'abord *facultative* (l'autorité contractante peut l'exiger ou ne pas l'exiger) pour les marchés de fournitures et de services autres que des prestations intellectuelles d'un montant inférieur aux seuils fixés par arrêté du ministre des Finances[865]. L'arrêté n° 007120 du 23 mars 2023 du ministre des Finances abrogeant et remplaçant l'arrêté n° 00860 du 22 janvier 2015 fixe ces seuils à 80 millions FCFA TTC pour les

---

[862] Article 114 du CMP.

[863] *Ibid.*

[864] *Guide d'application du décret n° 2014-1212 du 22 septembre 2014 portant Code des marchés publics*, *op. cit.*, p. 99.

[865] Article 114 du CMP.

marchés de fournitures et de services autres que les prestations intellectuelles, à 100 millions FCFA TTC pour les marchés de travaux. Ensuite, l'autorité contractante peut ne pas exiger la fourniture d'une garantie de soumission pour les marchés réservés aux coopératives ouvrières ou artisanales, groupements d'intérêt économique, entreprises sociales et artisans individuels, et PME féminines, afin de faciliter leur accès aux marchés publics[866]. Enfin, l'obligation de fournir une garantie de soumission ne s'applique pas aux marchés de prestations intellectuelles[867].

Dès qu'elle a approuvé la proposition d'attribution provisoire du marché public faite par la commission des marchés, l'autorité contractante doit *restitue*r aux autres candidats déchus les garanties de soumission qu'ils ont constituées auprès de ladite autorité contractante[868]. Le délai de restitution des garanties de soumission est de soixante (60) jours au plus tard après la publication de l'avis d'attribution provisoire du marché public[869].

2. La garantie de restitution d'avance

Aux termes l'article 82 de la directive n° 04/2005 du 09 décembre 2005 de l'UEMOA : « Lorsque le marché prévoit des avances, le titulaire d'un marché est tenu de fournir une *garantie de restitution* couvrant la totalité du montant des avances. » La *garantie de restitution d'avance* a « pour objectif de protéger l'Autorité contractante d'une utilisation de l'avance par le titulaire soit à d'autres fins, soit en cas de défaut d'exécution du marché. Le montant de cette garantie est toujours égal à celui des avances ».[870] Les avances faites au titre des dépenses engagées sont versées sur production des justifications de débours contrôlées par l'Autorité contractante et contre remise d'une garantie de restitution d'égal montant[871]. De même, l'avance forfaitaire de

[866] *Ibid.*
[867] *Ibid.*
[868] Article 84 du CMP.
[869] Clauses générales des « Instructions aux candidats » des dossiers types de marchés publics du Sénégal.
[870] *Guide d'application du décret n° 2014-1212 du 22 septembre 2014 portant Code des marchés publics*, *op. cit.*, p. 100.
[871] Article 94 du CMP.

démarrage est versée après réception de la demande de paiement du titulaire accompagnée de la garantie correspondante[872].

3. Les garanties de bonne exécution

Il convient d'abord d'étudier les règles générales applicables aux garanties de bonne exécution (a) avant d'examiner les différents types de garantie de bonne exécution en matière de marchés publics (b).

a. Les règles générales applicables aux garanties de bonne exécution

La *garantie de bonne exécution* « est destinée à couvrir les réserves à la réception des travaux, fournitures ou services »[873], donc, « à protéger l'Autorité contractante contre les risques d'exécution défaillante du marché »[874]. En effet, tout titulaire d'un marché public d'un montant supérieur ou égal aux seuils fixés par arrêté du ministre chargé des Finances doit fournir une *garantie de bonne exécution du marché*[875], dont le montant fixé par les cahiers des charges (notamment dans les CCAP) ne peut dépasser 5 % du montant du marché augmenté ou diminué, le cas échéant, du montant des avenants[876]. « Si cette garantie est applicable dans un marché donné, l'Autorité contractante ne doit surtout pas procéder à un quelconque paiement tant qu'elle n'est pas constituée par le titulaire du marché. C'est pourquoi, quand le titulaire d'un marché demande le paiement d'un acompte, sans que la garantie de bonne exécution soit constituée ou complétée, l'Autorité contractante devra opérer sur l'acompte une retenue correspondant au taux de cette garantie. La conséquence d'une telle situation est que le titulaire perd jusqu'à la fin du marché, la possibilité de substituer à la retenue de garantie, une garantie à première demande ou une caution. »[877] Le titulaire du marché doit fournir cette garantie à la date d'entrée en vigueur du marché ou de ses avenants, sous forme de

[872] Article 97 du CMP.

[873] Article 115 du CMP.

[874] *Guide d'application du décret n° 2014-1212 du 22 septembre 2014 portant Code des marchés publics*, *op. cit.*, p. 100.

[875] Article 115 du CMP.

[876] Article 116 du CMP.

[877] *Guide d'application du décret n° 2014-1212 du 22 septembre 2014 portant Code des marchés publics*, *op. cit.*, p. 101.

garantie bancaire provenant d'une banque agréée par l'autorité contractante.

La garantie de bonne exécution doit être constituée en totalité lors de la signature du marché public[878]. L'absence de la garantie de bonne exécution, ou s'il y a lieu, de son augmentation ou de sa reconstitution, fait obstacle au paiement des sommes dues au titulaire du marché, y compris au paiement de l'avance forfaitaire de démarrage.

Toutefois, l'obligation de fournir une garantie de bonne exécution ne s'applique pas aux marchés passés entre établissements ou organismes soumis au contrôle de l'État et visés par le contrôleur de l'établissement ou de l'organisme considéré[879]. En outre, l'autorité contractante peut ne pas exiger de garantie de bonne exécution pour les marchés réservés aux acteurs de l'économie sociale et solidaire et artisans individuels afin de faciliter leur accès aux marchés[880]. En effet, la « retenue de garantie fait supporter aux entreprises des charges de trésorerie parfois importantes »[881]. L'arrêté n° 7121 du 23 mars 2023 du ministre des Finances abrogeant et remplaçant l'arrêté n° 00866 du 22 janvier 2015 fixe les seuils à partir desquels il est requis une garantie de bonne exécution : une garantie de bonne exécution *doit* être fournie par le titulaire de tout marché d'un montant supérieur ou égal à 70 millions FCFA TTC pour les marchés de fournitures et de services courants, à 100 millions FCFA TTC pour les marchés de travaux et de prestations intellectuelles. En fait, en 2014, consécutivement au relèvement des seuils d'application des procédures de passation des marchés publics, on a également procédé à un relèvement des seuils d'exigibilité des garanties de soumission et de bonne exécution afin de favoriser l'accès des PME à la commande publique.

Les conditions de remboursement des garanties de bonne exécution sont précisées. La garantie de bonne exécution est remboursée ou la caution ou garantie à première demande est libérée, soit en l'absence de période de garantie, au moment du règlement pour solde définitif, soit si le marché prévoit un délai de garantie, à la réception provisoire des travaux, fournitures ou services[882]. Le montant de la retenue de garantie est remboursé, la caution ou garantie à première demande est libérée, à

[878] Article 116 du CMP.
[879] Article 115 du CMP.
[880] *Ibid.*
[881] TAILLEFAIT, A., *op. cit.*, p. 12.
[882] Article 119 du CMP.

l'expiration du délai de garantie[883]. Le remboursement est donc automatique dans les deux cas, c'est-à-dire que l'entreprise est remboursée sans avoir, au préalable, de démarche à effectuer[884]. Si les réserves ont été notifiées au titulaire du marché ou aux établissements ayant accordé leur caution ou leur garantie à première demande pendant le délai de garantie et si elles n'ont pas été levées avant l'expiration de ce délai, les *sûretés* sont libérées un (1) mois au plus tard après la date de leur levée. Dans ce cas, il ne peut être mis fin à l'engagement de ces établissements que par mainlevée délivrée par l'autorité contractante[885].

b. Les types de garantie de bonne exécution

La garantie de bonne exécution couvre les *réserves* formulées à la réception des travaux, fournitures ou services ainsi que les réserves formulées pendant le délai de garantie, éventuellement prévu par le marché. Dans ce dernier cas, la garantie de bonne exécution fonctionne comme une *retenue de garantie* (i). D'après le Code des marchés publics, la garantie de bonne exécution est constituée par le *cautionnement* du montant correspondant, qui peut être remplacé, au gré du titulaire du marché, par une *garantie à première demande* (ii) ou, si l'autorité contractante est d'accord, par une *caution personnelle et solidaire* (iii), dont le montant ne peut être supérieur à celui de la garantie qu'elles remplacent, et leur objet est identique[886].

i) La retenue de garantie

Aux termes de l'article 82 de la directive n° 04/2005 de l'UEMOA, « Lorsque le marché comporte un délai de garantie, une partie de chaque paiement peut être retenue par l'Autorité contractante au titre de retenue de garantie pour couvrir l'obligation de parfait achèvement des travaux, fournitures et services. La part des paiements retenue par l'Autorité contractante ne peut être supérieure à cinq pour cent (5 %) du montant des paiements. Elle est fixée par le cahier des charges ». La *retenue de garantie* « consiste pour la personne publique contractante à retenir une somme sur le règlement des prestations réalisées par l'entreprise titulaire pour garantir la restitution des sommes dont cette

[883] *Ibid.*
[884] TAILLEFAIT, A., *op. cit.*, p. 11.
[885] Article 119 du CMP.
[886] Article 117 du CMP.

dernière serait débitrice à la fin du marché »[887]. Elle a pour seul objet de couvrir à la fois les réserves formulées à la réception définitive des travaux, fournitures et services et les réserves formulées pendant la période de garantie[888], en vertu de l'*obligation de parfait achèvement* des travaux, fournitures et services. En effet, lorsque le marché public comporte un *délai de garantie* (délai pendant lequel l'acheteur public peut formuler des réserves sur des malfaçons non apparentes au moment de la réception de la prestation), une partie de chaque paiement peut être retenue par l'autorité contractante au titre de *retenue de garantie*[889]. La part des paiements retenue par l'autorité contractante, fixée par le cahier des charges, ne peut être supérieure à 5 % du montant des paiements effectués[890].

Toutefois, la retenue de garantie « n'est pas impérative. Elle ne constitue qu'une simple faculté pour l'Administration. Il faut d'ailleurs, pour qu'elle soit envisagée, que le marché concerné comporte un délai de garantie »[891]. Dès lors, la retenue de garantie apparaît comme « tout d'abord un financement administratif tronqué, amputé, car la retenue de garantie consiste à bloquer dans les comptes de la collectivité publique une partie des acomptes dus par l'entreprise dans la limite de 5 % du montant du marché. La retenue de garantie est aussi "un financement administratif réduit" conçu pour protéger la collectivité publique. Elle a pour but de contraindre le titulaire du marché à satisfaire l'intégralité de ses obligations et de permettre à l'Administration d'imputer sur elle les sommes dont il pourrait être redevable, telles les pénalités de retard »[892]. Rappelons que la retenue de garantie, pour être constituée, « doit être prévue au marché et ce dernier doit comporter un délai de garantie. Celui-ci est la période mentionnée au marché durant laquelle l'entreprise titulaire doit remettre en état ou remplacer la totalité ou une partie de l'ouvrage ou de la fourniture présentant des défauts »[893].

ii) La garantie à première demande

La *garantie à première demande* consiste en « une garantie conventionnelle renforcée, souscrite par l'entreprise titulaire du marché au profit de la personne publique, en vertu de laquelle l'organisme

---

887 LAJOYE, C., *op. cit.*, p. 176.
888 Article 118 du CMP.
889 *Ibid.*
890 *Ibid.*
891 MICHON, J., *op. cit.*, p. 408.
892 TAILLEFAIT, A., *op. cit.*, p. 11.
893 LAJOYE, C., *op. cit.*, p. 177.

bancaire garant doit payer aussitôt qu'il en est sollicité par la personne publique, sans pouvoir opposer la moindre exception »[894]. Il appartient au titulaire du marché de décider du remplacement du cautionnement au titre de la garantie de bonne exécution par une garantie à première demande ; sa décision n'a nullement besoin de l'accord de l'autorité contractante. La garantie à première demande et la caution personnelle et solidaire ont un objet identique ; en outre, elles sont établies selon un modèle fixé par le ministre des Finances[895]. Il est important de souligner que la garantie à première demande « doit être constituée en totalité au plus tard à la date à laquelle l'entreprise titulaire du marché remet la demande de paiement correspondant au premier acompte. À défaut, la retenue de garantie correspondant à l'acompte est prélevée et l'entreprise perd son droit d'option pour une garantie à première demande »[896].

iii) La caution personnelle et solidaire

La *caution personnelle et solidaire* est un engagement d'un établissement financier vis-à-vis de la personne publique « à lui payer les sommes que lui doit l'entreprise attributaire du marché si cette dernière ne le fait pas elle-même »[897]. Comme pour la garantie à première demande, c'est le titulaire du marché qui prend l'initiative du remplacement du cautionnement au titre de la garantie de bonne exécution par la caution personnelle et solidaire. « Mais, contrairement à la garantie à première demande, pour ce faire, il faut l'accord des deux parties. »[898]

4. Les autres garanties financières

L'autorité contractante peut, à travers les cahiers des charges, demander au titulaire du marché d'autres garanties pour l'exécution d'un engagement particulier[899]. Le Code des marchés publics ne précise pas ces *autres garanties* qu'il semble renvoyer, pour leur détermination, aux stipulations des parties au marché public, en vertu du principe de l'autonomie de la volonté.

---

[894] *Ibid.*
[895] Article 117 du CMP.
[896] Article 117 du CMP.
[897] LAJOYE, C., *op. cit.*, p. 178.
[898] *Ibid.*
[899] Article 120 du CMP.

§2. Les prérogatives de l'autorité contractante

Pour les parties, « le contrat administratif est la loi pendant toute sa durée d'exécution (…). Toutefois, la force obligatoire du contrat, sans être supprimée, est atténuée par l'existence du pouvoir de modification unilatérale et du pouvoir de résiliation unilatérale »[900]. Aussi, en matière de marchés publics, l'autorité contractante a-t-elle le pouvoir d'intervenir, dans la phase d'exécution, pour contrôler l'exécution du marché public par le titulaire (A), modifier unilatéralement les conditions du marché public si les nécessités du service public l'exigent (B), sanctionner l'inexécution fautive du marché public par le titulaire (C) et, quand c'est plus grave, prendre la décision de résilier unilatéralement le marché public le liant au titulaire (D).

A. Le pouvoir de contrôle de l'exécution du marché

L'autorité contractante dispose toujours d'un « droit de surveiller à tous moments l'exécution du contrat pourvu qu'elle ne prive pas son cocontractant de l'initiative et du choix des moyens qui lui ont été donnés par le contrat »[901]. Il s'agit là d'un *pouvoir général* de contrôle et de direction de l'exécution du marché public (CE 31 mai 1907, *Deplanque*), donc, un pouvoir de contrôle qui s'applique même dans le silence des textes mais qui n'a véritablement de sens que pour les marchés dont l'exécution s'étale sur une période plus ou moins longue, notamment les marchés de travaux publics. Toutefois, l'absence d'usage ou l'exercice tardif du pouvoir de contrôle de l'exécution du marché public peut engager la responsabilité de l'autorité contractante (CE, 5 novembre 1958, *OPHLM Département Seine*). L'autorité contractante exerce son pouvoir de contrôle de l'exécution du marché au moyen des *ordres de service* qui « constituent des mesures d'exécution particulières encadrées »[902]. En matière de marchés de travaux, l'*ordre de service* est défini comme étant « toute instruction écrite donnée par le Maître d'œuvre, le Maître d'ouvrage délégué, ou le Maître d'ouvrage à l'Entrepreneur concernant l'exécution du marché »[903]. Du point de vue de sa nature, il s'agit donc d'un « acte

[900] RICHER, L., *op. cit.*, p. 228.

[901] Article 108 du COA.

[902] CASTAING, B., NOGUELLOU, R., PREBISSY-SCHNALL, C., *op. cit.*, p. 138.

[903] Définition donnée par le *Cahier des clauses administratives générales type pour les marchés de travaux (grande taille).*

administratif pris par l'Autorité contractante (ou le Maître d'Ouvrage délégué) à l'intention du Titulaire du marché. Il est la manifestation de son pouvoir de direction dans l'exécution du marché »[904].

Les ordres de service « sont écrits, ils sont signés par le Maître d'œuvre, datés et numérotés. Ils sont adressés en deux (2) exemplaires à l'Entrepreneur ; celui-ci renvoie immédiatement au Maître d'œuvre l'un des deux exemplaires après l'avoir signé et y avoir porté la date à laquelle il l'a reçu. Le premier ordre de service est transmis à l'Entrepreneur le jour de l'entrée en vigueur du Marché. Lorsque l'Entrepreneur estime que les prescriptions d'un ordre de service appellent des réserves de sa part, il doit, sous peine de forclusion, les présenter par écrit au Maître d'œuvre dans un délai de quinze (15) jours, calculé dans les conditions prévues à l'article 8 du CCAG. À l'exception des cas prévus aux Articles 16.4 et 15.1 du CCAG, l'Entrepreneur se conforme strictement aux ordres de service qui lui sont notifiés, qu'ils aient ou non fait l'objet de réserves de sa part »[905]. L'article 16.4 du CCAG indique que « Lorsque la masse des travaux exécutés atteint la masse initiale, l'Entrepreneur doit arrêter les travaux s'il n'a pas reçu un ordre de service lui notifiant la décision de les poursuivre prise par le Chef de Projet. Cette décision de poursuivre n'est valable que si elle indique le montant limite jusqu'où les travaux pourront être poursuivis, le dépassement éventuel de ce montant limite devant donner lieu à la même procédure et entraîner les mêmes conséquences que celles qui sont définies ci-après pour le dépassement de la masse initiale. L'Entrepreneur est tenu d'aviser le Maître d'œuvre, trente (30) au moins à l'avance de la date probable à laquelle la masse des travaux atteindra la masse initiale. L'ordre de poursuivre les travaux au-delà de la masse initiale, s'il est donné, doit être notifié dix (10) jours au moins avant cette date. À défaut d'ordre de poursuivre, les travaux qui sont exécutés au-delà de la masse initiale ne sont pas payés et les mesures conservatoires à prendre, décidées par le Maître d'œuvre, sont à la charge du Maître d'ouvrage, sauf si l'Entrepreneur n'a pas adressé l'avis prévu ci-dessus ». Quant à l'article 15.1 du CCAG, il indique que les travaux pour lesquels le marché ne prévoit pas de prix « pourront être demandés à l'Entrepreneur, par un ordre de service, qui sera tenu

---

[904] *Guide d'application du décret n° 2014-1212 du 22 septembre 2014 portant Code des marchés publics*, *op. cit.*, p. 124.

[905] *Cahier des clauses administratives générales type pour les marchés de travaux (grande taille).*

de les réaliser dans la mesure où le montant du Marché, à la date de sa conclusion, est modifié de moins de quinze (15) pour cent ».

Les ordres de service sont donc adressés au titulaire du marché public et émis, sous forme écrite (la jurisprudence française[906] admet dans une certaine mesure l'*ordre de service oral*). Le titulaire du marché est tenu d'exécuter les ordres de service, y compris lorsqu'ils ordonnent des *travaux supplémentaires*, à charge pour l'autorité contractante de l'indemniser. Toutefois, par exception à ce principe, « le titulaire peut valablement refuser de se conformer à un ordre de service :

- lorsque l'ordre de démarrage des travaux n'intervient pas dans le délai prévu au contrat ;
- lorsque l'ordre de service concerne des travaux supplémentaires d'une nature différente de l'objet du marché et dépassant la masse initiale des travaux ;
- et quand une tranche conditionnelle du marché n'est pas débloquée dans le délai contractuellement prévu.

Quoi qu'il en soit, le titulaire peut toujours contester l'ordre reçu en émettant des réserves écrites dans les délais prescrits à compter de leur réception pour les marchés de travaux »[907].

En revanche, l'indemnisation est refusée lorsque l'autorité contractante n'a adressé aucun ordre de service au titulaire du marché public (CE 26 septembre 1986, *Ville de Tignes*), sauf lorsque les *travaux supplémentaires* sont utiles ou indispensables à la bonne exécution de l'ouvrage suivant les règles de l'art (CE sect., 17 octobre 1975, *Commune de Canari*), à condition qu'il n'y ait pas eu d'ordres contraires du maître d'ouvrage (CE 2 juillet 1982, *Société routière Collas*). Le titulaire du marché ne peut invoquer la faute de l'autorité contractante pour se dérober à son obligation d'exécuter les ordres de service à lui adressés. Les *réserves* (observations destinées à préserver des droits à rémunération et non des réclamations) qu'il pourrait formuler à l'égard des ordres de service reçus ne le dispensent pas de l'exécution des modifications dans la mesure où le titulaire du marché public ne peut opposer l'exception d'inexécution à l'autorité contractante (CE, 9 février 1994, *Société Biteroise des plâtres et*

[906] CE sect. 17 octobre 1975, *Commune de Canari* ; CE 19 mars 1982, *Cojonde.*

[907] *Guide d'application du décret n° 2014-1212 du 22 septembre 2014 portant Code des marchés publics*, *op. cit.*, p. 124.

constructions et a.)[908]. « Si ces ordres de services, de par leur procédure ou objet, engendrent un contentieux, le titulaire du marché peut entamer une procédure de contestation auprès du Comité de Règlement des Différends (article 138 du Code des marchés publics) ou du juge compétent en fonction de la qualité de l'Autorité contractante (article 139 du Code des marchés publics). »[909] Dans la pratique, certains abus des ordres de service sont notés. Les autorités contractantes utilisent parfois des ordres de service pour réaliser des prestations différentes de celles du marché, posant ainsi le problème de la modification du projet initialement mis en concurrence et le problème de la détermination du prix des nouvelles prestations. « Plus subtilement, il arrive que les ordres de service modifient les prévisions initiales du marché à la fois en plus-value (cas le plus fréquent) et en moins-value (ici la collectivité renonce purement et simplement à certaines prestations initialement connues) afin, par le jeu de leur compensation, de minimiser le dérapage global du coût du marché. En pareil cas l'impunité de l'acheteur public est presque totale… sauf devant le juge pénal. »[910]

B. Le pouvoir de modification unilatérale du marché

Il s'agit là d'un *pouvoir général* de modification unilatérale du marché public, c'est-à-dire qu'il fait partie des « règles générales applicables aux contrats administratifs » (CE, 2 février 1983, *Union des transports publics*), qu'il « existe en dehors de toute disposition légale ou contractuelle », même si le marché public peut en fixer les conditions d'exercice. Ce pouvoir de modification unilatérale du marché public permet à l'autorité contractante d'adapter le marché public à des préoccupations d'intérêt général apparues pendant son exécution[911]. Il n'est exercé qu'exceptionnellement et pour des raisons de nécessité du service public.

Toutefois, les modifications unilatérales du marché public par l'autorité contractante ne peuvent remettre en cause les clauses financières du marché (elles peuvent réduire les avantages financiers),

---

908 LINDITCH, F., *op. cit.*, p. 88.

909 *Guide d'application du décret n° 2014-1212 du 22 septembre 2014 portant Code des marchés publics*, *op. cit.*, p. 124.

910 LINDITCH, F., *op. cit.*, p. 88.

911 CASTAING, B., NOGUELLOU, R., PREBISSY-SCHNALL, C., *op. cit.*, p. 127.

ni porter atteinte aux dispositions législatives et règlementaires régissant les contrats administratifs, encore moins consister en la fixation d'un nouvel objet au marché public ou en un bouleversement de l'économie générale du marché public. De tels manquements peuvent entraîner la résiliation du marché public par le juge à la demande du titulaire lésé (CE 29 avril 1940, *Entrepôts frigorifiques lyonnais*). En vertu du droit pour le titulaire à l'équilibre financier du contrat, l'exercice du pouvoir de modification unilatérale du marché public par l'autorité contractante ouvre au titulaire du marché le droit à une *indemnité* couvrant l'intégralité du préjudice subi (CE, 27 octobre 1978, *Ville de Saint-Malo*).

Il reste que la procédure normale de modification des conditions initiales du marché consiste en la conclusion d'un *avenant*[912]. Il s'agit d'un acte contractuel pris par les parties en vue de modifier les conditions initiales du marché et d'apporter une réponse ponctuelle à un souci d'exécution du marché public[913]. « Un avenant n'est pas un marché à part mais est soumis aux mêmes procédures de conclusion et d'approbation qu'un marché. De plus, toutes les garanties exigées au titre du marché de base le sont pour l'avenant. »[914] Ainsi, le « caractère bilatéral est une caractéristique fondamentale de l'avenant »[915] qui le distingue de la modification unilatérale du marché par l'administration contractante. L'avenant se distingue aussi du *marché complémentaire* qui constitue un nouveau marché public qui est autonome par rapport au marché public initial[916], mais justifié notamment par l'existence d'un précédent contrat[917]. « À la différence de l'avenant, le marché complémentaire concerne des prestations non prévues au contrat initial et induisant généralement de manière significative de nouveaux prix à établir dans le cadre de négociations. C'est pourquoi d'ailleurs, le marché complémentaire est rangé dans la catégorie des marchés par entente directe par l'article 76.1 b du Code des marchés publics. »[918]

---

[912] Article 23 du CMP.

[913] CASTAING, B., NOGUELLOU, R., PREBISSY-SCHNALL, C., *op. cit.*, p. 130.

[914] *Guide d'application du décret n° 2014-1212 du 22 septembre 2014 portant Code des marchés publics*, *op. cit.*, p. 123.

[915] LAJOYE, C., *op. cit.*, p. 183.

[916] *Ibid.*

[917] *Guide d'application du décret n° 2014-1212 du 22 septembre 2014 portant Code des marchés publics*, *op. cit.*, p. 124.

[918] *Guide d'application du décret n° 2014-1212 du 22 septembre 2014 portant Code des marchés publics*, *op. cit.*, p. 125.

Ainsi, un « marché complémentaire ne doit pas être assimilé à une échappatoire pour une Autorité contractante ayant épuisé ses possibilités de recours à un avenant. L'avenant et le marché complémentaire sont deux modes différents qui obéissent à des conditions clairement définies par le Code des marchés publics »[919]. Enfin, il « est important de préciser qu'un *ordre de service* ne peut pas se substituer à un avenant. À titre d'exemple, une suspension des délais pour cause d'intempérie peut être déclenchée par ordre de service mais une prorogation des délais contractuels ne peut être matérialisée que par avenant »[920].

La conclusion d'un avenant « ne pose aucun problème lorsque la conclusion du contrat initial est libre : nul principe de parallélisme des formes et procédures, nul risque de fraude n'imposent de limiter la liberté de passer des avenants. Ce n'est que si la passation du contrat initial est soumise à des règles que le problème de l'avenant se pose. Admettre une liberté totale de conclusion des avenants rendrait inutiles les procédures de publicité et mise en concurrence, mais interdire tout avenant serait contraire aux exigences de la vie économique et, de plus, incompatible avec l'existence de contrats de longue durée »[921]. Mesurant tout l'enjeu y relatif, le Code des marchés publics « s'efforce d'introduire plus de rigueur »[922] dans les avenants depuis 2007, quand « on sait qu'il y a, ici, une source de dérapages importants dans la mesure où nombre d'administrations dans le monde ont trouvé dans cette technique un moyen de contourner la règlementation. Le procédé consiste, dans un premier temps, à sous-estimer le montant de l'opération envisagée, soit que les agents publics en charge du dossier ne disposent pas d'entrée de jeu de tous les financements nécessaires, soit qu'ils trouvent plus expédient de commencer par passer un marché modeste, plus facile à maîtriser du point de vue des contraintes techniques et même parfois du contractant souhaité. Dans un deuxième temps, sont réintroduits tous les compléments qui avaient d'abord été volontairement omis sous la forme simplifiée d'avenants, donc par

---

919 *Guide d'application du décret n° 2014-1212 du 22 septembre 2014 portant Code des marchés publics*, *op. cit.*, p. 125.

920 *Guide d'application du décret n° 2014-1212 du 22 septembre 2014 portant Code des marchés publics*, *op. cit.*, p. 124.

921 RICHER, L., *op. cit.*, p. 243.

922 GUEYE, B., « Le nouveau code sénégalais des marchés publics : entre réponse aux attentes de la société civile et prise en compte des influences communautaires », *Revue des marchés publics* n° 04, 2011, p. 23.

simple adjonction au contrat, sans appel d'offres, sans mise en concurrence et en toute quiétude »[923].

Ainsi, l'avenant, qui ne peut intervenir qu'après approbation du marché public et avant la réception provisoire des prestations, doit être écrit et signé par les représentants habilités de l'autorité contractante et du titulaire du marché[924]. L'avenant ne peut, en outre, avoir pour effet de substituer un autre marché au marché initial, soit en bouleversant l'économie du marché, soit en en changeant fondamentalement l'objet[925]. Car, un avenant qui se traduit par une modification substantielle du marché initial remet en cause les conditions de mise en concurrence qui avaient prévalu lors de la passation du marché initial[926]. Est donc illégal un avenant qui dépasse le seuil du bouleversement de l'économie générale du marché initial ou qui change fondamentalement la nature des prestations commandées. Force est de reconnaître que « l'appréciation de la réalité d'un bouleversement du contrat est complexe. En effet, il n'existe aucun texte qui détermine une limite chiffrée sous la forme d'un pourcentage en plus ou en moins du montant initial du marché au-delà de laquelle les avenants bouleversent l'économie du contrat et, ce faisant, présenteraient un caractère illégal. Dès lors, l'appréciation de la validité des avenants doit s'effectuer au cas par cas, en fonction des circonstances de fait propres à chaque espèce »[927]. Les autorités contractantes doivent également comprendre que « le COA comme le Code des marchés publics proscrivent les *avenants de régularisation* ; autrement dit, un avenant ne peut couvrir des prestations complémentaires au marché initial, prestations qui auraient été effectuées avant même la procédure de passation et de notification dudit avenant. L'avenant doit également intervenir avant la réception provisoire des prestations ou fournitures objet du marché de base. Ces deux conditions imposent une démarche proactive de la part de l'Autorité contractante à qui il revient de sacrifier aux formalités de conclusion et d'approbation de l'avenant dans le strict respect des dispositions règlementaires ainsi que des exigences de programmation des prestations »[928].

---

[923] *Ibid.*
[924] Article 23 du CMP.
[925] *Ibid.*
[926] MICHON, J., *op. cit.*, p. 431.
[927] LAJOYE, C., *op. cit.*, p. 184.
[928] *Guide d'application du décret n° 2014-1212 du 22 septembre 2014 portant Code des marchés publics*, *op. cit.*, p. 124.

Du point de vue de l'objet, l'avenant au marché public ne peut porter que sur :

✓ la modification de clauses du marché initial n'ayant aucune incidence sur son montant ni sur le volume des fournitures, services ou travaux mais nécessaires à son exécution, sans remettre en cause les éléments du choix initial ni l'économie du marché, ni le titulaire du marché ;

✓ l'augmentation ou la réduction de la masse des fournitures, services ou travaux excédant les variations maximales prévues par le dossier d'appel à la concurrence ; cette augmentation ou réduction ne doit en aucun cas dépasser 30 % du montant du marché initial[929], après application d'éventuelles clauses d'actualisation et de révision ;

✓ la réalisation de fournitures, services ou travaux non prévus au marché mais nécessaires à l'exécution de son objet, du fait de la survenance de sujétions imprévues ;

✓ la prolongation ou la réduction du délai d'exécution du marché initial[930].

En conséquence, les avenants au marché public qui n'ont pas rempli les conditions de forme et les conditions de fond précédemment indiquées non seulement sont illégaux, mais aussi ils « doivent être requalifiés en nouveaux contrats et passés dans les conditions prévues par le Code des marchés publics, dans le respect des règles de publicité et de mise en concurrence »[931]. Pire, le *délit de favoritisme* sera établi

---

[929] En France, le montant de la modification est plafonné à 50 % du montant du marché. Avant le nouveau Code de la commande publique entré en vigueur le 1er avril 2019, « le code ne fixait d'ailleurs aucun seuil au-delà duquel l'économie du contrat doit être considérée comme bouleversée. Certes, la jurisprudence et la doctrine s'accordaient pour considérer qu'en deçà d'une augmentation de la masse initiale des prestations de 15 % par rapport au montant du marché initial, l'économie générale du contrat n'était pas bouleversée et les circulaires successives d'application du Code des marchés publics apportaient la même précision » (BRACONNIER, S., *op. cit.*, p. 535). Avec le nouveau Code de la commande publique, le marché public peut faire l'objet de modifications : lorsque les parties ont prévu une clause de réexamen, lorsque les prestations supplémentaires, non prévues par le marché initial, sont devenues nécessaires, lorsque, sous réserve du respect du plafond de 50 % du montant du marché initial, des circonstances qu'un acheteur public diligent ne pouvait prévoir le nécessitent ou lorsqu'un nouveau titulaire remplace le titulaire initial du marché (BRACONNIER, S., *op. cit.*, p. 539).

[930] Article 23 du CMP.

[931] CASTAING, B., NOGUELLOU, R., PREBISSY-SCHNALL, C., *op. cit.*, p. 132.

en cas d'usage abusif d'avenants dans le but d'attribuer au titulaire du marché des prestations supplémentaires en s'affranchissant d'une nouvelle procédure de mise en concurrence (CA Colmar, 14 novembre 1997) ou de rétablir le prix initial du marché volontairement diminué pour favoriser un candidat qui a, par exemple, proposé une offre anormalement basse pour emporter le marché et signé des avenants en toute complicité avec l'acheteur public afin de rétablir le prix réel (CA Colmar, 14 novembre 1997). L'entreprise ayant présenté la « fausse » offre moins-disante pour remporter le marché public recouvre ainsi des sommes qui ne figurent pas dans le montant initial du marché et récupère le manque à gagner par le système de l'avenant[932].

C. Le pouvoir de sanction de l'inexécution du marché

Aux termes de l'article 128 du CMP : « En cas de manquements à leurs obligations les titulaires des marchés publics, encourent les sanctions pécuniaires, coercitives ou résolutoires prévues par les articles 84 et suivants du Code des obligations de l'Administration, par le présent décret et par les cahiers des charges. L'autorité contractante peut par ailleurs ordonner l'ajournement de l'exécution des marchés ou de conventions de délégations de service public. » Le pouvoir de l'autorité contractante de sanctionner l'inexécution du marché est destiné à assurer la continuité du service public auquel l'exécution du marché est nécessaire. C'est un *pouvoir général* qui appartient à l'autorité contractante même sans texte, en vertu des « règles générales applicables aux contrats administratifs » (CE 31 mai 1907, *Delplanque*). Qui plus est, ce pouvoir de sanction « *est d'ordre public* »[933]. Toutefois, sauf stipulation contraire des parties, les sanctions contre le titulaire du marché public qui a manqué à ses obligations ne peuvent être prononcées qu'après mise en demeure préalable d'exécuter les obligations contractuelles[934]. Les sanctions peuvent être pécuniaires, coercitives ou résolutoires[935].

En ce qui concerne les *sanctions pécuniaires*, les marchés publics doivent prévoir une clause de *pénalités pour retard* dont le montant est fixé, pour chaque catégorie de marchés, dans les cahiers des clauses

---

932 LALLEMANT-BIF, L., *op. cit.*, p. 325.
933 Article 80 du COA.
934 Article 81 du COA.
935 Article 81 du COA ; article 128 du CMP.

administratives générales[936]. Sauf disposition contractuelle contraire, les pénalités pour retard sont appliquées, *sans mise en demeure préalable*, sur la simple confrontation de la date d'expiration des délais contractuels d'exécution et de la date de réception[937]. Dans ce cas, les sommes versées au titre des pénalités viennent en atténuation de la dépense ou, lorsque le montant des pénalités ne peut être retenu sur les sommes dues, elles sont versées en recettes au budget ayant supporté la charge du marché[938]. En tout état de cause, le montant cumulé des pénalités ne peut excéder 10 % du montant TTC du marché public de base avec ses avenants, le cas échéant, sous peine de résiliation[939]. En outre, « Sans préjudice d'éventuelles poursuites pour violation des législations concernées, le non-respect des obligations sociales et environnementales, d'hygiène, de santé et de sécurité, par le titulaire ou par son sous-traitant, peut conduire l'autorité contractante, *après mise en demeure*, à prononcer une sanction financière sous la forme d'une pénalité forfaitaire journalière qui sera prélevée jusqu'à cessation du manquement constaté. Son montant est fixé, pour chaque catégorie de marchés, dans les cahiers des clauses administratives générales »[940].

Inversement, les parties au marché public sont libres de prévoir des *primes* pour réduction des délais contractuels réalisée à la demande de l'autorité contractante, le taux journalier de ces primes ne pouvant en aucun cas dépasser celui des pénalités de retard, et la réduction des délais contractuels ne pouvant excéder le 1/10e du délai contractuel[941]. Les documents du marché public peuvent également prévoir une prime pour récompenser des innovations sociales ou environnementales intervenues lors de l'exécution du marché public chaque fois que cela apparaît nécessaire à l'autorité contractante[942].

Les *sanctions coercitives* peuvent revêtir la forme de *mise en régie* de l'entrepreneur (marchés de travaux publics) ou d'*exécution par défaut* (marché de fournitures ou de transport). Elles ne mettent pas fin au marché, mais son exécution se poursuit aux frais et risques du cocontractant. Les sanctions coercitives, par substitution d'entreprise, sont appliquées, en cas de *faute grave* de nature à compromettre

936 Article 135 du CMP.
937 Article 136 du CMP.
938 *Ibid.*
939 Article 136 du CMP.
940 Article 134 du CMP.
941 Article 138 du CMP.
942 *Ibid.*

l'exécution normale du marché par le titulaire, à laquelle il n'a pas remédié malgré une mise en demeure, par l'autorité contractante qui ne peut recourir à une procédure autre que l'appel d'offres ouvert pour l'achèvement des prestations qu'après avis de la DCMP[943]. L'autorité contractante passe un nouveau marché aux risques et périls du titulaire défaillant qui supportera les éventuels excédents de dépense. « Ceux-ci sont prélevés sur les sommes dues au cocontractant ou, à défaut, sur la garantie de bonne exécution ou sur la retenue de garantie, sans préjudice des droits à exercer sur lui en cas d'insuffisance. Si le nouveau marché ou la régie entraîne au contraire une diminution dans les dépenses, le cocontractant ne peut réclamer aucune part de ce bénéfice. »[944] Les *sanctions résolutoires* consistent pour l'autorité contractante, en cas de *fautes très graves* du titulaire, à résilier le marché public après mise en demeure[945]. Enfin, l'autorité contractante peut ordonner *l'ajournement* des fournitures, prestations ou travaux, objet du marché, avant leur achèvement, notamment en cas de retard dans l'exécution d'un ouvrage ou dans la livraison d'une fourniture lui incombant et nécessaire à l'exécution du marché, ou pour toute autre raison qui lui est propre[946]. Le titulaire du marché a droit à une indemnité pour préjudice subi, en cas d'ajournement inférieur à trois (3) mois, dont le montant ne peut excéder le montant des dépenses occasionnées par cet ajournement, telles qu'elles résultent des justificatifs produits par le titulaire[947]. La demande du titulaire du marché n'est recevable que si elle est présentée dans le délai de deux (2) mois à partir de la date de notification de l'ordre de service prescrivant l'ajournement[948].

D. Le pouvoir de résiliation unilatérale du marché

Comme pour tout contrat administratif, le marché public prend fin normalement lorsque les obligations des parties sont intégralement exécutées, soit que son objet est réalisé, soit que sa durée a expiré[949]. Il

[943] Article 137 du CMP.
[944] *Ibid.*
[945] Article 87 du COA.
[946] Article 131 du CMP.
[947] Article 133 du CMP.
[948] *Ibid.*
[949] Aux termes de l'article 131 du COA : « Le contrat prend normalement fin lorsque les obligations des parties ont été intégralement exécutées. Le contrat est exécuté, soit lorsque son objet est réalisé, soit lorsque sa durée est expirée. »

peut être également mis fin *à tout moment* par un accord entre les parties[950] : c'est ce qu'on appelle la *résiliation conventionnelle* du marché public. La *résiliation* du contrat n'est pas synonyme de *résolution* du contrat, même si toutes les deux ont pour effet d'anéantir le contrat, d'y mettre fin. Alors que la résolution a un effet rétroactif, la résiliation a un effet non rétroactif et s'applique uniquement aux contrats à exécution successive.

En dehors du cas où elle est décidée d'un commun accord par les parties (*résiliation conventionnelle*), la résiliation du marché public peut être prononcée par l'autorité contractante ou par le juge du contrat. Dans le premier cas, on parle de *résiliation administrative* du marché. Dans le second cas, on parle de *résiliation judiciaire* du marché, qui fait partie du contentieux des marchés publics. La résiliation unilatérale du marché est prononcée par l'autorité contractante pour faute (1), sans faute (2) ou de plein droit (3). Dans tous les cas, l'autorité compétente pour prononcer la résiliation unilatérale du marché est la même (4).

1. La résiliation unilatérale du marché pour faute

Aux termes de l'article 129 CMP, « Tout marché public peut faire l'objet d'une résiliation totale ou partielle à l'initiative de l'autorité contractante : a) *en cas de manquement grave du titulaire à ses obligations contractuelles, notamment en matière environnementale* ». Toutefois, précise le même article, « Sauf stipulations contraires des parties au marché, l'autorité contractante ne peut prononcer la résiliation pour manquement du titulaire à ses obligations qu'après *mise en demeure préalable* restée sans effet ». Il résulte de cet article d'abord que la résiliation administrative du marché public pour faute peut être *totale* ou *partielle*. Dans le premier cas, la résiliation met définitivement fin à toutes les dispositions du marché public. Dans le second, la résiliation ne met définitivement fin qu'à certaines dispositions du marché public à condition qu'elles soient divisibles. Il résulte de cet article ensuite que la résiliation administrative du marché n'est licite que si une *faute grave* a été commise par le titulaire du marché (a) et que l'autorité contractante a procédé à une mise en demeure préalable du titulaire du marché public restée sans effet (b).

---

[950] Aux termes de l'article 132 du COA : « Les parties peuvent à tout moment convenir de mettre fin à un contrat en cours d'exécution. »

a. La faute grave du titulaire du marché

Pour justifier la résiliation unilatérale du marché public par l'autorité contractante, l'article 129 a) du CMP exige que la faute commise par le titulaire du marché soit une *faute grave* et non une faute simple. Or, l'article 87 du COA dispose que « Lorsque le co-contractant de l'Administration a commis des fautes très graves, le contrat peut être résilié ». Deux interprétations sont possibles. La première interprétation consiste à dire que le Code des marchés publics ne pouvant contredire le COA, seule une *faute très grave* du titulaire peut légalement justifier la résiliation du marché public par l'autorité contractante. La seconde interprétation consiste à faire prévaloir la règle spéciale applicable aux marchés publics, c'est-à-dire l'exigence d'une faute grave du titulaire pour toute résiliation du marché public par l'autorité contractante, sur la règle générale applicable aux contrats administratifs, c'est-à-dire l'exigence d'une faute très grave du cocontractant de l'Administration pour toute résiliation du contrat administratif par l'autorité contractante.

Mais dans la mesure où les marchés publics prévoient obligatoirement des clauses relatives aux « conditions de la résiliation »[951], un marché public peut donner une liste de manquements pouvant justifier la résiliation du marché, sous réserve du pouvoir qui revient au juge administratif « de rechercher si ces manquements ont constitué (...) une faute grave » (CE 21 janvier 1944, *Société d'entreprises et de construction en béton armé*). La gravité du manquement du titulaire du marché « s'apprécie par rapport aux conséquences pour le service et par rapport au caractère essentiel de l'obligation enfreinte »[952]. Peuvent ainsi être considérés comme des manquements graves du titulaire du marché public susceptibles de justifier une résiliation unilatérale du marché public les manquements d'obligations environnementales, l'interruption des prestations, l'interruption d'un chantier, la cession ou la sous-traitance du marché public non autorisée par l'autorité contractante. « La résiliation pour violation des règles environnementales n'existait pas dans l'ancien Code des marchés publics (celui de 2007). Mais pour que cette disposition puisse être appliquée pleinement, il faut qu'il y ait, dans les documents contractuels, un cahier des clauses environnementales. Si ce document n'est pas établi, les Autorités contractantes doivent alors

[951] Article 13 du CMP.
[952] RICHER, L., *op. cit.*, p. 258.

prendre le soin de définir ces obligations environnementales dans le CCAP et, également, dans le contrat lui-même. »[953] Il faut également souligner que l'autorité contractante peut résilier le marché public si elle établit que l'entrepreneur, directement ou par l'intermédiaire d'un agent, s'est livré à des actes de corruption ou à des manœuvres frauduleuses, à des actes de connivence ou à des manœuvres prohibées, obstructives ou coercitives en vue de se voir attribuer le marché[954]. Toutefois, la gravité du manquement du titulaire du marché peut être atténuée par le comportement de l'autorité contractante (CE 4 mars 1991, *Département de la Haute-Loire*). En principe, le titulaire du marché dont les manquements graves aux obligations contractuelles ont entraîné la résiliation du marché est mal fondé à demander une indemnisation (CE 8 novembre 1985, *Entreprise Ozilou*). C'est à lui de supporter les frais et risques résultant de la passation d'un marché de substitution par l'autorité contractante pour la poursuite de l'exécution inachevée du marché public[955]. L'autorité contractante conserve en

---

[953] *Guide d'application du décret n° 2014-1212 du 22 septembre 2014 portant Code des marchés publics*, *op. cit.*, p. 126.

[954] *Cahier des clauses administratives générales (CCAG) type pour les marchés de travaux* (grande taille). D'après ce document, une *pratique de corruption* est le fait de « offrir, donner, recevoir ou solliciter, directement ou indirectement, tout objet de valeur en vue d'influencer l'action d'un agent public (y compris le personnel de l'autorité contractante et les employés d'autres organisations chargés de la prise ou de l'étude des décisions de sélection) au cours de la procédure de sélection ou de l'exécution du contrat ou effectuer un paiement à un tiers dans le cadre de l'exécution du contrat, en violation de toute disposition légale du Sénégal ». Une *manœuvre frauduleuse* désigne « toute action ou omission, y compris toute déclaration erronée, faite dans le but d'influencer (ou de tenter d'influencer) un processus de sélection ou de l'exécution d'un marché en vue d'obtenir un avantage financier ou autre, ou en vue de se soustraire (ou de tenter de se soustraire) à une obligation ». Une *pratique coercitive* désigne « le fait de porter préjudice ou menacer de porter préjudice, directement ou indirectement, à toutes personnes ou à leurs biens en vue d'influencer sur le processus de passation des marchés ou l'exécution du Contrat ». Une *manœuvre collusoire* désigne « toute manœuvre ou entente entre deux parties ou plus, avec ou sans la connaissance de l'autorité contractante, visant à maintenir artificiellement les prix à des niveaux non concurrentiels et à priver l'autorité contractante des avantages de la libre concurrence ».

[955] « Une résiliation consécutive à une défaillance du Titulaire peut avoir des conséquences financières très importantes pour ce dernier. En effet, en plus des indemnités que peut demander l'Autorité contractante, le Titulaire défaillant doit supporter les conséquences financières de la passation d'un nouveau marché avec un autre Prestataire, Entrepreneur, Fournisseur ou Consultant » (*Guide*

effet son droit de demander réparation du préjudice subi (CE 15 janvier 1986, *Société L'Habitat moderne*), sauf en cas d'irrégularité de la résiliation ou de la passation du marché de substitution. Le titulaire du marché défaillant pourra seulement demander la réduction de la somme mise à sa charge lorsque le montant du marché révèlerait, par son caractère anormal, une faute lourde de l'autorité contractante (CE 27 mars 1957, *Carsalade*).

b. L'obligation de mise en demeure du titulaire du marché

Parce qu'elle est véritablement une résiliation-sanction, l'autorité contractante ne peut prononcer la résiliation du marché public « pour manquement du titulaire à ses obligations qu'après *mise en demeure préalable* restée sans effet »[956]. Cette obligation de mise en demeure traduit l'attachement du Code des marchés publics au respect du principe des droits de la défense, étant donné que la résiliation du marché n'est pas prononcée par le juge mais par l'autorité contractante de manière unilatérale. En matière de contrats administratifs, « le principe des droits de la défense s'applique, le plus souvent, à travers l'exigence de mise en demeure. En effet, il est de règle que, sauf stipulation contractuelle contraire, toute sanction et, en particulier, la résiliation pour faute, doit être précédée d'une mise en demeure »[957]. La *mise en demeure* consiste en un « ordre adressé par les autorités administratives encore appelé acte comminatoire. La mise en demeure comporte, en général, une injonction d'agir dans un certain sens ou de s'abstenir, en menaçant parfois le destinataire de sanctions si l'injonction n'est pas observée dans un délai fixé. Elle est à ce titre susceptible de recours pour excès de pouvoir »[958].

La mise en demeure du titulaire du marché doit, pour être valable, être préalable, c'est-à-dire intervenir bien avant la décision de résiliation unilatérale du marché public, et rester sans effet, c'est-à-dire que le titulaire du marché mis en demeure n'a pas daigné déférer à l'injonction d'agir qu'elle comporte. L'obligation de mise en demeure préalable est une *formalité substantielle* dont le non-respect conduit le juge administratif à annuler pour excès de pouvoir la décision de

---

d'application du décret n° 2014-1212 du 22 septembre 2014 portant Code des marchés publics, *op. cit.*, p. 127).

956 Article 129 du CMP.

957 RICHER, L., *op. cit.*, p. 257.

958 *Dictionnaire de droit administratif*, *op. cit.*, p. 357.

résiliation unilatérale du contrat administratif par l'autorité contractante (CS 29 août 2019, *Société Saudi Binladen Group c/État du Sénégal*)[959]. Toutefois, l'autorité contractante peut être dispensée de la formalité de mise en demeure préalable par les « stipulations contraires des parties au marché »[960]. En vertu du principe de l'autonomie de la volonté des parties, celles-ci peuvent, notamment dans les clauses relatives aux « conditions de résiliation », prévoir que le marché public peut être résilié à tout moment, sans mise en demeure préalable du titulaire du marché, dès l'instant où l'autorité contractante constate un manquement grave de ses obligations contractuelles par le titulaire du marché. C'est le cas notamment lorsque le montant des pénalités de retard a atteint le maximum de 10 % du montant total hors taxes du marché public.

Par ailleurs, d'après l'avis n° 008/11/ARMP/CRD du 04 mai 2011 du CRD statuant en Commission Litiges sur la demande d'avis de la Direction centrale des Marchés publics relative à la détermination de l'autorité compétente pour résilier un marché, « selon le principe du parallélisme des formes ou des procédures, les formalités substantielles qui ont prévalu à la conclusion d'un acte, doivent nécessairement être observées pour sa modification ou sa résolution ; Qu'à cet égard, par application des dispositions de l'article 29 du Code des marchés publics, l'autorité compétente pour donner effet à la décision de résiliation d'un marché litigieux est celle désignée pour l'approuver ». Dans ces conditions, « pour éviter tout problème d'interprétation entre cet avis et l'article 129.2 du CMP précité, il faut juste comprendre que l'initiative de la résiliation ainsi que la décision provisoire, sont prises par l'Autorité contractante. Par contre, pour que cette décision prenne effet, il faudrait que celle-ci la transmette à l'autorité qui a approuvé le marché pour qu'elle se prononce sur cette décision. Il est indiqué aux Autorités contractantes qu'elles doivent transmettre à cette autorité d'approbation tous les éléments du dossier, notamment les faits à

---

[959] « Considérant qu'en l'espèce, il n'est pas établi que l'État du Sénégal qui a résilié sans indemnité pour inexécution par le preneur de son obligation de mise en valeur, a procédé à la mise en demeure par lettre recommandée restée sans effet, dans les délais légaux, alors surtout que le défaut de mise en valeur est consécutif au fait de tiers ; Qu'ainsi la décision, pour n'avoir pas satisfait aux formalités dudit texte, encourt l'annulation » (CS 29 août 2019, *Société Saudi Binladen Group c/État du Sénégal*).

[960] Article 129 du CMP.

l'origine de la décision (provisoire) de résiliation et les échanges que les deux parties au contrat ont eus par la suite, sur cette question »[961].

2. La résiliation unilatérale du marché sans faute

Aux termes de l'article 129 du CMP : « Tout marché public peut faire l'objet d'une résiliation totale ou partielle à l'initiative de l'autorité contractante : (…) ; b) *lorsque la réalisation du marché est devenue inutile ou inadaptée compte tenu des nécessités du service public* ; c) *en cas de survenance d'un événement affectant la capacité juridique du titulaire du marché dans les conditions fixées par les cahiers des charges.* » Il résulte de cette disposition que la résiliation administrative du marché public peut intervenir non pas parce qu'une faute est reprochée au titulaire du marché, mais pour un motif d'intérêt général (a) ou pour survenance d'un événement affectant la capacité juridique du titulaire du marché (b).

a. Le motif d'intérêt général

En règle générale, en vertu du *principe d'adaptation du service public*, lorsqu'elle considère que le contrat administratif ne correspond plus aux besoins du service public, l'administration contractante peut prononcer sa résiliation dans l'intérêt général à tout moment, sous réserve d'indemnisation du cocontractant[962]. La résiliation unilatérale du marché public pour motif d'intérêt général intervient « lorsque la réalisation du marché est devenue inutile ou inadaptée compte tenu des nécessités du service »[963]. La résiliation se fait par notification écrite adressée au titulaire du marché. L'avis de résiliation précise : que la résiliation du marché intervient unilatéralement pour raison de convenance, dans quelle mesure l'exécution des tâches stipulées dans le marché prend fin et la date à laquelle la résiliation du marché prend effet.

---

[961] *Guide d'application du décret n° 2014-1212 du 22 septembre 2014 portant Code des marchés publics*, *op. cit.*, p. 128.

[962] Article 137 du COA : « L'Administration peut, nonobstant les clauses conventionnelles, résilier les contrats devenus inutiles ou inadaptés compte tenu des nécessités du service public, sous réserve d'indemnisation du co-contractant. »

[963] Article 129 b) du CMP.

Le pouvoir de résiliation unilatérale du marché public étant lié aux « nécessités du service public », qui peuvent elles-mêmes ne pas être liées au marché en cause, il ne peut faire l'objet de renonciation (CE 6 mai 1985, *Association Eurolat*). Les « motifs d'intérêt général peuvent être de plusieurs natures : l'abandon du projet, le changement d'objectifs »[964] ou encore la réorganisation du service[965]. Le changement des besoins de l'autorité contractante peut résulter d'un changement de choix stratégiques ou de facteurs économiques, sociaux et environnementaux non maîtrisés. En effet, maintenir un marché qui n'est plus en adéquation avec les nécessités du service public ni avec les besoins de la collectivité publique conduirait à un gaspillage des ressources publiques. En outre, la résiliation du marché public pour motif d'intérêt général peut prendre la forme soit d'une décision particulière, soit d'un acte règlementaire applicable à tous les contrats de même nature (CE 4 juin 1999, *Compagnie Gale de Chauffe*), mais elle ne saurait être écartée par une clause contractuelle (CE 6 mai 1985, *Association Eurolat, Crédit foncier de France*). En effet, la résiliation administrative du marché public fondée sur l'intérêt général est une *règle d'ordre public* : il s'agit là d'un pouvoir appartenant à l'autorité contractante « en tout état de cause, en vertu des règles applicables aux contrats administratifs » (CE Ass. 2 mai 1958, *Distillerie de Magnac Laval*) ; ce qui veut dire que ce pouvoir de résiliation unilatérale appartient à l'autorité contractante « même en l'absence de stipulations contractuelles » (TC 2 mars 1987, *Société d'aménagement et de développement de Briançon-Montgenèvre c/Commune de Montgenèvre*).

Par ailleurs, la jurisprudence admet la *résiliation administrative tacite* du marché public notamment lorsque, dans le cadre d'un marché à bons de commande, l'autorité contractante n'effectue plus de commandes avec le titulaire du marché mais fait appel à un autre fournisseur (CE 27 février 2019, *Département de la Seine-Saint-Denis*).

N'étant pas imputable au titulaire du marché, la résiliation du marché ouvre droit, au profit du titulaire, au paiement des fournitures, services, travaux, réalisés et non encore réglés. Si le marché public a reçu un commencement d'exécution, le titulaire peut requérir qu'il soit procédé immédiatement à la réception provisoire des ouvrages exécutés ou livrés, puis à leur réception définitive après l'expiration de la période

[964] CASTAING, B., NOGUELLOU, R., PREBISSY-SCHNALL, C., *op. cit.*, p. 122.
[965] RICHER, L., *op. cit.*, p. 252.

de la garantie. En outre, le titulaire du marché résilié a droit à une indemnisation sur le fondement de la théorie du fait du prince. La réparation est *intégrale* : elle couvre la perte subie, le gain manqué, et, éventuellement, le préjudice moral causé au titulaire par la résiliation du marché. La demande d'indemnisation du cocontractant doit être présentée dans les deux (2) mois à compter de la date de résiliation du marché.

b. La survenance d'un événement affectant la capacité juridique du titulaire du marché

L'autorité contractante peut également invoquer la « *survenance d'un événement affectant la capacité juridique du titulaire du marché dans les conditions fixées par les cahiers des charges* »[966] pour prononcer la résiliation unilatérale du marché public. En effet, lorsque la capacité juridique du titulaire du marché se trouve compromise (incapacité civile) par suite d'événements tels que la faillite ou la dissolution, il devient difficile ou impossible pour le titulaire d'honorer ses engagements au titre du marché public. Dans ces conditions, pour échapper au risque de retards excessifs, de mauvaise qualité ou de cessation complète des prestations du titulaire, l'autorité contractante peut résilier le marché public afin de protéger les intérêts de la collectivité publique.

3. La résiliation unilatérale du marché de plein droit

Le Code des marchés publics précise les cas de résiliation unilatérale du marché public de plein droit. Aux termes de son article 130 du CMP, en effet, le marché public est résilié *de plein droit sans indemnité* dans les cas suivants :

- en cas de décès du titulaire du marché personne physique, si l'autorité contractante n'accepte pas, s'il y a lieu, les offres qui peuvent être faites par les héritiers pour la continuation des travaux ;
- en cas de redressement judiciaire, si l'autorité contractante n'accepte pas, dans l'éventualité où le syndic aurait été autorisé par le tribunal à continuer l'exploitation de l'entreprise, les offres qui peuvent être faites par ledit syndic pour la continuation ;

---

[966] Article 129 c) du CMP.

- en cas de liquidation des biens ou de règlement judiciaire, si le titulaire du marché n'est pas autorisé à continuer l'exploitation de son entreprise.

La résiliation unilatérale du marché public prononcée dans les trois cas (décès du titulaire du marché personne physique, redressement judiciaire de l'entreprise et liquidation des biens ou règlement judiciaire de l'entreprise) « n'ouvre au cocontractant aucun droit à indemnité. Les conséquences onéreuses résultant pour l'administration de la passation d'un nouveau marché ne peuvent être mises à la charge du cocontractant, toutefois, l'administration peut obtenir réparation du préjudice que la résiliation lui a causé » (CE 15 octobre 1965, *Société entreprise Pérignon*, *Rec.* 522 ; CE 4 mars 1981, *CHR de Limoges*, *Rec.* 119)[967]. Dans les cas de redressement judiciaire et de liquidation des biens, « les *mesures conservatoires ou de sécurité* dont l'urgence apparaît, en attendant une décision définitive du tribunal, sont prises d'office et mises à la charge du titulaire du marché »[968].

4. L'autorité compétente pour prononcer la résiliation unilatérale du marché

Avant 2022, à part les marchés de l'État (niveau central et niveau déconcentré), la résiliation unilatérale du marché public était prononcée par l'autorité administrative *signataire* du marché. Le décret n° 2022-2295 du 28 décembre 2022 portant Code des marchés publics ajoute un alinéa à l'article 130 relatif à la résiliation de plein droit sans indemnité du marché, qui précise que : « La résiliation du marché est prononcée par l'*autorité d'approbation.* Toutefois, pour les marchés publics ne nécessitant pas la formalité d'approbation, la résiliation du marché public est de la compétence de l'*autorité administrative signataire.* » Deux situations sont donc à distinguer. Lorsque le marché public nécessite une approbation, l'autorité administrative compétente pour prononcer la résiliation unilatérale du marché est celle qui a approuvé le marché public. En revanche, lorsque le marché public ne nécessite pas une approbation, l'autorité administrative compétente pour prononcer la résiliation unilatérale du marché est l'autorité qui a signé le marché public.

967 RICHER, L., *op. cit.*, p. 260.
968 Article 130 du CMP.

Cette disposition ne s'applique cependant pas seulement à la résiliation de plein droit sans indemnité du marché public pour décès du titulaire personne physique, redressement judiciaire, liquidation des biens ou de règlement judiciaire du titulaire personne morale, elle s'applique aussi à la résiliation unilatérale du marché pour faute et à la résiliation unilatérale du marché sans faute. En effet, il ressort du projet d'instruction interprétative du Code des marchés publics de 2022 que « l'approbation d'une résiliation doit passer par l'autorité qui a initialement validé le marché, selon le principe du *parallélisme des formes* ».

À titre de comparaison, en France, en cas de redressement judiciaire, le Code du commerce « donne à l'administrateur de l'entreprise un droit d'option ; c'est lui qui choisit de continuer ou non les contrats en cours. Si l'administrateur renonce à l'exécution, il y a résiliation ''de plein droit'', résiliation dont l'administration doit cependant demander la constatation au juge-commissaire »[969].

SECTION III. L'INTERVENTION D'ACTEURS MULTIPLES DANS L'EXÉCUTION DU MARCHÉ

L'exécution d'un marché public fait souvent intervenir de multiples acteurs, que ce soit au niveau de l'exécution technique ou au niveau de l'exécution financière du marché. Il s'agit des cotraitants (§1) et des sous-traitants (§2) dans le premier niveau, de l'agent comptable (§3) dans le second niveau. « Constituant deux modes de partenariat provisoires, la cotraitance et la sous-traitance reposent sur l'idée d'une mutualisation des moyens et des compétences des entreprises dans le cadre de l'exécution des marchés publics. En ce sens, ils facilitent l'accès à la commande publique de ces dernières, notamment des PME. Alors que la cotraitance offre aux entreprises membres du groupement une entrée directe sur la commande publique, le sous-traitant ne bénéficie que d'une voie d'accès indirecte. »[970]

---

[969] RICHER, L., *op. cit.*, p. 260.

[970] SAMBE, M., « La sous-traitance et la cotraitance pour mutualiser les moyens et compétences dans l'exécution des marchés publics », *Revue des marchés publics* n° 18, 2014, p. 36.

§1. La cotraitance du marché

La *cotraitance* désigne la situation dans laquelle la personne publique est liée par contrat avec plusieurs prestataires, dits « cotitulaires » ou « cotraitants »[971]. Il s'agit d'un procédé par lequel les entreprises s'organisent en un *groupement d'entreprises*, dépourvu de la personnalité morale, pour présenter une *offre unique* et confier l'exécution de tout ou partie du marché public au groupement constitué, sous réserve du respect des règles relatives à la liberté des prix et à la concurrence[972]. Les responsabilités des entreprises cotraitantes dans l'exécution du marché public remporté par le groupement d'entreprises ne sont pas les mêmes selon que le groupement est solidaire ou conjoint.

Dans le cadre d'un *groupement solidaire*, chacune des entreprises membres est tenue d'exécuter la totalité des prestations prévues et de réparer les préjudices éventuels subis par l'autorité contractante en cas de faute commise par toute entreprise membre dans l'exécution du marché (CE 29 septembre 2010, *Région Aquitaine*). « Il s'agit d'une solidarité parfaite née de ce marché dont l'effet principal est que la personne publique peut demander à l'un quelconque des codébiteurs solidaires l'exécution de la totalité de l'obligation du groupement. Et si les entreprises se sont réparties, par une convention passée entre elles, les tâches à effectuer, cet accord n'est pas opposable au pouvoir adjudicateur. »[973] Ainsi, en cas d'inexécution ou de mauvaise exécution du marché par une entreprise membre, l'autorité contractante peut procéder à la substitution d'une autre entreprise membre à l'entreprise membre défaillante (CE 3 mai 1961, *Entreprise Thomas Kotland*). On dit alors que les entreprises membres d'un groupement solidaire assument une *responsabilité solidaire*.

Par contre, dans le cadre d'un *groupement conjoint*, les entreprises membres qui ont des compétences complémentaires exécutent la ou les prestations susceptibles de leur être attribuées dans le marché public, que celui-ci soit divisé ou non en lots. Les entreprises membres du groupement assument une *responsabilité conjointe*. En effet, chaque entreprise membre est responsable de la partie du marché public qu'elle exécute selon l'acte d'engagement qui précise le montant et la répartition des prestations entre les entreprises membres du groupement

---

971 BRACONNIER, S., *op. cit.* p. 236.
972 Article 47 du CMP.
973 CHABANOL, D., JOUGUELET, J.-P., BOURRACHOT, F., *op. cit.*, p. 199.

conjoint. En revanche, une entreprise membre n'est pas responsable de l'inexécution ou de la mauvaise exécution des prestations d'une autre entreprise membre.

Toutefois, il existe un rapprochement entre le groupement solidaire et le groupement conjoint. En effet, sauf dispositions contraires, pour les marchés uniques réalisés conjointement par plusieurs fournisseurs, prestataires de services ou entrepreneurs, les règlements de marchés sont effectués auprès de la personne désignée comme *mandataire* pour représenter le cotraitant vis-à-vis de l'autorité contractante[974]. Mais lorsque le marché public le prévoit expressément, le règlement des fournitures livrées ou des travaux ou services exécutés peut être effectué pour le compte du cotraitant désigné par le contrat[975]. De même, chaque cotraitant peut donner en *nantissement* tout ou partie de sa créance sur l'autorité contractante à concurrence des sommes qui lui reviennent au titre de l'exécution du marché public et tel qu'il est stipulé dans les documents contractuels[976].

§2. La sous-traitance du marché

La *sous-traitance* est l'opération par laquelle l'entreprise titulaire d'un marché public confie, par un « sous-traité » sous sa responsabilité, à une autre entreprise appelée « sous-traitant », l'exécution d'une partie du marché qu'elle ne peut ou qu'elle ne veut pas assurer elle-même. Le contrat de sous-traitance ou *sous-traité* est un contrat de droit privé[977] liant le titulaire au sous-traitant, l'autorité contractante n'est pas concernée même si son accord préalable est requis. C'est un *contrat d'entreprise*[978] qui vient « se greffer » au marché public, sans lequel il n'existerait pas. Son objet est d'ailleurs déterminé par l'objet du marché public.

La sous-traitance d'un marché public est généralement prévue pour promouvoir l'accès des PME aux marchés publics et l'emploi de

[974] Article 112 du CMP.

[975] *Ibid.*

[976] Article 113 du CMP.

[977] La jurisprudence administrative a qualifié les contrats conclus par un entrepreneur de travaux publics avec ses sous-traitants de contrats de droit privé (CE 21 juillet 1970, *Lachaud* ; CE 24 mai 1974, *Société Paul Millet*).

[978] Le *contrat d'entreprise* est le contrat « par lequel une personne, qui n'a ni la qualité de salarié subordonné, ni celle de mandataire, s'oblige à accomplir une tâche au profit d'une autre personne » (RICHER, L., *op. cit.*, p. 525).

certaines couches de la population défavorisées. Elle touche tous les secteurs de l'économie, plus particulièrement le domaine de la construction[979]. L'intérêt de la sous-traitance se situe aussi dans la possibilité pour un soumissionnaire de s'appuyer sur un sous-traitant pour justifier les *critères de qualification.* En effet, dans son avis n° 002/14/ARMP/CRD du 19 février 2014, le CRD statuant en Commission Litiges sur la demande de la société SARRE-CONS relative à l'interprétation du critère « disposer d'un service après-vente et d'un magasin de pièces de rechange » dans les marchés publics d'acquisition de véhicules avait déclaré que « la sous-traitance permet aux soumissionnaires d'externaliser certaines tâches et de concentrer leurs moyens sur les activités qu'ils jugent stratégiques et peut constituer, en conséquence, une opportunité pour certaines entreprises ; Qu'en outre, pour promouvoir les petites et moyennes entreprises et faciliter leur accès aux marchés publics, il y a lieu d'admettre qu'elles puissent faire état des capacités d'autres entités, notamment des sous-traitants, pour justifier les critères de qualification, à condition de prouver qu'elles ont effectivement à leur disposition, les moyens de ces entités nécessaires à l'exécution du marché ; Que c'est dans l'ordre d'idées qu'il est accepté que des candidats ne disposant pas de moyens matériels puissent produire des contrats de location pour justifier leur capacité technique à exécuter le marché ; Qu'en considération des éléments ci-dessus exposés, *un candidat peut bien, dans un marché de fournitures de véhicules, justifier sa qualification en s'appuyant sur un sous-traitant afin de remplir l'exigence d'un service après-vente et d'un magasin de pièces de rechange* ». Cela dit, le Code des marchés publics autorise la sous-traitance du marché public par le titulaire sous conditions (A) qu'il convient d'examiner avant d'indiquer les effets de la sous-traitance (B).

A. Les conditions de la sous-traitance

Par dérogation à la règle de l'exécution personnelle du contrat, le titulaire peut sous-traiter l'exécution du marché public à condition d'avoir obtenu *l'accord préalable* de l'autorité contractante[980]. Le recours à la sous-traitance sans acceptation préalable de l'autorité contractante expose le titulaire du marché public à des sanctions

---

[979] SAMBE, M., *op. cit.*, p. 36.

[980] Article 65 du COA.

pouvant aller jusqu'à une résiliation du marché public, soit simple, soit aux frais et risques du titulaire du marché[981]. L'acceptation des sous-traitants et, le cas échéant, l'agrément des conditions de paiement de chaque sous-traitant doivent être demandés, au moment de l'offre ou de la soumission, par le candidat au marché public ou après la conclusion du marché public, par le titulaire du marché et non par le sous-traitant[982]. Le titulaire du marché public doit, en plus, communiquer le ou les contrats de sous-traitance à l'autorité contractante en cas de demande. « Il est parfois possible que le sous-traitant fasse appel à d'autres entreprises pour l'exécution de ses prestations, ces dernières sont appelées sous-traitants de second rang et seront soumises à l'acceptation de l'autorité contractante. »[983]

L'acceptation des sous-traitants et l'agrément des conditions de paiement des sous-traitants ne poursuivent pas le même objectif. L'*acceptation* des sous-traitants « a pour vocation de protéger les intérêts de l'AC en lui permettant de connaître le sous-traitant auquel le titulaire envisage de confier une partie de l'exécution du marché et de le refuser, le cas échéant, si son intervention est de nature à nuire à une bonne exécution du marché. Elle a aussi l'occasion de vérifier que les prestations que le titulaire envisage de sous-traiter peuvent effectivement faire l'objet d'un contrat de sous-traitance »[984], tandis que l'*agrément* des conditions de paiement des sous-traitants « répond à un souci de protection des sous-traitants. Il constitue un moyen pour l'AC de constater si les rapports entre sous-traitants et titulaire sont équilibrés. Cet agrément ne doit pas conduire l'AC à s'immiscer dans les relations de droit privé entre le titulaire et le sous-traitant. Sa vocation première est de permettre à l'Autorité contractante de s'assurer qu'il n'existe pas d'écart manifestement injuste entre ses conditions et celles figurant dans le contrat de sous-traitance »[985]. Le titulaire du marché public a le libre choix de présenter la demande de sous-traitance « au moment de l'offre, de la proposition ou après la conclusion du marché. En tout état de cause, l'acceptation du Sous-traitant et l'agrément de ses conditions de paiement doivent être prononcés avant

---

[981] SAMBE, M., *op. cit.*, p. 39.
[982] Article 49 du CMP.
[983] SAMBE, M., *op. cit.*, p. 38.
[984] *Ibid.*
[985] *Ibid.*

l'exécution des travaux rémunérés par le paiement »[986]. Dans le cas où la demande de sous-traitance intervient *au moment de l'offre ou de la soumission*, le candidat doit, dans ladite offre, fournir à l'autorité contractante une *déclaration* mentionnant : la nature des prestations dont la sous-traitance est prévue ; le nom, la raison ou la dénomination sociale, l'adresse et les références techniques du sous-traitant proposé ; le montant prévisionnel des sommes à payer directement au sous-traitant ; les modalités de règlement de ces sommes ; les conditions de paiement prévues par le projet de contrat de sous-traitance et, le cas échéant, celles de révision des prix[987].

Dans le cas où la demande de sous-traitance est présentée *après la conclusion du marché*, le titulaire de celui-ci soit la remet contre récépissé à l'autorité contractante, soit lui adresse par lettre recommandée avec demande d'avis de réception une *déclaration spéciale* contenant les renseignements susmentionnés aux fins de recueillir son accord[988].

Toutefois, la sous-traitance totale d'un marché public est interdite[989]. Le titulaire du marché de travaux ou d'un marché de services (la sous-traitance d'un marché de fournitures n'est pas prévue) ne peut que sous-traiter *l'exécution de certaines parties du marché* jusqu'à concurrence de 40 % de son montant, en recourant *en priorité* à des PME de droit sénégalais ou à des PME communautaires[990]. Dans le cas d'un marché public d'une collectivité territoriale ou de l'un de ses établissements publics, le candidat au marché public qui aura prévu de sous-traiter au moins 30 % de la valeur globale du marché à une *entreprise locale* pourra bénéficier d'une marge de préférence qui ne pourra être supérieure à 5 %, cumulable avec les préférences nationale et communautaire[991]. Dans le cadre d'un appel d'offres national, le candidat au marché public qui accepte de sous-traiter au moins 30 % des prestations objet du contrat à une ou plusieurs *startup* labellisées ou qui présente une offre en groupement avec une ou plusieurs startup peut bénéficier d'une marge de préférence de 5 %, cumulable avec les

---

[986] *Guide d'application du décret n° 2014-1212 du 22 septembre 2014 portant Code des marchés publics*, *op. cit.*, p. 118.

[987] Article 49 du CMP.

[988] *Ibid.*

[989] MICHON, J., *op. cit.*, p. 224.

[990] Article 48 du CMP.

[991] *Ibid.*

préférences nationale et communautaire[992]. Enfin, « afin de permettre à l'Autorité contractante d'avoir une lecture claire de l'exécution du marché, il est fait obligation au Titulaire du marché de préciser la répartition des prestations entre lui et chaque Sous-traitant »[993].

B. Les effets de la sous-traitance

La sous-traitance d'un marché public fait naître des obligations à la charge (1) et des droits au profit du sous-traitant (2).

1. Les obligations du sous-traitant

La sous-traitance ne modifie pas la relation contractuelle entre le titulaire du marché public et l'autorité contractante, d'autant qu'il n'existe pas, en principe, d'engagement direct entre le sous-traitant et l'autorité contractante. À l'égard de l'autorité contractante, le titulaire reste pleinement responsable de l'exécution du marché public auquel il a souscrit : « il est responsable de l'ensemble des prestations exécutées au titre du marché, par lui-même et par les Sous-traitants. Par conséquent, en cas de défaillance des sous-traitants, l'Autorité contractante tiendra le Titulaire du marché pour seul responsable »[994]. En conséquence, le titulaire répond des actes, défaillances et négligences du sous-traitant, de ses représentants, employés ou ouvriers (CE 6 mars 1987, *OPHLM de Chatillon-sous-Bagneux*), mais il ne peut se prévaloir des fautes du sous-traitant (CE 22 mai 1974, *Société Paul Millet*).

À l'égard du titulaire du marché public, le sous-traitant a l'obligation d'exécuter la partie du marché public prévue au contrat de sous-traitance, sous peine de voir sa responsabilité engagée. L'action en responsabilité, exercée par le titulaire du marché contre le sous-traitant, est du ressort du juge judiciaire, pourvu que le titulaire du marché soit une personne privée (CE 15 décembre 1971, *Sieur Commoy*). En revanche, l'autorité contractante garde son pouvoir de

[992] *Ibid.*

[993] *Guide d'application du décret n° 2014-1212 du 22 septembre 2014 portant Code des marchés publics, op. cit.*, p. 118.

[994] *Guide d'application du décret n° 2014-1212 du 22 septembre 2014 portant Code des marchés publics, op. cit.*, p. 118.

contrôle de l'exécution de la partie du marché public par le sous-traitant (CE 9 juin 2017, *Société Keller Fondations spéciales*).

2. Les droits du sous-traitant

D'abord, le sous-traitant peut obtenir directement de l'autorité contractante, avec accord du titulaire du marché, le règlement des travaux, fournitures ou services dont il a assuré l'exécution et qui n'ont pas déjà donné lieu à paiement au profit du titulaire du marché[995]. Cependant, le *droit au paiement direct* du sous-traitant est subordonné à trois (3) conditions :

- le sous-traitant doit être agréé par l'autorité contractante par une disposition expresse insérée soit dans le marché, soit dans un avenant ; il est tenu de souscrire une assurance garantissant sa responsabilité à l'égard des tiers ;
- le marché ou l'avenant doit indiquer, d'une manière précise, la nature et la valeur des travaux, fournitures ou services à exécuter par le titulaire et par chacun des sous-traitants nommément désignés ;
- le titulaire du marché doit revêtir de son acceptation les attachements ou procès-verbaux administratifs produits en sus des titres de paiement émis en règlement des travaux, fournitures ou services exécutés par le sous-traitant comme s'ils l'étaient par lui-même[996].

Le sous-traitant n'étant pas partie au marché public, la question s'est posée de savoir si le sous-traitant admis au paiement direct a le droit de réclamer une *indemnité pour travaux supplémentaires* dans l'exécution du marché. D'après la jurisprudence administrative, « le sous-traitant bénéficiaire du paiement direct des prestations sous-traitées a également droit à ce paiement direct pour les travaux supplémentaires qu'il a exécutés et qui ont été indispensables à la réalisation de l'ouvrage ainsi que pour les dépenses résultant pour lui de sujétions imprévues qui ont bouleversé l'économie générale du marché, dans les mêmes conditions que pour les travaux dont la sous-traitance a été expressément mentionnée dans le marché ou dans l'acte spécial signé par l'entrepreneur principal et par le maître de l'ouvrage » (CE 24 juin 2002, *Département de la Seine-Maritime* ; CE 3 mars 2010, *Société Presspali SPA*). Ce faisant, la jurisprudence donne au sous-traitant

---

[995] Article 110 du CMP.
[996] *Ibid.*

admis au paiement direct sa part de l'équilibre financier du marché public sans être partie à ce dernier. « Dès lors et mécaniquement, les théories spécifiques aux marchés publics de sujétions imprévues, imprévision et fait du prince, s'avèrent applicables au sous-traitant admis au paiement direct. »[997]

Toutefois, le paiement direct au sous-traitant ne peut être effectué en cours d'exécution du marché public lorsque le marché a déjà été remis en *nantissement* par son titulaire[998]. Le paiement direct au sous-traitant est également impossible en cas de *sous-traitance « occulte »* (CE 28 décembre 1988, *SA Prométal*), c'est-à-dire de sous-traitance non déclarée. La sous-traitance occulte viole l'obligation d'exécution personnelle du contrat et l'interdiction de la sous-traitance de l'exécution du contrat sans autorisation préalable prévues par le COA[999], et met le sous-traitant dans des difficultés pour se faire payer du fait de l'absence d'agrément de l'autorité contractante. D'après la jurisprudence, le sous-traitant « occulte » victime de la défaillance du titulaire du marché peut seulement mettre en cause la responsabilité extracontractuelle du maître d'ouvrage en invoquant sa connaissance de son intervention et son absence d'opposition à cette intervention (CE 7 novembre 1980, *SA Schmidt Valenciennes*).

Ensuite, le sous-traitant accepté et agréé peut céder ou nantir, à concurrence du montant des prestations qui doivent lui être réglées directement, tout ou partie de sa créance[1000]. À cet effet, après accord écrit du titulaire, un exemplaire spécial du marché public et, le cas échéant, de l'avenant prévoyant le bénéfice du paiement direct, doivent être remis au titulaire du marché et à chaque sous-traitant[1001].

---

[997] CARO, J.-E., « La réclamation pour travaux supplémentaires et sujétions imprévues du sous-traitant des marchés publics », *Gazette du Palais*, 2011, p. 24.

[998] Article 110 du CMP.

[999] « Sauf autorisation préalable de l'Administration contractante, les cessions et sous-traités sont prohibés. » (article 65 du COA.)

[1000] Article 111 du CMP.

[1001] *Ibid.*

§3. L'intervention du comptable public dans l'exécution du marché

L'exécution financière du marché public incombe à deux agents publics : l'ordonnateur et le comptable public. L'*ordonnateur*, qui est en général la personne responsable du marché, s'occupe du *mandatement* qui consiste à donner l'ordre au comptable public de payer la somme due au titre du marché, à travers l'émission d'un titre de paiement appelé *mandat de paiement* appuyé d'un bordereau d'émission et des pièces justificatives de la dépense publique. Cette opération d'*ordonnancement* n'intervient qu'après l'*engagement* de la dépense dans la limite des crédits budgétaires correctement affectés et imputés, et la *liquidation* de la dépense, consistant, pour le même ordonnateur, à arrêter le montant de la dépense et à attester le service fait. La liquidation, qui ne peut être faite qu'au vu des titres et pièces établissant la preuve des droits acquis du créancier, comporte donc deux opérations distinctes :

- ✓ la constatation du *service fait*, qui a pour objet de vérifier que la dette de la personne publique contractante, consécutive à l'engagement, est effectivement née à la suite de l'accomplissement régulier de la commande ou du service par le fournisseur ou prestataire. Le contrôleur budgétaire examine toutes les pièces justificatives de la dépense publique : facture détaillée, bordereau de livraison, attestation de réception provisoire pour les grands travaux (routes, immeubles, etc.), constatation de fin de travaux, etc. La formule « *Vu, vérifié et liquidé la présente facture s'élevant à la somme de…* » est apposée par le bénéficiaire de la dépense publique au dos de la facture[1002] ;
- ✓ la liquidation proprement dite, qui « consiste, au vu des pièces justificatives, à déterminer de façon précise par calcul, les droits du créancier, à savoir le montant exact de la dette. C'est à partir de ce moment seulement que l'ordonnancement peut être fait »[1003].

Avant de signer le mandat de paiement, l'ordonnateur s'assure de la production de toutes les pièces justificatives de la dépense devant l'accompagner : avis d'appel à la concurrence, documents indiquant les entreprises ou personnes consultées, procès-verbal d'ouverture des plis, rapport d'évaluation des offres, procès-verbal d'attribution du marché,

---

[1002] FALL, M., TOURÉ, I., *op. cit.*, p. 242.
[1003] *Ibid.*

notifications aux candidats non retenus, lettre de notification d'attribution provisoire du marché, avis d'attribution provisoire du marché publié, avis d'attribution définitive publié, attestation d'existence de crédits (avec indication de l'imputation budgétaire de la dépense), pièces constitutives du marché public signé (acte d'engagement, lettre de notification d'attribution, soumission, cahier des clauses administratives particulières, cahier des clauses administratives générales, cahier des clauses techniques, plans et dessins, bordereau des prix et détail quantitatif et estimatif, tous autres documents mentionnés à l'article 1.04.1 du cahier des clauses administratives générales ou du cahier des clauses administratives particulières), approbation du marché, immatriculation du marché (par la DCMP), notification du marché marquant le départ des délais d'exécution du marché, quittance délivrée par la Direction générale des Impôts et Domaines, factures *pro forma* de l'entreprise, facture définitive liquidée et certifiée par l'ordonnateur, procès-verbal de réception (des prestations), toute autre pièce justificative de la dépense pertinente. Après signature de l'ordonnateur, le mandat de paiement accompagné des pièces justificatives de la dépense est envoyé au comptable public. En effet, les « mandats de paiement sont assignés sur la caisse d'un comptable public précis qui est le *comptable assignataire de la dépense*. C'est à ce dernier que sont transmis :

- le mandat de paiement ;
- la facture en deux exemplaires ;
- le bordereau de livraison ou procès-verbal de réception, selon les montants ;
- l'original du bon de commande ou l'acte d'engagement »[1004].

Une fois qu'il a reçu le mandat de paiement accompagné des pièces justificatives de la dépense publique et d'autres documents pertinents, le *comptable public* s'occupe du *paiement,* c'est-à-dire de la libération de la somme due au titre du marché public exécuté. Cet agent nommé par arrêté du ministre chargé des Finances est certes placé sous l'autorité de l'ordonnateur, mais il fonctionne de manière assez autonome sans être un « électron » totalement libre dans la structure administrative d'affectation ou d'intervention. En effet, avant de verser au titulaire du marché les sommes dues au titre de l'exécution du marché public, l'agent comptable vérifie, en plus des pièces

[1004] FALL, M., TOURÉ, I., *op. cit.*, p. 244.

justificatives de la dépense l'accompagnant, la régularité du mandat de l'ordonnateur. L'examen des pièces justificatives de la dépense l'amène à s'assurer du respect, par l'autorité contractante, des règles applicables aux marchés publics.

Le contrôle porte, en premier lieu, sur la régularité de la préparation du marché. Ici, le comptable vérifie par exemple si le marché dont le paiement est requis figurait dans un plan de passation des marchés publics et un avis général de passation des marchés régulièrement publiés, la présence d'une attestation d'existence de crédits suffisants et des autorisations préalables (autorisation de conclusion du marché, visas d'engagement couvrant le marché), etc.

Le contrôle porte, en deuxième lieu, sur la régularité de la procédure de passation du marché : publication d'un avis d'appel à concurrence, choix de la procédure de passation de marché applicable (appel d'offres ouvert ou restreint, DRP, entente directe…), procès-verbal d'attribution provisoire du marché, avis ou autorisation préalable de la DCMP, contrat, approbation, immatriculation et notification du marché, publication de l'avis d'attribution définitive du marché, etc. Le contrôle porte, en troisième lieu, sur le service fait, c'est-à-dire l'exécution du marché public attestée par un procès-verbal de réception des prestations dûment signé par les membres de la commission de réception de l'autorité contractante.

Le contrôle du comptable public porte, en quatrième lieu, sur la qualité de l'ordonnateur, la validité et le caractère libératoire de la créance, l'exactitude de la liquidation et de l'imputation de la dépense, l'existence de créance cédée ou nantie, l'application de pénalités de retard en cas de dépassement du délai d'exécution du marché, l'acceptation et l'agrément de sous-traitants ayant droit au paiement direct, la disponibilité des crédits, l'enregistrement du marché public au Service des impôts, ainsi que la domiciliation bancaire du titulaire du marché public.

Si toutes ces *vérifications sur pièces* sont concluantes, l'agent comptable doit effectuer le paiement de la somme due au titre du marché public. En revanche, il est tenu de refuser le visa de la dépense lorsqu'il constate des irrégularités à l'issue du contrôle. Dans ce dernier cas, il a l'obligation d'adresser à l'ordonnateur une déclaration écrite et motivée de son refus de paiement, accompagnée des pièces rejetées. En cas de désaccord persistant des deux agents publics, l'ordonnateur peut réquisitionner l'agent comptable. La réquisition entraîne substitution de la responsabilité personnelle et pécuniaire de l'ordonnateur à celle du comptable public. Le paiement de la somme due au titre du marché public, ainsi que des 18 % de TVA, est effectué par le comptable public soit par remise de chèque sur le Trésor, soit par virement bancaire lorsque le montant dépasse 100 000 FCFA (par remise d'espèces pour tout montant ne dépassant pas 100 000 FCFA au niveau des guichets ou de la caisse où un acquit libératoire est requis), à charge pour le Trésor public de créditer du même montant le compte bancaire du titulaire du marché. Au niveau du Trésor public, « les titres de paiement et de règlement de la dépense sont pris en charge par le comptable après avoir exercé les contrôles suivants :

- la qualité de l'ordonnateur émetteur ;
- la validité et l'exigibilité de la créance ;
- la certification du service fait ;
- les visas du contrôleur financier et de l'ordonnateur ;
- l'existence des oppositions au paiement ;
- le caractère libératoire du règlement.

À l'issue du contrôle, le comptable appose son visa ''*VU BON A PAYER*'' sur le mandat : c'est le paiement juridique, et dès lors, la comptabilisation de la dépense est effectuée. Suivant la disponibilité de la trésorerie, le décaissement est effectué »[1005].

SECTION IV. LA RÉCEPTION DES PRESTATIONS

En comptabilité des matières, la *réception* consiste à constater une opération d'entrée des matières, en unité simple ou unité collective, donnant lieu à l'établissement d'un bon d'entrée[1006]. La *réception des prestations* au titre d'un marché public est l'acte unilatéral par lequel l'autorité contractante déclare accepter, avec ou sans réserve, les prestations exécutées par le titulaire du marché. On sait que la tentation

---

1005 FALL, M., TOURÉ, I., *op. cit.*, p. 245.

1006 Les *opérations d'entrée de matières* ont lieu en cas de nouvelle acquisition de biens donnant lieu à l'établissement d'un bordereau de livraison ou d'un procès-verbal de réception, de réception de dons et legs, de réception de matières transférées ou de régularisation des excédents de matières, suite à un inventaire physique. En cas de nouvelle acquisition de biens, les pièces justificatives de l'opération d'entrée sont : la *facture définitive* du fournisseur du bien, le *bordereau de livraison* établi par le fournisseur, le *PV de réception* si le montant est supérieur à 600 000 FCFA, le *bon d'entrée* matérialisant la prise en charge des matières.

est forte, au sein des administrations confrontées à l'urgence, de réceptionner des biens non complètement livrés ou de prendre possession des bâtiments antérieurement à la réception, voire à l'achèvement des travaux (pour une inauguration alors que les aménagements nécessaires ne sont pas terminés). La réception étant l'acte de constatation de l'exécution des prestations, y procéder alors que le titulaire du marché ne s'est pas complètement libéré de ses obligations est contraire à la règlementation des marchés publics, et même passible de poursuites pénales, notamment pour faux et usage de faux[1007]. Cette règlementation prévoit bien des règles, de forme et de fond, applicables à la réception des prestations au titre des marchés publics. Il convient de distinguer le régime général de réception des prestations (§1) du régime particulier de réception des travaux (§2).

§1. Le régime général de la réception des prestations

La réception des prestations est assurée, au sein de chaque autorité contractante, par une *commission de réception*, distincte et indépendante de la commission des marchés et de la cellule de passation des marchés. La commission de réception est chargée de constater que les quantités, caractéristiques et qualités des matières livrées sont conformes à celles des matières commandées. Elle peut à cet effet faire procéder à toutes expériences ou analyses qu'elle juge indispensables. La commission de réception est nommée pour une période d'un (1) an ou pour une période indéterminée. Elle peut s'adjoindre toute autre personne dont la compétence est requise en fonction de la nature des matières à réceptionner. Elle se réunit sur convocation de son président, qui avise de la date, de l'heure et du lieu de la réunion, selon le cas, le contrôleur budgétaire, le contrôleur régional des finances et également les fournisseurs[1008].

Pour l'État, la commission de réception est composée de trois (3) membres au moins, dont le comptable des matières et l'ordonnateur des matières ou son représentant. Peut assister aux opérations de réception le représentant du service chargé du contrôle budgétaire. Pour les

[1007] LINDITCH, F., *op. cit.*, p. 86.

[1008] Instruction n° 0001 du 26 mai 2023 du ministre des Finances et du Budget fixant les modalités d'application du décret n° 2018-842 du 9 mai 2018 relatif à la comptabilité des matières.

collectivités territoriales, établissements publics nationaux et locaux, agences et tout autre organisme soumis aux règles de la comptabilité publique, la commission de réception est également composée de trois (3) membres au moins, dont le comptable des matières et l'ordonnateur des matières ou son représentant[1009].

Pour les matières d'un montant inférieur ou égal à 600 000 FCFA, la réception est effectuée par le comptable des matières et un agent désigné, à cet effet, par l'ordonnateur des matières, au vu du bordereau de livraison établi par le fournisseur. Le *bordereau de livraison*, revêtu de la signature du comptable des matières et de l'agent dûment mandaté par l'ordonnateur, tient lieu de procès-verbal de réception. Les pièces justificatives relatives à cette opération sont : la facture définitive dûment établie par le fournisseur et le bordereau de livraison[1010].

Pour les matières d'une valeur supérieure à 600 000 FCFA, la réception est effectuée par une commission de réception composée au moins de trois (3) membres désignés par l'ordonnateur des matières. L'ordonnateur des matières et le comptable des matières font partie des membres de la commission de réception. Un représentant du service chargé du contrôle budgétaire peut assister aux opérations de réception, comme il peut se faire représenter. La réception des matières donne lieu à l'établissement d'un procès-verbal signé par les membres présents de la commission de réception, et qui est joint à toute liquidation de facture correspondante. Le *procès-verbal de réception* est préparé au préalable par les soins du comptable des matières sur la base des factures et autres pièces justificatives, et présenté à la commission de réception en même temps que les matières à réceptionner. Celle-ci constate que les quantités, caractéristiques et qualités des matières livrées sont conformes à celles des matières commandées. Parmi les pièces justificatives relatives à cette opération de réception figurent : la facture définitive dûment établie par le fournisseur, le bordereau de livraison et le procès-verbal de réception. Pour les marchés de l'État, le procès-verbal de réception doit être visé par le directeur du Contrôle budgétaire ou par le contrôleur budgétaire ministériel au niveau central, et par le contrôleur régional des Finances au niveau déconcentré[1011].

[1009] *Ibid.*

[1010] *Ibid.*

[1011] Instruction n° 0001 du 26 mai 2023 du ministre des Finances et du Budget fixant les modalités d'application du décret n° 2018-842 du 09 mai 2018 relatif à la comptabilité des matières.

La réception des prestations réalisées par le titulaire constitue l'étape ultime de l'exécution du marché public. Elle a pour effet non seulement d'emporter transfert de propriété des prestations et des risques et charges liés à l'autorité contractante (CE 14 mai 2008, *Société COFRATECH Services*), mais aussi d'ouvrir la voie au versement par l'autorité contractante du solde du marché au titulaire, sauf s'il existe des réserves qui font obstacle au décompte final.

Toutefois, lorsque la commission de réception « constate que les prestations fournies par le titulaire ne satisfont pas entièrement aux prescriptions du marché mais qu'elles peuvent être admises en l'état, l'autorité contractante peut proposer au titulaire une *réfaction* sur le prix global du marché ou sur les prix unitaires. En cas d'accord du titulaire du marché sur cette proposition de réfaction, une réception provisoire est effectuée constatant l'accord des parties sur la réfaction retenue ».[1012] La *réfaction* consiste en une « réduction sur le prix des marchandises au moment de la livraison, lorsqu'elles ne sont livrées dans les conditions convenues »[1013]. Elle permet à l'autorité contractante d'éviter de refuser la réception.

§2. Le régime particulier de réception des travaux

Le régime de la réception des prestations de travaux publics est plus contraignant que celui applicable aux autres prestations réalisées par le titulaire du marché. Ici, il est *obligatoirement* organisé une réception provisoire (A) avant une réception définitive (B).

A. La réception provisoire

La *réception provisoire* des ouvrages « a pour but le contrôle et la conformité des travaux avec l'ensemble des obligations du Marché et, en particulier, avec les cahiers des clauses techniques. Si le cahier des clauses administratives particulières le prévoit, la réception peut être prononcée par tranche de travaux étant précisé que, dans ce cas, c'est la

[1012] Article 109 du CMP.
[1013] CORNU, G., *op. cit.*, p. 732.

réception de la dernière tranche qui tiendra lieu de réception provisoire de travaux »[1014].

En matière de marchés de travaux, « l'entrepreneur se voit reconnaître un *droit à réception.* Il peut mettre en demeure le maître d'ouvrage public de procéder à la réception et si ce dernier refuse, il peut saisir le juge afin de lui faire constater que les travaux ou l'ouvrage réalisés sont en état d'être réceptionnés » (cf. en ce sens CE, 19 novembre 1971, Société nationale de construction c/OPHLM de la Ville du Havre)[1015]. En outre, le fait pour une personne publique contractante de différer indéfiniment la réception est une faute de nature à engager sa responsabilité (CE 23 février 1983, *Ministre de l'Éducation c/Société SMAC Aciéroïd*). Le juge du contrat saisi par le titulaire du marché peut, dans ce cas, prononcer la réception des travaux (CE 17 octobre 1986, *Commune de Mareuil-sur-Arnon*)[1016].

La réception provisoire des ouvrages est effectuée à travers une *procédure contradictoire* organisée par le CCAG pour les marchés de travaux. L'entrepreneur avise à la fois le maître d'ouvrage et le maître d'œuvre ou l'ingénieur, par écrit, de la date à laquelle il estime que les travaux ont été achevés ou qu'ils le seront. Le maître d'œuvre procède, en présence de l'entrepreneur convoqué, aux opérations préalables[1017] à la réception provisoire des ouvrages réalisés dans un délai qui, sauf dispositions contraires du cahier des clauses administratives particulières (CCAP), est de vingt (20) jours à compter de la date de réception de l'avis mentionné ci-dessus ou de la date indiquée dans cet avis pour l'achèvement des travaux si cette dernière date est postérieure. Un *procès-verbal de réception* est dressé par le maître d'œuvre et signé sur-le-champ par le maître d'œuvre et l'entrepreneur (si l'entrepreneur refuse de signer, mention est faite dans le procès-verbal), au vu duquel le maître d'ouvrage décide si la *réception provisoire* est ou non

---

[1014] *Cahier des clauses administratives générales pour les marchés de travaux* (grande taille).

[1015] LAJOYE, C., *op. cit.*, p. 190.

[1016] Jurisprudences citées par LAJOYE, C., *op. cit.*, p. 190.

[1017] Les *opérations préalables* à la réception provisoire comportent : la reconnaissance des ouvrages exécutés, les épreuves éventuellement prévues par le cahier des clauses administratives particulières (CCAP), la constatation éventuelle de l'inexécution des prestations prévues au marché, la constatation éventuelle d'imperfections ou malfaçons, la constatation du repliement des installations de chantier ou de la remise en état des terrains et des lieux, sauf stipulation contraire, les constatations relatives à l'achèvement des travaux.

prononcée ou si elle est prononcée avec réserves. Si le maître d'ouvrage prononce la réception provisoire, il fixe la date qu'il retient pour l'achèvement des travaux. En cas d'absence de l'entrepreneur aux opérations préalables de réception, mention est faite dans le procès-verbal qui lui est alors notifié. La réception, si elle est prononcée ou réputée prononcée, prend effet à la date fixée pour l'achèvement des travaux.

Cependant, lorsque la réception provisoire des ouvrages est assortie de *réserves* de la part de la commission de réception, l'entrepreneur doit remédier aux imperfections et malfaçons correspondantes dans un délai fixé dans le procès-verbal de réception ou, en l'absence d'un tel délai, trois (3) mois avant la réception définitive. Au cas où ces travaux ne seraient pas faits dans ce délai prescrit, le maître d'ouvrage peut les faire exécuter aux frais et risques de l'entrepreneur.

Du point de vue de ses effets juridiques, la réception provisoire des ouvrages entraîne transfert de la propriété et des risques au profit du maître d'ouvrage et constitue le point de départ de *l'obligation de garantie contractuelle*. À propos, un *délai de garantie* peut être prévu par le marché public ; il est de douze (12) mois calendaires à compter de la date d'effet de la réception provisoire des travaux objet du marché. L'entrepreneur est tenu, durant cette période, à une « *obligation de parfait achèvement* » en vertu de laquelle le titulaire du marché doit remédier à tous les désordres signalés par le maître d'ouvrage ou l'ingénieur, procéder, le cas échéant, aux travaux confortatifs ou modificatifs nécessaires, et remettre au maître d'ouvrage les plans des ouvrages conformes à l'exécution. Les *travaux complémentaires* prescrits par le maître d'ouvrage ou l'ingénieur ne sont à la charge de l'entrepreneur que si la cause des déficiences lui est imputable. L'obligation de parfait achèvement ne s'étend pas aux *travaux nécessaires* pour remédier aux effets de l'usage ou de l'usure normale, la propreté et l'entretien courant incombant au maître d'ouvrage.

À l'issue de la réception provisoire des ouvrages, l'entrepreneur est tenu de débarrasser et de retirer tous ses équipements, fournitures, matériels et matériaux excédentaires, ainsi que tous détritus et ouvrages provisoires de toute nature et laisser le site et les ouvrages propres et en bon état de fonctionnement.

B. La réception définitive

La réception définitive des ouvrages publics est prononcée un (1) an après la date du procès-verbal de réception provisoire, sauf disposition contraire du cahier des clauses administratives particulières (CCAP). Dans cette période, l'entrepreneur est tenu à *l'obligation de garantie contractuelle* tantôt rappelée. En outre, au plus tard dix (10) mois après la réception provisoire des ouvrages publics, le maître d'œuvre adressera à l'entrepreneur les listes détaillées de malfaçons relevées, à l'exception de celles résultant de l'usure normale, d'un abus d'usage ou de dommages causés par des tiers. L'entrepreneur dispose d'un délai de deux (2) mois pour y apporter remède dans les conditions du marché, puis retournera au maître d'œuvre les listes de malfaçons complétées par le détail des travaux effectués.

À l'issue de cette période de deux (2) mois, *procès-verbal de réception définitive* des travaux est dressé, après avoir vérifié que les travaux ont été correctement exécutés. Si l'entrepreneur ne remédie pas aux malfaçons dans les délais, la réception définitive ne sera prononcée qu'après la réalisation parfaite des travaux qui s'y rapportent. Dans le cas où ces travaux ne seraient toujours pas réalisés deux (2) mois après la fin de la période de garantie contractuelle, le maître d'ouvrage prononcera néanmoins la réception définitive des ouvrages à l'issue de cette période tout en faisant réaliser les travaux par toute entreprise de son choix aux frais et risques de l'entrepreneur. Dans ce cas, la garantie de bonne exécution demeurera en vigueur jusqu'au désintéressement complet du maître d'ouvrage par l'entrepreneur.

Du point de vue de ses effets juridiques, la réception définitive des travaux ne marque pas seulement la fin de l'exécution du marché public, elle libère les parties de leurs obligations[1018] en mettant fin aux relations contractuelles entre l'autorité contractante et l'entreprise concernant la réalisation de l'ouvrage, sauf en cas de dol (CE sect. 24 mai 1974, *Société Paul Millet*) ou de fraude, de réserves non levées. Elle interdit au maître d'ouvrage d'invoquer des désordres apparents causés à l'ouvrage ou des désordres causés aux tiers, dont il est réputé avoir renoncé à demander la réparation. La réception définitive *sans réserves* de l'ouvrage couvre les malfaçons et défauts de conformité et empêche l'autorité contractante d'appeler l'entreprise constructrice en

[1018] *Cahier des clauses administratives générales (CCAG) type pour les marchés de travaux* (grande taille).

garantie : elle « a pour effet de mettre fin, en ce qui concerne la réalisation de l'ouvrage, à l'ensemble des rapports contractuels entre le maître de l'ouvrage et les constructeurs ; que la fin des rapports contractuels entre le maître de l'ouvrage et les constructeurs fait, dès lors, obstacle à ce que, sauf clause contractuelle contraire, les constructeurs soient ultérieurement appelés en garantie par le maître d'ouvrage pour des dommages dont un tiers demande réparation à ce dernier, alors même que ces dommages n'étaient ni apparents ni connus à la date de la réception ; qu'il n'en irait autrement que dans le cas où la réception n'aurait été acquise à l'entrepreneur qu'à la suite de manœuvres frauduleuses ou dolosives de sa part » (CE 6 avril 2007, *Centre hospitalier général de Boulogne-sur-Mer*). D'où l'intérêt de faire une réception avec des réserves afin de se prémunir des vices cachés et de pouvoir invoquer la garantie.

En revanche, la réception définitive de l'ouvrage n'éteint pas les relations contractuelles entre l'autorité contractante et l'entreprise concernant les droits et obligations financiers nés de l'exécution du marché, à raison notamment des coûts élevés nés des retards ou des travaux supplémentaires, dont la détermination intervient définitivement lors de l'établissement du solde du décompte définitif. « Ces dommages ne sont pas relatifs à l'état de l'ouvrage achevé mais à divers préjudices financiers subis par lui à l'occasion des travaux » (CE 6 avril 2007, *Centre hospitalier général de Boulogne-sur-Mer*). Au total, « Quand les malfaçons sont substantielles, la personne publique doit refuser la réception. Si, au contraire, elles ne remettent pas en question la sécurité ou la bonne utilisation des ouvrages, la personne publique peut renoncer aux réserves mais, en échange, demander à l'entrepreneur la réfaction. Si ce dernier accepte, la réception est déclarée sans réserve, et il est déchargé des imperfections concernées. Sinon, la réception sera prononcée avec réserves, et il devra les corriger dans les délais »[1019].

La réception définitive ouvre la période de la *garantie décennale* (CE 28 décembre 2001, *Compagnie des signaux*). Celle-ci apparaît dans le cahier des clauses administratives générales (CCAG) type pour les marchés de travaux au titre de la *garantie légale* : « En application de la règlementation en vigueur, l'entrepreneur est responsable de plein droit pendant dix (10) ans envers le maître d'ouvrage, à compter de la réception provisoire, des dommages même résultant d'un vice du sol

---

[1019] LAJOYE, C., *op. cit.*, p. 191.

qui compromettent la solidité de l'ouvrage ou qui l'affectent dans l'un de ses éléments constitutifs ou l'un de ses éléments d'équipement le rendant impropre à sa destination. Pour s'exonérer de sa responsabilité au titre du présent Article, l'entrepreneur doit prouver que les dommages proviennent d'une cause qui lui est étrangère ». Il s'agit d'une « garantie légale post-contractuelle puisqu'elle est instaurée par la loi et ne peut jouer qu'à compter de la fin des relations contractuelles. Elle est fondée sur un système de présomption de responsabilité en vertu duquel le maître d'ouvrage se contente de prouver que le dommage dont il demande réparation est imputable au constructeur qu'il poursuit. Ce dernier pourra s'exonérer en établissant justement que le défaut de construction invoqué ne lui est pas imputable ou qu'il provient d'un fait du maître d'ouvrage ou d'un cas de force majeure »[1020].

[1020] LAJOYE, C., *op. cit.*, pp. 216-217.

CHAPITRE V

LE RÈGLEMENT DU CONTENTIEUX DES MARCHÉS PUBLICS

D'après Issakha Ndiaye, « Les problématiques que pose le contentieux des marchés publics sont généralement différents selon la phase concernée par le litige. En effet, selon qu'on est dans la phase de soumission des candidatures, de dépôt des offres ou d'exécution du marché, les obligations juridiques de l'Autorité contractante changent et les droits et intérêts que le requérant cherche à faire protéger par l'autorité saisie sont différents »[1021].

Par « *contentieux des marchés publics* » il faut entendre l'ensemble des litiges nés de la passation et de l'exécution des marchés publics soumis au droit administratif et à la compétence du juge administratif. Il existe dès lors un *contentieux de la passation* des marchés publics et un *contentieux de l'exécution* des marchés publics. Certes, les deux contentieux contractuels sont soumis à des recours juridictionnels et des recours non juridictionnels, mais ils ne donnent pas nécessairement lieu à des recours identiques, tant dans leur nature que dans leurs effets. Il y a même plus de recours, en théorie comme en pratique, en contentieux de la passation des marchés qu'en contentieux de l'exécution des marchés. À ces contentieux de la passation et de l'exécution s'ajoute celui de la résiliation du marché public qui survient lorsque l'une des parties saisit le juge du contrat d'une demande tendant à la résiliation du marché aux torts de l'autre partie ou en considération de la survenance de certains événements affectant le marché.

Il convient donc de voir le règlement du contentieux de la passation des marchés publics (section I), le règlement du contentieux de l'exécution des marchés publics (section II) et la résiliation judiciaire des marchés publics (section III).

[1021] NDIAYE, I., *Les recours dans le contentieux des marchés publics au Sénégal*, Paris, L'Harmattan, 2023, p. 17.

SECTION I. LE RÈGLEMENT DU CONTENTIEUX DE LA PASSATION DES MARCHÉS

Comme l'a constaté Issakha Ndiaye, « En phase de soumission, le soumissionnaire est souvent confronté à des problématiques liées aux spécifications techniques des produits, services ou travaux envisagés, à la conformité ou à l'adéquation de l'offre, aux critères d'évaluation des offres (dans leur contenu ou application), etc. »[1022]. Toutes questions qui peuvent soulever des litiges entre l'autorité contractante et les candidats ou soumissionnaires au stade de la passation du marché public. De manière générale, les litiges nés à l'occasion de la passation des marchés publics peuvent faire l'objet d'un règlement non juridictionnel ou d'un règlement juridictionnel, le second n'intervenant en général qu'en cas d'insatisfaction du justiciable devant les organes non juridictionnels. Il convient dès lors de distinguer le règlement non juridictionnel du contentieux de la passation des marchés publics (§1) du règlement juridictionnel du contentieux de la passation des marchés publics (§2).

§1. Le règlement non juridictionnel du contentieux de la passation des marchés

L'une des principales innovations du système sénégalais de passation des marchés publics est la dévolution à l'Autorité de régulation des marchés publics (ARMP) puis à l'Autorité de régulation de la commande publique (ARCOP), à travers son Comité de règlement des différends (CRD), de la fonction de « *règlement non juridictionnel des litiges nés à l'occasion de la passation des marchés publics* »[1023]. En effet, aux termes de l'article 31 du COA tel que modifié par la loi n° 2022-07 du 19 avril 2022 : « En cas de non-respect des règles relatives à la passation des marchés publics ou des contrats de partenariat public-privé, et sans préjudice des recours gracieux et contentieux, une *procédure spéciale de recours non juridictionnel* devant un organe créé au sein de l'Autorité de régulation de la commande publique, est ouverte à toute personne qui a participé à une

---

[1022] *Ibid.*

[1023] Article 2 du décret n° 2023-832 du 5 avril 2023 fixant les règles d'organisation et de fonctionnement de l'Autorité de régulation de la commande publique (ARCOP).

procédure de passation et n'a pas été désignée attributaire, dans les conditions définies par la règlementation en vigueur relative aux marchés publics et aux contrats de partenariat public-privé. » Mais avant d'introduire un recours contentieux devant le CRD de l'ARCOP (B), le candidat malheureux au marché public peut saisir l'autorité contractante d'un recours gracieux préalable (A).

A. Le recours gracieux préalable

Aux termes de l'article 11 de la directive n° 05/2005 de l'UEMOA, les États membres doivent « prendre les mesures nécessaires permettant aux soumissionnaires s'estimant injustement évincés (...) d'introduire un *recours effectif préalable* à l'encontre des procédures et décisions rendues à l'occasion de la procédure de passation et leur causant préjudice, devant le représentant de l'autorité contractante ». Le caractère *effectif* exige que le recours préalable devant l'autorité contractante soit non seulement possible mais aussi suivi d'un effet utile pratique, comme la suspension automatique de la procédure jusqu'à la décision définitive de l'autorité contractante ou de son supérieur hiérarchique[1024].

Au Sénégal, dans un premier temps, la jurisprudence et le Code des marchés publics avaient rendu obligatoire le recours gracieux préalable. Devant l'imprécision de la rédaction de l'article 88 du décret n° 2011-1048 du 27 juillet 2011 portant Code des marchés publics qui laissait planer un doute sur ce caractère obligatoire[1025], ce fut d'abord la Cour suprême, en son arrêt du 28 novembre 2013, *Al Firdaws Services c/ARMP*, qui avait répondu positivement à la question de savoir si le recours gracieux préalable est obligatoire avant tout recours contentieux relatif à la procédure de passation des marchés publics. En l'espèce, l'entreprise *Al Firdaws Services*, préalablement déclarée attributaire provisoire du marché de nettoiement ayant fait l'objet de l'appel d'offres n° 01/2012 lancé par le Centre hospitalier Abass Ndao, avait

[1024] NDIAYE, I., *Les recours dans le contentieux des marchés publics au Sénégal*, *op. cit.*, p. 26.

[1025] Aux termes de l'article 88 du décret n° 2011-1048 du 27 juillet 2011 portant Code des marchés publics : « Tout candidat à une procédure d'attribution d'un marché *est habilité à saisir la personne responsable du marché d'un recours gracieux*, par une notification écrite indiquant les références de la procédure de passation du marché et exposant les motifs de la réclamation par une lettre recommandée avec demande d'avis de réception ou déposée contre récépissé. »

saisi la Cour suprême d'un recours pour excès de pouvoir pour contester aussi bien les décisions du CRD ordonnant la suspension de la procédure de passation du marché et annulant la décision d'attribution provisoire faite à la requérante et prescrivant la réévaluation des offres que la décision du directeur du Centre hospitalier Abass Ndao ayant attribué provisoirement le marché de nettoiement à l'Entreprise Serigne Fallou (ESEF). Dans son arrêt, la Cour suprême a déclaré « irrecevable le recours introduit directement devant la Cour suprême par la requérante contre la décision de l'autorité contractante portant attribution provisoire du marché à ESEF ». Tenant certainement compte de cette jurisprudence, le décret n° 2014-1212 du 22 septembre 2014 portant Code des marchés publics imposa clairement le recours gracieux préalablement au recours contentieux en matière de passation des marchés publics. Aux termes de l'article 89 de ce décret, en effet, « Tout candidat à une procédure d'attribution d'un marché *doit préalablement à tout recours contentieux*, saisir la personne responsable du marché d'un *recours gracieux*, par une notification écrite indiquant les références de la procédure de passation du marché et exposant les motifs de la réclamation par une lettre recommandée avec demande d'avis de réception ou déposée contre récépissé ».

Depuis la réforme du Code des marchés publics de 2022, le recours administratif préalable n'est plus obligatoire, il est *facultatif.* Aux termes de l'article 89 du décret n° 2022-2295 du 28 décembre 2022 portant Code des marchés publics, en effet, « Tout candidat à une procédure d'attribution d'un marché *peut* saisir la personne responsable du marché d'un *recours gracieux préalable*, par une notification écrite indiquant les références de la procédure de passation du marché et exposant les motifs de la réclamation par une lettre recommandée avec demande d'avis de réception ou déposée contre récépissé ». Selon le même article 89 du CMP, ce recours gracieux préalable devant la personne responsable du marché peut porter sur :

- la décision d'attribuer ou de ne pas attribuer le marché ;
- les conditions de publication des avis ;
- les règles relatives à la participation des candidats et aux capacités et garanties exigées ;
- le mode de passation et la procédure de sélection retenus ;
- la conformité des documents d'appel d'offres à la règlementation ;

- les spécifications techniques retenues ;
- les critères d'évaluation.

D'autre part, prescrit l'article 89 du CMP, le recours gracieux préalable doit invoquer une *violation caractérisée* de la règlementation des marchés publics. Il doit être exercé dans un délai de cinq (5) jours francs et ouvrés[1026] à compter de la publication de l'avis d'attribution provisoire du marché, de l'avis d'appel à la concurrence ou de la communication du dossier d'appel à la concurrence. Saisie de la réclamation, la personne responsable du marché est tenue de répondre à cette réclamation dans un délai de trois (3) jours ouvrables, au-delà duquel le défaut de réponse sera constitutif d'un rejet implicite du recours gracieux. En cas d'appel d'offres restreint, le délai d'examen du recours est de deux (2) jours ouvrables au niveau de l'autorité contractante. Pour le candidat à une procédure de demande de renseignements et de prix (DRP), il « doit préalablement à un recours contentieux, saisir la personne responsable du marché d'un recours gracieux, par une notification écrite indiquant les références de la procédure de passation du marché et exposant les motifs de sa réclamation par une lettre recommandée avec demande d'avis de réception ou déposée contre récépissé »[1027]. Le recours gracieux « doit être exercé dans un délai de trois (3) jours francs et ouvrés à compter de la publication de l'avis d'appel à la concurrence ou de la communication du dossier d'appel à la concurrence, de la notification des résultats de l'évaluation des propositions techniques, de la notification ou de la publication de l'avis d'attribution provisoire du marché. La personne responsable du marché est tenue de répondre à cette réclamation dans un délai de deux (2) jours francs et ouvrés. Au-delà de ce délai, le défaut de réponse sera constitutif d'un rejet implicite du recours gracieux »[1028].

[1026] « Il ne faut pas confondre "jour ouvrable" et "jour ouvré". C'est ce dernier terme qu'utilise l'article 89 précité. Les jours ouvrés sont les jours réels d'ouverture de l'entreprise ou de l'administration, c'est-à-dire, dans la majorité des cas, du lundi au vendredi inclus. Une semaine comporte donc généralement 5 jours ouvrés et 6 jours ouvrables. » (NDIAYE, I., *Les recours dans le contentieux des marchés publics au Sénégal*, *op. cit.*, p. 43.)

[1027] Article 6 de l'arrêté n° 007118 du 23 mars 2023 du ministre des Finances relatif aux modalités de mise en œuvre des procédures de demande de renseignements et de prix.

[1028] *Ibid.*

B. Le recours contentieux devant le CRD

Le recours contentieux devant le CRD de l'ARCOP est ouvert « à toute personne qui a participé à une procédure de passation et n'a pas été désignée attributaire »[1029]. Dans le cas où son recours gracieux devant la personne responsable du marché n'a pas connu de suite favorable, le candidat malheureux dispose de trois (3) jours francs et ouvrés, après la réception de la réponse négative de l'autorité contractante ou l'expiration du délai de trois (3) jours valant rejet implicite du recours gracieux, pour présenter un *recours contentieux* devant le CRD[1030]. Le délai étant *franc*, le point de départ du décompte du délai de recours au CRD est le lendemain du jour de la réception de la réponse de l'autorité contractante au recours gracieux, le terme du délai étant le lendemain de la date d'expiration du délai, en tenant compte des samedi et dimanche ou jours non ouvrables (CS 14 juillet 2016, *CCBM Industries – Espace Auto c/ARMP/CRD*). La réponse de l'autorité contractante sur les griefs invoqués à l'appui du recours gracieux, intervenue après l'expiration du délai de trois (3) jours, n'ouvre pas droit à un nouveau délai pour saisir le CRD[1031]. Cette saisine du CRD se fait par une *notification écrite*[1032].

Pour le candidat à une procédure de demande de renseignements et de prix (DRP), en l'absence de suite favorable de son recours gracieux, il « dispose de deux (2) jours francs et ouvrés, à compter de la réponse de l'autorité contractante ou de l'expiration du délai de deux (2) jours (...) pour présenter un recours au Comité de Règlement des Différends en matière de passation des marchés publics, placé auprès de l'Organe en charge de la régulation des marchés publics. La saisine du Comité de Règlement des Différends se fait par notification écrite »[1033].

S'il ne s'impose plus devant la personne responsable du marché, le recours gracieux préalable est exigé devant le CRD. Aux termes de l'article 90 du CMP, en effet, le recours contentieux devant le CRD « n'est recevable que s'il est *précédé d'un recours gracieux* et s'il invoque une *violation caractérisée* de la règlementation des marchés

---

1029 Article 31 du COA modifié.
1030 Article 90 du CMP.
1031 *Ibid.*
1032 *Ibid.*
1033 Article 7 de l'arrêté n° 007118 du 23 mars 2023 du ministre des Finances relatif aux modalités de mise en œuvre des procédures de demande de renseignements et de prix.

publics et est accompagné de la pièce attestant du *paiement des frais de procédure* dont le montant non remboursable est fixé par une résolution du Conseil de Régulation de l'organe en charge de la régulation des marchés publics » (résolution n° 09-12 du 13 décembre 2012 du Conseil de Régulation instituant le versement d'une consignation pour la saisine du Comité de Règlement des Différends). Globalement, les frais de procédure sont constitués de la consignation d'une somme de 50 000 FCFA versée à la Caisse des dépôts et consignations contre quittance jointe à la requête ou au mémoire, des frais administratifs de 30 000 FCFA et des frais d'ouverture de dossier de 20 000 FCFA. Les sommes ainsi consignées constituent des frais de traitement de dossier définitivement acquis à l'ARCOP[1034]. Pour le candidat à une procédure de DRP, le recours contentieux devant le CRD « n'est recevable que s'il invoque une violation caractérisée de la règlementation des marchés publics et est accompagné de la pièce attestant du paiement d'une consignation dont le montant est fixé par arrêté du ministre chargé des Finances »[1035].

L'absence d'une de ces conditions fait encourir au recours contentieux devant le CRD l'irrecevabilité. Ainsi, dans sa décision n° 184/19/ARMP/CRD du 11 décembre 2019, le CRD, statuant en Commission Litiges sur la recevabilité du recours de la Société industrielle sahélienne de mécanique, de matériel agricole (SIMAR) qui contestait l'attribution provisoire du lot 2 du marché relatif à l'acquisition de véhicules lancé par l'Agence nationale d'insertion et de développement agricole (ANIDA), a affirmé « qu'il résulte des dispositions des articles 89 et 90 du Code des marchés publics, que tout candidat à un marché public doit préalablement à tout recours contentieux, saisir l'autorité contractante d'un recours gracieux dans un délai de cinq (5) jours francs ouvrés à compter de la publication de l'avis d'attribution provisoire du marché, de l'avis d'appel à la concurrence ou de la communication du dossier d'appel à la concurrence, puis le cas échéant, le CRD dans les trois (3) jours ouvrables à compter de la réception de la réponse de l'autorité contractante ou de l'expiration du délai de trois (3) jours ouvrables imparti à l'autorité contractante pour répondre ; (...) qu'il résulte des

---

1034 Article 90 du CMP.

1035 Article 7 de l'arrêté n° 007118 du 23 mars 2023 du ministre des Finances relatif aux modalités de mise en œuvre des procédures de demande de renseignements et de prix.

faits invoqués, qu'après notification de l'avis d'attribution provisoire du marché par courrier du 29 novembre 2019, SIMAR a introduit auprès du CRD un recours contentieux, par courrier du 9 décembre 2019 ; (…) *que la saisine du CRD n'est pas précédée d'un recours gracieux adressé à l'autorité contractante, elle doit être déclarée irrecevable* ».

Les recours contentieux relatifs à la procédure de passation des marchés publics dont le CRD, statuant en Commission Litiges, est saisi doivent avoir pour objet de contester :

✓ les décisions d'attribuer ou de ne pas attribuer le marché public ;

✓ les conditions de publication des avis ;

✓ les règles relatives aux conditions de participation des candidats et aux capacités et garanties exigées ;

✓ le mode de passation et la procédure de sélection retenus ;

✓ la conformité des documents d'appel à la concurrence à la règlementation ;

✓ les spécifications techniques retenues ;

✓ les critères d'évaluation[1036].

Le CRD est saisi d'une demande par lettre avec accusé de réception ou d'une simple requête déposée au bureau du courrier contre décharge et apposition du timbre de l'ARCOP. La *saisine* du CRD doit être transmise en sept (7) exemplaires et rédigée en français. Elle doit comporter :

✓ les nom, prénom, adresse et profession du requérant ;

✓ si le requérant est une personne morale, sa forme, sa dénomination ou sa raison sociale ;

✓ l'adresse de son siège social et l'organe qui la représente légalement ;

✓ les documents autorisant le signataire de la saisine à engager la personne morale ;

✓ le nom du ou des conseils choisis pour assister ou représenter le requérant ; au cas où le requérant aurait choisi plusieurs conseils, le nom

---

[1036] Article 20 du décret n° 2023-832 du 5 avril 2023 fixant les règles d'organisation et de fonctionnement de l'Autorité de régulation de la commande publique (ARCOP).

de celui à l'égard duquel les actes de procédure seront valablement accomplis doit être indiqué ;

- ✓ l'objet de la saisine, ainsi que l'exposé des motifs et les pièces sur lesquelles la saisine est fondée (appel à manifestation d'intérêt, avis d'appel d'offres, dossier d'appel à la concurrence, procès-verbal d'ouverture des plis, avis d'attribution provisoire ou définitif, récépissé ou accusé de réception du recours gracieux, etc.) ;
- ✓ les informations sur le marché litigieux ;
- ✓ l'identification et l'adresse de la partie mise en cause par le demandeur ;
- ✓ les copies du recours gracieux et de la décision opposée au requérant par la partie mise en cause ou, à défaut de réponse au recours gracieux, la copie de la pièce justifiant de la date de dépôt du recours ;
- ✓ toute autre pièce que le requérant estime utile de produire[1037].

La *saisine du CRD* expose la demande adressée au CRD et les éléments de fait et de droit qui fondent la requête, en référence aux textes législatifs et règlementaires régissant les marchés publics. Elle est enregistrée sur un registre d'ordre numéroté, et marqué d'un timbre de l'ARCOP indiquant sa date d'arrivée. Les dossiers de saisine du CRD non conformes devront être repris dans la forme requise, à la demande du CRD[1038]. Dès sa réception, le CRD examine si le recours est recevable et, dans la négative, le rejette sans qu'il soit procédé à son instruction, mais, dans l'affirmative, ordonne à l'autorité contractante de suspendre la procédure de passation du marché[1039]. Dans la foulée, l'attribution définitive du marché public est suspendue jusqu'au prononcé de la décision du CRD. Ce recours devant le CRD est donc *suspensif*. Toutefois, il n'est pas suspensif si l'autorité contractante certifie, par notification écrite adressée au CRD et à la DCMP, que l'attribution du marché public doit être poursuivie immédiatement pour des raisons tenant à la protection des intérêts essentiels de l'État résultant de situations d'urgence impérieuse liées à une catastrophe naturelle ou technologique[1040].

1037 Voir « Comment saisir le Comité de règlement des différends (CRD) de l'Autorité de régulation des marchés publics (ARMP) », *Revue des marchés publics* n° 14, 2013, p. 24.

1038 « Comment saisir le Comité de règlement des différends (CRD) de l'Autorité de régulation des marchés publics (ARMP) », *op. cit.,* p. 25.

1039 Article 91 du CMP.

1040 Article 91 du CMP.

Par ailleurs, une fois qu'il a statué sur la recevabilité du recours contentieux, le CRD ne peut plus revenir sur sa décision, il doit statuer sur le fond s'il déclare recevable le recours devant lui. Le juge administratif sénégalais sanctionne les contradictions de décisions du CRD sur la recevabilité des recours contentieux devant le CRD. Ainsi, il a considéré comme une violation des dispositions du Code des marchés publics (article 90, alinéa 2) une décision du CRD déclarant par la suite irrecevable un recours après l'avoir déclaré recevable et ordonné la suspension de la procédure. En effet, « en statuant à nouveau sur la recevabilité du recours, alors qu'après avoir reçu les documents complémentaires demandés dans le cadre de l'instruction du recours, le CRD ne devait plus statuer que sur le fond du litige, la décision attaquée viole les dispositions suscitées et, par conséquent, encourt l'annulation » (CS 22 février 2018, *Groupement GIC/SGS c/ARMP & Ageroute*). La décision du CRD en matière de passation des marchés publics doit être rendue dans les sept (7) jours (cinq [5] jours pour le recours d'un candidat à une procédure de DRP[1041]) ouvrables à compter de la réception des documents complémentaires demandés dans le cadre de l'instruction du recours, faute de quoi l'attribution ne peut plus être suspendue[1042]. D'après la Cour suprême, « la seule sanction attachée au non-respect du délai de sept jours ouvrables est la caducité de la décision de suspension du CRD et non l'annulation de celle-ci » (CS 14 juin 2018, *État du Sénégal c/ARMP & Groupement d'entreprise solidaire CSTP SA*). En cas d'appel d'offres restreint, le délai d'examen du recours au niveau du CRD est de trois (3) jours ouvrables, à compter de la réception des documents servant à l'instruction du recours[1043].

En ce qui concerne ses effets, la *décision du CRD* sur les litiges nés à l'occasion de la passation d'un marché public « est finale et immédiatement exécutoire par l'autorité contractante. Elle ne peut avoir pour effet que de corriger la violation alléguée ou d'empêcher que d'autres dommages soient causés aux intérêts concernés, ou de suspendre ou faire suspendre la décision litigieuse ou la procédure de passation »[1044]. En clair, « l'autorité contractante doit immédiatement tirer toutes les conséquences liées à la décision du CRD. Si celui-ci

[1041] Article 9 de l'arrêté n° 007118 du 23 mars 2023 du ministre des Finances relatif aux modalités de mise en œuvre des procédures de demande de renseignements et de prix.

[1042] Article 92 du CMP.

[1043] Article 74 du CMP.

[1044] Article 92 du CMP.

décide de l'annulation de la procédure jugée irrégulière et ordonne sa correction et sa reprise au stade où elle n'est pas conforme à la procédure, l'Autorité contractante doit s'y conformer. Elle a ainsi l'obligation de prendre toutes mesures de nature à remédier aux irrégularités constatées. Ainsi, s'expose à des poursuites disciplinaires, outre l'irrégularité de la procédure qui subsisterait, toute Autorité contractante qui refuserait d'exécuter la décision du CRD en poursuivant le processus de passation d'un marché public »[1045].

§2. Le règlement juridictionnel du contentieux de la passation des marchés

Le règlement juridictionnel du contentieux de la passation des marchés publics trouve son fondement d'abord dans les dispositions du Code des obligations de l'Administration (COA). L'article 31 du COA modifié ouvre au soumissionnaire malheureux à un marché public, « et sans préjudice des *recours gracieux et contentieux* », une procédure spéciale de recours non juridictionnel devant l'ARCOP. Les articles 139 et 140 du COA attribuent le contentieux des contrats administratifs et le contentieux de l'excès de pouvoir des actes détachables du contrat administratif respectivement aux tribunaux de grande instance et à la Cour suprême.

Le règlement juridictionnel du contentieux de la passation des marchés publics[1046] trouve son fondement ensuite dans les dispositions de l'article 140 du Code des marchés publics : « Les litiges relatifs aux marchés constituant des contrats administratifs sont soumis aux *juridictions compétentes* pour connaître du contentieux des contrats administratifs dans les conditions prévues par le Code des Obligations de l'Administration. Les litiges relatifs aux marchés des sociétés nationales et sociétés anonymes à participation publique majoritaire, qui restent des contrats de droit privé, sont soumis aux *tribunaux de droit commun*. Ces litiges peuvent également être soumis à un *tribunal arbitral* dans les conditions prévues par l'Acte uniforme de l'OHADA relatif au droit de l'arbitrage ; les parties peuvent insérer dans leur

[1045] NDIAYE, I., *Les recours dans le contentieux des marchés publics au Sénégal*, *op. cit.*, p. 88.

[1046] Pour plus de détails, voir DIAO, P. M., *Le contrôle juridictionnel de la passation des marchés publics au Sénégal*, Dakar, L'Harmattan-Sénégal, 2024.

contrat une clause compromissoire dans les conditions prévues par le cahier des charges. »

Ainsi, note Papa Makha Diao : « À l'évidence, les litiges relatifs aux marchés publics peuvent être soulevés auprès de trois organes juridictionnels : il s'agit de la Cour suprême, du Tribunal de grande instance et de la Cour des comptes. Qui plus est, le tribunal arbitral dans les conditions prévues par l'Acte uniforme relatif à l'arbitrage peut aussi être saisi. »[1047] L'intervention de ces juridictions dans la chaîne de règlement des litiges relatifs aux marchés publics est ordonnée. La Cour suprême hérite seule du contentieux juridictionnel de la passation des marchés publics. Le tribunal de grande instance est « le juge de droit commun de l'exécution des marchés publics ». La Cour des comptes prend en charge les aspects financiers du contentieux de l'exécution des marchés publics : « le juge financier exerce un contrôle sur la disponibilité des crédits avant l'engagement des dépenses pour un marché afin d'éviter une mauvaise gestion des deniers publics. Ainsi, la juridiction financière est chargée de vérifier les comptes de certaines entités en contrôlant l'exécution des marchés publics. Elle intervient, également, pour juger les comptables publics chargés de payer les entreprises titulaires de marchés publics »[1048]. Ainsi, en matière de marchés publics, le contrôle de la Cour des comptes « porte au plan juridictionnel sur le contrôle juridictionnel des comptes des comptables publics, et au plan administratif, sur le bon emploi des deniers publics. Les différents contrôles de la Cour des comptes peuvent conduire à des sanctions personnelles prononcées contre les acheteurs publics »[1049]. Dans ce cadre organisationnel de la justice des marchés publics, le contentieux de la passation des marchés publics donne lieu à plusieurs recours juridictionnels que l'on peut regrouper en deux catégories : les recours en annulation devant le juge de l'excès de pouvoir (A) et les recours de plein contentieux devant le juge administratif du contrat (B).

[1047] DIAO, P. M., *op. cit.*, p. 62.

[1048] DIAO, P. M., *op. cit.*, p. 73.

[1049] *Guide d'application du décret n° 2014-1212 du 22 septembre 2014 portant Code des marchés publics*, *op. cit.*, p. 140.

A. Les recours en annulation devant le juge de l'excès de pouvoir

« Le contrôle de la passation des marchés publics est fait par le juge administratif par le biais du recours pour excès de pouvoir dont le contentieux a été successivement dévolu à l'ancienne Cour suprême, au Conseil d'État et, de nouveau, à la Cour suprême depuis la dernière réforme. »[1050] En matière de contentieux de la passation des marchés publics, il existe deux (2) voies de recours en annulation devant le juge de l'excès de pouvoir : le recours en annulation de la décision du CRD en matière de passation de marché public (1) et le déféré du marché public d'une collectivité territoriale par le représentant de l'État (2).

1. Le recours en annulation de la décision du CRD

Aux termes l'article 20 du décret n° 2023-832 du 05 avril 2023 portant organisation et fonctionnement de l'ARCOP, les décisions du CRD en sa Commission Litiges sur les recours relatifs à la procédure de passation des marchés publics « sont immédiatement exécutoires et ont force contraignante sur les parties. Elles sont définitives, *sauf en cas de recours devant une juridiction compétente* ; ce recours n'ayant pas d'effet suspensif ». Le recours en annulation de la décision du CRD statuant sur un recours contentieux relatif à la procédure de passation des marchés publics est porté devant la Cour suprême statuant *en matière de recours pour excès de pouvoir* qui, lorsqu'elle est saisie, statue sur la recevabilité du recours en annulation de la décision du CRD (a) avant de l'examiner au fond (b).

a. La recevabilité du recours en annulation

La recevabilité du recours en annulation de la décision du CRD relative à la passation du marché public est subordonnée au respect des conditions générales applicables au recours pour excès de pouvoir, qu'elles soient liées à l'acte attaqué (une décision d'une autorité administrative, une décision faisant grief), au requérant (capacité pour agir, qualité à agir, intérêt à agir), au délai du recours ou à la forme et à la procédure. Il existe quand même quelques aspects spécifiques de la

---

[1050] DIOUF, R. P., « Le contrôle des marchés publics par le juge administratif », *Revue des marchés publics* n° 16, 2014, p. 26.

recevabilité du recours en annulation de la décision du CRD liés au besoin d'adapter les règles générales au contentieux des marchés publics. Il convient donc d'examiner les conditions de recevabilité du recours en annulation de la décision du CRD relatives à l'acte attaqué (i), au requérant (ii), au délai (iii), à la forme et à la procédure (iv).

i) Les conditions de recevabilité relatives à l'acte attaqué

En règle générale, le recours pour excès de pouvoir n'est recevable que contre une décision explicite ou implicite d'une autorité administrative qui fait grief. Un contrat administratif ne peut faire l'objet d'un recours pour excès de pouvoir, sauf lorsqu'il a partiellement (CE 10 juin 1996, *Cayzeele*) ou entièrement (CE 30 octobre 1998, *Ville de Lisieux*) un caractère règlementaire. En revanche, les « actes détachables du contrat peuvent faire l'objet d'un recours pour excès de pouvoir devant la Cour suprême »[1051].

En matière de contentieux des marchés publics, le recours en annulation devant la Cour suprême doit être dirigé contre la *décision rendue par le CRD en matière de passation de marchés publics* et non contre la décision de l'autorité contractante. Une jurisprudence bien établie de la Cour suprême déclare « irrecevable le recours introduit directement devant la Cour suprême par la requérante contre la *décision de l'autorité contractante* portant attribution provisoire du marché » (CS 28 novembre 2013, *Al Firdaws Services c/ARMP* ; CS 08 juin 2017, *Société Quali-Plaques c/État du Sénégal*). La décision rendue par le CRD statuant en Commission Litiges sur les recours relatifs à la procédure de passation des marchés publics porte, rappelons-le, sur les contestations, par les candidats évincés du marché public, « des décisions d'attribuer ou de ne pas attribuer le marché public ; des conditions de publication des avis ; des règles relatives aux conditions de participation des candidats et aux capacités et garanties exigées ; du mode de passation et de la procédure de sélection retenus ; de la conformité des documents d'appel à la concurrence à la règlementation ; des spécifications techniques retenues ; des critères d'évaluation des offres »[1052].

Les décisions du CRD visées sont les *actes détachables du marché public* relatifs à sa passation, susceptibles de faire l'objet de recours

[1051] Article 140 du COA.

[1052] Article 20 du décret n° 2023-832 du 5 avril 2023 fixant les règles d'organisation et de fonctionnement de l'Autorité de régulation de la commande publique (ARCOP).

pour excès de pouvoir lorsqu'ils font grief (CE 10 mai 1996, *Conseil général de l'Ordre des architectes PACA*). Ainsi, la jurisprudence française a déclaré recevables les recours en annulation contre la décision de rejeter une offre (CE 27 juillet 1984, *Société Biro*), la décision de déclarer l'appel d'offres infructueux (CE 10 novembre 1984, *Compagnie générale de construction téléphonique*), la décision d'attribution du marché (CE 19 mars 1969, *Commune de Saint-Maur-des-Fossés*), les délibérations habilitant le représentant légal de la collectivité territoriale à conclure le marché (CE 11 janvier 1961, *Barbaro*), les décisions de signer le marché (CE 7 février 1936, *Département de la Creuse*). Au Sénégal, l'article 140 nouveau du COA cite comme *actes détachables* du contrat administratif *notamment* l'autorisation de contracter, la décision de contracter ou de ne pas contracter, l'opération d'attribution, l'approbation du contrat. D'après la jurisprudence, l'énumération des actes détachables du contrat administratif n'est pas exhaustive (CS 29 août 2019, *Société Saudi Binladen Group c/État du Sénégal*). Ce qui laisse au juge administratif une marge d'appréciation pour allonger la liste des actes détachables du contrat administratif. Ainsi, l'ancien Conseil d'État sénégalais avait déclaré recevable une requête contre une décision de refuser de recevoir l'offre d'une entreprise soumissionnaire. Il a en effet rejeté un moyen de l'ARTP tiré de l'irrecevabilité de la requête de *Consortium Expanet Sunu Télécom Joint Loyal Sud Groupe Télécommunication* en estimant que « le refus opposé à la demande de dépôt de la soumission du requérant constitue une décision d'un démembrement de l'État qui fait grief et peut être attaqué en annulation pour excès de pouvoir » (CES 10 juin 2008)[1053]. « Au total, en raison du partage de compétence entre le juge de l'excès de pouvoir et le juge du contrat, le premier nommé ne peut se saisir que des actes détachables des marchés publics. »[1054] En revanche, constituent des *actes préparatoires* insusceptibles de recours pour excès de pouvoir « les avis donnés par la commission d'appel d'offres de déclarer un appel d'offres infructueux, les mesures d'instruction préalable à la passation d'un marché, la délibération d'une autorité administrative décidant de renvoyer un dossier à la commission d'appel d'offres, le cahier des charges et la lettre d'envoi du dossier de

---

[1053] Arrêt cité par DIOUF, R. P., « Le contrôle des marchés publics par le juge administratif », *op. cit.*, p. 28.

[1054] DIOUF, R. P., « Le contrôle des marchés publics par le juge administratif », *op. cit.*, p. 29.

consultation »[1055]. De même, ne peuvent être attaqués par la voie du recours pour excès de pouvoir les *actes non décisoires* ou ne faisant pas grief, tels que : « une demande de renseignements adressée à une entreprise, un avis donné par un jury de concours et une lettre qui ne contient que de simples recommandations »[1056].

Dès lors que l'*acte détachable du marché*, antérieur à sa conclusion, est annulé par le juge de l'excès de pouvoir, il est considéré comme n'ayant jamais existé. Mais la question reste de savoir quel est l'effet de l'annulation de l'acte détachable sur le marché public lui-même si ce dernier a été conclu. Faut-il exiger la nullité du marché public du fait de l'annulation de l'acte détachable viciant la conclusion du marché ou alors écarter cette nullité en faisant valoir que le marché public étant un acte juridique distinct de l'acte détachable, il ne saurait nécessairement connaître le même sort que ce dernier ?[1057] Dans un avis du 25 janvier 1989, le Conseil d'État devait affirmer : « Selon une jurisprudence ancienne, l'annulation par le juge de l'excès de pouvoir, à la demande d'un tiers, d'un acte détachable du contrat, n'a pas elle-même aucun effet direct sur ce contrat. Celui-ci demeure la loi des parties et son exécution dans l'intérêt du service peut en principe être poursuivie », sauf si l'Administration « résilie elle-même ce contrat » ou saisit le juge du contrat pour en prononcer la nullité. Dans un autre avis du 3 décembre 1997, le Conseil d'État réaffirma que l'annulation d'un acte détachable à la demande d'un tiers n'a pas d'effet direct sur le contrat, mais il appartient à l'Administration contractante « d'apprécier si, eu égard aux motifs de la décision d'annulation, l'exécution du contrat peut être poursuivie jusqu'à son terme, ou si le contrat doit être résilié ». Dans une affaire contentieuse, le même Conseil d'État s'était fondé sur le moyen ayant conduit à l'annulation de l'acte détachable d'une convention de concession pour estimer qu'il appartient au juge du contrat, saisi par le concessionnaire d'une action en responsabilité contractuelle, de constater la nullité de la convention de concession (CE 1er octobre 1993, *Société le Yacht-club international de Bormes-Les-Mimosas*). En d'autres termes, lorsque l'acte détachable du contrat a été annulé en raison de l'illégalité des clauses du contrat administratif, son annulation entraîne la nullité du contrat administratif. Mais lorsque l'acte détachable du contrat a été annulé pour un vice qui lui est propre,

---

[1055] DIOUF, R. P., *op. cit.*, p. 28.
[1056] *Ibid.*
[1057] LAJOYE, C., *op. cit.*, p. 151.

le contrat ne sera frappé de nullité que si le lien entre l'acte détachable et le contrat lui-même est intense[1058]. Enfin, toujours en matière contentieuse, le Conseil d'État, tout en reconnaissant la validité d'une résiliation conventionnelle en réaction à l'annulation par le juge de l'excès de pouvoir de la délibération autorisant la signature du contrat administratif, confirma qu'« à la suite de l'annulation d'un acte détachable de la passation d'un contrat, il appartient à l'administration, selon les circonstances propres à chaque espèce et sous le contrôle du juge, de déterminer les conséquences à tirer de cette annulation » (CE 24 mai 2001, *Avriller*)[1059].

ii) Les conditions de recevabilité relatives au requérant

Hormis la *capacité pour agir* (aptitude à ester en justice), celui qui intente un recours en annulation contre une décision du CRD en matière de passation de marchés publics doit avoir *intérêt à agir* (intérêt direct et personnel froissé) et *qualité pour agir* (titre en vertu duquel on agit). À cet effet, l'article 31 du COA modifié indique que la procédure spéciale de recours non juridictionnel ne porte pas préjudice au *recours gracieux et contentieux* ouverts « à toute personne qui a participé à une procédure de passation et n'a pas été désignée attributaire, dans les conditions définies par le Code des marchés publics ». L'article 89 du CMP ouvre le recours gracieux préalable devant la personne responsable du marché à « Tout candidat à une procédure d'attribution d'un marché public ». Il résulte de ces dispositions que le recours en annulation contre la décision du CRD n'est recevable que s'il est formé par un candidat au marché public qui n'est pas par la suite attributaire. Sa participation à la procédure de passation du marché (à travers notamment le dépôt d'une soumission) lui confère qualité pour agir, tandis que sa non-désignation comme attributaire du marché justifie son intérêt à agir contre la décision du CRD relative à la passation du marché public pour obtenir son annulation[1060].

[1058] LAJOYE, C., *op. cit.*, p. 152.

[1059] Ces jurisprudences sont citées par LAJOYE, C., *op. cit.*, pp. 151-152.

[1060] René Pascal DIOUF note, d'ailleurs, que « s'agissant des entreprises, le principe posé par le juge administratif est que l'intérêt leur donnant qualité pour agir est conditionné à leur participation à la procédure de passation du marché ayant donné lieu à l'acte détachable objet de recours pour excès de pouvoir. Cette participation se manifeste par le dépôt d'une soumission, et en pareille occurrence, la recevabilité du recours de l'entreprise ne fait pas l'ombre d'un doute, en principe » (DIOUF, R. P., « Le contrôle des marchés publics par le juge administratif », *op. cit.*, p. 31).

Toutefois, la situation des candidats à une procédure d'attribution d'un marché public est loin d'être simple et uniforme. « On peut ainsi distinguer les cas d'une entreprise ayant présenté sa candidature mais n'ayant pas soumissionné, celui d'une entreprise ayant présenté sa candidature mais n'ayant pas été, à juste titre, retenue, celui encore d'une entreprise ayant participé à une précédente procédure d'appel d'offres, celui d'une entreprise n'ayant pas du tout participé à la procédure de choix du cocontractant de l'autorité contractante. »[1061] La position du juge administratif a évolué d'une position hostile à une position favorable à la recevabilité du recours de l'entreprise qui a présenté sa candidature mais n'a pas soumissionné[1062]. Ainsi, dans le cadre d'un appel d'offres restreint, le juge administratif a estimé qu'une entreprise qui avait présenté sa candidature et avait été retenue sur la liste des candidats admis à présenter des offres justifiait d'un intérêt lui donnant qualité à agir contre la décision de l'autorité contractante de passer un marché public avec une autre entreprise concurrente, bien qu'elle se soit abstenue après de déposer une soumission (CE 6 décembre 1995, *Département de l'Aveyron et autres*). De même, le juge administratif a déclaré recevable la requête d'une entreprise ayant participé à une précédente procédure d'appel d'offres : « bien que l'entreprise se soit abstenue de présenter une offre lors de la consultation ayant précédé la passation du marché (...) elle avait manifesté son intérêt à obtenir le marché et avait renoncé à présenter une offre à l'occasion du marché négocié afin de protester contre les irrégularités ayant entaché, selon elle, cette procédure ; que, par suite, la cour ne pouvait se fonder sur l'abstention de l'entreprise (...) pour estimer qu'elle ne pouvait, en tout état de cause, se prévaloir d'aucun préjudice résultant de ces irrégularités » (CE 12 mars 1999, *Entreprise Porte c/Communauté urbaine de Bordeaux*).

En revanche, il est de principe que la requête de l'entreprise qui a présenté sa candidature mais n'a pas été, à juste titre, retenue, est irrecevable, sauf si elle apporte la preuve de l'irrégularité de sa non-retenue[1063]. Il en va ainsi, en principe, de la requête d'une entreprise n'ayant pas du tout participé à la procédure de passation du marché public. Pourtant, dans un arrêt du 12 avril 2012 (*Association*

[1061] DIOUF, R. P., « Le contrôle des marchés publics par le juge administratif », *op. cit.*, p. 31.

[1062] *Ibid.*

[1063] DIOUF, R. P., « Le contrôle des marchés publics par le juge administratif », *op. cit.*, p. 31.

sénégalaise des hémodialysés et insuffisants rénaux [ASHIR] c/AMP), la Cour suprême, devant les allégations de l'entreprise Carrefour Médical qui a disqualifié la requérante pour n'avoir pas participé à la procédure de passation du marché en tant que soumissionnaire, contrairement à la société FRESENIUS qui a participé mais n'a pas été désignée attributaire du marché, a reconnu un intérêt à agir pour l'Association sénégalaise des hémodialysés et insuffisants rénaux contre la décision du CRD portant attribution d'un marché relatif aux kits d'hémodialyses jugés dangereux pour les membres de l'Association dont l'activité consiste à accompagner psychologiquement les malades et à faire le plaidoyer pour l'accessibilité de la dialyse et la disponibilité des médicaments et des kits.

Toutes choses qui démontrent que le *seuil de participation* à une procédure de passation d'un marché public est difficile à déterminer, voire versatile, et que surtout, « le juge administratif fait preuve d'un libéralisme certain en ce qui concerne l'appréciation de l'intérêt donnant qualité pour agir sans que cela n'aboutisse à la consécration d'un recours populaire »[1064].

iii) Les conditions de recevabilité relatives au délai du recours

Avant 2022, le délai de recours en annulation contre la décision du CRD était traditionnellement de deux (2) mois à compter de la notification de la décision attaquée. Le recours introduit hors délais était déclaré irrecevable pour tardiveté (CS 10 décembre 2009, *Société SEN TECHNOLOGY SARL c/ARMP*). En vertu de l'article 74-1 bis de la loi organique n° 2017-09 du 17 janvier 2017 sur la Cour suprême tel que modifié par la loi organique n° 2022-16 du 23 mai 2022, le recours en annulation contre la décision rendue par le CRD est formé « dans le délai de quinze (15) jours à compter de la notification de l'acte attaqué ». Ce raccourcissement du délai de recours en annulation participe sans doute au respect de l'exigence de célérité des procédures de passation des marchés publics.

iv) Les conditions de recevabilité relatives à la forme et à la procédure

D'abord, le recours en annulation contre une décision rendue par le CRD de l'ARCOP en matière de passation de marchés est formé par

[1064] DIOUF, R. P., « Le contrôle des marchés publics par le juge administratif », *op. cit.*, p. 30.

simple requête enregistrée au greffe de la Cour suprême. Il doit, à peine de *déchéance*, être signifié à la partie adverse dans les quinze (15) jours suivant le dépôt de la requête. La partie adverse peut produire un mémoire en défense dans le mois suivant la signification du recours. Passé ce délai, le président de la chambre saisie fixe, immédiatement, la date à laquelle l'affaire sera portée à l'audience[1065]. La Cour suprême attache du prix au respect strict des dispositions de l'article 38 de la loi organique sur la Cour suprême et frappe de déchéance les requérants qui n'ont, par exemple, pas signifié à la partie adverse la requête accompagnée de la décision attaquée dans les délais et formes prévus par le législateur organique (CS 26 avril 2012, *Ingénieurs Consultants Associés* ; CS 13 juillet 2017, *Compagnie Sénégalaise des Travaux Publics SA c/ARMP*).

Ensuite, le recours en annulation formé devant la Cour suprême n'est recevable que s'il est *précédé d'un recours contentieux devant le CRD*. Est ainsi déclaré « irrecevable le recours introduit *directement* devant la Cour suprême par la requérante contre la décision de l'autorité contractante portant attribution provisoire du marché » (CS 28 novembre 2013, *Al Firdaws Services c/ARMP* ; CS 08 juin 2017, *Société Quali-Plaques c/État du Sénégal*). Dans l'affaire *Al Firdaws Services c/ARMP*, la société *Al Firdaws Services* a présenté un recours par lequel elle contestait aussi bien la décision du CRD que celle de l'autorité contractante ayant attribué provisoirement le marché de nettoiement ayant fait l'objet de l'appel d'offres n° 01/2012 lancé par le Centre hospitalier Abass Ndao à l'entreprise Serigne Fallou (ESEF). La Cour suprême a déclaré irrecevable le recours formé par la société *Al Firdaws Services* contre la décision d'attribution provisoire du marché à ESEF. Quant au recours dirigé contre la décision du 18 mai 2012 et la décision du juin 2016 du CRD, il est recevable mais rejeté au fond.

Dans l'affaire *Société Quali-Plaques c/État du Sénégal*, la requérante a formé un recours contre la décision d'attribution provisoire du marché au groupement GEMALTO/FACE Technologies suivant avis du 25 juillet 2016 publié dans le journal *Le Soleil*. L'État du Sénégal a soulevé l'irrecevabilité du recours au motif que seules les décisions du CRD peuvent faire l'objet d'un recours pour excès de pouvoir et non la décision d'attribution provisoire d'un marché. La

[1065] Article 74-1 bis de la loi organique n° 2017-09 du 17 janvier 2017 sur la Cour suprême tel que modifié par la loi organique n° 2022-16 du 23 mai 2022.

Cour suprême, fidèle à sa jurisprudence antérieure, lui a donné raison en déclarant irrecevable le recours en annulation introduit par la *société Quali-Plaques*. Ainsi, contrairement en France, au Sénégal, les actes détachables du marché public relatifs à la procédure de passation ne peuvent être attaqués *directement* par voie de recours pour excès de pouvoir devant la Cour suprême. Le passage au CRD des candidats évincés du marché public est nécessaire s'ils ont l'intention de saisir le juge de l'excès de pouvoir.

Par ailleurs, le recours en annulation de la décision du CRD pouvait être assorti d'une demande de *sursis à exécution* de ladite décision. Le juge de l'excès de pouvoir avait répondu favorablement lorsque les moyens paraissaient sérieux en l'état actuel de l'instruction et que le préjudice encouru par le requérait était irréparable. Ainsi, dans son arrêt du 25 septembre 2008, *État du Sénégal c/ARMP, CRD de l'ARMP et Agence Autonome des Travaux Routiers (AATR)*, la Cour suprême a ordonné le sursis à exécution de la décision n° 014 du 27 juin 2008 du CRD excluant le contrôleur financier de la commission des marchés de l'AATR, en ce sens que non seulement « les moyens ainsi soulevés paraissent sérieux en l'état actuel de l'instruction », mais aussi « le préjudice encouru par le requérant en cas d'exécution de la décision attaquée serait difficilement réparable pour le contrôleur financier qui ne pourra plus jouer sa mission de contrôle et d'alerte dans la passation des marchés publics ». La procédure de demande de sursis à exécution de la décision administrative est remplacée par celle de demande de la *suspension de l'exécution* de l'acte attaqué, qui peut être ordonnée par le juge de l'excès de pouvoir, notamment le juge des référés, lorsque l'urgence le justifie et qu'il est fait état d'un moyen propre à créer, en l'état de l'instruction, un doute sérieux quant à la légalité de l'acte attaqué.

b. L'examen au fond du recours en annulation

Les moyens du recours en annulation dirigé contre la décision du CRD relative à la passation d'un marché public portent sur la légalité externe (i) et sur la légalité interne (ii). Ces moyens de légalité externe et interne sont appréciés *in concreto* par le juge de l'excès de pouvoir. Toutefois, selon la jurisprudence administrative sénégalaise, « en matière de contentieux des marchés publics, seules les irrégularités substantielles de nature à exercer une influence sur la sincérité de la procédure suivie ou l'égalité de traitement des candidats sont sanctionnées par le juge administratif » (CS 23 janvier 2020, *SDE c/ARMP & État du Sénégal*). En d'autres termes, toutes les irrégularités, qu'elles soient externes ou internes, des décisions du CRD relatives à la passation de marchés publics ne sont pas nécessairement sanctionnées par le juge de l'excès de pouvoir, qui peut écarter l'annulation de la décision du CRD attaquée lorsqu'il estime que l'irrégularité entachant la décision attaquée n'est pas substantielle. Cela peut aisément s'expliquer dans une approche économique du marché public adoptée par le juge. En effet, « si la règlementation des marchés publics est fondée sur des règles formalistes, il ne faut pas oublier que cette caractéristique se justifie par le souci d'une bonne utilisation des deniers publics. Cela étant, il est évident qu'un formalisme abusif peut conduire à l'état inverse ; la remise en cause d'un appel d'offres du fait, par exemple, d'un problème de publicité, de délai d'examen des offres, ou de conformité des documents fiscaux ou sociaux n'est pas nécessairement positive dans une perspective d'optimisation des dépenses publiques »[1066].

i) Les moyens de légalité externe

Le juge de l'excès de pouvoir vérifie s'il y a un vice d'incompétence ou des vices de forme et de procédure de nature à entacher d'illégalité la décision rendue par le CRD en matière de passation de marchés publics.

➢ Le vice d'incompétence

Il y a incompétence lorsque l'acte administratif est pris par une autorité administrative qui n'avait pas qualité pour le prendre (incompétence positive) ou qui a refusé à tort de le prendre (incompétence négative), au regard des dispositions légales ou règlementaires qui régissent les attributions de l'autorité administrative. L'incompétence peut être matérielle, territoriale ou temporelle. L'arrêt de la Cour suprême du 10 mai 2012, *Cellule nationale de traitement des informations financières (CENTIF) c/CRD de l'ARMP* peut être cité à titre d'illustration du contrôle du vice d'incompétence par le juge administratif en matière de contentieux des marchés publics. Dans cette affaire, la CENTIF avait saisi le CRD le 19 août 2010 d'une demande d'avis suite à la décision par laquelle la DCMP a rejeté sa demande d'immatriculation du marché relatif à l'acquisition de deux véhicules. Par décision du 8 septembre 2010, le CRD a donné raison à la DCMP.

[1066] PEYRICAL, J.-M., *op. cit.*, p. 5.

La CENTIF a introduit un recours en annulation contre cette décision du CRD en invoquant l'incompétence du CRD, en ce que ce dernier s'est considéré saisi à tort en Commission Litiges alors que la CENTIF l'avait saisi d'une demande d'avis pour la bonne compréhension de certains éléments techniques d'une procédure et non de réclamations relatives à des irrégularités commises en matière de passation de marchés. Dans son arrêt rendu, en l'affaire, la Cour suprême estime « qu'en saisissant l'ARMP pour contester l'avis défavorable de la DCMP, la CENTIF a formulé une demande de réclamation que celle-ci ne pouvait soumettre qu'au Comité de règlement des différends pour trancher un litige déjà né, la procédure d'appel d'offres ayant été clôturée par un avis d'attribution. Qu'ainsi, la qualification de demande d'avis que la CENTIF donne à son recours adressé à l'ARMP étant erronée, *c'est donc à tort qu'elle plaide l'incompétence du CRD* ».

➢ Les vices de forme et de procédure

Il y a vice de forme et de procédure lorsque l'acte administratif est élaboré en méconnaissance des règles de forme et de procédure exigées à cet effet pour garantir les intérêts des administrés. Ainsi, la Cour suprême, dans son arrêt du 13 janvier 2011, *Port autonome de Dakar c/CRD de l'ARMP*, a annulé la décision n° 040/10 du 21 avril 2010 du CRD statuant en Commission Litiges rendue sur saisine du Port autonome de Dakar sur la question du caractère obligatoire ou non de la présence du magistrat dans la composition du CRD, au motif « que cette présence du magistrat dans un organe investi du pouvoir de trancher des litiges, doit être analysée comme une *formalité substantielle* dans la mesure où elle garantit les droits des personnes et est susceptible de changer le sens de la décision ; Qu'en conséquence, la méconnaissance de la règle impérative qui détermine la composition du Comité de Règlement des Différends a vicié, en la forme, la décision prise sans la présence du magistrat ».

En effet, la Haute juridiction sénégalaise s'est appuyée sur les dispositions de l'article 18, alinéa 3, du décret n° 2007-546 du 25 avril 2007 portant organisation et fonctionnement de l'ARMP qui prévoyaient que « dans tous les cas, au moins, un des membres de l'administration doit être un magistrat ».

ii) Les moyens de légalité interne

Du point de vue de la légalité interne de la décision du CRD attaquée, le juge administratif semble s'orienter vers l'exercice d'un *contrôle minimum*[1067] sur les procédures de passation des marchés publics ; en atteste la référence à l'erreur manifeste d'appréciation qui est l'approche la plus significative du contrôle minimum[1068]. La raison du choix du contrôle minimum par le juge administratif réside dans son souci de reconnaître à l'Administration contractante une liberté de choix et une responsabilité large dans l'attribution d'un marché public, sur la base de critères objectifs préalablement définis et choisis. Exercer un contrôle normal ou approfondi pourrait justement saper cette liberté et cette responsabilité dont jouit l'autorité contractante et sa commission des marchés. Aussi le juge administratif avait-il « considéré qu'il était plus approprié d'exercer un contrôle minimum sur les choix effectués. De cette façon, il laisse à l'administration le soin de prendre la décision qu'elle considère la meilleure et n'intervient que pour sanctionner les manquements les plus caractérisés au respect de l'égalité et de la concurrence entre les candidats »[1069]. Dans le cadre de son contrôle de régularité interne de la décision du CRD relative à la procédure de passation des marchés publics, le juge administratif sénégalais vérifie, en effet, s'il y a détournement de pouvoir, violation de la loi, erreur de droit, erreur de fait, voire, dans certains cas, erreur manifeste d'appréciation.

➢ Le détournement de pouvoir

Le détournement de pouvoir « consiste pour l'autorité administrative à utiliser ses pouvoirs dans un but autre que celui pour lequel ils ont été conférés » (CES 25 juin 1997, *PDS c/État du Sénégal*), soit l'acte administratif vise à satisfaire un intérêt particulier ou privé, soit il vise un intérêt général autre que l'intérêt général en vue duquel les pouvoirs sont conférés à l'autorité administrative. L'arrêt de la Cour suprême du 31 mars 2011, *Société Générale de Surveillance (SGS) c/Conseil exécutif des Transports urbains de Dakar (CETUD « B ») &*

[1067] « À la différence du *contrôle normal*, qui conduit le juge à contrôler à la fois l'exactitude matérielle des faits, leur qualification juridique et l'adéquation existant entre les motifs de l'acte et son objet, le *contrôle restreint* n'englobe pas l'examen de la qualification juridique des faits. Cette réserve du juge s'explique essentiellement pour des raisons tenant à la technicité de certaines matières. Estimant que ses compétences ne lui permettent pas d'appréhender certains secteurs, le juge préfère renoncer à examiner les incidences des faits sur la décision prise. En agissant ainsi, le juge fait preuve de sagesse. D'une certaine façon, il trace les limites de son champ d'action » (ENTIOPE, M., *op. cit.*, pp. 170-171).

[1068] ENTIOPE, M., *op. cit.,* p. 170.

[1069] ENTIOPE, M., *op. cit.*, p. 172.

ARMP & État du Sénégal illustre ce contrôle du détournement de pouvoir en contentieux des marchés publics par le juge administratif sénégalais. En l'espèce, la SGS a sollicité le 2 décembre 2010 l'annulation de l'attribution provisoire du marché du CETUD dit B, notifiée le 20 octobre 2010, et la décision de rejet du 29 octobre 2010 du président du CRD, pour, entre autres moyens, détournement de pouvoir, en ce que le CETUD avait, dès le début de l'appel d'offres, opté pour un candidat pour avoir déjà attribué la présente concession au Bureau Veritas le 30 novembre 2009 et, nonobstant l'annulation par le CRD le 11 janvier 2010, persisté dans sa volonté démesurée d'attribuer le marché au concurrent alors qu'elle propose une redevance plus intéressante outre sa proposition de redevance d'investissement et de régulation. Pour la Cour suprême, étant donné que le CETUD « s'est conformé aux prescriptions du CRD lors de la procédure de relance du marché qui a été à nouveau attribué au Bureau Veritas ; Qu'en outre, *il ne résulte pas du dossier que l'autorité contractante a exercé son pouvoir pour un objet autre que celui en vue duquel, il a été conféré par la loi* ».

➢ La violation de la loi

Il y a violation de la loi au sens large lorsque l'acte administratif contrarie une norme supérieure. Ainsi, dans son arrêt du 3 juin 2011, *CERTEC SA c/ARMP*, la Cour suprême a sanctionné la violation du cahier des charges par le CRD qui, pour écarter l'argument de la société CERTEC selon lequel la commission des marchés n'a rapporté aucune preuve de la possession par l'attributaire de ressources humaines formées par le fabricant pour assurer le service après-vente des produits proposés, s'est borné à indiquer que « la société Carrefour Médical a prévu dans le cadre de l'appel d'offres, un service après-vente doté de moyens matériels (parcs véhicules, matériel de test complet, divers outillages), de moyens humains et d'un atelier de maintenance » et « qu'il n'est précisé dans le dossier d'appel d'offres aucun critère de qualification sur le niveau de formation des équipes de maintenance… », alors que le cahier des charges prévoit clairement que « Si le fournisseur n'est pas le constructeur, il devra produire tous certificats d'agrément du constructeur et de formation technique de ses équipes ». Pour la Cour, « la décision attaquée, qui a rejeté le recours de la société CERTEC, sans relever la production par l'attributaire provisoire des certificats d'agrément du constructeur et de formation technique de ses équipes, comme exigé par le cahier des charges, encourt l'annulation ». De même, dans l'arrêt du 27 octobre 2016,

Société SONERCO c/ARMP & ministère des Forces armées, la Cour suprême a affirmé que « le fait pour la commission des marchés du ministère des Forces armées de s'abstenir de saisir la DCMP constitue un vice de procédure en ce qu'il empêche cette direction d'exercer le contrôle *a priori* qu'elle est chargée d'assurer ; que dès lors, en ordonnant la continuité de la procédure après avoir constaté la violation de l'article 140 du Code des marchés publics, le CRD *a méconnu les dispositions du texte susvisé* ».

- L'erreur de droit

Il y a erreur de droit lorsque l'autorité administrative commet un vice de raisonnement juridique au moment de prendre l'acte administratif, aboutissant à un manque ou défaut de base légale pour l'acte administratif ou à une interprétation erronée de la norme applicable. Ainsi, dans un arrêt du 12 mars 2020, *Société DELGAS Assainissement c/ARMP*, la Cour suprême, après avoir rappelé que le pouvoir de l'autorité contractante dans l'élaboration et la mise en œuvre des critères du DAO n'est pas discrétionnaire, mais soumis au contrôle de la juridiction compétente et de l'Autorité de régulation des marchés publics dont les observations et demandes formulées par le CRD dans le cadre de l'exercice de son contrôle de régularité d'une procédure de passation s'imposent à la Commission des marchés qui doit s'y conformer, estime qu'« en s'abstenant de sanctionner ses manquements en annulant la procédure d'attribution du marché alors qu'il a établi dans ses propres constatations que la commission des marchés n'avait pas tenu compte des observations et indications données sur les justificatifs exigés des candidats en vue de l'évaluation des offres, le CRD *a privé sa décision de base légale* ».

- L'erreur de fait

Il y a erreur de fait lorsque l'autorité administrative commet un vice de raisonnement factuel au moment de prendre l'acte administratif, conduisant à une inexactitude matérielle ou à une qualification juridique erronée des faits qui sous-tendent l'édiction de l'acte administratif.

Ainsi, dans un arrêt du 23 janvier 2020, *SDE c/ARMP*, la Cour suprême, saisie par la SDE d'un recours en annulation contre la décision du 29 mai 2019 du CRD dans l'affaire relative à la procédure d'appel d'offres lancée par le ministère de l'Hydraulique et de l'Assainissement pour la sélection d'un opérateur chargé de la gestion du service public de production et de distribution d'eau potable en zone urbaine et périurbaine, a examiné le moyen de la requérante tiré d'une erreur de qualification juridique, d'une part, sur la non-conformité substantielle de l'offre de la SDE et, d'autre part, sur la recevabilité de l'offre du fait d'un conflit d'intérêts en violation des articles 6 de la directive 5 de l'UEMOA, 9 du contrat de performance et 56.2 du contrat d'affermage. Pour la Cour, en approuvant l'appréciation de l'autorité délégante qui a considéré comme une non-conformité substantielle l'option prise par la SDE d'établir dans son offre une projection de 408 000 branchements sociaux financés par le concessionnaire alors que le DAO ne mentionne que 85 000 branchements, une telle majoration dans les prévisions de branchements pouvant accroître les engagements financiers de l'État, le CRD, qui a relevé « qu'en décidant de faire son offre sur la base de projections non prévues dans les documents de l'appel d'offres, la SDE encourt le risque de non-conformité de l'offre, pour divergence majeure conformément à la clause IC 29.2 qui renseigne qu'une offre conforme pour l'essentiel est une offre conforme à toutes les stipulations, spécifications et conditions du dossier d'appel d'offres, sans divergence, réserve ou omission substantielle », et qui a jugé fondé le grief du classement inadéquat des biens de télérelève retenu par l'autorité délégante, « *n'a pas commis une erreur de qualification* ». De même, par rapport à l'accusation de conflit d'intérêt porté à l'encontre de Suez Groupe, attributaire provisoire du marché d'affermage, la Cour estime qu'en relevant « que la SDE n'a pas démontré l'existence d'une information que détiendrait Suez groupe dans le cadre de la procédure relative à l'affermage, du fait de l'implication de Suez International dans KMS3, susceptible de lui procurer un avantage sur ses concurrents à l'appel d'offres » puis constaté que « les dispositions de l'article 9 du projet de performance opposable au fermier qui serait retenu, ont vocation à s'appliquer aux ouvrages à réaliser dans le cadre du futur contrat d'affermage, à partir de son entrée en vigueur et non aux ouvrages entamés ou déjà exécutés, qui seront dans le patrimoine du concessionnaire » pour en déduire l'absence de tout conflit d'intérêt, le *CRD n'a pas commis une erreur de qualification juridique* ».

➢ L'erreur manifeste d'appréciation

L'erreur manifeste d'appréciation est « une erreur apparente et grave rendant la décision inadaptée aux motifs qui l'ont provoquée ou est constituée lorsque l'Administration s'est, de manière grossière, trompée dans l'appréciation des faits qui ont motivé sa décision » (CS 18 octobre 2018, *Institut Pasteur de Dakar c/État du Sénégal*). Ainsi, dans un arrêt du 29 novembre 2012, *Société Angélique International*

Limited (AIL) c/ARMP, ASER, société ENCO et DCMP, la Cour suprême a procédé à un contrôle de l'erreur manifeste d'appréciation : « Considérant que le CRD en tirant argument du seul fait que les travaux n'étaient pas terminés à la date de la réunion du 7 mai 2012 pour retenir que l'attestation délivrée antérieurement par l'ASER à AIL est fausse a fait une interprétation erronée des minutes de la réunion ; Considérant ainsi qu'en partant de ce constat erroné de la fausseté de l'attestation pour écarter l'offre du soumissionnaire AIL au motif qu'il n'a pas rempli le critère sur la capacité technique et l'expérience, le CRD a commis une erreur manifeste d'appréciation ».

2. Le déféré du marché d'une collectivité territoriale par le représentant de l'État

Nul ne peut attaquer par la voie du recours pour excès de pouvoir un marché public, sauf s'il comporte des clauses règlementaires (CE Ass., 10 juillet 1996, *Cayzeele*). Pourtant, dans le cadre du contrôle de légalité des actes des collectivités territoriales, le représentant de l'État exerce un contrôle sur les marchés publics des collectivités territoriales,[1070] qui consiste à vérifier le respect par les collectivités territoriales de la règlementation des marchés publics.

Lorsqu'il estime qu'ils sont entachés d'illégalité, le représentant de l'État peut déférer à la Cour suprême les marchés publics de la collectivité territoriale qui ne sont pas soumis à *l'approbation préalable du représentant de l'État*, c'est-à-dire les marchés publics inférieurs au montant fixé par décret, dans les deux (2) mois suivant leur transmission[1071]. Il peut assortir son déféré d'une demande de suspension de l'exécution du marché concerné[1072]. La Cour suprême se prononce sur le déféré dans un délai maximum d'un (1) mois[1073]. Elle peut alors annuler le marché public déféré s'il est entaché d'illégalité ou rejeter le recours du représentant de l'État s'il n'est pas fondé. L'engouement suscité par ce changement dans le régime des contrats administratifs, très vite qualifié de « petite révolution juridique », ne

---

1070 Article 245 du CGCT.

1071 Article 246 du CGCT : « Le représentant de l'État défère à la Cour suprême les actes mentionnés aux articles 243 et 244 du présent code qu'il estime entachés d'illégalité, dans les deux mois suivant leur transmission. »

1072 Article 247 du CGCT.

1073 Article 246 du CGCT.

doit pas être exagéré. « Certes, la possibilité reconnue au juge administratif d'annuler les contrats conclus par les collectivités locales, a constitué une avancée significative. Mais, si cette innovation a permis de briser quelque peu l'étanchéité qui existe entre le contentieux de l'excès de pouvoir et celui du plein contentieux, il ne faut pas oublier qu'elle vise seulement les actes des collectivités locales. En aucun cas, les contrats des autres personnes publiques ont bénéficié de ce nouveau régime. »[1074] Le déféré du marché public par le représentant de l'État étant « un recours pour excès de pouvoir spécial contre les contrats »[1075], les règles gouvernant la recevabilité et l'examen au fond du recours pour excès de pouvoir s'appliquent *mutatis mutandis* au déféré du marché public de la collectivité territoriale par le représentant de l'État.

En revanche, « les marchés supérieurs à un montant fixé par décret » conclus par une collectivité territoriale et visés par l'article 245 du CGCT, qui sont soumis à l'approbation préalable du représentant de l'État, ne peuvent faire l'objet de déféré du représentant de l'État[1076]. En effet, dans l'arrêt du 28 septembre 2002, *Sous-préfet de Baba Garage c/Conseil rural de Dinguiraye*, le Conseil d'État sénégalais avait considéré que la délibération attaquée, relevant des affaires domaniales, fait partie des actes soumis à l'approbation préalable du représentant de l'État, dès lors, elle ne peut faire l'objet d'un déféré du représentant de l'État.

De son côté, l'autorité locale (maire, président du conseil départemental) peut parfaitement déférer à la Cour suprême, pour excès de pouvoir, la décision de refus du représentant de l'État d'approuver les marchés de la collectivité territoriale « supérieurs à un montant fixé par décret ». Ce recours fait l'objet de la procédure applicable au recours du représentant de l'État contre les actes des collectivités territoriales à lui transmis.

[1074] ENTIOPE, M., *op. cit.*, pp. 148-149.

[1075] FALL, I. M., « Le contrôle de légalité des actes des collectivités locales au Sénégal », *Afrilex* n° 5, p. 91.

[1076] FALL, I. M., *op. cit.*, p. 92.

B. Les recours de plein contentieux devant le juge du contrat

En matière de contentieux de la passation des marchés publics, il existe deux voies de recours de plein contentieux devant le juge du contrat : l'action en nullité du marché public (1) et l'action en réparation du préjudice subi par un candidat au marché public (2). Les deux actions en justice sont soumises à la *procédure en matière administrative* prévue à l'article 729 du Code de procédure civile et suivants, notamment à la règle du recours administratif préalable obligatoire, à la formalité de l'assignation et au respect du délai de recours contentieux des deux mois. La juridiction compétente est le tribunal de grande instance du lieu de signature du marché ou du lieu d'exécution des prestations prévues par le marché public[1077]. Quant au contentieux de la passation des marchés des sociétés nationales et sociétés anonymes à participation publique majoritaire, il est soumis aux tribunaux de grande instance statuant en matière civile, qui appliqueront les règles du droit privé et la procédure civile. En effet, alors même que le Code des marchés publics s'applique à leur passation, les marchés des sociétés publiques n'en restent pas moins des contrats de droit privé.

1. L'action en nullité du marché

L'*action en nullité* du marché est l'action en contestation de la validité du marché qui consiste pour le requérant à faire constater, par le juge du contrat (tribunal de grande instance compétent statuant en matière administrative), l'absence de lien contractuel en raison d'une irrégularité affectant le marché, notamment la procédure de sa passation. Il en est ainsi du marché conclu par l'autorité contractante sans l'autorisation préalable à laquelle la conclusion du marché est soumise, du marché conclu par une personne non habilitée à cet effet, d'offres et soumissions non signées, etc. Lorsque la nullité est prononcée par le juge, le marché et les obligations contractuelles des parties disparaissent *ab initio*. Ainsi, l'entrepreneur doit restituer les

---

[1077] Aux termes de l'article 34, alinéa 4, du Code de procédure civile : « Les contestations relatives à des fournitures, travaux, locations, louages d'ouvrage ou d'industrie, peuvent être portées devant le juge du lieu où la convention a été contractée ou exécutée, lorsqu'une des parties est domiciliée dans ce lieu ; s'il y a plusieurs défendeurs, devant le tribunal du domicile de l'un d'eux au choix du demandeur. »

avances ou acomptes perçus, le maître d'ouvrage doit rendre les garanties, le titulaire du marché n'a pas droit à une rémunération pour les prestations effectuées, mais peut demander une indemnisation sur le fondement de la responsabilité extracontractuelle. L'action en nullité du marché est exercée dans les conditions prévues pour le recours de pleine juridiction.

La jurisprudence administrative française appréhende les conséquences de la nullité ou de l'inexistence du contrat administratif de deux manières. D'abord, elle admet que le cocontractant « qui ne peut réclamer le paiement de sa prestation en invoquant les stipulations d'un contrat nul, peut demander à la collectivité le remboursement de ses dépenses qui ont été utiles à ladite collectivité (théorie de l'enrichissement sans cause) »[1078]. Ainsi, « il est vrai, que le cocontractant de l'administration dont le contrat est entaché de nullité est fondé à réclamer, en tout état de cause, le remboursement de celles de ses dépenses qui ont été utiles à la collectivité envers laquelle il s'était engagé ; que dans le cas où la nullité du contrat résulte, comme en l'espèce, d'une faute de l'administration, il peut en outre prétendre à la réparation du dommage imputable à cette faute et le cas échéant, demander à ce titre, le paiement du bénéfice dont il a été privé par la nullité du contrat si toutefois le remboursement à l'entreprise de ses dépenses utiles ne lui assure pas une rémunération supérieure à celle que l'exécution du contrat lui aurait procuré ; (...) par ailleurs que lorsque le juge, saisi d'un litige engagé sur le terrain de la responsabilité contractuelle, est conduit à constater, le cas échéant d'office, la nullité du contrat, les cocontractants peuvent poursuivre le litige qui les oppose en invoquant, y compris pour la première fois en appel, des moyens tirés de l'enrichissement sans cause que l'application du contrat frappé de nullité a apporté à l'un d'eux ou de la faute consistant, pour l'un d'eux, à avoir passé un contrat nul, bien que ces moyens, qui ne sont pas d'ordre public, reposent sur des causes juridiques nouvelles » (CE Sect. 20 octobre 2000, *Société Citécâble Est*)[1079]. L'action en répétition de l'enrichissement sans cause engagée par le cocontractant à l'égard de l'Administration contractante « ne permettra toutefois au créancier d'être indemnisé de ses charges que dans la mesure et à la hauteur de ce qu'elles ont profité à l'administration. La théorie de l'enrichissement

---

1078 CHABANOL, D., JOUGUELET, J.-P., BOURRACHOT, F., *op. cit.*, p. 299.

1079 Cet arrêt reprend l'arrêt du Conseil d'État du 23 mai 1979, *Commune de Fontenay-Le-Fleury*.

sans cause ne vise donc pas d'abord à réparer le préjudice subi par le créancier en l'enrichissant de l'ensemble de ses charges, mais bien à faire en sorte que l'administration reverse les sommes correspondant au montant dont elle s'est enrichie »[1080].

Ensuite, le juge administratif français peut envisager « l'indemnisation de la totalité du préjudice du cocontractant de l'administration sur le fondement de la faute commise par l'administration (responsabilité quasi délictuelle) »[1081], l'Administration pouvant invoquer la faute du cocontractant qui a accepté d'exécuter les prestations en dehors de tout contrat ou en application d'un marché dont l'irrégularité ne pouvait lui échapper. Ainsi, « l'entrepreneur dont le contrat est entaché de nullité est fondé à réclamer, en tout état de cause, le remboursement de celles de ses dépenses qui ont été utiles à la collectivité envers laquelle il s'était engagé ; que dans le cas où la nullité du contrat résulte (…) d'une faute de l'administration, l'entrepreneur peut, en outre prétendre à la réparation du dommage imputable à cette faute et, le cas échéant, demander à ce titre le paiement du bénéfice dont il a été privé par la nullité du contrat, si toutefois le remboursement à l'entreprise de ses dépenses utiles ne lui assure pas une rémunération supérieure à celle à laquelle il aurait eu droit en application des stipulations du contrat » (CE 23 mai 1979, *Commune de Fontenay-le-Fleury*). De même, « il résulte de l'instruction, notamment des délibérations prises par le conseil municipal les 11 avril 1968 et 9 novembre 1977, qu'il a été demandé par la ville à M. Lothe d'établir un projet pour la construction d'un groupe scolaire ; que la ville a donné son accord de principe au projet présenté qui a été soumis au comité départemental des constructions scolaires le 20 novembre 1969 ; qu'elle a demandé la modification sur un point du projet ; que la ville a ensuite renoncé, à la fin de l'année 1971, à faire construire le groupe scolaire prévu sur la base du projet dressé par M. Lothe ; que la ville a ainsi commis une faute engageant sa responsabilité à l'égard de M. Lothe ; que ce dernier a toutefois commis une imprudence en établissant un projet sans engagement régulier de la ville ; que les premiers juges ont procédé à une exacte appréciation des circonstances de l'affaire en mettant à la charge de la ville les quatre cinquièmes du préjudice indemnisable » (CE 29 octobre 1986, *Ville de Beauchamp*).

[1080] Conclusions du Commissaire du gouvernement Savoie sur l'affaire *Citécâble Est*.
[1081] CHABANOL, D., JOUGUELET, J.-P., BOURRACHOT, F., *op. cit.*, p. 299.

Par ailleurs, « le juge du contrat peut intervenir, à la demande de l'Administration, pour condamner à des dommages et intérêts un cocontractant, et surtout un groupe de cocontractants de l'Administration dont la signature a été obtenue à la suite de manœuvres dolosives »[1082]. D'après la jurisprudence administrative, en effet, « ces manœuvres entraînent la résolution du contrat s'il est prouvé que sans elles l'autre partie n'aurait pas contracté ; qu'elles ne donnent lieu en revanche qu'à des dommages et intérêts au profit du cocontractant qui en a subi les effets lorsque, sans être la cause déterminante de sa volonté, elles ont eu pour résultat de l'amener à accepter des conditions plus onéreuses que celles auxquelles il aurait dû normalement souscrire et de lui causer ainsi un préjudice dont il est fondé à demander réparation »[1083].

2. Le recours en responsabilité contre l'autorité contractante

En matière de recours en responsabilité pour dommages causés lors de la passation d'un marché public, deux cas de figure peuvent se présenter : le cas où l'autorité contractante renonce à passer un marché public pour des raisons liées à l'intérêt général et le cas d'un candidat évincé irrégulièrement du marché public[1084]. Dans le premier cas de figure, l'action en réparation du soumissionnaire qui a subi un dommage est fondée sur la responsabilité sans faute (a). Dans le second cas de figure, l'action en réparation du candidat évincé irrégulièrement est placée sous l'angle de la responsabilité pour faute de l'autorité contractante (b).

a. L'action en responsabilité sans faute contre l'autorité contractante

De manière générale, l'article 45 du COA indique : « En cas de défaut de conclusion ou d'approbation du contrat, même en l'absence de faute, le titulaire du marché peut obtenir une indemnité si les prestations ont été fournies avec l'assentiment de l'Administration et

---

[1082] DIOUF, R. P., Marchés publics. La responsabilité des parties contractantes en question… », *Revue des marchés publics* n° 05, 2011, p. 23.

[1083] Jurisprudence (jugement du TA de Paris du 17 décembre 1998, *SNCF c/plusieurs sociétés* ; CAA de Paris arrêt du 22 avril 2004 ; CE, arrêt du 19 décembre 2007) citée par DIOUF, R. P., *op. cit.*, p. 23.

[1084] DIOUF, R. P., *op. cit.*, pp. 19-20.

lui ont profité. » Or, l'article 66 du CMP prévoit que « L'autorité contractante peut, après consultation de l'organe en charge du contrôle des marchés publics, ne pas donner suite à un appel d'offres pour des motifs d'intérêt général tels que la disparition du besoin qui était à l'origine de la procédure ou des montants d'offres trop élevés par rapport à la valeur estimée du marché ». Il s'agit là d'un « principe reconnu selon lequel une Autorité contractante peut renoncer à passer un marché public pour des raisons liées à l'intérêt général. Ce principe a été toujours affirmé dans les différents décrets régissant les marchés publics par le biais de dispositions avertissant que l'Autorité contractante se réserve la faculté de ne pas donner suite à un appel d'offres si elle n'a pas obtenu de propositions qui lui paraissent acceptables »[1085]. On se trouve ici en face d'une situation embarrassante où la procédure de passation entamée n'est pas poursuivie jusqu'à terme, l'autorité compétente ayant finalement choisi, dans l'intérêt général, de ne pas conclure le marché ou de ne pas l'approuver. Dans ces conditions, il est normal d'appliquer un régime de responsabilité sans faute qui permet à la victime du désistement de l'autorité contractante d'obtenir une indemnité à condition toutefois d'avoir exécuté, avec son assentiment, des prestations bénéfiques à l'autorité contractante.

Toutefois, dans son arrêt du 8 février 1989, *Régie des Chemins de Fer du Sénégal (RCFS) c/Agence Nationale de Nettoiement et d'Entretien*, la Cour suprême avait affirmé que « si l'Autorité administrative compétente dispose du pouvoir discrétionnaire de refuser de conclure un marché avec tous les soumissionnaires, elle ne peut, par contre, après adjudication, conclure avec un soumissionnaire autre que celui qui a été désigné ». En l'espèce, la RCFS avait décidé de ne pas donner suite à l'appel d'offres qu'elle avait lancé et pour lequel l'Agence Nationale de Nettoiement et d'Entretien (ANNE) avait soumissionné, puis avait conclu un marché avec l'entreprise ESUCIEX, autre soumissionnaire, en se fondant sur une clause de tacite reconduction contenue dans un contrat antérieur avec ESUCIEX. Mais, pour la Haute juridiction, « la Régie des Chemins de Fer ne pouvait, se souvenant curieusement et tardivement de la clause de tacite reconduction invoquée alors que le bénéficiaire ESUCIEX ne se la rappelait plus, rompre ses engagements avec l'Agence de Nettoiement, sans commettre une faute ». La décision de refuser de conclure le

[1085] DIOUF, R. P., *op. cit.*, p. 19.

marché suite à l'appel d'offres lancé n'étant pas légalement justifiée, dans ces conditions, « la faute commise par l'Autorité contractante entraîne la réparation des dommages qui en ont résulté. Ces dommages doivent avoir un lien direct de causalité avec la faute et être prouvés, sous le contrôle et l'appréciation du juge »[1086].

b. L'action en responsabilité pour faute contre l'autorité contractante

Le Code des marchés publics vise plus spécifiquement la situation du candidat à une procédure d'attribution d'un marché qui a subi un préjudice. Il est clair que le candidat malheureux à une procédure d'attribution d'un marché peut former successivement un recours gracieux préalable devant la personne responsable du marché, un recours contentieux devant le CRD et un recours en annulation contre la décision du CRD relative à l'attribution du marché public. Mais en plus de cette possibilité, il peut intenter une action en indemnité contre l'autorité contractante pour dommage causé par une *éviction irrégulière*. En effet, l'article 92 du CMP prévoit : « Le candidat qui s'estime lésé, conserve ses droits à réclamer réparation du préjudice subi devant les juridictions compétentes. Ce recours n'a cependant pas d'effet suspensif. »

Il en résulte d'abord que l'action en réparation n'est ouverte qu'aux *candidats évincés* du marché public. Elle n'est donc pas étendue, comme en France, à « *tout tiers* à un contrat administratif susceptible d'être lésé dans ses intérêts de façon suffisamment directe et certaine par sa passation ou ses clauses » (CE Ass. 4 avril 2014, *Département du Tarn-et-Garonne*). Mais à « ce niveau, le Code des marchés publics est allé plus loin que la Directive » n° 05/2005 de l'UEMOA[1087]. En effet, cette directive communautaire ouvre « aux *soumissionnaires* s'estimant injustement évincés » un recours contre « les procédures et décisions rendues à l'occasion de la procédure de passation et leur causant préjudice ».

Ensuite, l'action en réparation des candidats évincés est soumise aux règles générales de la responsabilité administrative pour faute. En effet, la responsabilité de l'autorité contractante ne sera engagée que si elle a commis une faute résultant de la violation de la règlementation

---

1086 DIOUF, R. P., *op. cit.*, p. 20.
1087 DIAO, P. M., *op. cit.*, p. 98.

en matière de passation des marchés publics et que le candidat évincé de la procédure de passation du marché public apporte la preuve d'un préjudice réel, certain et spécial, subi et directement provoqué par la violation fautive de la procédure de passation du marché par l'autorité contractante. À cet égard, comme il est de principe que toute illégalité de forme, de procédure ou de fond commise est constitutive de faute, l'illégalité peut résulter de la méconnaissance des obligations de mise en concurrence du marché public (éviction fondée sur des faits matériellement inexacts, évaluation des offres suivant des critères différents de ceux prévus dans le Code des marchés publics et le DAO, etc.) ou de la violation de la légalité externe (incompétence de l'autorité signataire du contrat, mauvaise composition de la commission des marchés, etc.)[1088]. D'autre part, l'existence du droit à une indemnisation et l'évaluation du préjudice réparable ainsi que du montant de la réparation dépendent de l'appréciation du juge. D'après la jurisprudence, en effet, « lorsqu'une entreprise candidate à l'attribution d'un marché demande la réparation du préjudice, né de son éviction irrégulière de ce dernier, il appartient au juge de vérifier d'abord si l'entreprise était ou non dépourvue de toute chance de remporter le marché ; (…) dans l'affirmative, l'entreprise n'a droit à aucune indemnité ; (…) dans la négative, elle a droit en principe au remboursement des frais qu'elle a engagés pour présenter son offre ; (…) il convient ensuite de rechercher si l'entreprise avait des chances sérieuses d'emporter le marché ; (…) dans un tel cas, l'entreprise a droit à être indemnisée de son manque à gagner, incluant nécessairement, puisqu'ils ont été intégrés dans ses charges, les frais de présentation de l'offre qui n'ont donc pas à faire l'objet, sauf stipulation contraire du contrat, d'une indemnisation spécifique… » (CE, 18 juin 2003, *Groupement d'entreprises solidaires ETPO Guadeloupe, Société BIWA-TER, société AQUA TP*). En pratique, le problème de l'indemnisation du candidat irrégulièrement évincé du marché public se situe moins au niveau de la prise en charge de la marge bénéficiaire qu'au niveau de celle des frais exposés par l'entreprise évincée pour l'établissement de son offre ; cette dernière demande de prise en charge est souvent rejetée au motif qu'« en l'absence de stipulations contractuelles prévoyant leur prise en charge par le maître d'ouvrage,

---

1088 DIOUF, R. P., *op. cit.*, p. 21 : « Cette attitude du juge est tout à fait justifiée puisque la participation à la procédure de passation d'un marché public comporte une part d'aléa et de risque que ne peut supporter l'Autorité contractante. C'est là le corollaire de la liberté d'accès à la commande publique. »

[ces frais] sont au nombre de ceux qui incombent normalement [à l'entreprise] d'engager pour obtenir l'attribution du marché et qui devaient trouver leur contrepartie dans la rémunération afférente à la réalisation [du marché] »[1089].

Enfin, la responsabilité contractuelle ou non contractuelle de l'administration relevant du plein contentieux, le juge compétent pour connaître de l'action en réparation du candidat irrégulièrement évincé du marché public et de l'action en réparation du soumissionnaire victime d'une décision de l'autorité contractante de refuser de conclure un marché public pour des raisons liées à l'intérêt général, est le *tribunal de grande instance* territorialement compétent statuant en matière administrative. Aux termes de l'article 92 du CMP, l'action en réparation du candidat évincé du marché public « n'a cependant pas d'effet suspensif » sur la procédure de passation du marché public.

SECTION II. LE RÈGLEMENT DU CONTENTIEUX DE L'EXÉCUTION DES MARCHÉS

D'après Issakha Ndiaye : « Dans la phase d'exécution du marché, la situation et les aspects du contentieux sont très différents, puisque les droits et intérêts du requérant sont très souvent des aspects financiers avec des questions comme : le règlement des prestations ou la résiliation du marché et ses conséquences. Les problématiques peuvent aussi être liées à la réception des prestations ou à la modification de certains aspects des prestations. »[1090] À l'instar du contentieux de la passation des marchés publics, le contentieux de l'exécution des marchés publics peut être réglé par un mode non juridictionnel ou par un mode juridictionnel. Il convient donc de distinguer le règlement non juridictionnel du contentieux de l'exécution des marchés publics (§1) du règlement juridictionnel du contentieux de l'exécution des marchés publics (§2).

[1089] *Ibid.*

[1090] NDIAYE, I., *Les recours dans le contentieux des marchés publics au Sénégal*, *op. cit.*, p. 18.

§1. Le règlement non juridictionnel du contentieux de l'exécution des marchés

La sphère d'intervention de la « *procédure spéciale de recours non juridictionnel* devant un organe créé au sein de l'Autorité de régulation de la commande publique » prévue par l'article 31 du COA modifié n'est pas seulement limitée au contentieux de la passation des marchés publics. Elle est étendue au contentieux de l'exécution des marchés publics à la fois par le Code des marchés publics et par le décret n° 2023-832 du 05 avril 2023 fixant les règles d'organisation et de fonctionnement de l'Autorité de régulation de la commande publique.

En effet, le premier texte prévoit : « En cas de différends relatifs à l'exécution des marchés publics, l'autorité contractante ou le titulaire du marché peut recourir au Comité de règlement des différends placé auprès de l'organe en charge de la régulation des marchés publics »[1091]. Le second texte intègre dans la mission de régulation la fonction « de rendre des avis ou de proposer des solutions dans le cadre du règlement amiable des litiges nés à l'occasion de leur exécution »[1092]. Selon Issakha Ndiaye, « le règlement non juridictionnel du contentieux relatif à l'exécution du marché procède d'une volonté de rendre pacifiques des relations entre l'Autorité contractante et son cocontractant, titulaire du marché. La recherche de solution non juridictionnelle préserve ainsi les relations entre les parties et ''épargne'' le projet objet du marché en minimisant les effets du contentieux sur celui-ci »[1093].

Ainsi, d'après le Code des marchés publics, les parties à un marché public ont la possibilité de saisir le CRD de l'ARCOP pour un « règlement amiable » des litiges nés à l'occasion de l'exécution de leur marché[1094]. Il convient d'examiner les conditions et modalités de la saisine du CRD (A) avant de préciser le contenu du règlement amiable (B).

[1091] Article 139 du CMP.
[1092] Article 2 dudit décret.
[1093] NDIAYE, I., *Les recours dans le contentieux des marchés publics au Sénégal*, *op. cit.*, p. 137.
[1094] Article 139 du CMP.

A. La saisine du Comité de Règlement des Différends

Le Comité de Règlement des Différends de l'ARCOP est saisi soit par l'autorité contractante, de sa propre initiative ou à la demande du titulaire du marché, au sujet de différends qu'elle juge utile de lui soumettre, soit par le titulaire du marché, dès lors que la personne responsable du marché a rejeté une de ses demandes[1095]. La *saisine* du CRD s'effectue par l'envoi d'un *mémoire* exposant les motifs de la réclamation et en indiquant le montant. Le mémoire est accompagné des pièces contractuelles du marché et de toutes correspondances relatives au litige. Il est adressé au CRD par *lettre recommandée* avec demande d'avis de réception ou déposé contre récépissé[1096]. La saisine est transmise en sept (7) exemplaires et est rédigée en français[1097]. Le secrétariat du CRD informe l'autre partie de la saisine[1098].

À travers sa saisine, les parties s'en remettent ainsi au CRD pour trouver une solution mutuellement acceptable au conflit relatif à l'exécution de leur marché, si elles ne décident pas de résoudre le conflit par elles-mêmes à travers une transaction qui pourrait être soumise au juge pour homologation[1099]. Mais, contrairement au contentieux de la passation des marchés publics, la saisine du CRD dans le cadre du contentieux de l'exécution des marchés publics n'est pas un préalable obligatoire au recours contentieux devant le juge du contrat et n'a pas d'effet suspensif sur l'exécution du marché public par les parties[1100].

1095 *Ibid.*

1096 Article 139 du CMP.

1097 « Comment saisir le Comité de règlement des différends (CRD) de l'Autorité de régulation des marchés publics (ARMP) ? », *op. cit.*, p. 25.

1098 Article 139 du CMP.

1099 « Comme tous les autres contrats, la transaction entre les parties au contrat de marché public pour mettre fin à leur litige n'a d'effet, en principe, qu'entre elles. Pour renforcer la valeur de cette transaction, celle-ci peut être soumise au juge pour homologation. L'homologation par le juge donnera généralement à la transaction extrajudiciaire, la force exécutoire d'une décision de justice passée en force de chose jugée et opposable aux tiers. Ainsi, si la transaction vaut titre exécutoire pour les parties, l'homologation par le juge peut renforcer son opposabilité face à des difficultés d'exécution » (NDIAYE, I., *Les recours dans le contentieux des marchés publics au Sénégal*, *op. cit.*, p. 141).

1100 Article 139 du CMP.

B. Le règlement amiable du différend par le CRD

Dans le cadre du règlement des différends relatifs à l'exécution des marchés publics, le CRD « a pour mission de rechercher des éléments de droit ou de fait, en vue de proposer *une solution amiable et équitable* aux différends qui lui sont soumis »[1101]. La procédure de *règlement amiable* du différend se déroule en deux phases. Dans la première phase, dans un délai de 15 jours à compter de sa saisine, le CRD, après avoir entendu les parties (le titulaire du marché, la personne responsable du marché ou leurs représentants, qui peuvent se faire assister par toute personne de leur choix) et toute personne dont son président juge l'audition utile, établit un *procès-verbal de conciliation* motivé consacrant, le cas échéant, l'accord des parties. Ce procès-verbal de conciliation est signé par les parties et « est immédiatement applicable ». Le délai de 15 jours peut être prorogé de 15 jours au maximum par décision motivée du président du CRD[1102]. Dans la seconde phase, chacune des parties doit faire connaître à l'autre partie et au secrétariat du CRD sa décision sur l'avis proposé par le CRD, dans les 30 jours suivant la date de notification de l'avis proposé. En cas d'accord des parties au différend, « la solution proposée doit être appliquée immédiatement »[1103]. Dès lors, la solution préconisée par le CRD « n'est qu'une proposition et n'a pas de force exécutoire en l'état, tant qu'il n'est pas signé par les parties dans les délais indiqués. (...). C'est donc la signature des parties dans ce délai qui confère à la décision une force exécutoire ce qui met fin au litige »[1104]. Mais en cas de désaccord, les parties peuvent saisir la juridiction compétente pour le règlement du différend.

Ainsi, dans le différend qui l'opposait à la société AEE POWER EPC SAU, la société AEE POWER Sénégal a saisi le CRD pour conciliation. En l'espèce, à la suite d'une offre spontanée négociée, la société AEE POWER EPC a signé avec l'ASER un contrat relatif au projet de livraison d'équipements et de réalisation de services pour l'électrification de localités au Sénégal pour un montant de 91 833 980 000 FCFA hors taxes. C'est dans ce cadre que AEE POWER EPC SAU a signé avec AEE POWER Sénégal un contrat de

---

[1101] *Ibid.*

[1102] *Ibid.*

[1103] *Ibid.*

[1104] NDIAYE, I., *Les recours dans le contentieux des marchés publics au Sénégal*, *op. cit.*, pp. 146-147.

prestations de services et de fournitures de poteaux électriques, qui prévoit que AEE POWER Sénégal intervient comme mandataire et prestataire autonome de AEE POWER EPC. Le 25 novembre 2023, AEE POWER Sénégal, AEE POWER EPC et ASER signent un engagement dans lequel il est précisé que AEE POWER EPC donne mandat à son mandataire prestataire AEE POWER Sénégal pour l'acquisition de poteaux électriques en béton armé pour l'exécution du projet d'électrification rurale dans 928 localités du Sénégal. Après le versement de l'avance de démarrage d'un montant de 40 % du financement du projet à AEE POWER EPC, soit 56 millions d'euros, AEE POWER Sénégal a saisi AEE POWER EPC pour lui rappeler sa responsabilité d'assurer le démarrage des travaux en respectant les délais prescrits. En retour, AEE POWER EPC a notifié l'intention de résilier le contrat de prestation de services, conclu le 23 décembre 2023, avec AEE POWER Sénégal, en faisant valoir une rupture de confiance avec son partenaire pour l'exécution des travaux. AEE POWER Sénégal saisit alors le CRD pour contester la résiliation. AEE POWER Sénégal conteste la compétence du CRD pour connaître un recours en contestation d'une résiliation de contrats entre particuliers, et marque son désaccord pour une conciliation. Par décision en date du 03 juillet 2024, le CRD a ordonné la suspension de la résiliation. Et par décision du 02 octobre 2024, le CRD a ordonné la suspension de l'exécution du marché et a demandé à l'ASER de transmettre le dossier. Par lettre en date du 21 novembre 2024, AEE POWER EPC a saisi le CRD d'une demande d'annulation et de révocation de la suspension. Dans sa décision du 24 décembre 2024, le CRD statuant en Commissions Litiges, se basant sur les dispositions de l'article 139 du CMP et de l'article 20 du décret n° 2023-832 du 05 avril 2023 fixant les règles d'organisation et de fonctionnement de l'Autorité de régulation de la commande publique (ARCOP), estime « qu'il ressort de l'instruction que AEE POWER Sénégal, AEE POWER EPC et l'ASER ont signé un engagement le 25 novembre 2023 dans lequel il est précisé que AEE POWER EPC donne mandat à son mandataire prestataire AEE POWER Sénégal SA pour l'acquisition de poteaux électriques en béton armé pour l'exécution du projet d'électrification rurale dans les 928 localités au Sénégal ; Considérant que la nature des prestations objet du contrat est un marché public ; *Que la saisine porte sur un contentieux relatif à l'exécution d'un marché public au Sénégal* ; Qu'en application de ces dispositions, *il y a lieu de constater que le CRD est compétent pour connaître de ce litige, en conciliateur* »[1105]. Toutefois, relève le CRD, « Considérant qu'aux termes de l'article 139 du Code des marchés publics, dans un délai de quinze (15) jours à compter de la saisine, le Comité de Règlement des Différends établit un procès-verbal de conciliation motivé, consacrant, le cas échéant, l'accord des parties ; *Qu'en cas de désaccord, les parties peuvent saisir la juridiction compétente* ; Considérant qu'il ressort de l'instruction que AEE POWER EPC SAU, arguant de faits présumés de faux et usage de faux, marque son total désaccord pour la conciliation ; Qu'il s'y ajoute que l'ASER n'a toujours pas envoyé les dossiers du marché réclamés par le CRD pour engager la conciliation ; Que cette attitude de l'ASER est un manque de considération au Comité de Règlement des Différends de l'ARCOP ; *Qu'il y a lieu de constater le désaccord de l'AEE POWER EPC SAU à toute tentative de conciliation et d'ordonner la clôture de la procédure de conciliation devant le CRD* »[1106].

Par ailleurs, les autorités contractantes et la DCMP peuvent toujours « saisir le CRD de *demandes d'avis* relatives à l'interprétation des dispositions du Code des marchés publics, en cas de difficultés d'application de certaines de ses dispositions ou en cas de silence du Code des marchés publics. La saisine du CRD, dans ces cas, n'est soumise à aucun délai »[1107].

§2. Le règlement juridictionnel du contentieux de l'exécution des marchés

En aménageant un règlement amiable du contentieux de l'exécution des marchés publics, le Code des marchés publics n'entend pas déroger au Code des obligations de l'Administration qui donne compétence aux tribunaux de grande instance « pour connaître du contentieux des contrats administratifs »[1108]. Au contraire, l'article 140 du CMP dispose que « Les litiges relatifs aux marchés constituant des contrats administratifs sont soumis aux *juridictions compétentes* pour connaître du contentieux des contrats administratifs dans les conditions prévues par le Code des Obligations de l'Administration ». L'article 140 du

---

[1105] Décision n° 138/2024/ARCOP/CRD/DEF du CRD du 24 décembre 2024.

[1106] Décision n° 138/2024/ARCOP/CRD/DEF du CRD 24 décembre 2024.

[1107] « Comment saisir le Comité de règlement des différends (CRD) de l'Autorité de régulation des marchés publics (ARMP) », *op. cit.*, p. 25.

[1108] Article 139 du COA.

CMP ajoute toutefois que « Les litiges relatifs aux marchés des sociétés nationales et sociétés anonymes à participation publique majoritaire, qui restent des contrats de droit privé, sont soumis aux *tribunaux de droit commun.* Ces litiges peuvent également être soumis à un *tribunal arbitral* dans les conditions prévues par l'Acte uniforme de l'OHADA relatif au droit de l'arbitrage ; les parties peuvent insérer dans leur contrat une clause compromissoire dans les conditions prévues par le cahier des charges ». Ainsi, les recours contentieux relatifs à l'exécution des marchés sont soumis au juge administratif du contrat (A), à l'exception des recours contentieux relatifs à l'exécution des marchés passés par les sociétés publiques qui relèvent des tribunaux de droit commun ou d'un tribunal arbitral (B).

A. Les recours contentieux devant le juge administratif

En matière de contentieux de l'exécution des marchés publics, deux types de recours peuvent être introduits devant le juge du contrat administratif, le *tribunal de grande instance* : le recours en annulation des mesures d'exécution du marché public (1) et le recours en réparation du préjudice subi par une partie au marché public (2). Pour les deux actions, le droit applicable est le droit administratif, la procédure applicable est la procédure en matière administrative prévue par l'article 729 du Code de procédure civile (CPC) et suivants.

1. Le recours en annulation des mesures d'exécution du marché

Les mesures prises par l'autorité contractante « dans le cadre de l'exécution du contrat et qui seraient contraires à ses engagements contractuels peuvent être annulées par le juge du contrat »[1109] qui est le tribunal de grande instance statuant en matière administrative. Ainsi, l'acte pris par l'autorité contractante dans le cadre de l'exécution du marché et qui a pour fondement exclusif l'inexécution du contrat ne saurait être considéré comme un acte détachable susceptible de faire l'objet de recours pour excès de pouvoir (CES 29 octobre 1997, *Société Sud Communication c/État du Sénégal* ; CES 27 avril 2000, *El Hadji Diop et Jack Henderson c/État du Sénégal* ; CS 28 mars 2019, *Société SENEMER FISHING SA c/Port autonome de Dakar*). Ce faisant, « le

[1109] Article 75 du COA.

juge a dégagé la ligne de partage entre le domaine du recours pour excès de pouvoir limité aux actes détachables des contrats administratifs et celui du contentieux des contrats administratifs dévolu aux tribunaux [de grande instance] »[1110]. Toutefois, remarque à juste titre Papa Makha Diao, « dans la construction très élaborée que constitue le contentieux contractuel, le contentieux de l'exécution des marchés publics fait, dans une certaine mesure, figure de parent pauvre. Au total, il faut noter que les jugements rendus par les Tribunaux de Grande Instance sont susceptibles d'être déférés devant la Cour d'appel, puis en cassation devant la Cour suprême. Depuis sa mise en place en 2008, celle-ci n'a pas enregistré de pourvois en cassation en matière de procédures d'exécution des marchés publics »[1111].

2. Le recours en responsabilité contre une partie au marché

L'action en responsabilité contractuelle vise à faire condamner une partie à réparer le préjudice né de l'inexécution ou de la mauvaise exécution du marché public. Pour le titulaire du marché, le manquement consiste à ne pas exécuter ou à mal exécuter les prestations de travaux, de fournitures ou de services prévues par le marché public. Pour l'autorité contractante, « Très souvent, le manquement est d'ordre financier : la collectivité publique ne paie pas une somme qu'elle s'est engagée à verser ou la paie en retard ; ce faisant, elle commet une faute dont elle ne peut s'exonérer en invoquant l'insuffisance de crédits » (CE 6 février 1874, *Foucaux*, Rec. 143 ; CE 16 octobre 1968, *OPHLM de la Seine*, *AJDA* 1969, 119)[1112]. Il est tout aussi possible que l'autorité contractante fasse un acte, autre que financier, pour gêner l'exécution du marché public. L'action en responsabilité contractuelle est ouverte aux *parties* au marché public, non aux tiers qui ne peuvent que contester la validité du marché public (CE Ass., 16 juillet 2007, *Société Tropic Travaux Signalisation Guadeloupe*). D'ailleurs, les parties au marché public sont tenues de porter leurs litiges liés au marché public sur le terrain de la responsabilité contractuelle qui absorbe toutes les autres formes de responsabilité, délictuelle ou quasi délictuelle (CE 7 mai 1982, *Société du parking de la Concorde*). En

[1110] DIOUF, R. P., « Le contrôle des marchés publics par le juge administratif », *op. cit.*, p. 28.
[1111] DIAO, P. M., *op. cit.*, p. 72.
[1112] RICHER, L., *op. cit.*, p. 286.

règle générale, les parties ne peuvent plus exercer l'action en responsabilité contractuelle après la réception des prestations (CE 12 octobre 1988, *OPHLM de la Communauté urbaine de Bordeaux*) ou la résiliation du marché. Il s'agit là d'un moyen d'ordre public qui peut être soulevé d'office par le juge (CE 31 mars 1989, *Commune du Chesnay c/Entreprise Chagraud*).

Il faut aussi souligner que le Code des marchés publics n'exclut pas la possibilité d'engager, devant les juridictions pénales compétentes, la *responsabilité pénale* des agents de l'État, des collectivités territoriales, des établissements publics, des sociétés publiques, des agences et autres organismes publics auteurs d'infractions pénales résultant de la violation des dispositions législatives et règlementaires relatives aux marchés publics, notamment lorsqu'ils s'adonnent à des manœuvres frauduleuses et à des actes de corruption en vue de faire gagner un marché public à un candidat[1113]. De même, peuvent être tenus pénalement responsables les candidats, soumissionnaires ou titulaires de marchés publics auteurs d'infractions pénales résultant de la violation de dispositions législatives et règlementaires relatives aux marchés publics[1114], notamment lorsqu'ils ont été convaincus d'activités corruptrices à l'égard des agents publics en charge de la passation du marché, de manœuvres frauduleuses en vue de l'obtention du marché public, de détournement des fonds publics à des fins autres que l'exécution du marché, d'ententes illégales, de renoncement injustifié à l'exécution du marché public si sa soumission est acceptée, de menace, harcèlement ou violences envers les agents publics en charge de la passation du marché public, de manœuvres obstructives susceptibles d'influer sur le bon déroulement de la procédure de passation du marché public.

[1113] Article 147 du CMP.

[1114] Article 150 du CMP.

B. Les recours devant les tribunaux de droit commun et devant un tribunal arbitral pour les litiges relatifs aux marchés des sociétés publiques

Aux termes de l'article 140 du CMP, les litiges relatifs aux marchés publics passés par les sociétés nationales et sociétés anonymes à participation publique majoritaire peuvent être soumis aux tribunaux de droit commun (1) ou à un tribunal arbitral (2).

1. Le recours devant les tribunaux de droit commun

L'un des grands principes consacrés par le célèbre arrêt *Blanco* du Tribunal des conflits rendu le 8 février 1873 est le principe de la liaison de la compétence et du fond : la compétence du juge administratif est reconnue lorsque le droit applicable au litige est le droit administratif, tandis que la compétence du juge judiciaire est admise lorsque le droit applicable au litige est le droit privé (la compétence suit le fond). En matière contractuelle, la détermination du juge compétent dépend de la nature du contrat, laquelle détermine le droit applicable. Ainsi, le Code des obligations de l'Administration (COA) précise, d'une part, que « Les contrats administratifs sont régis par le présent texte. Les règles posées par le Code des obligations civiles et commerciales ne sont applicables aux contrats administratifs qu'en l'absence de dispositions spéciales »[1115] et, d'autre part, que « Les tribunaux de grande instance sont compétents pour connaître du contentieux des contrats administratifs »[1116]. En application des dispositions du COA[1117], le Code des marchés publics dispose que « Les marchés publics sont des contrats administratifs à l'exception de ceux passés par les sociétés nationales et les sociétés anonymes à participation publique majoritaire qui demeurent des contrats de droit privé »[1118].

Dès lors, « Les litiges relatifs aux marchés des sociétés nationales et sociétés anonymes à participation publique majoritaire, qui restent des contrats de droit privé, sont soumis aux *tribunaux de droit*

[1115] Article 4 du COA.

[1116] Article 139 du COA.

[1117] Aux termes de l'article 6 du COA : « La loi ou le règlement peut, à tout moment, attribuer la qualité de contrat administratif à une catégorie de conventions auxquelles une personne morale de droit public est partie. »

[1118] Article 4.28 du CMP.

commun »[1119]. Les *sociétés nationales* « sont des sociétés par actions de droit privé dont le capital est intégralement souscrit par l'État et, le cas échéant, par d'autres personnes morales de droit public. Dans tous les cas, la participation directe de l'État est supérieure à 50 % du capital social »[1120], tandis que les *sociétés anonymes à participation publique majoritaire* « sont des sociétés par actions de droit privé dans lesquelles une ou plusieurs personnes morales de droit public possèdent directement ou indirectement plus de 50 % du capital social »[1121]. Du fait donc de leur nature de « contrats de droit privé » et de la nature privée des autorités contractantes, les marchés publics passés par les sociétés publiques[1122] « sont soumis au tribunal de grande instance territorialement compétent, mais celui-ci, contrairement aux marchés publics des autres Autorités contractantes, ne statuera pas en matière administrative, mais fera plutôt application du droit commun. Le concept de droit commun peut être défini comme l'ensemble des règles juridiques applicables à toutes les situations qui ne feront pas l'objet de règles spéciales ou particulières »[1123]. La compétence du tribunal de grande instance pour les « litiges relatifs aux marchés des sociétés nationales et sociétés anonymes à participation publique majoritaire » englobe le contentieux de la validité et de l'exécution des marchés publics des sociétés publiques. Le tribunal de grande instance compétent est celui du lieu de signature du marché ou celui du lieu d'exécution du marché, qui appliquera non seulement les *règles du droit privé* mais aussi la *procédure civile*, même si les marchés publics des

---

1119 Article 140 du CMP.

1120 Article 9 de la loi d'orientation n° 2022-08 du 19 avril 2022 relative au secteur parapublic, au suivi du portefeuille de l'État et au contrôle des personnes morales de droit privé bénéficiant du concours financier de la puissance publique ; article 4.47 du CMP.

1121 Article 10 de la loi d'orientation n° 2022-08 du 19 avril 2022 relative au secteur parapublic, au suivi du portefeuille de l'État et au contrôle des personnes morales de droit privé bénéficiant du concours financier de la puissance publique ; article 4.48 du CMP.

1122 La loi d'orientation n° 2022-08 du 19 avril 2022 relative au secteur parapublic, au suivi du portefeuille de l'État et au contrôle des personnes morales de droit privé bénéficiant du concours financier de la puissance publique indique que les *sociétés publiques* sont constituées des sociétés nationales et des sociétés anonymes à participation publique majoritaire (articles 9 et 10).

1123 NDIAYE, I., *Les recours dans le contentieux des marchés publics au Sénégal*, *op. cit.*, p. 155.

sociétés publiques sont passés selon les règles du Code des marchés publics[1124].

Toutefois, l'exception à la règle selon laquelle les marchés publics sont des contrats administratifs soumis au droit administratif et à la compétence du tribunal de grande instance statuant en matière administrative concerne seulement les marchés « passés par les sociétés nationales et les sociétés anonymes à participation publique majoritaire »[1125]. Les marchés publics passés par les autres autorités contractantes ne sauraient être concernés. Curieusement, dans un litige opposant le Groupe SPEEDO EUROPE AFFAIRES au Centre Régional des Œuvres Universitaires Sociales de Ziguinchor (CROUS/Z) portant sur l'exécution d'un marché de fourniture de groupe électrogène, le tribunal de grande instance de Ziguinchor, saisi par le Groupe SPEEDO EUROPE AFFAIRES d'une assignation du CROUS/Z en paiement de la somme de 11 194 000 FCFA au principal et de 10 000 000 FCFA à titre de dommages et intérêts pour toute cause de préjudices confondus a, en son jugement du 29 novembre 2021, appliqué à tort le droit privé (c'est le droit des marchés publics qui s'applique), notamment les dispositions du COCC relatives au contrat de vente. L'application erronée du droit privé par le juge de droit commun résulte de la qualification, elle-même erronée, d'un marché public conclu entre un établissement public à caractère administratif, le CROUS/Z, et une entreprise privée, SPEEDO EUROPE AFFAIRES, en « *un contrat de vente* » de droit privé par le même juge.

En l'espèce, le Groupe SPEEDO EUROPE AFFAIRES est attributaire, le 16 novembre 2020, du marché DRP N °F_CROUS_040 relatif à la fourniture d'un groupe électrogène de 60 KVA lancé par le CROUS de Ziguinchor. Par contrat n° 051/2020 du 27 novembre 2020, il s'est engagé à livrer le groupe électrogène au prix de 9 499 000 FCFA dans un délai de 10 jours. Seulement, le groupe électrogène livré par SPEEDO EUROPE AFFAIRES est considéré comme défectueux par le

---

[1124] Aux termes de l'article 2 du CMP, « les dispositions du présent décret s'appliquent aux marchés conclus par les autorités contractantes suivantes : d) les sociétés publiques ». De même, aux termes de l'article 42 de la loi d'orientation n° 2022-08 du 19 avril 2022 relative au secteur parapublic, au suivi du portefeuille de l'État et au contrôle des personnes morales de droit privé bénéficiant du concours financier de la puissance publique, en ce qui concerne la passation des marchés publics : « Les entités du secteur parapublic sont, sauf dérogation expresse, soumises au Code des marchés publics. »

[1125] Article 4.28 du CMP.

CROUS de Ziguinchor qui a refusé en conséquence de faire droit à la demande de paiement en date du 31 décembre 2020 présentée par SPEEDO EUROPE AFFAIRES. Selon le CROUS/Z, SPEEDO EUROPE AFFAIRES a l'obligation de délivrer le groupe électrogène dans les délais, dans un état neuf, et de procéder aux installations et au démarrage. Aussi, après la livraison du groupe électrogène, le CROUS/Z a-t-il fait appel à un ingénieur qui, après diagnostic en présence du technicien du demandeur, a conclu que le groupe électrogène envoyé par le Groupe SPEEDO EUROPE AFFAIRES était dans un état défectueux. Ce que contestait le Groupe SPEEDO EUROPE AFFAIRES pour qui « la machine a été transportée de Dakar à Ziguinchor, puis livrée le 03 décembre 2020 ; (…) que suivant courrier ni daté, ni numéroté, le Directeur du CROUS/Z l'a mis en demeure de remplacer le groupe électrogène sous prétexte qu'il serait défectueux et tous les accessoires qui l'accompagnent n'ont pas été livrés ; que selon ses dires, il a bel et bien livré une machine neuve et en bon état ; qu'il a souligné que le bordereau de livraison déchargé par le destinataire ne comporte aucune réserve ». D'après le tribunal de grande instance : « Attendu qu'aux termes de l'article 264 du COCC, la vente est le contrat par lequel le vendeur s'engage à transférer la propriété d'une chose corporelle ou incorporelle à l'acquéreur moyennant un prix fixé en argent ; qu'il résulte de l'article 282 dudit code que le vendeur doit livrer la chose objet de la vente conforme en qualité et quantité à ce qui a été convenu, accompagnée de tous ses accessoires et de ce qui est indispensable à son utilisation et à sa remise à l'acquéreur ;

Attendu qu'en l'espèce, *il est constant que les parties sont liées par un contrat de vente* aux termes duquel le Groupe SPEEDO EUROPE devait livrer au Centre Régional des Œuvres Universitaires Sociales de Ziguinchor un groupe électrogène neuf de 60 KVA au prix de 9 499 000 FCFA ; Qu'il n'est pas discuté que le groupe délivré par le demandeur n'a pas fonctionné et que le diagnostic effectué par l'ingénieur du Centre Régional des Œuvres Universitaires Sociales de Ziguinchor en présence du technicien du Groupe SPEEDO EUROPE AFFAIRES a révélé que l'alternateur du groupe est en panne et que l'inverseur, fabriqué de façon manuelle, n'est pas celui du groupe électrogène livré ; que dès lors, *cet état de fait achève de convaincre que le groupe électrogène livré n'est pas neuf* ; Qu'en outre, *même s'il ne résulte pas des dispositions contractuelles que le groupe électrogène devait être livré avec ses accessoires, il n'en demeure pas moins qu'il devait être de qualité loyale et marchande répondant à sa destination conformément aux dispositions de l'article 284 du COCC ; qu'ainsi, en délivrant un groupe électrogène non fonctionnel au défendeur, le Groupe SPEEDO EUROPE AFFAIRES n'a guère satisfait ses obligations contractuelles ; qu'en conséquence, le Centre Régional des Œuvres Universitaires Sociales de Ziguinchor est fondé à lui opposer l'exception d'inexécution en vertu de l'article 104 du COCC ; qu'il y a lieu, dès lors, de débouter le Groupe SPEEDO EUROPE AFFAIRES de sa demande de paiement et de toutes demandes subséquentes, comme mal fondées.* »[1126]

En France, les *marchés publics à régime de droit privé* ont soulevé un débat au sein de la doctrine : « Un contrat soumis au Code des marchés peut-il être de droit privé ? »[1127] Si une minorité (Gaston Jèze, Roland Drago) soutenait que les marchés publics ne pouvaient qu'être des contrats administratifs, donc exclusifs du droit privé, une majorité (François Llorens, Laurent Richer, etc.) estimait que Code des marchés publics et droit privé peuvent faire bon ménage. Cette thèse majoritaire a été confortée par la position de la Cour de cassation selon laquelle la soumission d'un contrat au Code des marchés publics ne lui conférait pas le caractère administratif (Cass. 1re Civ., 17 décembre 1996), position confirmée par la suite par le Tribunal des conflits (TC, 5 juillet 1999, *Commune de Sauve*)[1128]. Cependant, des raisons de simplification du contentieux ont amené le législateur français, à travers la loi du 11 décembre 2001 portant mesures d'urgence à caractère économique et financier (MURCEF), à confier tout le contentieux des contrats passés en application du Code des marchés publics au juge administratif[1129]. De telles raisons de simplification du contentieux des marchés publics, cohérentes avec le système de l'unité de juridiction, auraient pu pousser le Code des marchés publics sénégalais à soumettre les « litiges relatifs aux marchés des sociétés nationales et sociétés anonymes à participation publique majoritaire » au juge administratif, c'est-à-dire au tribunal de grande instance statuant en matière administrative.

1126 Tribunal de grande instance de Ziguinchor, jugement du 29 novembre 2021, affaire *Groupe SPEEDO EUROPE AFFAIRES c/Centre Régional des Œuvres Universitaires Sociales de Ziguinchor*.

1127 RICHER, L., *op. cit.*, p. 115.

1128 *Ibid.*

1129 *Ibid.*

2. Le recours devant un tribunal arbitral

L'*arbitrage* est un mode de règlement juridictionnel des litiges par un ou des arbitres qu'on oppose à la justice étatique. « Alors que la justice étatique est inséparable de l'appareil judiciaire dans lequel elle s'incarne, l'arbitrage tend à promouvoir le rôle de tiers à qui les parties ont entendu confier le règlement de leurs différends. Ces tiers prennent le nom d'arbitres. En fonction de la qualité qui leur est reconnue, ils disposeront d'un certain nombre de pouvoirs, mais ils seront aussi assujettis au respect d'un certain nombre de règles. En cela, ils seront, dans une certaine mesure, les homologues des juges. Il ne faut point s'en étonner, car ils exercent, tout comme les juges une mission juridictionnelle, laquelle implique tout à la fois des pouvoirs et des devoirs. »[1130] L'attirance de l'arbitrage réside dans les attentes des justiciables. En effet, par comparaison à la justice étatique, « la justice arbitrale développe les séductions d'une procédure obéissant à des règles élaborées, ou du moins choisies par les parties ou les arbitres : un formalisme minimal mais judicieux, une souplesse dans le déroulement de l'instance sont attendus de l'arbitrage. Les arbitres, le plus souvent désignés par les parties, et qui jouissent de leur confiance, sont censés être familiarisés avec les problèmes à résoudre. Ils sont par principe disponibles pour consacrer à l'affaire le temps qui lui sera nécessaire. La confidentialité des débats enfin, comme celle de la sentence – sauf accord contraire des parties – est un principe fondamental de l'arbitrage »[1131].

Pendant très longtemps, le droit public sénégalais était resté fidèle au principe général de droit selon lequel les personnes publiques ne peuvent recourir à l'arbitrage par voie de compromis ou de clause compromissoire (CE Ass. 13 décembre 1957, *Société nationale de vente de surplus* ; CE Sect. Avis du 6 mars 1986). « Décider de recourir à la justice arbitrale, c'est donc, avant tout, décider de recourir à une justice autrement organisée que la justice rendue par les tribunaux de l'État. »[1132] Parce qu'il traduisait ainsi un « désaveu vis-à-vis de la

---

1130 JACQUET, J.-M., DELEBECQUE, Ph., *Droit du commerce international*, Paris, Éditions Dalloz, 1997, p. 305.

1131 JACQUET, J.-M., DELEBECQUE, Ph., *op. cit.*, p. 308.

1132 JACQUET, J.-M., DELEBECQUE, Ph., *op. cit.*, p. 307.

justice étatique », l'arbitrage ne pouvait résulter que d'une dérogation législative expresse[1133].

Le Traité de l'OHADA du 10 octobre 1993 et l'Acte uniforme de l'OHADA du 11 mars 1999 relatif au droit de l'arbitrage, abrogé et remplacé par l'Acte uniforme de l'OHADA du 23 novembre 2017, ont fait sauter le verrou pour les personnes publiques. En effet, l'article 1er du Traité de l'OHADA encourage « le recours à l'arbitrage pour le règlement des différends contractuels ». De manière plus précise, l'article 2 de l'Acte uniforme relatif à l'arbitrage dispose : « Toute personne physique ou morale peut recourir à l'arbitrage sur les droits dont elle a la libre disposition. *Les États, les autres collectivités publiques territoriales, les établissements publics et toute autre personne morale de droit public peuvent également être parties à un arbitrage, quelle que soit la nature juridique du contrat*, sans pouvoir invoquer leur propre droit pour contester l'arbitrabilité d'un différend, leur capacité à compromettre ou la validité de la convention d'arbitrage. » Dès l'instant où cette dernière disposition n'opère pas une distinction entre la nature publique ou privée du contrat, on peut considérer que « rien ne peut empêcher les parties dans un marché public de compromettre en cas de litige »[1134]. Toutefois, l'article 140 du CMP ne vise que les litiges relatifs aux marchés des sociétés nationales et sociétés anonymes à participation publique majoritaire qui, comme l'indique l'article 4 du CMP, « demeurent des contrats de droit privé ». D'après cet article 140 du CMP, ces litiges relatifs aux marchés des sociétés nationales et sociétés anonymes à participation publique majoritaire « peuvent également être soumis à un tribunal arbitral *dans les conditions prévues par l'Acte uniforme de l'OHADA relatif au droit de l'arbitrage* ; les parties peuvent insérer dans leur contrat une clause compromissoire dans les conditions prévues par le cahier des charges ». Dans ces conditions, on s'est demandé « si l'arbitrage peut exister en dehors de l'acte unique de l'OHADA ou alors, si toute procédure d'arbitrage doit exister conformément aux conditions posées par l'OHADA »[1135].

1133 KÉBÉ, A. A. D., « Le déclin de l'exorbitance du droit administratif sénégalais sous l'effet du droit communautaire », https://afrilex.u-bordeaux.fr/wp-content/uploads/2021/03/, p. 23.

1134 DRAMÉ, B., *op. cit.*, p. 354.

1135 DRAMÉ, B., *op. cit.*, p. 355.

Pour Bakary Dramé, « ans la pratique textuelle, il semblerait qu'en matière de litige relatif aux marchés publics, aucune autre voie d'arbitrage ne peut être envisageable en dehors de la procédure consacrée par l'acte unique de l'OHADA »[1136]. À cet égard, l'Acte uniforme de l'OHADA relatif au droit de l'arbitrage du 23 novembre 2017 précise que l'arbitrage peut être fondé sur une convention d'arbitrage ou sur un instrument relatif aux investissements (Code des investissements ou convention bilatérale ou multilatérale relative aux investissements)[1137]. La convention d'arbitrage prend la forme d'une *clause compromissoire*, qui est la convention par laquelle les parties s'engagent à soumettre à l'arbitrage les différends pouvant naître ou résulter d'un rapport d'ordre contractuel, ou d'un *compromis,* qui est la convention par laquelle les parties à un différend déjà né conviennent de le régler par la voie de l'arbitrage[1138]. Dans tous les cas, la convention d'arbitrage « doit être faite par écrit ou par tout autre moyen permettant d'en administrer la preuve, notamment par la référence à un document la stipulant »[1139]. En outre, la convention d'arbitrage est indépendante du contrat principal dont la nullité n'affecte pas sa validité, et les parties conservent la possibilité de recourir à l'arbitrage même lorsqu'une instance a déjà été engagée devant une juridiction étatique[1140].

Ainsi, selon le choix des parties au marché public passé par la société publique, exprimé dans la convention d'arbitrage, le différend y relatif peut être soumis soit à un *arbitrage institutionnel*, c'est-à-dire un arbitrage intervenant sous l'égide d'une institution permanente d'arbitrage ou d'un centre d'arbitrage, comme le Centre d'arbitrage de la Cour commune de justice et d'arbitrage (CCJA) ou le Centre d'arbitrage, de médiation et de conciliation de Dakar (CAMC) de la Chambre de commerce, d'industrie et d'agriculture de Dakar, soit à un *arbitrage ad hoc*, c'est-à-dire un arbitrage qui se déroule en dehors du cadre d'une institution permanente d'arbitrage ou d'un centre d'arbitrage existant[1141]. Le contentieux de l'exécution du marché public passé par la société publique soumis au droit privé pourrait porter par

---

1136 *Ibid.*

1137 Article 3 de l'Acte uniforme de l'OHADA relatif au droit de l'arbitrage.

1138 Article 3.1 de l'Acte uniforme de l'OHADA relatif au droit de l'arbitrage.

1139 *Ibid.*

1140 Article 4 de l'Acte uniforme de l'OHADA relatif au droit de l'arbitrage.

1141 NDIAYE, I., *Les recours dans le contentieux des marchés publics au Sénégal, op. cit.*, pp. 166-167.

exemple sur les conditions d'exécution du marché (le paiement des prestations, les incidences financières des avenants, l'application des pénalités de retard, la conformité des prestations du titulaire par rapport au cahier des charges, la réception des prestations, etc.) ou sur l'indemnisation de la partie qui subit une résiliation abusive du marché public[1142].

Le tribunal arbitral constitué tranche le fond du différend conformément aux *règles de droit privé*. Il peut aussi statuer en *amiable compositeur* lorsque les parties lui ont conféré ce pouvoir[1143]. La procédure arbitrale s'achève par le prononcé d'une sentence définitive[1144] qui doit être motivée[1145] et signée par le ou les arbitres[1146]. La sentence arbitrale n'est pas susceptible d'opposition, d'appel, ni de pourvoi en cassation[1147]. Elle n'est susceptible d'exécution forcée qu'en vertu d'une décision d'*exequatur*[1148] rendue au Sénégal par le président du tribunal de grande instance statuant suivant la forme prévue pour les référés dans un délai de quinze (15) jours à compter de sa saisine. L'exequatur est réputé avoir été accordé si à l'expiration de ce délai, le juge compétent n'a pas rendu son ordonnance. La décision accordant l'exequatur n'est susceptible d'aucun recours tandis que la décision refusant l'exequatur n'est susceptible que d'un pourvoi en cassation devant la Cour commune de justice et d'arbitrage[1149]. Toutefois, aux termes de l'article 30 de l'Acte uniforme de l'OHADA portant organisation des procédures simplifiées de recouvrement et des voies d'exécution du 17 octobre 2023, « Sauf renonciation expresse, il n'y a pas d'exécution forcée ni de mesures conservatoires contre les personnes morales de droit public, notamment l'État, les collectivités territoriales et les établissements publics ». De même, la loi d'orientation n° 2022-08 du 19 avril 2022 relative au secteur parapublic, au suivi du portefeuille de l'État et au contrôle des personnes morales de droit privé bénéficiant du concours financier de la puissance publique reconnaît aux établissements publics et aux

[1142] NDIAYE, I., *Les recours dans le contentieux des marchés publics au Sénégal*, *op. cit.*, pp. 179-180.
[1143] Article 15 de l'Acte uniforme de l'OHADA relatif au droit de l'arbitrage.
[1144] Article 16 de l'Acte uniforme de l'OHADA relatif au droit de l'arbitrage.
[1145] Article 20 de l'Acte uniforme de l'OHADA relatif au droit de l'arbitrage.
[1146] Article 21 de l'Acte uniforme de l'OHADA relatif au droit de l'arbitrage.
[1147] Article 25 de l'Acte uniforme de l'OHADA relatif au droit de l'arbitrage.
[1148] Article 30 de l'Acte uniforme de l'OHADA relatif au droit de l'arbitrage.
[1149] Article 32 de l'Acte uniforme de l'OHADA relatif au droit de l'arbitrage.

agences d'exécution et organismes publics assimilés l'immunité d'exécution, mais la refuse aux sociétés nationales et sociétés anonymes à participation publique majoritaire. Dès lors, il y a bien *exécution forcée* et *mesures conservatoires* contre les sociétés publiques ; leurs biens et droits mobiliers et immobiliers sont *saisissables* par le titulaire du marché aux fins de règlement du prix convenu.

Enfin, la sentence arbitrale peut faire l'objet d'un recours en annulation devant la Cour commune de justice et d'arbitrage (CCJA). Le recours en annulation est recevable lorsque :

- le tribunal arbitral a statué sans base conventionnelle, a été irrégulièrement constitué, a statué *ultra petita* (sans se conformer à la mission à lui confiée) ;
- la sentence arbitrale est rendue en méconnaissance du principe du contradictoire ;
- la sentence arbitrale est contraire à l'ordre public international ; ou la sentence arbitrale n'est pas motivée[1150].

SECTION III. LA RÉSILIATION JUDICIAIRE DES MARCHÉS

Le juge administratif du contrat peut prononcer la résiliation du marché public pour faute (§1) ou de plein droit (§2), sur requête d'une des parties au marché.

§1. La résiliation judiciaire du marché pour faute

D'abord, l'article 134 du COA prévoit la résiliation judiciaire du contrat administratif pour faute de l'Administration contractante dans deux cas : lorsqu'elle n'exécute pas ses obligations contractuelles ou lorsqu'elle a, par l'utilisation des pouvoirs qu'elle détient à l'égard du cocontractant, dépassé les limites des modifications pouvant être apportées aux conditions initiales du marché. Ensuite, l'article 132 du CMP dispose qu'un marché public peut faire l'objet de résiliation à la demande du titulaire :

[1150] Article 26 de l'Acte uniforme de l'OHADA relatif au droit de l'arbitrage.

✓ en cas de carence de l'autorité contractante rendant l'exécution du marché impossible, constituant une *faute grave* au sens du Code des obligations de l'Administration ;

✓ lorsque l'autorité contractante prescrit l'*ajournement du marché* pour plus de trois (3) mois soit avant, soit après un commencement d'exécution. Il en est de même en cas d'ajournements successifs dont la durée globale dépasse trois (3) mois, même dans le cas où l'exécution du marché a été reprise entre-temps. Lorsque l'autorité contractante prescrit l'ajournement du marché pour moins de trois (3) mois, le titulaire n'a pas droit à la résiliation mais seulement à une indemnité en cas de préjudice. L'*ajournement* est une décision qui « consiste à suspendre pour une durée déterminée, l'exécution d'un marché ; l'ajournement d'un marché peut être prononcé par l'Autorité contractante avant ou après le début de l'exécution du marché. L'ajournement ne peut intervenir que lorsqu'une circonstance indépendante de la volonté de l'Autorité contractante contraint cette dernière à suspendre l'exécution d'un marché ou à différer son lancement »[1151]. Mais le Code des marchés publics prévoit également que « l'Autorité contractante peut ordonner l'ajournement des fournitures, prestations ou travaux, objet du marché, avant leur achèvement, notamment en cas de retard dans l'exécution d'un ouvrage ou dans la livraison d'une fourniture lui incombant et nécessaire à l'exécution du marché, ou pour toute autre raison qui lui est propre »[1152] ;

✓ en cas de survenance d'un événement imprévisible et irrésistible rendant impossible l'exécution du marché.

« Tous ces cas de résiliation visent à préserver la viabilité financière du Titulaire du marché public. Mais contrairement à l'Autorité contractante, le Titulaire du marché ne dispose pas du pouvoir de résiliation de plein droit du marché, même si cette dernière manque gravement à ses obligations contractuelles. Le titulaire doit toujours faire une demande auprès du juge du contrat. Le juge du contrat est le juge administratif, sauf en ce qui concerne les marchés des sociétés nationales et des sociétés anonymes à participation publique majoritaire pour lesquels l'article 138 du Code des marchés publics attribue au juge

---

[1151] *Guide d'application du décret n° 2014-1212 du 22 septembre 2014 portant Code des marchés publics*, *op. cit.*, p. 125.

[1152] Article 131 du CMP.

de droit commun, compétence pour en connaître les litiges »[1153]. Dans le premier et le deuxième cas, on est bien en face d'une résiliation judiciaire du marché public pour *faute de l'autorité contractante*.

Deux faits constitutifs de faute de l'autorité contractante sont visés : la carence et l'ajournement abusif du marché. La *carence*, c'est-à-dire l'inaction fautive de l'autorité contractante, peut consister en un oubli d'adresser dans le délai contractuel un ordre de service à l'entrepreneur (CE 17 mars 1999, *Syndicat International eau et assainissement de Pointe-à-Pitre*), un silence sur des désordres apparus nécessitant des travaux supplémentaires pour une exécution correcte de l'ouvrage (CE 3 février 1975, *Labredy, Garnier et Chevrier syndics pour l'entreprise Linville*), une méprise dans les prévisions du marché de fournitures (CE 8 janvier 1965, *Da Fonseca*), une erreur dans le choix des matériaux à utiliser, dans l'emplacement de l'ouvrage ou dans les plans (CE 24 janvier 1930, *Société des grands travaux de Marseille et a. c/ministre de la Marine*)[1154], un non-paiement d'une somme qu'elle s'est engagée à verser ou des retards de paiement prolongés. Elle peut aussi consister, de manière générale, en un usage illicite ou abusif des prérogatives de l'Administration contractante : une sanction injustifiée infligée au titulaire du marché, une modification du prix du marché (CE 10 juillet 1954, *Heulin*), des modifications unilatérales du contrat entraînant un bouleversement de l'économie du contrat (CE 27 octobre 1978, *Ville de Saint-Malo* ; CE 12 mars 1999, *SA Méribel 92*), etc. Quant à l'*ajournement abusif* du marché, il consiste en un ajournement du marché de plus de trois (3) mois ou des ajournements successifs du marché pour une durée globale supérieure à trois (3) mois.

Dans ces deux cas de faute de l'autorité contractante, « Sauf clause de résiliation unilatérale, le titulaire du marché ne peut décider de par sa seule volonté de résilier celui-ci. Il doit demander à la personne publique de prononcer la résiliation et en cas de refus, saisir le juge »[1155]. Mais, conformément à la règle de la gradation de la faute de l'Administration, le juge ne peut prononcer la résiliation du marché public, aux torts de l'autorité contractante, que lorsqu'il estime que la faute est suffisamment grave. Lorsque la résiliation du marché est ainsi

[1153] *Guide d'application du décret n° 2014-1212 du 22 septembre 2014 portant Code des marchés publics*, *op. cit.*, p. 129.
[1154] Jurisprudences citées par CASTAING, B., NOGUELLOU, R., PREBISSY-SCHNALL, C., *op. cit.*, p. 143.
[1155] LAJOYE, C., *op. cit.*, p. 195.

imputable à l'autorité contractante, le titulaire peut, en complément du remboursement des dépenses occasionnées par un éventuel ajournement préalable, demander le versement d'une *indemnité* correspondant au préjudice subi dûment constaté qui ne peut, en aucun cas, être supérieure à la perte des bénéfices du titulaire dont le marché est résilié, telle que cette perte résulte des pièces justificatives. La demande du titulaire du marché n'est recevable que si elle est présentée dans le délai de deux (2) mois à partir de la date de notification de l'ordre de service prescrivant l'ajournement de l'exécution du marché public[1156]. « Cette demande est à adresser à l'Autorité contractante elle-même ou à son supérieur hiérarchique, le cas échéant. Si cette demande est rejetée, le Titulaire peut saisir le Comité de Règlement des Différends. Tant qu'il n'est pas satisfait des décisions rendues sur ses différentes demandes, il peut poursuivre la procédure de demande d'indemnisation devant le juge compétent. Si le marché le prévoit, cette divergence peut être réglée au moyen d'une procédure d'arbitrage. »[1157]

En revanche, dans le troisième cas, la résiliation judiciaire du marché public ne saurait être imputée à l'autorité contractante mais à la *force majeure*. Cause exonératoire dans tous les systèmes de responsabilité, la force majeure « est une situation qui autorise l'interruption définitive du marché avant sa complète exécution. Il s'agit d'un fait qui ne pouvait être prévu ni empêché par les parties, qui est totalement indépendant de leur volonté, et qui rend l'exécution du marché absolument impossible, de manière temporaire ou définitive »[1158]. La force majeure apparaît ainsi généralement comme un événement extérieur, imprévisible et irrésistible, qui est souvent un événement naturel (tremblement de terre, volcan, tsunami, tempête violente, cyclone, ouragan, inondation, raz-de-marée, événement atmosphérique, etc.), mais parfois, le fait de l'homme (guerre, insurrection armée, événement politique majeur comme l'indépendance d'un pays ou une révolution, grève, etc.), rendant matériellement et définitivement impossible l'exécution du marché[1159]. L'imprévisibilité

[1156] Article 133 du CMP.

[1157] *Guide d'application du décret n° 2014-1212 du 22 septembre 2014 portant Code des marchés publics*, *op. cit.*, p. 126.

[1158] CASTAING, B., NOGUELLOU, R., PREBISSY-SCHNALL, C., *op. cit.*, p. 158.

[1159] Par contre, ne constituent pas des cas de force majeure : l'insuffisance des crédits disponibles (CE 15 avril 1959, *Ville Puteaux c/Schwab*), la réduction de la durée hebdomadaire du temps de travail compte tenu de son caractère prévisible (CE 21 mai 1990, *Société Fréderic Roudet*), les défauts d'homogénéité du sol, à

et l'irrésistibilité sont appréciées *in concreto*, en fonction des moyens du débiteur de l'obligation d'exécution du marché (CE 23 juillet 1952, *Société les Avions Lesseure* ; CE 2 janvier 1957, *Société Lancery*)[1160]. La force majeure a pour effet non seulement de libérer les parties de leur obligation d'exécution du marché, sauf si elle prend fin, de ne pas ouvrir ni droit à indemnité au titulaire du marché ni possibilité pour l'autorité contractante de sanctionner l'inexécution du marché par le titulaire[1161], et donc de justifier la résiliation du marché à la demande du titulaire. Toutefois, « si la force majeure, sans rendre définitivement impossible l'exécution du contrat, l'a retardée pendant un certain temps, le titulaire peut :

- prétendre à l'exonération des pénalités de retard pour la fraction du retard imputable à la force majeure ;
- et, s'il poursuit l'exécution du contrat, demander qu'il lui soit fait application de la théorie de l'imprévision lorsque ce retard aura entraîné le bouleversement de l'économie de son contrat »[1162].

§2. La résiliation judiciaire du marché de plein droit

En vertu de l'article 133 du COA, une résiliation *de plein droit* du marché public peut résulter des événements ou actes suivants :

- de la disparition de l'objet du marché provoquée par une mesure particulière prise par l'Administration, dans ce cas, le titulaire du marché a *droit à une indemnité* ;
- de la résiliation d'une stipulation contractuelle ;
- ou d'une disposition légale.

---

l'origine des désordres rendant l'ouvrage impropre à sa destination (CAA Bordeaux, 6 juillet 1998, *Société Laurent Bouillet Ingénierie*), une crue ayant atteint un certain niveau en 1883 (CE 9 mai 1962, *Société des chais d'Armagnac*), une avalanche qui s'était produite au même endroit 53 ans auparavant (TA Grenoble, 19 juin 1974, *Dame Bosvy*) (jurisprudences citées par CASTAING, B., NOGUELLOU, R., PREBISSY-SCHNALL, C., *op. cit.*, p. 143).

1159 LAJOYE, C., *op. cit.*, pp. 160-161).

1160 RICHER, L., *op. cit.*, p. 292.

1161 CASTAING, B., NOGUELLOU, R., PREBISSY-SCHNALL, C., *op. cit.*, p. 161.

1162 *Guide d'application du décret n° 2014-1212 du 22 septembre 2014 portant Code des marchés publics*, *op. cit.*, p. 130.

Un *droit à une indemnité* dans les cas de résiliation du marché résultant d'une résiliation d'une stipulation contractuelle ou d'une disposition légale n'étant pas prévu, on peut penser que soit l'indemnisation n'est pas possible, soit l'indemnisation est laissée à l'appréciation du juge du contrat. Pour Laurent Richer, l'intervention d'une loi qui vient perturber l'exécution du marché en modifiant le contexte de l'exécution ou en portant atteinte au marché lui-même peut engager la responsabilité de l'État législateur[1163]. Ainsi, le juge du contrat alloue une indemnité au cocontractant lorsque l'intervention de la loi provoque un bouleversement du marché (CE 14 février 1936, *Ville de Paris*), sauf si la loi elle-même exclut toute possibilité d'allouer une indemnité (CE 28 avril 1939, *Compagnie des chemins de fer de l'Ouest*). Ce faisant, le juge du contrat concilierait le respect dû au contrat et la puissance législative. « Il ne s'agit cependant pas d'une responsabilité pour fait du prince au sens qui a été défini précédemment : celle-ci ne vise que les actes administratifs émanant de la personne publique contractante. »[1164]

La résiliation de plein droit du marché public peut enfin résulter d'un cas de force majeure mettant le titulaire du marché dans l'*impossibilité absolue* de poursuivre l'exécution du marché. Celui-ci peut prévoir une indemnisation. En l'absence d'une telle clause, la jurisprudence estime que le titulaire du marché ne pourra se voir indemnisé que des pertes subies imputables à l'événement constitutif de force majeure, à l'exclusion de toute autre indemnité (CE 8 janvier 1925, *Société Chantiers et ateliers de Saint-Nazaire*).

1163 RICHER, L., *op. cit.*, p. 300.
1164 *Ibid.*

CONCLUSION

Depuis son apparition en 1961 sous la forme de règlementations spéciales relatives à certains achats publics effectués sur le budget de l'État, au fonctionnement de la Commission nationale des marchés et à l'attribution du pouvoir d'approbation des marchés, le *droit des marchés publics sénégalais* ne cesse d'évoluer, poussé par une « frénésie règlementaire »[1165] que l'adoption, en 2007, d'un Code des marchés publics arrimant la règlementation nationale à la règlementation communautaire des marchés publics est loin de freiner. Au contraire, la fièvre règlementaire est remontée avec la forte volonté des pouvoirs publics sénégalais de rapprocher davantage le Code des marchés publics des meilleurs standards internationaux, en l'enrichissant des bonnes pratiques des partenaires techniques et financiers du Sénégal, tout en prenant en charge les objectifs de développement durable des Nations Unies (ODD), les exigences liées au budget-programme et les impératifs de promotion du tissu économique national.

Les réformes successives introduites après 2007 ont mis l'accent sur la réduction des délais, l'allégement des procédures et la responsabilisation des autorités contractantes afin de faciliter l'absorption des crédits mis à leur disposition. Elles ont élargi le champ d'application du Code des marchés publics aux institutions constitutionnelles et aux institutions de protection sociale tout en extirpant de ce champ d'application les marchés passés par les Forces de défense et de sécurité, sans compter la possibilité pour les autorités contractantes, sociétés publiques opérant dans le domaine des hydrocarbures, de déroger aux dispositions du Code des marchés publics. Elles ont enfin tenu compte des incidences sur les marchés publics des législations relatives à la *startup*, aux contrats de partenariat public-privé, au budget-programme, ainsi qu'aux objectifs de développement durable poursuivis par les politiques publiques à travers la promotion de l'achat public durable et de l'achat public responsable. Cette volatilité du droit des marchés publics sénégalais est à la fois une

[1165] BRISSON, J.-F., *op. cit.*, p. 415.

faiblesse, en ce sens qu'elle est source d'instabilité juridique, et une force, dans la mesure où elle traduit le dynamisme, l'ouverture et la capacité extraordinaire de la matière de s'adapter aux besoins et à l'environnement changeants.

Du point de vue de son contenu, si le droit des marchés publics sénégalais emprunte largement au droit général des contrats administratifs, il présente quelques spécificités liées notamment aux apports de diverses disciplines juridiques, de droit public comme de droit privé.

La première spécificité du droit des marchés publics sénégalais réside dans le formalisme du régime de la passation des marchés publics. En effet, les marchés publics apparaissent comme des contrats administratifs en forme solennelle dont la conclusion est soumise non seulement à des règles contraignantes sanctionnées par la nullité de la procédure de passation ou la nullité du marché, mais aussi à une procédure longue qui ne s'achève qu'après la signature, l'approbation, l'immatriculation et la notification du marché, ainsi que la publication d'un avis d'attribution définitive du marché. Il s'y ajoute le respect obligatoire des règles relatives à la forme et au contenu des marchés publics.

La deuxième spécificité du droit des marchés publics sénégalais consiste en la mise en place d'un système de contrôle et de régulation des marchés publics confié à des structures administratives séparées. Le contrôle *a priori* est assuré par la DCMP pour les marchés publics qui ont atteint le seuil de revue préalable et par la cellule de passation des marchés pour les marchés publics qui n'ont pas atteint ce seuil de revue préalable. La fonction de régulation est dévolue à l'ARCOP, qui veille au respect de la règlementation, nationale et communautaire, relative à la passation et à l'exécution des marchés publics. L'ARCOP dispose à cet effet d'un redoutable pouvoir de sanction à l'encontre des candidats et titulaires de marchés publics auteurs de violations des règles de passation ou d'exécution des marchés publics constatées.

La troisième spécificité du droit des marchés publics sénégalais réside dans l'existence d'un mécanisme de règlement non juridictionnel des différends relatifs à la passation et à l'exécution des marchés publics à travers le Comité de Règlement des Différends, dont la procédure s'inspire largement des procédures contentieuses notamment en ce qui concerne le respect des règles en matière de présentation de la requête et de délai de saisine, du principe du contradictoire et du caractère écrit de la procédure. La fréquence et le volume des recours devant le CRD attestent de la confiance et de l'adhésion des acteurs de la commande publique à ce mode non juridictionnel de règlement des différends. Le règlement juridictionnel devient alors une voie résiduelle de règlement du contentieux des marchés publics, qui n'intervient que rarement, en cas d'insatisfaction du justiciable devant le CRD. En plus, lorsqu'il est saisi, le juge administratif sénégalais exerce un contrôle minimum sur les procédures de passation des marchés publics, à l'image de son homologue français.

Toutefois, le « véritable problème du droit des marchés publics n'est (...) pas juridique : il concerne avant tout les acteurs de la commande publique, et donc leur formation, leurs compétences et leur responsabilité. Et en l'espèce, le droit ne peut être une fin, mais seulement un moyen permettant d'obtenir une utilisation optimale des deniers publics »[1166]. Dès lors, le principal défi du droit des marchés publics sénégalais est la lutte contre les pratiques « déviantes » qui violent directement ou indirectement la lettre et l'esprit des dispositions du Code des marchés publics. Son succès passe par une collaboration sincère de tous les acteurs de la commande publique autour de l'Autorité de régulation de la commande publique (ARCOP), ainsi que la mise en œuvre implacable des mécanismes de sanctions administratives, civiles et pénales contre les auteurs des violations de la règlementation relative aux marchés publics par les autorités compétentes.

1166 PEYRICAL, J.-M., *op. cit.*, p. 4.

BIBLIOGRAPHIE

1. Ouvrages

ALONSO GARCIA, A., *La passation des marchés publics locaux*, Paris, Éditions du Moniteur, 2004.

BERBARI M., *Vade-Mecum des marchés publics*, 2e éd., Paris, Éditions du Moniteur, 1999, collection « Guides juridiques ».

BRACONNIER S., *Précis du droit de la commande publique*, 7e éd., Éditions du Moniteur, 2021.

BRACONNIER S., *Précis du droit des marchés publics*, 3e éd., Paris, Éditions du Moniteur, 2009, p. 54.

BRISSON, J.-F., *Les fondements juridiques du droit des marchés publics*, Paris, Imprimerie Nationale, 2004.

CARREAU, D., JUILLARD, P., *Droit international économique*, 2e éd., Paris, 2005.

CASTAING B., NOGUELLOU R., PREBISSY-SCHNALL C, *Les marchés publics. Notion, modalités de gestion, exécution*, Paris, Litec, 2003.

CHABANOL, D., JOUGUELET, J-P., BOURRACHOT, F., *Le régime juridique des marchés publics. Droits et obligations des signataires des marchés de travaux*, 5e éd., Paris, Éditions du Moniteur, 2007.

CORNU, G., *Vocabulaire juridique*, Paris, PUF, 8e éd., 2000.

DIAO, P. M., *Le contrôle juridictionnel de la passation des marchés publics au Sénégal*, Dakar, L'Harmattan-Sénégal, 2024.

DIARRA, M., *Mémento de la Fonction publique*, Dakar, Les Nouvelles Editions Africaines du Sénégal (NEAS), 2005.

DRAMÉ, B., *Droit comparé de la commande publique au sein de l'UEMOA*, Paris, L'Harmattan, 2021.

DUVAL, J.-C., *L'essentiel du droit des marchés publics*, Paris, Ellipses, 2017.

ENTIOPE, M., *Le contrôle des marchés publics*, Thèse de doctorat présentée et soutenue en 1999, Université Nancy 2.

FALL, M., TOURÉ, M., *Finances publiques. Approche théorique et pratique*, 3e éd., Dakar, L'Harmattan-Sénégal, 2023.

GAUTRON, J.-C., ROUGEVIN-BAVILLE, M., *Droit public du Sénégal*, Paris, Éditions A. Pedone, 1970.

GOSSELIN B., *Les Marchés publics*, Paris, LGDJ, 1998.

GUTBAL, M., *Mémento des marchés publics*, 3e éd., Paris, Éditions du Moniteur, 2001.

ISAAC, G., BLANQUET, M., *Droit général de l'Union européenne*, 9e éd., Paris, Sirey, 2006.

JEZE, G., *Les contrats administratifs de l'Etat, des départements, des communes et des établissements publics*, 3 vol., Paris, Giard, 1932.

LAJOYE C., *Droit des marchés publics*, 3e éd., Paris, Gualino, 2008.

LALLEMANT-BIF, L., *Les marchés publics : transparence et atteintes*, Thèse de doctorat, Université de Reims, 1999.

LICHÈRE F., *Le Nouveau Droit des marchés publics*, Paris, L'Hermès, 2004.

LINDITCH F., *Droit des marchés publics*, 5e éd., Paris, Dalloz, 2009.

MARTINEZ, B., SERR, F., *Exécution des marchés publics. Mise en œuvre administrative et financière*, 2e éd., Paris, Le Moniteur, 2022.

MICHON J., *La Nouvelle Règlementation des marchés publics*, 3e éd., Paris, Editions du Moniteur, 2004.

NDIAYE, I., *Guide de la passation des marchés publics au Sénégal*, Paris, L'Harmattan, 2011.

NDIAYE, I., *Les recours dans le contentieux des marchés publics au Sénégal. Guide à l'attention des opérateurs économiques*, Paris, L'Harmattan, 2023.

NGUYEN CHANH TAM, *Finances publiques sénégalaises*, Paris, L'Harmattan, 1990.

OUM OUM, J. F., *La responsabilité contractuelle en droit administratif*, Paris, LGDJ Lextenso éditions, 2014.

PEYRARD, J., PEYRARD, M., *Dictionnaire de finance*, 2e éd., Paris, Librairie Vuibert, 2001.

RENDER, D., *Principes élémentaires du droit des marchés publics*, 2e éd., Bruxelles, Larcier, 2021.

RICHER L., *Droit des contrats administratifs*, 6e éd., Paris, LGDJ, 2008.

SCHULTZ, P., *Éléments du droit des marchés publics*, Paris, LGDJ, 1996.

SOKOLOFF, P., *Marchés publics, délégations de service public et autres contrats de partenariat public-privé des collectivités locales*, 2e éd., Londres, Paris, New York, 2004.

SY, D., *Droit administratif*, 3e éd., Dakar, L'Harmattan-Sénégal, 2021.

TERNEYRE, Ph., LICHÈRE, F., GUEZOU, O., NICINSKI, S., De GERY, Ph., *Droit des marchés publics et contrats publics spéciaux*, Paris, Le Moniteur, 2017.

VAN LANG, A., GONDOUIN, G., INSERGET-BRISSET, V., *Le Dictionnaire de droit administratif*, 8e éd., Paris, Sirey, 2021.

2. Articles

ABATUCCI, S., « Sous-traitance dans les marchés publics. Nature et étendue du paiement direct », *Droit administratif*, décembre 1999, pp. 4-6.

BRENET, F., « L'annulation des mesures d'exécution du contrat par le juge de plein contentieux. Renouveau et perspectives », *Droit administratif*, novembre 2000, pp. 4-8.

« Comment saisir le Comité de règlement des différends (CRD) de l'Autorité de régulation des marchés publics (ARMP) ? », *Revue des marchés publics* n° 14, 2013, pp. 23-25.

« Délais de paiement de la commande publique. Une incidence négative sur la situation des entreprises », *Revue des marchés publics* n° 04, 2011, p. 34.

DIOP, A. H., « De la pertinence de créer des centrales d'achat », *Revue de la commande publique* n° 40, novembre – octobre 2024, p. 3.

DIOP, M., « L'évolution des marchés publics au Sénégal. Repères historiques et faits marquants », *Revue des marchés publics* n° 15, 2013, pp. 14-18.

DIOUF, R. P., « Marchés publics. La responsabilité des parties contractantes en question… », *Revue des marchés publics* n° 05, 2011, pp. 18-23.

DIOUF, R. P., « Marchés publics. Comment sanctionner les fautes de gestion ? », *Revue des marchés publics* n° 03, pp. 28-33.

DIOUF, R. P., « Le contrôle des marchés publics par le juge administratif », *Revue des marchés publics* n° 16, 2014, pp. 26-33, et n° 17, 2014, pp. 24-29 (suite).

FALL, I. M., « Le contrôle de légalité des actes des collectivités locales au Sénégal », *Afrilex* n° 5, pp. 64-110.

GUEYE, B., « Le nouveau Code sénégalais des marchés publics. Entre réponse aux attentes de la société et prise en compte des influences communautaires », *Revue des marchés publics* n° 04, 2011, pp. 22-25.

ISSOUFOU, A., « Le droit des marchés publics : réflexion sur une discipline éclectique », *in Droit administratif : convergence ou concurrence des disciplines juridiques ? Mélanges en l'honneur de Demba SY*, tome 2, Toulouse, Presses de l'Université Toulouse 1 Capitole, 2020, pp. 53-79.

KÉBÉ, A. A. D., « Le déclin de l'exorbitance du droit administratif sénégalais sous l'effet du droit communautaire », https://afrilex.u-bordeaux.fr/wp-content/uploads/2021/03/.

LAMOTTE, M., « L'étude des infractions des marchés publics », *Revue des marchés publics* n° 15, 2013, pp. 15-17.

LAVAL, N., « La prise illégale d'intérêts : Etat de droit », *Droit administratif*, juin 2003, pp. 5-10.

LIGNIÈRES, P., MBOUHOU, M., « Conséquences de la qualification des marchés publics en contrats administratifs », *Droit administratif*, juillet 2002, p. 31.

« Liste rouge. Interdits de soumissionner ! », *Revue des marchés publics* n° 1-1, 2010, p. 26.

MBAYE, M., FALL, E. M., FALL, M., « Passation de marchés. Face aux exigences de célérité dans l'exécution », *Revue des marchés publics* n° 10, 2012, pp. 16-21.

MBODJ, A., « Code des marchés publics, encore une secousse ! », éditorial, *Revue des marchés publics* n° 07, 2012, p. 3.

MENEMENIS, A., « Conditions d'admission des variantes », *Droit administratif*, janvier 2003, p. 21.

NDIAYE, P. L., « Article 52 du CMP : une perfectibilité quasi-impossible ? », *Revue des marchés publics* n° 12, 2013, pp. 10-12.

NIANG, M. S., « Aperçu sur l'essentiel des changements intervenus sur la règlementation de la commande publique par le décret n° 2011-

1048 du 27 juillet 2011 portant Code des marchés publics », *Revue des marchés publics* n° 06, 2012, pp. 8-11.

NIANG, S., « Nouvel élan », *Revue des marchés publics* n° 02, 2011, p. 3.

OLIVIER, F., « Le nouveau droit des marchés publics. Une lecture pratique », *Droit administratif*, juillet 2001, pp. 4-10.

PEYRICAL, J.-M., « Le paradoxe des marchés publics. Le marché public, repoussoir et modèle », *Droit administratif*, avril 2000, pp. 4-8.

SAMBE, C. S. B., « Marchés publics. Quels dispositifs favorisent l'accès des PME aux marchés publics ? », *Revue des marchés publics* n° 03, pp. 24-27.

SAMBE, C. S. B., « Quels dispositifs favorisent l'accès des PME aux marchés publics ? », *Revue des marchés publics* n° 14, 2013, pp. 20-22.

SAMBE, M., « La sous-traitance et la cotraitance pour mutualiser les moyens et compétences dans l'exécution des marchés publics », *Revue des marchés publics* n° 18, 2014, pp. 36-39.

SARR, O., « La commande publique entre transparence et secret », *Revue des marchés publics* n° 02, 2011, pp. 17-20.

SARR, O., « Explications du concept de groupement », *Revue des marchés publics* n° 02, 2011, pp. 30-32.

TAILLEFAIT, A., « Le nouveau droit des marchés publics. Les aspects financiers et comptables », *Droit administratif*, juillet 2001, pp. 11-15.

TEISSIER, Alain, « Les nouvelles directives communautaires sur les procédures de passation des marchés publics : quelles innovations ? », *Droit administratif*, juillet 2004, pp. 7-12.

TESSIER, André, « La nouvelle refonte du Code des marchés publics », *Droit administratif*, avril 2004, pp. 7-13.

3. Instruments juridiques

Directive n° 04/2005/CM/UEMOA du 9 décembre 2005 portant procédures de passation, d'exécution et de règlement des marchés publics et des délégations de service public dans l'UEMOA.

Directive n° 05/2005/CM/UEMOA du 9 décembre 2005 portant contrôle et régulation des marchés publics et des délégations de service public dans l'UEMOA.

Loi n° 65-51 du 19 juillet 1965 portant Code des obligations de l'administration (COA) modifiée par la loi n° 2006-16 du 30 juin 2006.

Loi n° 2022-07 du 19 avril 2022 modifiant la loi n° 65-51 du 19 juillet 1965 portant Code des obligations de l'administration modifiée.

Décret n° 2007-546 du 25 avril 2007 portant organisation et fonctionnement de l'Autorité de régulation des marchés publics (ARMP).

Décret n° 2007-547 du 25 avril 2007 portant création de la Direction centrale des marchés publics (DCMP).

Décret n° 2022-2295 du 28 décembre 2022 portant Code des marchés publics.

Décret n° 2023-832 du 5 avril 2023 fixant les règles d'organisation et de fonctionnement de l'Autorité de régulation de la commande publique.

Arrêté n° 007115 du 23 mars 2023 relatif à l'organisation et au fonctionnement des cellules de passation des marchés des autorités contractantes.

Arrêté n° 007116 du 23 mars 2023 fixant le nombre et les conditions de désignation des membres des commissions des marchés des autorités contractantes.

Arrêté n° 007117 du 23 mars 2023 relatif aux commissions régionales et départementales des marchés dans les régions autres que Dakar.

Arrêté n° 007118 du 23 mars 2023 relatif aux modalités de mise en œuvre des procédures de demandes de renseignements et de prix.

Arrêté n° 007119 du 23 mars 2023 relatif aux procédures applicables aux marchés passés par certaines communes.

Arrêté n° 007120 du 23 mars 2023 fixant les seuils en deçà desquels l'autorité contractante peut ne pas requérir la garantie de soumission.

Arrêté n° 007121 du 23 mars 2023 fixant les seuils à partir desquels il est requis une garantie de bonne exécution.

Arrêté n° 007122 du 23 mars 2023 fixant les seuils de contrôle *a priori* des dossiers de marchés.

Arrêté n° 029343 du 30 août 2023 fixant les taux de redevance de régulation des marchés publics et des contrats de partenariat public-privé.

Arrêté conjoint n° 031077 du 15 septembre 2023 fixant les règles d'acquisitions des fournitures, médicaments et produits pharmaceutiques essentiels, par dérogation au décret n°2022-2295 du 28 décembre 2022 portant Code des marchés publics.

Arrêté conjoint n° 032277 du 3 octobre 2023 fixant la liste des médicaments et produits essentiels utilisés dans la médecine d'urgence, en cas de rupture de stock.

Circulaire n° 0000094/MEFP/SG/CPM du 23 février 2015 portant contrôle *a priori* des marchés publics.

Guide d'application du décret n° 2014-1212 du 22 septembre 2014 portant Code des marchés publics, ARMP, 2018.

Guide méthodologique de la DCMP, mise en œuvre du décret n° 2014-1212 du 22 septembre 2014 portant Code des marchés publics, édition 2016.

4. Périodiques

Bulletin des arrêts du Conseil d'État sénégalais (CES)

Bulletin des arrêts de la Cour suprême (chambre administrative)

Rapport annuel de l'ARMP/ARCOP

Revue des marchés publics (Sénégal)

Revue de la commande publique (à partir de 2023) (Sénégal)

Revue des marchés publics (France)

TABLE DES MATIÈRES

REMERCIEMENTS 9

SOMMAIRE 11

TABLE DES ABRÉVIATIONS 15

PRÉFACE 19

INTRODUCTION 23

CHAPITRE I : LE CADRE NORMATIF DES MARCHÉS PUBLICS 31

SECTION I. LES SOURCES DU DROIT DES MARCHÉS PUBLICS 31

§1. Les sources communautaires 32

A. Les directives de l'UEMOA relatives aux marchés publics 33

1. La directive n° 04/2005 du 9 décembre 2005 34

2. La directive n° 05/2005 du 9 décembre 2005 38

B. La force juridique des directives de l'UEMOA relatives aux marchés publics dans l'ordre interne 39

§2. Les sources internationales 41

§3. Les sources nationales 45

A. Les sources constitutionnelles 45

B. Le Code des obligations de l'Administration (COA) 46

C. Les principes généraux du droit et la jurisprudence 47

D. Le Code des marchés publics (CMP) 48

1. L'évolution du Code des marchés publics 49

a. Avant l'avènement du Code des marchés publics de 2007 50

b. Après l'avènement du Code des marchés publics de 2007 54

2. La valeur du Code des marchés publics 64

E. Les sources contractuelles 65

F. Le rôle de la doctrine administrative 67

SECTION II. LE CHAMP D'APPLICATION DU CODE DES MARCHÉS PUBLICS 68
§1. La notion de marché public 68
A. Un contrat administratif écrit 69
B. Un contrat conclu à titre onéreux 71
C. Un contrat conclu par une autorité contractante 73
D. Un contrat répondant à des besoins de travaux, de fournitures ou de services 74
§2. Les marchés publics soumis au Code 78
§3. Les marchés et contrats exclus ou dérogeant au Code 79
A. Les exclusions du Code 79
B. Les dérogations au Code 81

CHAPITRE II : LA PASSATION DES MARCHÉS PUBLICS . 87

SECTION I. LA PRÉPARATION DES MARCHÉS 88
§1. La détermination des besoins 88
A. Le plan de passation des marchés 89
B. La définition de l'objet des prestations 92
1. L'évaluation du montant des prestations 92
2. L'observation des normes techniques 96
C. L'allotissement des marchés 97
D. Les marchés à exécution fractionnée 101
1. Les marchés à commande 102
2. Les marchés de clientèle 104
3. Les marchés à tranche ferme et tranche(s) conditionnelle(s) 105
4. Les accords-cadres 107
§2. Le financement des marchés 113
A. Le financement public du marché 113
1. Le financement interne 113
2. Le financement externe 117
B. Le préfinancement privé des dépenses d'exécution du marché 118
1. Le nantissement du marché 119
a. Les conditions du nantissement 120
b. Les effets du nantissement 121
c. La mainlevée du nantissement 123
2. La cession de créance du marché 123
§3. Les autorisations préalables à la conclusion du marché 124

SECTION II. LA CANDIDATURE AUX MARCHÉS PUBLICS 126
§1. La qualité des candidats au marché 126

A. Les personnes privées 126
B. Les personnes publiques 127
C. Les groupements d'entreprises 130
D. Les candidats préférés 133
1. Le droit de préférence en matière de marchés publics 133
a. La substitution de la préférence communautaire aux préférences nationales par la directive n° 04/2005 de l'UEMOA 133
b. Le couplage de la préférence nationale et de la préférence communautaire par le Code des marchés publics 134
2. Les limites des préférences en matière de marchés publics 143
a. Des préférences conditionnées 143
b. Des préférences relatives 144
§2. Les conditions d'accès au marché 146
A. La capacité à soumissionner 146
B. La capacité à exécuter le marché 147

SECTION III. LES PROCÉDURES DE PASSATION DES MARCHÉS 153
§1. Les règles générales applicables aux procédures de passation des marchés 153
A. Les principes fondamentaux de la passation des marchés 154
1. Le principe de liberté d'accès aux marchés publics 155
2. Le principe d'égalité de traitement des candidats aux marchés publics 156
3. Le principe de transparence et d'intégrité des procédures 157
B. Les seuils d'application des procédures de passation des marchés publics 160
C. La publicité des projets de marchés 162
1. L'avis général de passation des marchés 163
2. L'avis d'appel public à la concurrence 165
3. La dématérialisation des procédures de passation des marchés 166
D. L'information des candidats aux marchés 169
E. L'évaluation des offres 171
1. L'organe d'évaluation des offres : la commission des marchés 171
a. La composition de la commission des marchés 172
b. Le fonctionnement de la commission des marchés 177
2. La méthode d'évaluation des offres 178
a. Le contrôle préliminaire de recevabilité et de conformité des offres 178
b. Les critères d'évaluation des offres 180
c. La proposition d'attribution provisoire du marché 185
§2. Les règles spécifiques aux différentes procédures de passation des marchés 186
A. La procédure de l'appel d'offres 186
1. Les règles communes aux appels d'offres 187
a. La présentation des offres ou candidatures 188

b. La décision de ne pas donner suite aux appels d'offres 191
2. Les règles particulières aux différents appels d'offres 193
a. L'appel d'offres ouvert 193
b. L'appel d'offres ouvert avec préqualification 196
c. L'appel d'offres ouvert en deux étapes 198
d. L'appel d'offres restreint 198
e. L'appel d'offres avec concours 201
B. La procédure de l'entente directe 202
1. Les marchés éligibles à l'entente directe 205
2. L'intervention préalable de la DCMP 208
3. La surveillance des marchés passés par entente directe 211
C. Les procédures spécifiques de passation des marchés 212
1. La procédure de la demande de renseignements et de prix 212
a. La demande de renseignements et de prix simple 214
b. La demande de renseignements et de prix à compétition restreinte 216
c. La demande de renseignements et de prix à compétition ouverte 217
2. La procédure applicable aux marchés de certaines communes 219
3. La procédure applicable aux marchés de prestations intellectuelles 221
a. La présélection des candidats 222
b. La sélection des candidats 222
c. La présentation et l'ouverture des propositions 224
d. Les négociations finales avec les candidats 226
4. La procédure applicable aux marchés passés suite à une offre spontanée 227

SECTION IV. LA CONCLUSION DES MARCHÉS 233
§1. Les formalités préalables à la conclusion du marché 233
A. La décision d'attribution provisoire du marché 233
B. La publication de l'avis d'attribution provisoire du marché 234
§2. La signature des marchés 235
§3. L'approbation des marchés 237
§4. L'immatriculation des marchés 240
§5. La notification des marchés 241
§6. La publication de l'avis d'attribution définitive du marché 242

SECTION V. LA FORME ET LE CONTENU DES MARCHÉS 243
§1. La forme d'un dossier unique 243
§2. Le contenu variable des marchés 244
A. Les mentions obligatoires des marchés 245
B. La forme simplifiée des marchés passés par entente directe 246

SECTION VI. LES PARTIES AU MARCHÉ PUBLIC 247

§1. L'autorité contractante 247
A. La définition de l'autorité contractante 247
B. Le maître d'ouvrage délégué 250
1. La qualité de maître d'ouvrage délégué 251
2. Les attributions du maître d'ouvrage délégué 251
3. Les rapports entre maître d'ouvrage délégué et autorité contractante ... 252
C. Le groupement ou la centralisation des commandes 253
§2. Le titulaire du marché 257

CHAPITRE III : LE CONTRÔLE DES MARCHÉS PUBLICS 259

SECTION I. LE CONTRÔLE *A PRIORI* DES MARCHÉS PUBLICS 262
§1. Le contrôle de la cellule de passation des marchés 262
A. La composition de la cellule de passation des marchés 263
B. La mission et le rôle de la cellule de passation des marchés 264
1. Le contrôle de la qualité des dossiers de passation des marchés 265
2. Le contrôle du bon fonctionnement de la commission des marchés 267
3. Le rôle de mémoire institutionnelle du système de passation et de contrôle des marchés 268
§2. Le contrôle de la Direction centrale des marchés publics 269
A. L'examen des dossiers d'appel à la concurrence 270
B. L'examen des propositions de la commission des marchés 273
C. L'examen des projets de contrat des marchés et avenants 274
D. D'autres contrôles des préalables 274
E. L'examen des dossiers soumis dans le cadre de l'appui-conseil 274
F. Les délais d'examen des dossiers 275
G. Les avis rendus par la DCMP 277

SECTION II. LE CONTRÔLE A *POSTERIORI* DES MARCHÉS PUBLICS 279
§1. Les organes de contrôle interne 279
§2. Le contrôle de l'Autorité de régulation de la commande publique 282
A. L'organisation de l'ARCOP 284
1. Le Conseil de Régulation 284
2. Le Comité de Règlement des Différends (CRD) 286
3. La Direction générale 290
B. L'objet du contrôle de l'ARCOP 291
C. Le pouvoir de sanction de l'ARCOP 292
1. Les sanctions contre les candidats et titulaires de marchés 294
a. Les sanctions administratives 294

b. Les sanctions pénales 297
2. Les sanctions contre les agents publics 298
a. La condamnation à réparer les dommages causés 298
b. La condamnation par la Chambre de discipline financière 299
c. Les sanctions disciplinaires 303
d. Les sanctions pénales 304

CHAPITRE IV : L'EXÉCUTION DES MARCHÉS PUBLICS 311

SECTION I. L'EXÉCUTION DU MARCHÉ PAR LE TITULAIRE 312
§1. Les obligations du titulaire du marché 312
A. L'obligation d'exécution conforme 312
B. L'obligation d'exécution correcte 314
C. L'obligation d'exécution de bonne foi 315
D. L'obligation d'exécution personnelle 315
E. L'obligation d'exécution dans les délais 316
§2. Les droits du titulaire du marché 318
A. La rémunération du titulaire du marché 318
1. La consistance des prix des marchés 318
2. La forme des prix des marchés 319
3. Les caractères des prix des marchés 320
a. Le caractère ferme des prix 320
b. Le caractère révisable des prix 322
B. L'indemnisation du titulaire du marché 325

SECTION II. L'EXÉCUTION DU MARCHÉ PAR L'AUTORITÉ CONTRACTANTE 329
§1. Les obligations de l'autorité contractante 329
A. Le règlement du marché public 330
1. La notion de règlement du marché 330
2. Le règlement non définitif du marché 331
a. Les avances 332
b. Les acomptes 336
3. Le règlement pour solde du marché 337
4. Le délai de règlement du marché 338
5. Les intérêts moratoires 340
B. La restitution des garanties financières 343
1. La garantie de soumission 344
2. La garantie de restitution d'avance 345
3. Les garanties de bonne exécution 346
a. Les règles générales applicables aux garanties de bonne exécution .. 346

b. Les types de garantie de bonne exécution 348
4. Les autres garanties financières 350
§2. Les prérogatives de l'autorité contractante 351
A. Le pouvoir de contrôle de l'exécution du marché 351
B. Le pouvoir de modification unilatérale du marché 354
C. Le pouvoir de sanction de l'inexécution du marché 359
D. Le pouvoir de résiliation unilatérale du marché 361
1. La résiliation unilatérale du marché pour faute 362
a. La faute grave du titulaire du marché 363
b. L'obligation de mise en demeure du titulaire du marché 365
2. La résiliation unilatérale du marché sans faute 367
a. Le motif d'intérêt général 367
b. La survenance d'un événement affectant la capacité juridique du titulaire du marché 369
3. La résiliation unilatérale du marché de plein droit 369
4. L'autorité compétente pour prononcer la résiliation unilatérale du marché 370

SECTION III. L'INTERVENTION D'ACTEURS MULTIPLES DANS L'EXÉCUTION DU MARCHÉ 371
§1. La cotraitance du marché 372
§2. La sous-traitance du marché 373
A. Les conditions de la sous-traitance 374
B. Les effets de la sous-traitance 377
1. Les obligations du sous-traitant 377
2. Les droits du sous-traitant 378
§3. L'intervention du comptable public dans l'exécution du marché 380

SECTION IV. LA RÉCEPTION DES PRESTATIONS 383
§1. Le régime général de la réception des prestations 384
§2. Le régime particulier de réception des travaux 386
A. La réception provisoire 386
B. La réception définitive 389

CHAPITRE V : LE RÈGLEMENT DU CONTENTIEUX DES MARCHÉS PUBLICS 393

SECTION I. LE RÈGLEMENT DU CONTENTIEUX DE LA PASSATION DES MARCHÉS 394
§1. Le règlement non juridictionnel du contentieux de la passation des marchés 394

A. Le recours gracieux préalable 395
B. Le recours contentieux devant le CRD 398
§2. Le règlement juridictionnel du contentieux de la passation des marchés 403
A. Les recours en annulation devant le juge de l'excès de pouvoir 405
1. Le recours en annulation de la décision du CRD 405
a. La recevabilité du recours en annulation 405
b. L'examen au fond du recours en annulation 413
2. Le déféré du marché d'une collectivité territoriale par le représentant de l'État 420
B. Les recours de plein contentieux devant le juge du contrat 422
1. L'action en nullité du marché 422
2. Le recours en responsabilité contre l'autorité contractante 425
a. L'action en responsabilité sans faute contre l'autorité contractante .. 425
b. L'action en responsabilité pour faute contre l'autorité contractante . 427

SECTION II. LE RÈGLEMENT DU CONTENTIEUX DE L'EXÉCUTION DES MARCHÉS 429
§1. Le règlement non juridictionnel du contentieux de l'exécution des marchés 430
A. La saisine du Comité de Règlement des Différends 431
B. Le règlement amiable du différend par le CRD 432
§2. Le règlement juridictionnel du contentieux de l'exécution des marchés 434
A. Les recours contentieux devant le juge administratif 435
1. Le recours en annulation des mesures d'exécution du marché 435
2. Le recours en responsabilité contre une partie au marché 436
B. Les recours devant les tribunaux de droit commun et devant un tribunal arbitral pour les litiges relatifs aux marchés des sociétés publiques 438
1. Le recours devant les tribunaux de droit commun 438
2. Le recours devant un tribunal arbitral 443

SECTION III. LA RÉSILIATION JUDICIAIRE DES MARCHÉS 447
§1. La résiliation judiciaire du marché pour faute 447
§2. La résiliation judiciaire du marché de plein droit 451

CONCLUSION 453

BIBLIOGRAPHIE 457

Structures éditoriales du groupe L'Harmattan

L'Harmattan Italie
Via degli Artisti, 15
10124 Torino
harmattan.italia@gmail.com

L'Harmattan Hongrie
Kossuth l. u. 14-16.
1053 Budapest
harmattan@harmattan.hu

L'Harmattan Sénégal
10 VDN SICAP AMITIE 3
BP 45034 Dakar-Fann
direction@senharmattan.com

L'Harmattan Cameroun
Tsinga/Derrière polyclinique FECAFOOT
BP 11486 Yaoundé
Jacques.koukam@harmattan.fr

L'Harmattan Burkina Faso
Villa 281, secteur 23 623, rue 14.32
Ouagadougou
zagbie@outlook.fr

L'Harmattan Guinée
Almamya, rue KA 028 OKB Agency
BP 3470 Conakry
harmattanguinee@yahoo.fr

L'Harmattan RDC
185, avenue Nyangwe
Commune de Lingwala – Kinshasa
matangilamusadila@yahoo.fr

L'Harmattan Congo
219, avenue Nelson Mandela
BP 2874 Brazzaville
deunovmikhael@gmail.com

L'Harmattan Mali
Immeuble Mgr Jean Marie Cissé
Aci Hamadallaye
BP 145 Bamako
syllaka@yahoo.fr

L'Harmattan Togo
Djidjole – Maison Amela
face EPP BATOME
02 BP 20680 Lomé
didieramela11@gmail.com

L'Harmattan Côte d'Ivoire
Résidence Karl – Cité des Arts
Abidjan-Cocody
03 BP 1588 Abidjan
harmattan.ivoire@gmail.com

L'Harmattan Bénin
Rue 604, (Immeuble à l'entrée
de la rue UCAO- Cite de Saint-Jean)
Cotonou
stepcorpus@gmail.com

Nos librairies en France

Librairie internationale
16, rue des Écoles
75005 Paris
librairie.internationale@harmattan.fr
01 40 46 79 11
www.librairieharmattan.com

Librairie des savoirs
21, rue des Écoles
75005 Paris
librairie.sh@harmattan.fr
01 46 34 13 71
www.librairieharmattansh.com

www.ingramcontent.com/pod-product-compliance
Lightning Source LLC
La Vergne TN
LVHW021141061026
849535LV00002B/313
9782336557335